ISBN 2-84707-081-8
«L'Année Formule 1 2004-05» est aussi publiée
en langue anglaise sous le titre «Formula 1 Yearbook 2004-05» (ISBN 2-84707-072-9),
en langue allemande sous le titre «Das Formel-1 Jahrbuch 2004-05» (ISBN 2-84707-086-9)
en langue espagnole sous le titre «El Año de la Formula 1 2004-05» (ISBN 2-84707-079-6)

Lausanne: Jordils Park, Rue des Jordils 40, CH-1025 St-Sulpice, Suisse. Tél. : (+41 21) 694 24 44. Fax : (+41 21) 694 24 46.

Paris: Chronosports France, 9 rue de Normandie, F-75003 Paris, France. Tél. : (+33) (0)1 42 71 07 09. Fax : (+33) (0)1 48 04 06 80.

E-mail: info@chronosports.com. Internet: www.chronosports.com

Photogravure réalisée en Suisse par Actual
Impression réalisée en France par l'Imprimerie Clerc s.a.s., Rue de la Brasserie, F-18206 St-Amand Montrond. Relié par la SIRC, Zone Industrielle, F-10350 Marigny-le-Chatel.

Mario Renzi remercie Carré Couleur, Picto Rhône Alpes, Nikon France et Fuji Film France pour leur soutien.
Merci à Robert Rui et Nicolas Brunet chez Clerc, ainsi qu'à Chantal Clivot à la SIRC.

L'ANNÉE FORMULE 1

2004-05

Photos
ZeroBorder
Mario Renzi
Agence WRI
(ZeroBorder: Paul-Henri Cahier, Steve Domenjoz, Thierry Gromik, Filippo di Mario, Masakazu Miyata, Boris & Rainer Schlegelmilch.
WRI: Jean-François Galeron, Jad Sherif & Laurent Charniaux)

Concept et récits des Grands Prix
Luc Domenjoz

Mise en page
Sabrina Favre, Cyril Davillerd

Résultats chiffrés et statistiques
Solange Amara, Cyril Davillerd

Illustrations des voitures 2004
Pierre Ménard

Ecarts en course et Tours par tours
Michele Merlino

Dossier technique
Giorgio Piola

CHRONOSPORTS
EDITEUR

LAUSANNE - PARIS

Sommaire

MILD SEVEN
RENAULT
GURU

Préface

« Je suis d'autant plus heureux de rédiger la préface de la quinzième édition de «L'Année Formule 1» que cette saison 2004 a été très positive pour nous. Nous avons atteint les objectifs que nous nous étions fixés, et nous terminons devant Williams et McLaren – mais derrière BAR, équipe contre laquelle nous ne nous attendions peut-être pas à nous battre cette année. Comme tout le monde, je suis un peu déçu que nous n'ayons pas pu terminer à la deuxième place du classement des constructeurs. Mais l'important, c'est que l'écurie Renault F1 Team est en train de progresser rapidement.

Cette saison a été, en tout état de cause, plus satisfaisante que 2003. La domination de Ferrari a mis les autres concurrents à mal, et rare sont les fois où les deux premières places restaient envisageables. Cependant, dans cette situation, nous avons montré de quoi nous étions capables et le fruit de notre travail s'est révélé à la hauteur des possibilités. L'écurie a accompli un travail formidable avec la nouvelle voiture, dotée d'un nouveau moteur, et nous avons franchi un cap depuis 2003. Nous nous appuierons sur cette base pour progresser davantage en 2005.

D'un point de vue personnel, je suis satisfait de la manière dont l'année s'est déroulée : j'ai le sentiment d'avoir accompli une saison plus complète et plus mûre. En tout cas, le bilan s'avère positif : quatre podiums et un pole position. Il manque peut être une victoire au palmarès, mais nous aurions pu l'obtenir à plusieurs reprises, notamment au Canada ou en Belgique. En 2003, nous n'avions eu qu'une seule occasion. Terminer quatrième au championnat des pilotes est en tout cas un résultat très encourageant.

Heureusement, la passion de la course automobile nous unit et nous donne la force et la motivation pour avancer encore et encore plus loin. 2005 sera un nouveau défi au niveau technique et sur le plan sportif, et nous voulons être en mesure d'attaquer Ferrari à la régulière. Je suis persuadé que cette prochaine saison sera beaucoup plus disputée et que le meilleur reste à venir pour l'écurie Renault F1 Team. Ce qui est sûr, c'est que nous travaillons tous sans relâche pour que cela devienne une réalité. »

Fernando Alonso,
15 novembre 2004

vodafone™
BRIDGESTONE
MACHER

ANALYSE DE SAISON

Des Ferrari proches de la perfection, un Michael Schumacher au meilleur de sa forme: personne n'était en mesure de battre le champion du monde en 2004.

Pourquoi en est-on arrivé là? D'un côté, la Scuderia a mis en place une machine de guerre pratiquement sans faille, et d'un autre, ses rivales ont manqué leur cible par manque de préparation ou de compétitivité. La saison la plus longue de l'histoire n'a tout de même pas manqué d'intérêt: de la spectaculaire forme des BAR à celle des Renault, en passant par les problèmes des Williams ou des McLaren, les sujets d'intérêt n'ont pas manqué au fil de cette année placée sour le signe du cheval cabré.

L'analyse

Une saison plus que parfaite

Rarement, dans l'histoire de la Formule 1, une écurie avait flirté d'aussi près avec la perfection. Et surtout, jamais sur une durée aussi longue.
Six saisons de règne sans partage pour la Scuderia Ferrari, six titres inscrits de rang au palmarès mondial des constructeurs. Quant à Michael Schumacher, il coiffa en 2004 sa septième couronne – évidemment, un nouveau record absolu – qui est aussi, pour lui, la cinquième d'affilée. Chapeau bas !
Lotus, McLaren ou Williams, Clark, Prost, Senna ou Mansell, avaient en leur temps traversé des heures glorieuses, mais pas avec une telle constance dans le succès, pas avec une telle opiniâtreté dans la réussite. Il fallut l'avènement de Michael Schumacher chez Ferrari pour qu'un pilote et son équipe s'installent ainsi dans la pérennité, au faîte de l'excellence. Il fallut la rigueur, la méthode, l'exigence et l'esprit insufflés par Jean Todt à Maranello, pour que la prestigieuse Scuderia retrouve son lustre – et bien plus encore – après vingt ans de disette.
Aujourd'hui, les adversaires plient sous le joug et se plaignent : «*il n'est rien de plus ennuyeux que la perfection*», maugréait un jour le patron d'un gros team anglais, jaloux de ne pas parvenir à l'atteindre. «*Ils vont tuer la F1 !*», lançait un autre, désespérant d'opposer à ces Attila de la course un rempart efficace.
Pourtant ils étaient quelques uns, au terme du championnat 2003, à croire au proche retour de l'alternance. Les titres avaient alors été si âprement disputés, entre Ferrari, Williams et McLaren d'une part, entre Schumacher, Räikkönen et Montoya d'autre part, que la logique portait à l'optimisme. En 2004, pensaient tous les challengers appâtés, la bataille ferait rage. Sans aucun doute. «*Ferrari n'aura pas la partie facile. Sa marge d'avance ne sera plus aussi confortable, car nous avons tous beaucoup progressé*», pronostiquait même Pat Symonds, directeur de l'ingéniérie de l'écurie Renault, dans le courant de l'hiver 2003-2004.
Confiance, confiance... Mais c'était sans compter sans la capacité de Ferrari à se ressaisir, sans son aptitude à reprendre totalement la main, soutenue par son manufacturier de pneumatiques – le Japonais Bridgestone – en très nets progrès par rapport à 2003.
Contestée une année, menacée dans sa suprématie – pas vaincue toutefois –, et certainement blessée dans son orgueil, la Scuderia n'allait pas demeurer sans réagir. Dès les premiers tours de roues de la F2004, les commentaires de Michael Schumacher auraient dû alerter déjà la concurrence : «*c'est la meilleure Ferrari qu'il m'ait été donné de piloter*», déclara-t-il d'emblée. Or sur ce type de sujet, Schumi pratique rarement l'intox. Il fallait le croire, discerner l'avertissement du super-champion à ses rivaux, d'autant qu'il avait déjà formulé ce genre de commentaires par le passé, et que le titre mondial avait à chaque fois été au bout de la route.
Des adversaires qui feignirent d'ignorer l'imminence du danger... Plus dur fut le choc au premier Grand Prix, le 7 mars à Melbourne : pole position, victoire et meilleur tour en course pour Michael Schumacher. Re-belote deux semaines plus tard en Malaisie, à un détail près : Juan-Pablo Montoya et sa Williams s'adjugèrent le meilleur tour, maigre consolation.
Deux semaines encore, et Schumi fit à nouveau main basse absolue sur le Grand Prix de Bahreïn.
Au sein des autres top teams, le bel entrain de l'intersaison retomba soudain d'un cran.

> Il court, il court, le Rubens. Toute la saison durant, le Brésilien a couru après les résultats de son illustre coéquipier. Ce qui lui a tout de même valu de remporter deux Grands Prix.

Et s' «ILS» étaient imbattables ? ? ?
A nouveau dominateurs comme ils l'avaient été en 2002, exerçant sur la F1 leur tyrannie sportive ? Et si la redoutable association Ferrari-Schumacher était finalement invincible ?...
Autant Michael avait mal entamé 2003, autant il imprima sa marque sur le début du championnat 2004, enchaînant pour commencer cinq victoires. Jarno Trulli, au volant d'une Renault lui grilla la politesse à Monaco et interrompit la série... que Schumacher reprit dès le Grand Prix d'Europe, signant sept succès de suite – encore un record historique.
Bernie Ecclestone, le grand ordonnateur de la Formule 1, en vint lui-même à regretter qu'un pilote, un seul, écrase ainsi la compétition. Et désigna –amicalement- un coupable : Jean Todt, «responsable » d'avoir mis en place le tandem Ferrari-Schumacher, implacable machine à gagner. «*Autant j'ai poussé Jean Todt chez Ferrari en 1993, parce qu'il était le seul à pouvoir redresser la situation de l'écurie, autant je me demande s'il ne faudrait pas l'en écarter à présent*», plaisanta-t-il un jour.
McLaren-Mercedes et Williams-BMW, qui l'an dernier s'étaient rapprochées de la Scuderia au classement, passèrent, elles, complètement à côté de leur saison 2004. En accusation : de gros défauts de fiabilité et un manque de performance indignes du standing de McLaren-Mercedes. Et chez Williams, un profil aérodynamique novateur sur la FW26 – imaginé par Antonia Terzi, une ingénieure transfuge de... Ferrari – qui ne fit jamais ses preuves. Ou plutôt, qui prouva très vite son inefficacité. Williams voulant à tout prix tirer parti du «museau» inédit, perdit une demi-saison à s'obstiner dans cette voie. En définitive, avec un avant conventionnel, réapparu à Silverstone, la FW26 retrouva un degré de compétitivité amélioré. Pas suffisant toutefois pour revenir dans la bagarre au faîte de la hiérarchie.
Quant à McLaren, c'est une nouvelle voiture que les ingénieurs se mirent en devoir de dessiner, dès qu'ils eurent cerné les lacunes de leur monoplace 2004. La «remplaçante» fit son entrée en scène au Grand Prix de France, et permit à Kimi Räikkönen, jusqu'alors recordman des abandons, de se mêler à nouveau – au moins de manière épisodique – à quelques bagarres aux avant-postes. Et fin août en Belgique, de renouer avec la victoire.
La déconfiture de Williams et McLaren eut un «avantage» : l'émergence au très haut niveau de deux équipes nouvelles, BAR-Honda et Renault.

Bernie Ecclestone, le grand ordonnateur de la Formule 1, en vint lui-même à regretter qu'un pilote, un seul, écrase ainsi la compétition

La première, née en 1999, était attendue au sommet depuis quelques saisons déjà. La seconde, lancée en 2001, avait énoncé son ambition pour 2004 : la troisième place au championnat des constructeurs. Mission accomplie... Mais on crut un temps qu'elle ferait mieux encore.
La BAR 006, conçue sous la houlette de l'ingénieur Geoff Willis – ancien de Williams – révéla très vite un potentiel impressionnant, servi par un V10 Honda sans complexes face au Ferrari ou au BMW. Plusieurs casses en course privèrent d'abord Takuma Sato de points précieux, mais une fois la fiabilité au rendez-vous, les deux BAR collectionnèrent les places d'honneur, Jenson Button s'affirmant comme le plus assidu sur le podium (il signa non moins de dix podiums au long de la saison), la plupart du temps en compagnie des deux pilotes Ferrari, Schumacher et Barrichello.
Tandis que la 006, au fil des développements, gagnait en efficacité, la Renault R24, elle, peinait à corriger ses défauts. Rapide, mais difficile à conduire, peu encline à pardonner les excès de bravoure de Fernando Alonso et de Jarno Trulli, compliquée à mettre au point, la R24 s'illustra surtout par sa fiabilité en début de saison.
A tel point que Renault occupa la deuxième place au classement des constructeurs pendant la majeure partie du championnat, de Bahreïn à Monza, cinq mois durant !
Mais plus la BAR progressait, plus les «Renault boys» souffraient à maintenir leur marge de sécurité. Ils n'eurent d'autre issue que la capitulation, au Grand Prix d'Italie.
Flavio Briatore, patron de l'équipe française, tenta un électrochoc en précipitant le départ de Jarno Trulli, qu'il remplaça pour les trois dernières courses par... Jacques Villeneuve, sans volant jusqu'alors en 2004.
La manœuvre échoua, mais eut le mérite de vitaminer, sur le plan médiatique, la fin du championnat – privée d'enjeu depuis le Grand Prix de Belgique, où Schumacher se vit assuré du titre mondial
Le come-back de Villeneuve fit en effet couler beaucoup d'encre. Autant qu'un autre rebondissement – nettement moins sympathique- de l'automne : l'annonce par Ford du retrait de Jaguar et Cosworth en 2005.
Au terme de cette saison littéralement écrasée par Michael Schumacher, tous ses adversaires saluaient, en leur for intérieur, l'arrivée de l'hiver... Quatre mois ne seraient pas de trop pour digérer la leçon infligée par «l'Imperator », et fourbir – peut-être– les armes d'une réplique en 2005.

Pilotes

1.	**M. Schumacher**	**148**
2.	R. Barrichello	114
3.	J. Button	85
4.	F. Alonso	59
5.	J. Montoya	58
6.	J. Trulli	46
7.	K. Räikkönen	45
8.	T. Sato	34
9.	R. Schumacher	24
10.	D. Coulthard	24
11.	G. Fisichella	22
12.	F. Massa	12
13.	M. Webber	7
14.	O. Panis	6
15.	A. Pizzonia	6
16.	C. Klien	3
17.	C. Da Matta	3
18.	N. Heidfeld	3
19.	T. Glock	2
20.	Z. Baumgartner	1
21.	J. Villeneuve	0
22.	R. Zonta	0
23.	M. Gené	0
24.	G. Pantano	0
25.	G. Bruni	0

Constructeurs

1.	**Scuderia Ferrari Marlboro**	**262**
2.	Lucky Strike B.A.R Honda	119
3.	Mild Seven Renault F1 Team	105
4.	BMW WilliamsF1 Team	88
5.	West McLaren Mercedes	69
6.	Sauber Petronas	34
7.	Jaguar Racing	10
8.	Panasonic Toyota Racing	9
9.	Jordan Ford	5
10.	Minardi Cosworth	1

La nouvelle star des paddocks, Fernando Alonso, compte déjà un fan-club impressionnant.
v

Bilan 2004: le cas de Renault

Renault: une saison qui a rempli ses objectifs

Bien sûr, les Ferrari ont totalement écrasé la saison de leur supériorité et ont mis à mal l'intérêt de la saison 2004. On ne peut pas reprocher à la Scuderia d'avoir trop bien fait son travail, mais plutôt à ses rivales de n'avoir pas suffisamment accompli le leur.
Ce qui n'est pas le cas de l'écurie Renault. Celle-ci n'a jamais prétendu jouer le titre mondial en 2004. Elle visait une troisième place au championnat qu'elle a facilement décrochée.
Bilan technique par Bob Bell, directeur technique châssis au sein de l'écurie française.

- Bob, vous souvenez-vous de vos premières impressions lorsque la R24 a bouclé ses premiers tours de roues, en janvier dernier ?
Bob Bell : Comme toujours, nous avions prévu une amélioration des performances par rapport à l'année précédente. C'est toujours l'objectif à se fixer : parvenir à dessiner une monoplace plus légère et plus rigide, distribuer les masses de manière plus optimale... Nous avons confirmé sur la piste. Il s'agissait d'un pas en avant très sensible et nos pilotes l'ont immédiatement noté. Les qualités de la R24 étaient son aérodynamique, sa traction, son utilisation des pneumatiques. Son moteur s'est aussi montré très vaillant et n'oublions pas qu'il s'agissait d'une nouvelle architecture. Enfin, nous étions peut-être la meilleure équipe en ce qui concerne l'utilisation des systèmes électroniques.

- Aucune mauvaise surprise avec cette monoplace ?
Bob Bell : Nous ne nous attendions pas à ce que la voiture soit plus difficile à conduire, je dois l'avouer, car aucun changement susceptible d'influer sur ce domaine n'avait été décidé lors de la conception de la voiture. Selon nos pilotes, la R24 était moins prévisible que sa devancière à la limite, et un peu plus nerveuse dans les virages rapides. Nous avons alors immédiatement engagé les modifications nécessaires pour corriger le tir. Nous avons tenté de délimiter le problème, de le comprendre, et d'y remédier.

- Y êtes-vous parvenus ?
Bob Bell : Dans une certaine mesure, oui. Nous avons travaillé dur et avons réalisé des progrès sensibles. Cependant, éradiquer complètement ce défaut aurait demandé la modification d'éléments fondamentaux de la voiture, comme la monocoque, et nous avons choisi de ne pas opter pour cette solution.

- Pourquoi ?
Bob Bell : D'abord, les changements à venir en 2005 ont demandé d'immobiliser très tôt des ressources matérielles et humaines conséquentes. Puis, il ne faut pas oublier que les performances de la R24 nous permettaient de lutter avec les meilleurs sans modification de structure.

- Sachant que les monoplaces de la saison prochaine seront très différentes, a-t-il été délicat de travailler sur le développement R24 et la conception R25 en même temps ?
Bob Bell : En fait nous avons mené trois études de front. Nous avons respecté le programme de développement classique de la R24, nous avons travaillé sur la rectification de sa nervosité à grande vitesse... et commencé à dessiner la voiture 2005 dès juillet dernier. Vous savez, il n'y a pas de miracle en F1. Tout est question de rigueur, d'organisation, d'affectation de ressources et de planification. En ce sens, je ne pense pas qu'Enstone ait souffert de ce triple programme.

- Avez-vous extrait toute la performance possible de la R24 ?
Bob Bell : Nous aurions peut-être pu en gagner davantage en levant le pied sur le programme 2005, mais cela n'aurait pas été le bon choix.

-Côté fiabilité, êtes-vous également satisfait des prestations de la voiture ?
Bob Bell : Oui. Nous avons enregistré trois abandons sur problème châssis : deux au Canada et un à Silverstone. Mis à part ces incidents, la voiture s'est montrée fiable dès le premier jour.

- Pouvez-vous déjà parler de la saison prochaine ?
Bob Bell : Les pertes aérodynamiques provoquées par le nouveau règlement sont très sensibles et nous travaillons très dur en soufflerie.
Nous savons déjà que notre prochaine voiture sera bonne. Elle disposera d'un nouveau système électronique, et d'un moteur très sensiblement modifié. Du côté mécanique, l'équipe de Tim Densham, designer en chef, travaille sur la fiabilité, la facilité d'utilisation.

- Etes-vous favorable à la diminution des performances?
Bob Bell : Oui. Je pense que nous avions atteint une situation qui, si on n'y avait pris garde, aurait pu devenir problématique. Les vitesses atteintes cette année étaient incroyables et nous devions réagir, sans quoi la F1 serait devenue beaucoup plus dangereuse.

- Pensez-vous que la Formule Un, aujourd'hui, soit avant tout affaire de bureaux d'études, de simulation, de pneumatiques et de datas ?
Bob Bell : Non. Et c'est la raison pour laquelle j'adore mon métier. Une monoplace n'est qu'un outil, qu'il faut ensuite savoir exploiter.
En ce sens, c'est encore l'humain qui fait la différence dans ce sport. La victoire n'est pas fonction d'un temps au tour optimal, mais d'un travail d'équipe : stratégie, exécution des ravitaillements, choix des pneumatiques, gestion d'un week-end entier, pilotage... Malgré la débauche de technologie qui frappe la F1, c'est un groupe de personnes uni par la passion de la course qui décroche le résultat final. Plutôt rassurant, non ?

Pierre Dupasquier: «Nous avons rempli plusieurs objectifs»

Il y a deux manières de considérer la saison de Formule Un qui vient de se terminer : vous pouvez la juger sur ses résultats bruts - et là nous n'avons pas atteint les objectifs que nous nous étions fixés -, ou vous pouvez mesurer nos progrès techniques. Dans ce domaine, nous avons rempli plusieurs objectifs-clés. Nous avons produit une gamme de pneus qui a fourni à nos six écuries partenaires des performances élevées, consistantes et fiables dans une large variété de conditions climatiques. Il était évident que Michelin avait l'avantage-pneus en 2003, et je ne crois pas que la situation ait été différente cette année.
Malgré le fait que les Ferrari, cette saison, se soient montrées redoutables, nous avons réussi quelques performances encourageantes. Nous avons signé des victoires avec trois écuries différentes, et conclu la saison par un doublé plus que convaincant. Nous avons aussi enregistré de considérables progrès avec nos pneus pluie. Nous étions conscients de devoir regagner du terrain dans ce domaine, et je pense que la performance de Kimi Räikkönen au cours des premiers tours du Grand Prix du Brésil - lorsqu'il a pris la tête de l'épreuve au moment où les conditions étaient idéales pour les pneus pluie intermédiaires – démontre que nous y sommes parvenus. Au cours de la saison, nous n'avons pas eu beaucoup d'opportunités de juger le potentiel de nos pneus pluie. Mais lorsque nous avons pu le faire – à Spa et à Monza, par exemple -, ils se sont montrés compétitifs.
Nous sommes fiers des excellentes relations de travail que nous entretenons avec nos partenaires, et j'ai été heureux de constater les progrès que l'écurie B.A.R.-Honda a réussi au cours de sa première année de partenariat avec Michelin. Cette écurie a vécu la meilleure saison de F1 de son histoire, avec sa première pole-position, onze podiums et une deuxième place au championnat du monde des constructeurs.
L'année prochaine, nous accueillerons Sauber comme écurie partenaire, et je me réjouis de développer avec elle l'une de ces relations constructives typiques de notre approche du sport automobile, quelle qu'en soit la forme. Peter Sauber est convaincu que Michelin fournira un avantage à son écurie – ce qui en dit long à propos de la réputation que nous avons réussi à établir au cours des quatre saisons passées.
Que d'autre pourrait nous réserver 2005 ? Il est encore trop tôt pour en discuter en détail, parce que nous ne savons pas encore exactement comment les derniers changements de règlement vont affecter les manufacturiers de pneus.
Est-ce qu'il y aura une limitation des essais, ou pas d'essais du tout mis à part les vendredi des week-ends de course ?
Quelle que soit l'option retenue, nous serons bien préparés. Les efforts conjoints de nos ingénieurs – à la fois à notre base de Clermont-Ferrand et sur la piste – et de nos partenaires nous ont permis de bâtir une solide base de données. Cette expérience nous permettra de nous montrer performants. Nous abordons le futur dans une totale confiance.

Tout est dans le détail

Présentation des aspects les plus représentatifs des monoplaces 2004

Dessins: Giorgio Piola

La Ferrari F2004 était sans nul doute la monoplace la mieux équilibrée du plateau. Petit joyau technique, Michael Schumacher disait à son sujet qu'elle était la meilleure monoplace qu'il ait jamais piloté. La voiture elle-même a peu évolué au long de la saison – on ne change pas une machine qui gagne. La Scuderia lui a tout de même posé de petits ailerons centraux (flèche) sur les circuits nécessitant de forts appuis.

Williams FW26: son nez de "morse" était son signe distinctif le plus visible. Il est né de la nécessité de composer au mieux avec la partie avant du châssis, à double quille, donc plus élevée par rapport au sol que celle d'un avant à simple quille. Ce nez étrange était l'œuvre d'Antonia Terzi, et a été abandonné en faveur d'un design plus classique à partir du Grand Prix de Hongrie.

Chez Williams, une voiture pratiquement 100% nouvelle est apparue au Grand Prix de France. A cette occasion, le châssis a été profondément remanié. Un châssis qui s'est inspiré des Renault, en partant de l'ouverture placée à la base des pontons (1), les radiateurs sculptés (2), bien que toujours montés en position verticale (3).

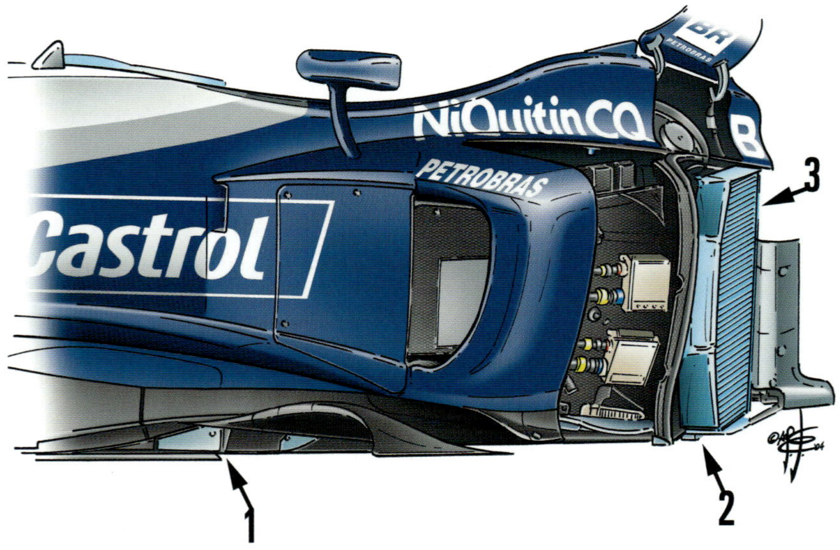

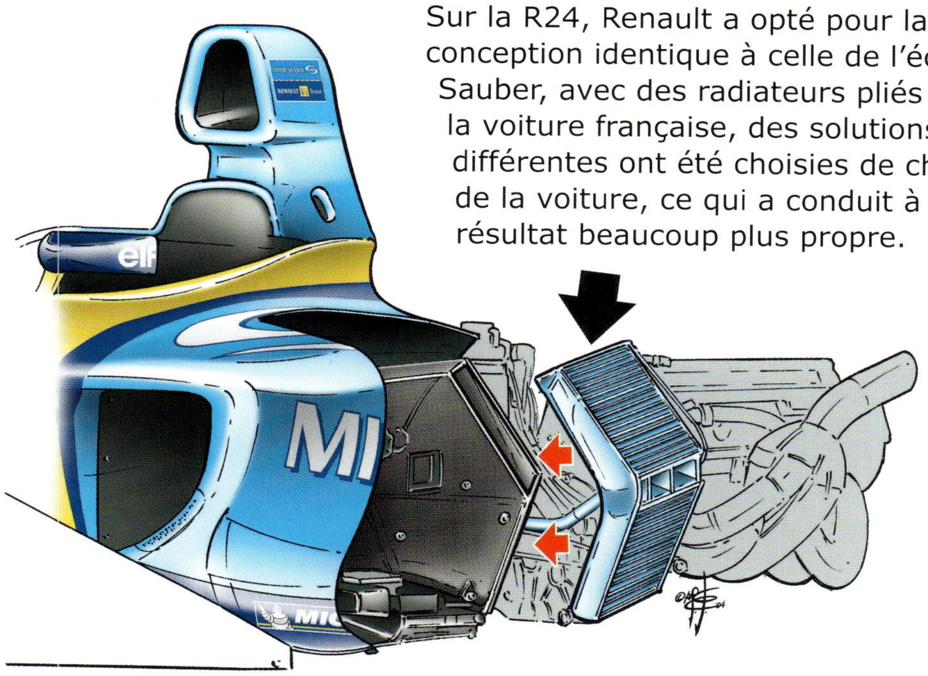

Sur la R24, Renault a opté pour la conception identique à celle de l'écurie Sauber, avec des radiateurs pliés en V. Sur la voiture française, des solutions différentes ont été choisies de chaque côté de la voiture, ce qui a conduit à un résultat beaucoup plus propre.

McLaren a également adopté des radiateurs à angles différents. Une solution qui fut essayée sur le châssis MP4-19 version "B"

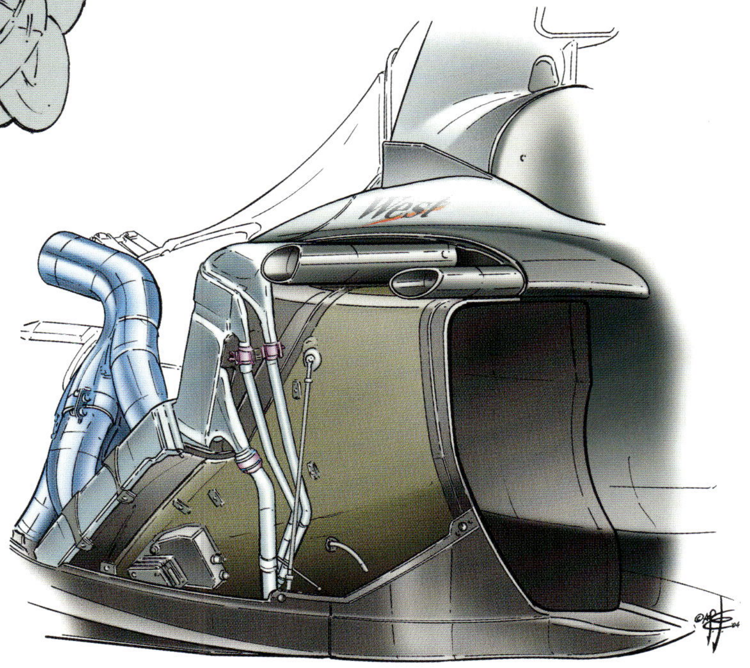

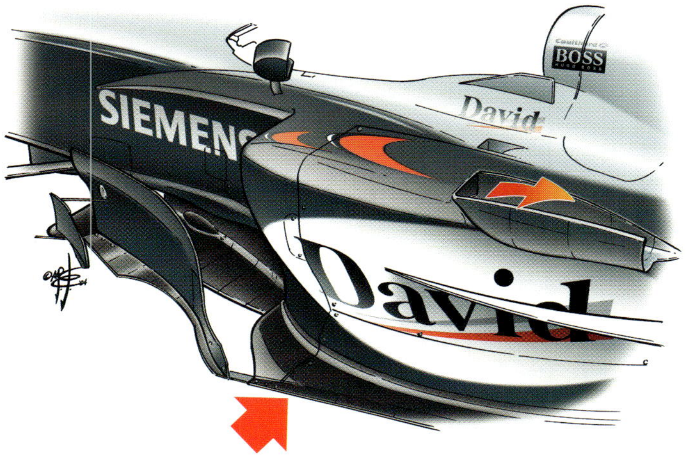

McLaren MP4-19B
Deux nouvelles voitures pour McLaren cette saison. La plus visible différence entre les deux versions était constitué des deux coupures de style Ferrari et Renault à l'entrée des pontons, mais avec une version encore plus accentuée que ces deux écuries. Les sorties d'air chaud étaient en particulier plus grandes et plus hautes, alors que le design des radiateurs est resté inchangé.

Ferrari a introduit des cheminées d'échappement inclinées, avec un angle plus grand vers l'extérieur comparé à celles des Renault. Ce qui a amélioré le refroidissement, mais par dessus tout, ce qui a modifié l'écoulement de l'air vers l'arrière et la rendu plus efficace. Les petits déflecteurs latéraux sur les pontons sont plus grands. Les flancs des ailerons arrière sont inclinés vers l'extérieur dans leur partie supérieure.

Le développement le plus évident sur la Sauber C23 a été constitué par le radiateurs droit, complètement différent de celui utilisé sur les Ferrari F2003 GA de la saison précédente. Ces radiateurs étaient pratiquement pliés en deux, augmentant par là même la surface de refroidissement d'environ 20%.

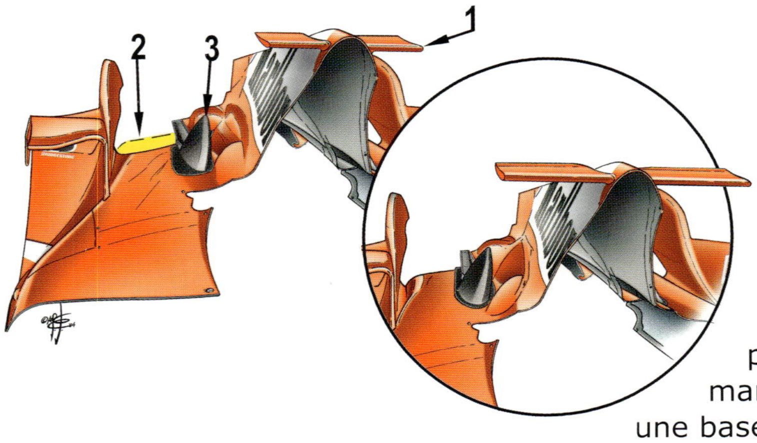

Un nouveau capot-moteur est apparu en cours de saison sur les Ferrari. Il était facilement identifiable à ses ailettes (1) plus petites que d'habitude. Le nouveau capot était plus étroit et plus bas (2) sur la partie arrière (différence marquée en jaune). Les "cheminées" avaient aussi une base différente.

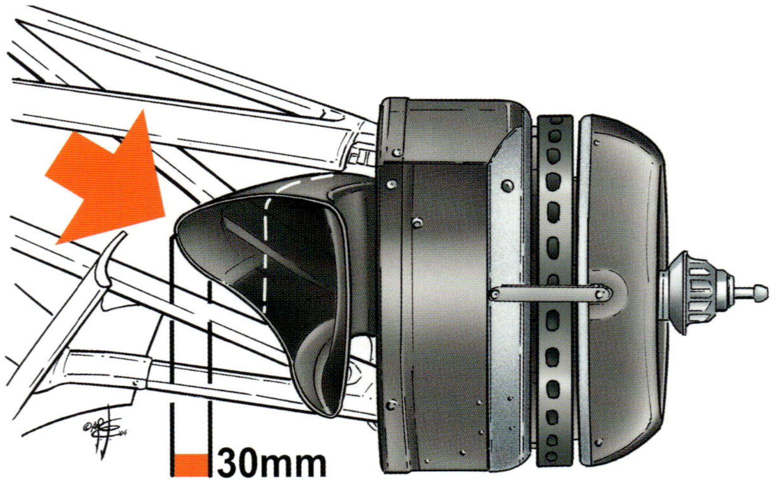

Polémiques autour de l'interprétation qu'à faite l'écurie BAR des flaps situés sur l'aileron arrière. On ne permet pas à ceux-ci de faire dévier l'air plus que (a) que 30% depuis une ligne droite tirée entre les deux extrémités du même profil. BAR a donc réduit plus tard la taille du débattement, qui avait déjà été réduit au GP de Saint Marin (la différence entre les deux versions est ici indiquée en orange).

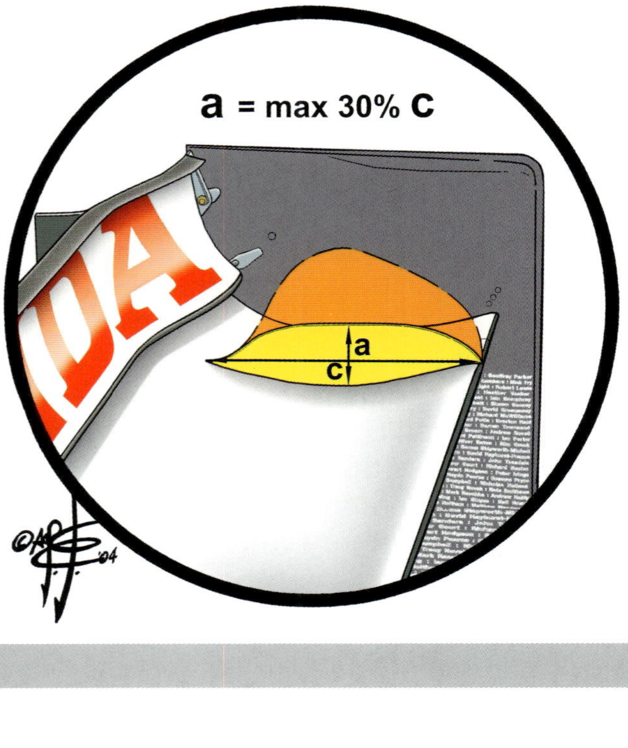

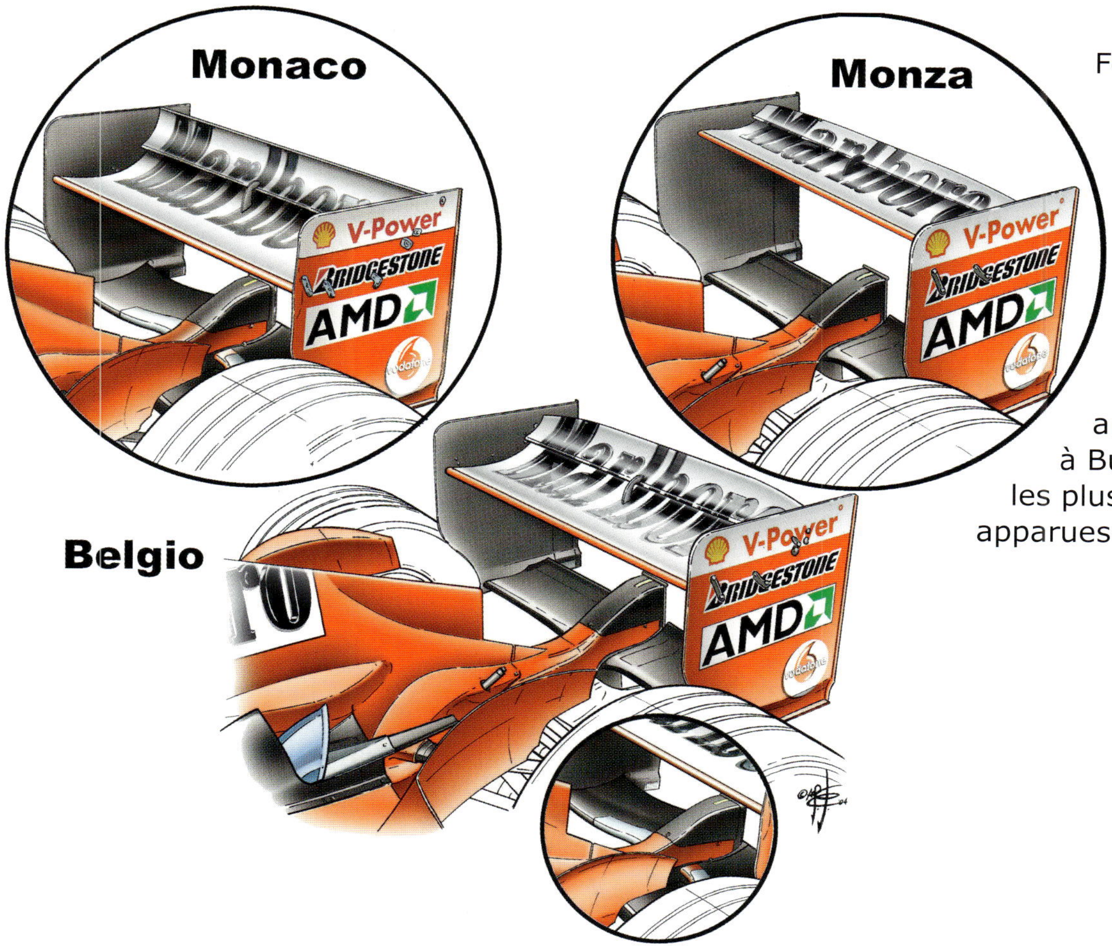

Ferrari disposait de nombreuses versions de ses ailerons arrière (comme la plupart des écuries). La version utilisée dépendait de la charge aérodynamique nécessitée par chaque circuit. Comme chaque année, c'était à Monaco et à Budapest que les versions les plus braquées sont apparues.

McLaren a modifié la forme de son museau en passant à la MP4-19B. La nouvelle version était nettement plus basse que celle d'origine.

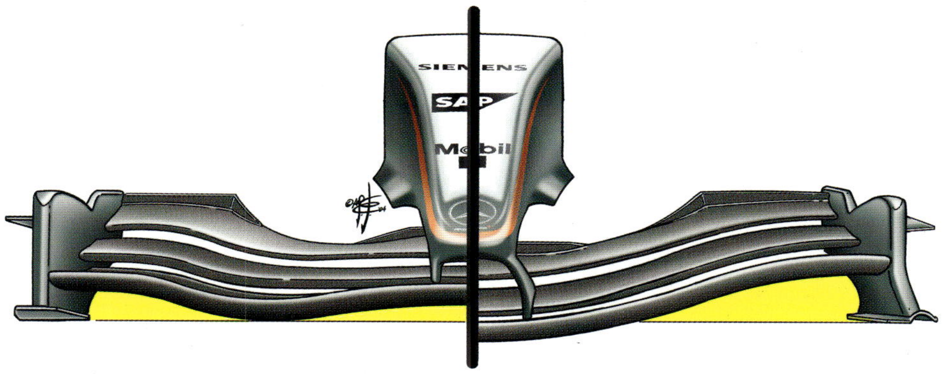

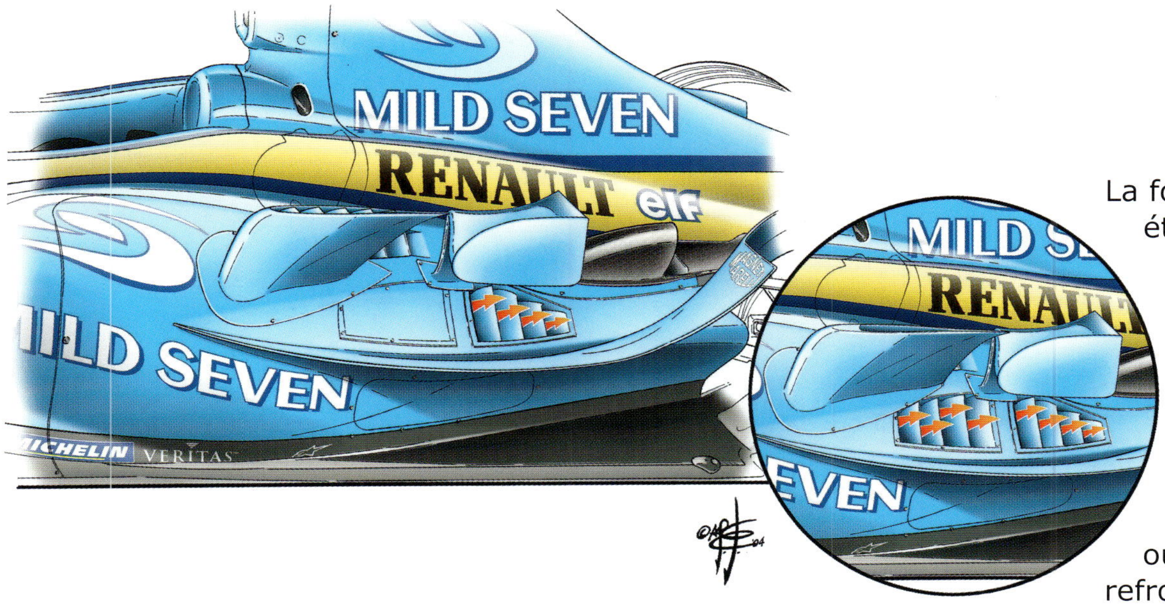

La forme de la Renault R24 était très intéressante... son flanc semblait disparaître dans la partie arrière. La voiture a conservé l'aileron arrière d'origine, mais avec un volet séparé. Sur son ponton, elle disposait d'une ou de deux ouvertures pour un meileur refroidissement.

LES ACTEURS

Dix écuries, c'est autant de monoplaces différentes, mais c'est surtout des milliers d'employés, des centaines de milliers de kilomètres couverts chaque année, et des efforts de tous les instants pour aligner deux voitures chaque dimanche après-midi de Grand Prix. Présentations.

Ferrari

1. Michael SCHUMACHER

FICHE D'IDENTITÉ

• Nom	*SCHUMACHER*
• Prénom	*Michael*
• Nationalité	*allemande*
• Date de naissance	*3 janvier 1969*
• Lieu de naissance	*Hürth-Hermühlheim (D)*
• Domicilié à	*Vufflens-le-Château (CH)*
• État civil	*marié à Corinna*
• Enfants	*une fille et un garçon (Gina-Maria & Mick)*
• Hobbies	*karting, football, vélo, ski*
• Musique favorite	*le rock*
• Plat favori	*cuisine italienne, sushis*
• Boisson favorite	*jus de pomme avec eau minérale*
• Taille	*174 cm*
• Poids	*73 kg*
• Internet	*www.michael-schumacher.de*

STATISTIQUES

• Grands Prix	*213*
• Départs	*211*
• Victoires	*83*
• Pole-positions	*63*
• Meilleurs tours	*66*
• Podiums	*137*
• Accidents/sorties	*24*
• Non-qualifications	*0*
• GP en tête	*126*
• Tours en tête	*4657*
• Km en tête	*21954*
• Points marqués	*1186*

DÉBUTS

1984-85 *Karting Champion Junior (D)*
1986 *Karting 3e (D & EUR)*
1987 *Karting Champion (D & EUR)*
1988 *Champion F. Koenig, F. Ford 1600 (EUR) (2e), F. Ford 1600 (D) (6e)*
1989 *F3 (D) (3e)*
1990 *Champion F3 (D)*
1990-91 *Sport-prototypes Mercedes (5e & 9e)*

CARRIÈRE EN F1

1991 *Jordan-Ford, Benetton-Ford. 4 pts. 12e du championnat.*
1992 *Benetton-Ford. 53 pts. 3e du championnat.*
1993 *Benetton-Ford. 52 pts. 4e du championnat.*
1994 *Benetton-Ford. 92 pts.* ***Champion du Monde.***
1995 *Benetton-Renault. 102 pts.* ***Champion du Monde.***
1996 *Ferrari. 49 pts. 3e du championnat.*
1997 *Ferrari. 78 pts. Exclu du championnat (2e).*
1998 *Ferrari. 86 pts. 2e du championnat.*
1999 *Ferrari. 44 pts. 5e du championnat.*
2000 *Ferrari. 108 pts.* ***Champion du Monde.***
2001 *Ferrari. 123 pts.* ***Champion du Monde.***
2002 *Ferrari. 144 pts.* ***Champion du Monde.***
2003 *Ferrari. 93 pts.* ***Champion du Monde.***
2004 *Ferrari. 148 pts.* ***Champion du Monde.***

2. Rubens BARRICHELLO

FICHE D'IDENTITÉ

• Nom	*BARRICHELLO*
• Prénom	*Rubens Gonçalves*
• Nationalité	*brésilienne*
• Date de naissance	*23 mai 1972*
• Lieu de naissance	*São Paulo (BR)*
• Domicilié à	*Monaco (MC)*
• État civil	*marié à Silvana*
• Enfants	*un garçon (Eduardo)*
• Hobbies	*karting, bowling*
• Musique favorite	*pop, rock, Biagio Antonacci*
• Plat favori	*pâtes*
• Boisson favorite	*Red Bull*
• Taille	*172 cm*
• Poids	*71 kg*
• Internet	*www.barrichello.com.br*

STATISTIQUES

• Grands Prix	*198*
• Départs	*195*
• Victoires	*9*
• Pole-positions	*13*
• Meilleurs tours	*15*
• Podiums	*57*
• Accidents/sorties	*28*
• Non-qualifications	*0*
• GP en tête	*42*
• Tours en tête	*699*
• Km en tête	*3389*
• Points marqués	*451*

DÉBUTS

1981-88 *Karting (5 fois Champion du Brésil)*
1989 *F. Ford 1600 (3e)*
1990 *Champion Opel Lotus Euroseries, F. Vauxhall (11e)*
1991 *Champion F3 (GB)*
1992 *F3000 (3e)*

CARRIÈRE EN F1

1993 *Jordan-Hart. 2 pts. 17e du championnat.*
1994 *Jordan-Hart. 19 pts. 6e du championnat.*
1995 *Jordan-Peugeot. 11 pts. 11e du championnat.*
1996 *Jordan-Peugeot. 14 pts. 8e du championnat.*
1997 *Stewart-Ford. 6 pts. 13e du championnat.*
1998 *Stewart-Ford. 4 pts. 12e du championnat.*
1999 *Stewart-Ford. 21 pts. 7e du championnat.*
2000 *Ferrari. 62 pts. 4e du championnat.*
2001 *Ferrari. 56 pts. 3e du championnat.*
2002 *Ferrari. 77 pts. 2e du championnat.*
2003 *Ferrari. 65 pts. 4e du championnat.*
2004 *Ferrari. 114 pts. 2e du championnat.*

Il a presque 36 ans et il devrait être fatigué de piloter. Il n'a gagné qu'une des quatre dernières courses de la saison, il a pris le départ de deux Grands Prix du fond de la grille de départ et de la voie des stands, il n'a pas réussi beaucoup de dépassements et il est sorti violemment de la piste au Brésil. Peut-être l'ère Schumacher touche-t-elle à sa fin? OK, mais n'a-t-il pas gagné 13 courses et signé 8 pole positions ? Non, en réalité il n'y a aucun signe qui montre un Michael Schumacher sur le déclin. L'Allemand a toujours déclaré qu'il raccrocherait son casque quand il se rendrait compte qu'il n'est plus assez rapide. La réalité, c'est qu'il est déjà à la conquête de son huitième titre mondial en 2005.
Et est-ce qu'honnêtement quelqu'un peut affirmer qu'il y a un autre homme sur la grille de départ qui pilote comme Schumi?

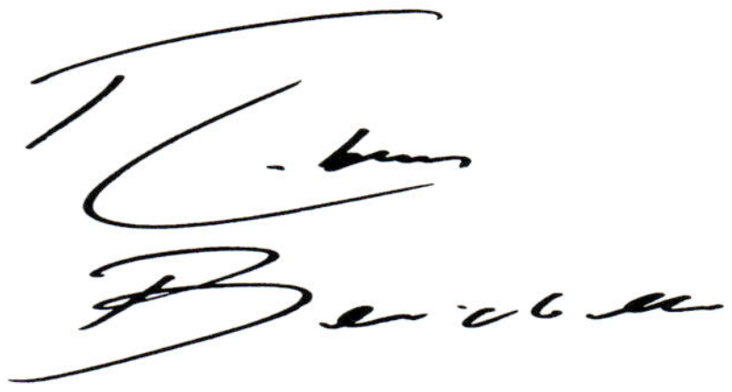

Il est difficile de juger un pilote qui a été le coéquipier de Michael Schumacher pendant cinq ans. Ce travail incombait précédemment à Eddie Irvine, et à l'époque ce dernier comparait cette mission à se prendre une batte de baseball en pleine tête tous les jours. Il est difficile de dire si le Brésilien, qui a terminé deuxième du championnat du monde des pilotes, et qui a signé deux victoires cette année, est le deuxième meilleur pilote au monde ou alors le meilleur numéro 2 au monde... Quelles que soient les déclarations de Ferrari, l'équipe est construite autour de Michaël Schumacher et les autres pilotes ne sont que des invités.
Cette année, il a fallu un certain temps à Rubens pour «sentir» la F2004; peut être aussi parce qu'il a bénéficié de moins de journées d'essais que son illustre coéquipier. Mais une fois cette adaptation réglée, il a souvent été l'égal de Michael en terme de rapidité. Le coup de grâce lui a toutefois été asséné au Brésil lorsqu'il laissa la victoire lui échapper à cause de ses pneus Bridgestone.

Jean Todt

Ross Brawn

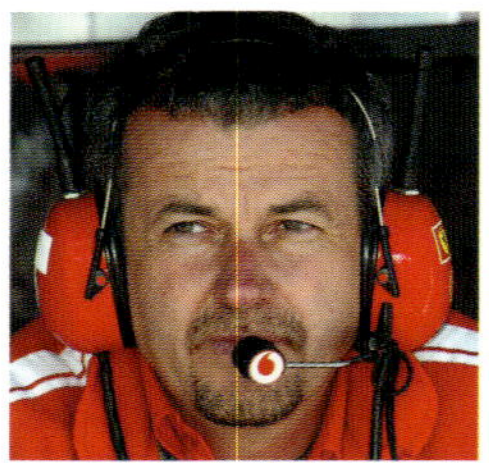

Nigel Stepney

Luca Badoer

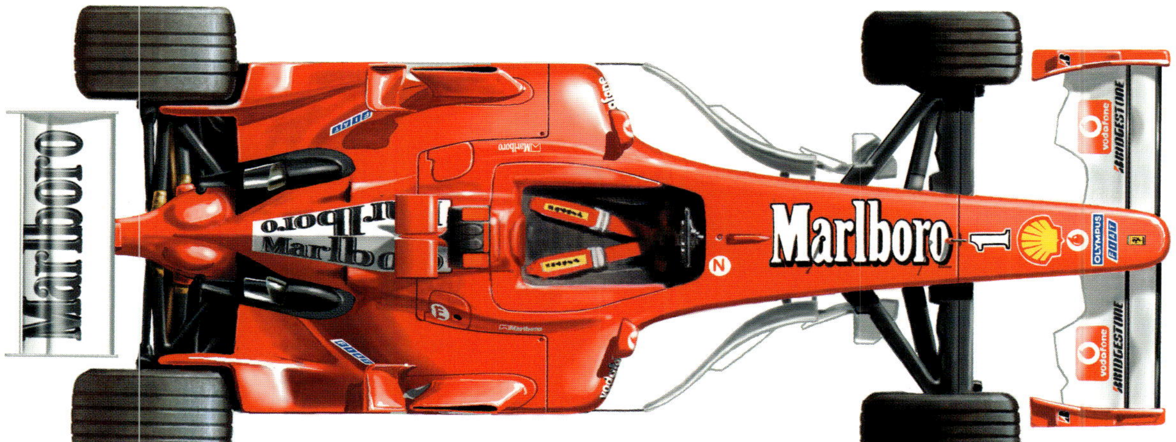

FERRARI F2004
MICHAEL SCHUMACHER
GRAND PRIX D'ALLEMAGNE

Ferrari F2004

CARACTÉRISTIQUES

• Châssis	*Ferrari F2004*
• Type	*Monocoque en fibre de carbone, structure composite en nid d'abeille*
• Suspensions	*indépendantes, barre de torsion / poussoirs (AV/AR)*
• Moteur	*V10 Ferrari Type 053 (90°)*
• Cylindrée	*2997 cm³*
• Distribution	*40 soupapes à rappel pneumatique*
• Gestion électronique	*Magneti Marelli*
• Transmission	*Ferrari longitudinale, semi-automatique à contrôle électronique et commande séquentielle, 7 vitesses + marche AR*
• Embrayage	*Sachs - AP*
• Radiateurs	*Secan*
• Carburant / huile	*Shell*
• Disques de freins	*Brembo (en carbone ventilé)*
• Etriers	*Brembo*
• Bougies	*NGK*
• Amortisseurs	*non révélé*
• Pneumatiques	*Bridgestone Potenza*
• Diamètre roues	*13"*
• Jantes	*BBS*
• Poids	*605 kg, pilote + caméra à bord + lest*
• Empattement	*3050 mm*
• Longueur totale	*4545 mm*
• Largeur totale	*1796 mm*
• Hauteur totale	*959 mm*
• Voie avant	*1470 mm*
• Voie arrière	*1405 mm*

FICHE D'IDENTITÉ

• Adresse	*Ferrari SpA Via A. Ascari 55-57 41053 Maranello (MO) Italia*
• Téléphone	*+ 39.536.949111*
• Fax	*+ 39.536.946488*
• Internet	*www.ferrariworld.com*
• Écurie fondée en	*1929*
• Premier Grand Prix	*Monaco 1950*
• Appellation officielle	*Scuderia Ferrari Marlboro*
• Directeur général	*Jean Todt*
• Directeur technique	*Ross Brawn, Paolo Martinelli (moteur)*
• Directeur des activités F1	*Stefano Domenicali*
• Designer en chef	*Rory Byrne*
• Manager technique (course)	*Nigel Stepney*
• Ingénieur de course (M.S.)	*Chris Dyer*
• Ingénieur de course (R.B.)	*Gabrielle Delli Colli*
• Nombre d'employés	*700*
• Sponsors	*Philip Morris (Marlboro), Vodafone, Shell, Bridgestone, Fiat, AMD, Olympus*
• Fournisseurs officiels	*Acer, Brembo, Magneti Marelli, Mahle, OMR, SKF, Beta, Europcar, Finmeccanica, Fila, Infineon, Iveco, Momo, NGK, ZF Sachs*
• Fournisseurs	*BBS, Cima, Mecanica, Mecel, Poggipolini, PTC, Sabelt, VeCa, TRW*

PILOTE D'ESSAIS 2004

• Luca BADOER (I)

STATISTIQUES

• Nombre de Grands Prix disputés	*704*
• Nombre de victoires	*182*
• Nombre de pole-positions	*178*
• Nombre de meilleurs tours en course	*181*
• Nombre de podiums	*553*
• Nombre de titres mondiaux conducteurs	*14*
• Nombre de titres mondiaux constructeurs	*14*
• Nombre total de points marqués	*3299,5 (3346,5)*

CLASSEMENT AU CHAMPIONNAT

1958	*2e – 40 (57) pts*	1970	*2e – 52 (55) pts*	1982	***1er – 74 pts***	1994	*3e – 71 pts*
1959	*2e – 32 (38) pts*	1971	*4e – 33 pts*	1983	***1er – 89 pts***	1995	*3e – 73 pts*
1960	*3e – 26 (27) pts*	1972	*4e – 33 pts*	1984	*2e – 57,5 pts*	1996	*2e – 70 pts*
1961	***1er – 40 (52) pts***	1973	*6e – 12 pts*	1985	*2e – 82 pts*	1997	*2e – 102 pts*
1962	*5e – 18 pts*	1974	*2e – 65 pts*	1986	*4e – 37 pts*	1998	*2e – 133 pts*
1963	*4e – 26 pts*	1975	***1er – 72,5 pts***	1987	*4e – 53 pts*	1999	***1er - 128 pts***
1964	***1er – 45 (49) pts***	1976	***1er – 83 pts***	1988	*2e – 65 pts*	2000	***1er - 170 pts***
1965	*4e – 26 (27) pts*	1977	***1er – 95 (97) pts***	1989	*3e – 59 pts*	2001	***1er - 179 pts***
1966	*2e – 31 (32) pts*	1978	*2e – 58 pts*	1990	*2e – 110 pts*	2002	***1er - 221 pts***
1967	*4e – 20 pts*	1979	***1er – 113 pts***	1991	*3e – 55,5 pts*	2003	***1er - 158 pts***
1968	*4e – 32 pts*	1980	*10e – 8 pts*	1992	*4e – 21 pts*	2004	***1er - 262 pts***
1969	*5e – 7 pts*	1981	*5e – 34 pts*	1993	*4e – 28 pts*		

SUCCESSION DES PILOTES 2004

• Michael SCHUMACHER *les 18 Grands Prix*
• Rubens BARRICHELLO *les 18 Grands Prix*

A deux doigts de la perfection

Lors de la saison 2004, la Scuderia Ferrari a totalisé plus de tours (2196) en course, et donc plus de kilomètres, que n'importe quel autre team. Les Italiens ont ajouté de nouveaux records à leur liste : 15 victoires, 12 pole positions, 14 meilleurs tours en course, 8 doublés et 262 points marqués sur 324 possibles. Mais bien sur, nous sommes en F1, et au lieu d'être félicitée, l'équipe a été dépeinte comme destructrice de la discipline. Au Brésil notamment, les choses se sont avérées particulièrement tendues et Jean Todt a été tenu personnellement responsable de la non-signature du changement de réglementation qui avait été avalisée par les neuf autres équipes, et donc par là même du destin des Grands Prix d'Angleterre et de France. Il n'y a pas de bons perdants en F1, et après avoir laissé le championnat disputé jusqu'à la dernière course 2003, la Scuderia devait reprendre les rênes.
La clé de cet incomparable succès vient entre autres du relationnel au sein de l'équipe, d'un énorme budget, des relations avec Bridgestone – bien que la F2004 et les pneus du manufacturier japonais ne fonctionnent pas sur le mouillé, comme nous l'avons constaté lors du Grand Prix du Brésil – et de beaucoup de travail. Avoir le meilleur pilote au monde doit aussi aider...

Williams BMW

3. Juan Pablo MONTOYA

FICHE D'IDENTITÉ

- Nom — *MONTOYA ROLDÁN*
- Prénom — *Juan Pablo*
- Nationalité — *colombienne*
- Date de naissance — *20 septembre 1975*
- Lieu de naissance — *Bogota (COL)*
- Domicilié à — *Monaco (MC), Oxford (GB), Miami (USA) et Madrid (E)*
- État civil — *marié à Connie*
- Enfants — -
- Hobbies — *ski-nautique, les ordinateurs et jeux vidéo*
- Musique favorite — *rock*
- Plat favori — *pâtes*
- Boisson favorite — *jus d'orange*
- Taille — *168 cm*
- Poids — *72 kg*
- Internet — *www.jpmontoya.com*

STATISTIQUES

- Grands Prix — *68*
- Départs — *68*
- Victoires — *4*
- Pole-positions — *11*
- Meilleurs tours — *11*
- Podiums — *23*
- Accidents/sorties — *6*
- Non-qualifications — *0*
- GP en tête — *24*
- Tours en tête — *382*
- Km en tête — *1792*
- Points marqués — *221*

DÉBUTS

1981-91 *Karting (2 fois Champion du Monde Jr)*
1992 *F. Renault (COL)*
1993 *Swift GTI (COL)*
1994 *Karting-Sudam 125 Champ. Barber Saab (3e)*
1995 *F. Vauxhall (GB)*
1996 *F3 (GB)*
1997 *F3000 (2e)*
1998 *Champion F3000*
1999 *Champion CART*
2000 *CART (9e)*

CARRIÈRE EN F1

1997 *Williams- Renault. Pilote-essayeur*
2001 *Williams- BMW. 31 pts. 6e du championnat.*
2002 *Williams- BMW. 50 pts. 3e du championnat.*
2003 *Williams- BMW. 82 pts. 3e du championnat.*
2004 *Williams- BMW. 58 pts. 5e du championnat.*

Quand «JPM» a débarqué en F1, il a immédiatement été désigné comme un futur grand, comme celui qui ferait mieux que Herr Schumacher. Rien de tout ça ne s'est jamais produit, et cette saison il était de bon ton de critiquer le Colombien, de l'accuser de paresse, d'embonpoint, de manque de motivation voire d'inaptitude à régler une voiture. Vrai ou pas, même si l'on ajoute à cette liste de reproches un tempérament Latin qui lui fait souvent défaut, Montoya a la vertu d'un vrai pilote et il s'en remet à son talent. Malheureusement, lors de ses quatre années avec Williams, l'écurie n'a pas été en mesure de lui offrir le meilleur matériel. Montoya a payé l'addition en 2004, passant pour un pilote manquant d'engagement. Pour lui, offrir à son équipe une victoire en guise de cadeau d'adieu fut le plus beau des présents. McLaren est réputé pour savoir mieux «apprivoiser» ses pilotes que Williams. 2005 pourrait ainsi nous donner le reflet exact de ce quoi «Monty» est capable de faire.

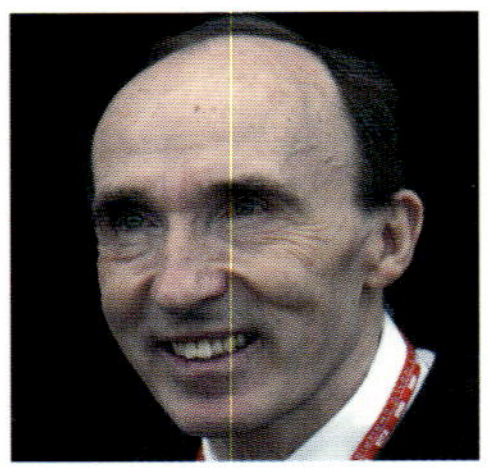

Sir Frank Williams

Sam Michael

Patrick Head, Frank Dernie

4. Ralf SCHUMACHER

FICHE D'IDENTITÉ

- Nom — *SCHUMACHER*
- Prénom — *Ralf*
- Nationalité — *allemande*
- Date de naissance — *30 juin 1975*
- Lieu de naissance — *Hürth-Hermühlheim (D)*
- Domicilié à — *Hallwang (Salzburg) (A)*
- État civil — *marié à Cora*
- Enfants — *un garçon (David)*
- Hobbies — *karting, tennis, vélo, backgammon*
- Musique favorite — *soft rock*
- Plat favori — *pâtes*
- Boisson favorite — *jus de pomme avec de l'eau gazeuse*
- Taille — *178 cm*
- Poids — *73 kg*
- Internet — *www.ralf-schumacher.de*

STATISTIQUES

- Grands Prix — *128*
- Départs — *127*
- Victoires — *6*
- Pole-positions — *5*
- Meilleurs tours — *7*
- Podiums — *24*
- Accidents/sorties — *26*
- Non-qualifications — *0*
- GP en tête — *19*
- Tours en tête — *387*
- Km en tête — *1858*
- Points marqués — *259*

DÉBUTS

1978-92 *Karting*
1993 *F3 ADAC Jr. (2e)*
1994 *F3 (D) (3e)*
1995 *F3 (D) (2e), Vainqueur F3 Macau*
1996 *Champion F3000 (J)*

CARRIÈRE EN F1

1997 *Jordan-Peugeot. 13 pts. 11e du championnat.*
1998 *Jordan-Mugen-Honda. 14 pts. 10e du championnat.*
1999 *Williams-Supertec. 35 pts. 6e du championnat.*
2000 *Williams-BMW. 24 pts. 5e du championnat.*
2001 *Williams-BMW. 49 pts. 4e du championnat.*
2002 *Williams-BMW. 42 pts. 4e du championnat.*
2003 *Williams-BMW. 58 pts. 5e du championnat.*
2004 *Williams-BMW. 24 pts. 9e du championnat.*

Coéquipier de Montoya, le dévouement de Ralf Schumacher pour Williams a été affecté par son départ prévu de l'écurie – même si l'avouer fut difficile. Le petit frère de Michael est rapide, mais comme la plupart de ses adversaires, il a une certaine tendance à diminuer la cadence au milieu de la course. Quand tout se déroule bien, Ralf livre le meilleur de lui-même, mais dès qu'un problème technique interrompt son rythme, il baisse les bras. Ses ingénieurs savent que s'il rencontre un problème lors des essais du vendredi, le reste du week-end est entièrement compromis. Peut être qu'un changement de décor chez Toyota et un «coup de pied» ou deux de la part de Mike Gascoyne remettront le pilote allemand sur les rails et lui permettront d'être plus régulier.

4. Marc GENÉ

FICHE D'IDENTITÉ

- Nom — *GENÉ GUERRERO*
- Prénom — *Marc*
- Nationalité — *espagnole*
- Date de naissance — *29 mars 1974*
- Lieu de naissance — *Sabadell (E)*
- Domicilié à — *St Quirze del Valles (E)*
- État civil — *célibataire*
- Enfants — -
- Hobbies — *lecture, cinéma et faire du sport*
- Musique favorite — *Dire Straits, le rock et la techno*
- Plat favori — *pâtes et paella*
- Boisson favorite — *lait*
- Taille — *173 cm*
- Poids — *69 kg*
- Internet — *www.marcgene.com*

STATISTIQUES

- Grands Prix — *36*
- Meilleur résultat — *1 x 5e*
- Meilleure qualif. — *1 x 5e*
- Accidents/sorties — *4*
- Points marqués — *5*

DÉBUTS

1987 *Karting (2e)*
1988 *Champion Kart (E)*
1989 *Karting Jr. (EUR) (10e) Chpt du Monde Karting (19e)*
1990 *Champion Kart Sr. (E)*
1991 *Champion Kart Sr. (CAT.) Chpt du Monde Karting FA (13e)*
1992 *F. Ford (E) (5e)*
1993 *F. Ford Festival (2e) F. Ford (EUR) (2e)*
1994 *F3 (GB)*
1995 *F3 (GB) (10e)*
1996 *Champion II Golden Cup FISA Superformula*
1997 *F3000*
1998 *Champion Open Fortuna Nissan*

CARRIÈRE EN F1

1999 *Minardi-Ford. 1 pt. 17e du championnat.*
2000 *Minardi-Fondmetal. 0 pt. 19e du championnat.*
2001-02 *Williams- BMW. pilote-essayeur*
2003 *Williams- BMW. 4 pts. 17e du championnat.*
2004 *Williams- BMW. 0 pt. 23e du championnat.*

Le sympathique pilote d'essais pourrait remporter la médaille Olympique de la tchatche ! Il a été promu pilote titulaire pour le Grand Prix de France et d'Angleterre après l'accident de Ralf Schumacher survenu à Indianapolis. Il a terminé les deux courses, mais seulement aux 10e et 12e place, donc il fut remplacé par ....

4. Antonio PIZZONIA

FICHE D'IDENTITÉ

- Nom — *PIZZONIA Júnior*
- Prénom — *Antônio Reginaldo*
- Nationalité — *brésilienne*
- Date de naissance — *11 septembre 1980*
- Lieu de naissance — *Manaus (BR)*
- Domicilié à — *Monaco (MC) et Manaus (BR)*
- État civil — *célibataire*
- Enfants — -
- Hobbies — *foot, tennis, surf, protection de la nature*
- Musique favorite — *tout, de l'opéra au rock*
- Plat favori — *barbecue, churrascaria, poulet, pâtes*
- Boisson favorite — *jus de fruits tropicaux*
- Taille — *173 cm*
- Poids — *68 kg*
- Internet — *www.antoniopizzonia.net*

STATISTIQUES

- Grands Prix — *15*
- Meilleur résultat — *3 x 7e*
- Meilleure qualif. — *1 x 6e*
- Accidents/sorties — *3*
- GP en tête — *1*
- Tours en tête — *1*
- Km en tête — *7*
- Points marqués — *6*

DÉBUTS

1991-96 *Karting, Champion (BR)*
1996 *F. Barber Dodge (USA) (2e)*
1997 *F. Vauxhall (GB) (2e)*
1998 *Champion F. Vauxhall (GB)*
1999 *Champion F. Renault (GB), F. Renault (EUR) (2e)*
2000 *Champion F3 (GB)*
2001 *F3000 (6e)*
2002 *F3000 (8e)*

CARRIÈRE EN F1

2001 *Williams-BMW. Pilote-essayeur.*
2002 *Williams-BMW. Pilote-essayeur.*
2003 *Jaguar. 0 pt. 21e du championnat.*
2004 *Williams-BMW. 6 pts. 15e du championnat.*

Pizzonia est retourné chez Williams comme pilote-essayeur après avoir ruiné sa réputation la saison précédente chez Jaguar en tant que pilote officiel. L'écurie lui demanda d'assurer les Grands Prix d'Allemagne, de Hongrie et de Belgique. Il termina à la porte des points lors de deux premières épreuves et fut cruellement stoppé sur problème mécanique alors qu'il visait la troisième place en Belgique. Il est désormais favori pour être l'autre pilote officiel 2005, bien qu'il ne soit pas le choix de Mark Webber !

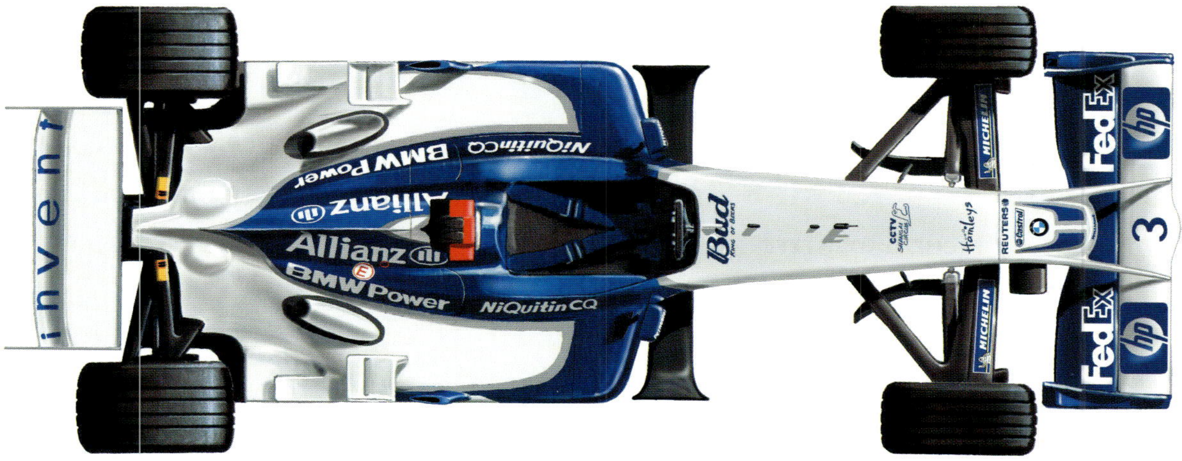

WILLIAMS FW26-BMW
JUAN PABLO MONTOYA
GRAND PRIX DE MALAISIE

Williams FW26-BMW

CARACTÉRISTIQUES

• Châssis	*Williams FW26*
• Type	*Monocoque en fibre de carbone epoxy*
• Suspensions	*WilliamsF1 indépendantes barre de torsion / poussoirs (AV/AR)*
• Direction	*WilliamsF1*
• Moteur	*V10 BMW P84 (90°)*
• Cylindrée	*2998 cm³*
• Distribution	*4 soupapes par cylindre à rappel pneumatique*
• Gestion électronique	*BMW*
• Transmission	*WilliamsF1 semi-automatique 7 vitesses + marche AR*
• Embrayage	*Automotive Products*
• Radiateurs	*Secan / IMI Marston*
• Carburant / huile	*Petrobras / Castrol*
• Disques de freins	*Carbone Industrie*
• Etriers	*AP Racing*
• Bougies	*Champion*
• Amortisseurs	*Williams / Penske*
• Pneumatiques	*Michelin Pilot*
• Diamètre roues	*13 x 12 (AV) / 13 x 13,7 (AR)*
• Jantes	*O.Z. Racing*
• Poids	*605 kg, pilote + caméra à bord + lest*
• Empattement	*3140 mm*
• Longueur totale	*4540 mm*
• Largeur totale	*non révélé*
• Hauteur totale	*non révélé*
• Voie avant	*maximum autorisé*
• Voie arrière	*maximum autorisé*

FICHE D'IDENTITÉ

• Adresse	*Williams F1 Grove, Wantage, Oxfordshire, OX12 0DQ - Great Britain*
• Téléphone	*+44 (0) 1235 7777 00*
• Fax	*+44 (0) 1235 7777 39*
• Internet	*www.bmw.williamsf1.com*
• Écurie fondée en	*1969*
• Premier Grand Prix	*Argentine 1975 (ARG 1973, sous ISO)*
• Appellation officielle	*BMW WilliamsF1 Team*
• Directeur général	*Sir Frank Williams*
• Directeur technique	*Patrick Head*
• Directeur BMW Motorsport	*Dr Mario Theissen*
• Chef developpement moteur	*Heinz Paschen*
• Ingénieur en chef des opérations	*Sam Michael*
• Designer en chef	*Gavin Fisher*
• Team manager	*Dickie Stanford*
• Chef aérodynamicien	*Dr Antonia Terzi*
• Ingénieur de course (JP.M.)	*Tony Ross*
• Ingénieur de course (4)	*Gordon Day*
• Nombre d'employés	*500 (Williams) / 250 (BMW)*
• Partenaires	*HP, Allianz, Budweiser, FedEx, NiQuitin CQ, Accenture, Castrol, Michelin, Petrobras, Reuters, Hamleys, O.Z. Racing, MAN, Puma, O2, PPG, ORIS, W.L. Gore, Boysen, Intelsat, Würth*

STATISTIQUES

• Nombre de Grands Prix disputés	*496*
• Nombre de victoires	*113*
• Nombre de pole-positions	*124*
• Nombre de meilleurs tours en course	*127*
• Nombre de podiums	*290*
• Nombre de titres mondiaux conducteurs	*7*
• Nombre de titres mondiaux constructeurs	*9*
• Nombre total de points marqués	*2429,5*

CLASSEMENT AU CHAMPIONNAT

1975	*9e – 6 pts*	1983	*4e – 38 pts*	1991	*2e – 125 pts*	1999	*5e – 35 pts*
1976	*non classé*	1984	*6e – 25,5 pts*	1992	***1er – 164 pts***	2000	*3e – 36 pts*
1977	*non classé*	1985	*3e – 71 pts*	1993	***1er – 168 pts***	2001	*3e – 80 pts*
1978	*9e – 11 pts*	1986	***1er – 141 pts***	1994	***1er – 118 pts***	2002	*2e – 92 pts*
1979	*2e – 75 pts*	1987	***1er – 137 pts***	1995	*2e – 112 pts*	2003	*2e – 144 pts*
1980	***1er – 120 pts***	1988	*7e – 20 pts*	1996	***1er – 175 pts***	2004	*4e – 88 pts*
1981	***1er – 95 pts***	1989	*2e – 77 pts*	1997	***1er – 123 pts***		
1982	*4e – 58 pts*	1990	*4e – 57 pts*	1998	*3e – 38 pts*		

PILOTES D'ESSAIS 2004

- Marc GENÉ (E)
- Antonio PIZZONIA (BR)

SUCCESSION DES PILOTES 2004

• Juan Pablo MONTOYA	*les 18 Grands Prix*
• Ralf SCHUMACHER	*12 Grands Prix (Australie > USA, Chine > Brésil)*
• Marc GENÉ	*2 Grands Prix (France, Grande-Bretagne)*
• Antonio PIZZONIA	*4 Grands Prix (Allemagne, Hongrie, Belgique, Italie)*

En eaux troubles

Ce fut une nouvelle année décevante pour le tandem «Frank / Patrick». Une saison qui s'est terminé sur une seule bonne note, celle de la victoire de Montoya au Brésil. En fait, ce ne fut plus vraiment le tandem «Frank / Patrick» toute l'année. Patrick Head, déçu par les mauvaises options techniques qui avaient été prises, la boite de vitesse et l'horrible «nez de morse», offrit le poste de responsable technique au jeune Australien Sam Michael. Une nouvelle répartition des responsabilités qui n'a pas porté ses fruits dès le début. Deux voitures ont été disqualifiées pour freins illégaux au Canada, Grand Prix suivi du terrible accident de Ralf Schumacher à Indianapolis. Reste un mystère: pourquoi les équipes anglaises insistent-elles à travailler avec des motoristes allemands, alors que leurs politiques et leurs analyses respectives n'abondent jamais dans le même sens? Le mariage Williams-BMW pouvait tout juste être toléré quand les hommes de Munich fournissaient un avantage-moteur certain, ce qui était le cas les années précédentes. Mais en 2004, BMW a nettement perdu de son panache.
Le chaos vécu côté pilotes n'a probablement pas aidé: d'une part Gené et Pizzonia en remplacement de Ralf, et de l'autre Montoya agaçant sans cesse ses mécaniciens et ingénieurs. Ces derniers n'espéraient plus qu'une chose : que le pilote colombien fasse ses valises et ramène son fan club «made in Bogota» dans les rangs de McLaren !

McLaren Mercedes

5. David COULTHARD

FICHE D'IDENTITÉ

• Nom	*COULTHARD*
• Prénom	*David*
• Nationalité	*écossaise*
• Date de naissance	*27 mars 1971*
• Lieu de naissance	*Twynholm (Ecosse, GB)*
• Domicilié à	*Monaco (MC)*
• État civil	*célibataire*
• Enfants	-
• Hobbies	*Golf, natation, cinéma*
• Musique favorite	*The Cranberries, Oasis, The Corrs*
• Plat favori	*pâtes*
• Boisson favorite	*thé et eau minérale*
• Taille	*182 cm*
• Poids	*72,5 kg*
• Internet	*www.davidcoulthard-f1.com*

STATISTIQUES

• Grands Prix	*175*
• Départs	*175*
• Victoires	*13*
• Pole-positions	*12*
• Meilleurs tours	*18*
• Podiums	*60*
• Accidents/sorties	*19*
• Non-qualifications	*0*
• GP en tête	*58*
• Tours en tête	*894*
• Km en tête	*4195*
• Points marqués	*475*

DÉBUTS

1983-88 *Karting (3 fois Champion Jr. et Open Kart (Ecos.), 2 fois Champion Super Kart1 (GB))*
1989 *Champion F. Ford 1600 (GB)*
1990 *F. Vauxhall-Lotus (4e), GM Lotus Euroseries (5e)*
1991 *F3 (GB) (2e), Vainqueur F3 Macau et Marlboro Masters*
1992 *F3000 (9e)*
1993 *F3000 (3e)*
1994 *F3000 (9e)*

CARRIÈRE EN F1

1994	*Williams-Renault. 14 pts. 8e du championnat.*
1995	*Williams-Renault. 49 pts. 3e du championnat.*
1996	*McLaren-Mercedes. 18 pts. 7e du championnat.*
1997	*McLaren-Mercedes. 36 pts. 3e du championnat.*
1998	*McLaren-Mercedes. 56 pts. 3e du championnat.*
1999	*McLaren-Mercedes. 48 pts. 4e du championnat.*
2000	*McLaren-Mercedes. 73 pts. 3e du championnat.*
2001	*McLaren-Mercedes. 65 pts. 2e du championnat.*
2002	*McLaren-Mercedes. 41 pts. 5e du championnat.*
2003	*McLaren-Mercedes. 51 pts. 7e du championnat.*
2004	*McLaren-Mercedes. 24 pts. 10e du championnat.*

6. Kimi RÄIKKÖNEN

FICHE D'IDENTITÉ

• Nom	*RÄIKKÖNEN*
• Prénom	*Kimi Matias*
• Nationalité	*finlandaise*
• Date de naissance	*17 octobre 1979*
• Lieu de naissance	*Espoo (SF)*
• Domicilié à	*Wollerau (CH), Espoo (SF), Chigwell (GB)*
• État civil	*marié à Jenni*
• Enfants	-
• Hobbies	*snowboard, skateboard, jogging*
• Musique favorite	*U2, Darude, Bomfunk Mc, Eminem*
• Plat favori	*pâtes, poulet, plat finlandais à base de renne*
• Boisson favorite	*jus d'ananas, eau et lait*
• Taille	*175 cm*
• Poids	*63 kg*
• Internet	*www.kimiraikkonen.com*

STATISTIQUES

• Grands Prix	*68*
• Départs	*67*
• Victoires	*2*
• Pole-positions	*3*
• Meilleurs tours	*6*
• Podiums	*18*
• Accidents/sorties	*8*
• Non-qualifications	*0*
• GP en tête	*16*
• Tours en tête	*209*
• Km en tête	*1071*
• Points marqués	*169*

DÉBUTS

1988-99 *Karting*
1998 *Champion karting Formule A (SF & Nordic)*
1999 *Karting Formule A (SF) (2e), championnat du monde Formule Super A (10e)*
2000 *Champion F. Renault (GB)*

CARRIÈRE EN F1

2001	*Sauber-Petronas. 9 pts. 9e du championnat.*
2002	*McLaren-Mercedes. 24 pts. 6e du championnat.*
2003	*McLaren-Mercedes. 91 pts. 2e du championnat.*
2004	*McLaren-Mercedes. 45 pts. 7e du championnat.*

S'il l'on voulait être caustique, on pourrait dire que pour un propriétaire d'hôtel – le Colombus à Monaco – David Coulthard est assez bon pilote... En 2004, il est passé à côté de sa chance alors que cela devait être l'année du grand retour et celle d'une belle fin de carrière. Pourquoi peut-on tout de même le qualifier de chanceux ? Parce que depuis ses débuts, en 1984, il n'a eu que deux employeurs, Williams et McLaren. David est rapide, il peut ramener une voiture à l'arrivée, il s'avère être un très bon metteur en point, et il constitue un rêve pour ses sponsors quand il joue le rôle du parfait «gentleman driver». En revanche, la fatalité n'a pas joué en sa faveur, et le pilote écossais a eu la malchance d'avoir à deux reprises des coéquipiers de taille, Mika Häkkinen – double champion du monde, et Kimi Räikkönen, un futur champion du monde. Sans aucun doute, sa faiblesse, ces deux dernières saisons, a été son inadaptation au nouveau format de qualification sur un tour. Coulthard a essayé et il a échoué. On ne peut pas espérer gagner de course quand on prend le départ trois lignes derrière la place où l'on devrait se trouver...

Et maintenant, il parle! Après avoir décroché une victoire bien méritée au Grand Prix de Belgique, sur un circuit où les qualités intrinsèques du pilote comptent plus que celles de la machine – «l'homme de glace» (son surnom depuis ses débuts) s'est fondu de phrases entières lors de la conférence de presse. Un fait inouï pour un homme qui qui ne jure que par les phrases à un seul mot. La politique de communication de McLaren ferait-elle effet ? Probablement pas, si l'on se rappelle du Brésil, quand il a terminé deuxième: l'équipe venait de signer un contrat de sponsoring avec Nescafé, et Kimi n'a pas hésité une seconde à déclarer qu'il ne buvait jamais de café ! Concernant son pilotage, c'est pareil que les années précédentes. Il est rapide, engagé, courageux et plein de style. Il est le seul homme à avoir la capacité de défier Michael Schumcher à la régulière. Monsieur Dennis, s'il vous plait, donnez à Kimi une voiture digne de son talent en 2005.

Ron Dennis

Adrian Newey

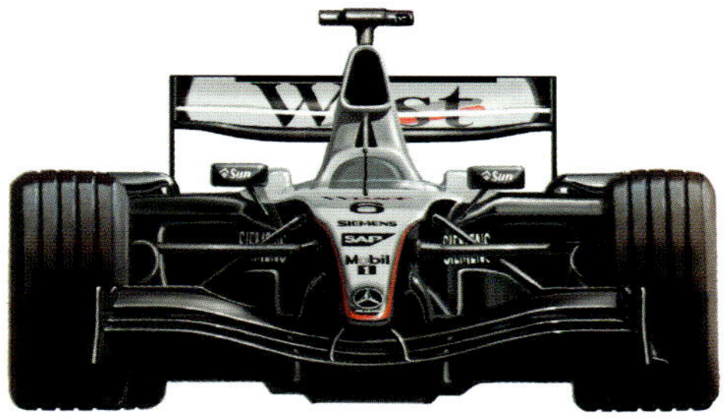

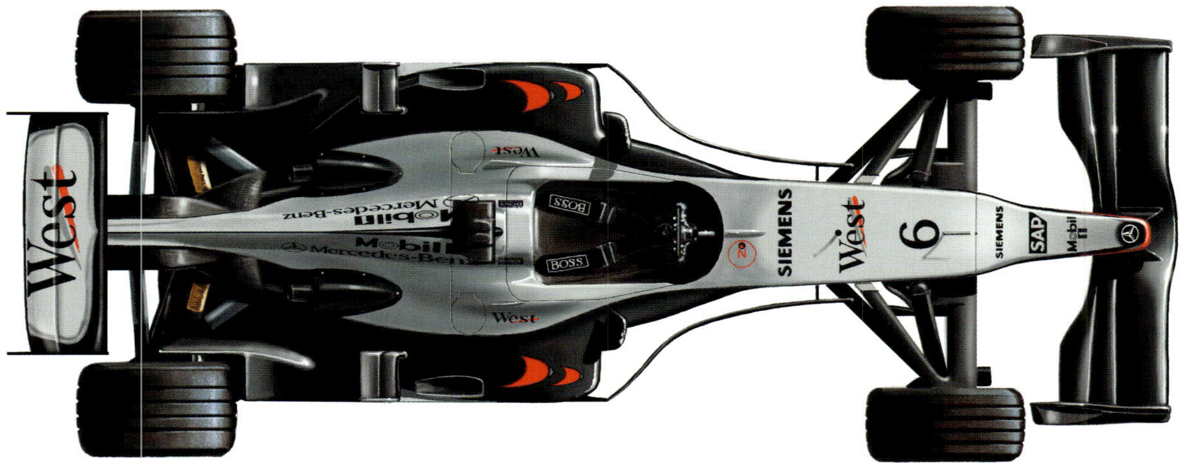

MCLAREN MP4/19B-MERCEDES
KIMI RÄIKKÖNEN
GRAND PRIX DE BELGIQUE

McLaren MP4/19B-Mercedes

CARACTÉRISTIQUES

- Châssis — *McLaren MP4-19 & McLaren MP4-19B*
- Type — *Monocoque en fibre de carbone et en nid d'abeille aluminium*
- Suspensions — *barre de torsion / poussoirs avec double triangle de suspensions (AV/AR)*
- Moteur — *V10 Mercedes-Benz FO 110Q (72°)*
- Cylindrée — *2997 cm³*
- Distribution — *4 soupapes par cylindre à rappel pneumatique*
- Gestion électronique — *TAG Electronic Systems*
- Transmission — *McLaren semi-automatique 7 vitesses + marche AR*
- Embrayage — *AP Racing*
- Radiateurs — *McLaren / Calsonic / Marston*
- Carburant / huile — *Mobil sans plomb / Mobil 1*
- Disques de freins — *Hitco*
- Etriers — *AP Racing*
- Bougies / batterie — *NGK / GS Battery*
- Amortisseurs — *Penske/McLaren*
- Pneumatiques — *Michelin*
- Diamètre roues — *13"*
- Jantes — *Enkei*
- Poids — *605 kg, pilote + caméra à bord + lest*
- Empattement — *non révélé*
- Longueur totale — *non révélé*
- Largeur totale — *non révélé*
- Hauteur totale — *non révélé*
- Voie avant — *non révélé*
- Voie arrière — *non révélé*

FICHE D'IDENTITÉ

- Adresse — *McLaren Technology Centre, Chertsey Road, Woking, Surrey GU21 5JY, Great Britain*
- Téléphone — *+44 (0) 1483 711 117*
- Fax — *+44 (0) 1483 711 119*
- Internet — *www.mclaren.com*
- Écurie fondée en — *1963*
- Premier Grand Prix — *Monaco 1966*
- Appellation officielle — *West McLaren Mercedes*
- P.D.G., McLaren Group — *Ron Dennis*
- Directeur général — *Martin Whitmarsh*
- Directeur des opérations — *Jonathan Neale*
- Vice-Président Mercedes-Benz Motorsport — *Norbert Haug*
- Directeur technique — *Adrian Newey*, *Mario Illien (Mercedes-Ilmor)*
- Directeur exécutif — *Neil Oatley*
- Designer en chef — *Mike Coughlan*
- Chef mécanicien — *Stephen Giles*
- Ingénieur de course (D.C.) — *Phil Prew*
- Ingénieur de course (K.R.) — *Mark Slade*
- Nombre d'employés — *520*
- Partenaires (sponsors) *Reemtsma (West), SAP, Warsteiner, Hugo Boss, Schüco, TAGHeuer* • (technologique) *Mobil 1, Siemens, Michelin, BAE Systems, Computer Associates, Sun microsystems* • (associé) *T-Mobile* • (fournisseurs officiels) *Advanced Composites, Canon, Henkel, Nescafé XPress, Charmilles, Gs-Yuasa, Mazak, Targetti Lighting, Enkei, Sonax, Eisenmann, Sports Marketing Surveys, Kenwood, 3D Systems, Sparco.*

STATISTIQUES

- Nombre de Grands Prix disputés — *577*
- Nombre de victoires — *138*
- Nombre de pole-positions — *115*
- Nombre de meilleurs tours en course — *114*
- Nombre de podiums — *367*
- Nombre de titres mondiaux conducteurs — *11*
- Nombre de titres mondiaux constructeurs — *8*
- Nombre total de points marqués — *2856,5 (2862,5)*

CLASSEMENT AU CHAMPIONNAT

1966	*7e – 2 +1 pts*	1976	*2e – 74 pts*	1986	*2e – 96 pts*	1996	*4e – 49 pts*
1967	*8e – 3 pts*	1977	*3e – 60 pts*	1987	*2e – 76 pts*	1997	*4e – 63 pts*
1968	*2e – 49 +3 pts*	1978	*8e – 15 pts*	1988	***1er – 199 pts***	1998	***1er – 156 pts***
1969	*4e – 38 (40) pts*	1979	*7e – 15 pts*	1989	***1er – 141 pts***	1999	*2e – 124 pts*
1970	*4e – 35 pts*	1980	*7e – 11 pts*	1990	***1er – 121 pts***	2000	*2e – 152 pts*
1971	*6e – 10 pts*	1981	*6e – 28 pts*	1991	***1er – 139 pts***	2001	*2e – 102 pts*
1972	*3e – 47 pts*	1982	*2e – 69 pts*	1992	*2e – 99 pts*	2002	*3e – 65 pts*
1973	*3e – 58 pts*	1983	*5e – 34 pts*	1993	*2e – 84 pts*	2003	*3e – 142 pts*
1974	***1er – 73 pts***	1984	***1er – 143,5 pts***	1994	*4e – 42 pts*	2004	*5e – 69 pts*
1975	*3e – 53 pts*	1985	***1er – 90 pts***	1995	*4e – 30 pts*		

PILOTES D'ESSAIS 2004

- Alexander WURZ (A)
- Pedro DE LA ROSA (E)

SUCCESSION DES PILOTES 2004

- David COULTHARD — *les 18 Grands Prix*
- Kimi RÄIKKÖNEN — *les 18 Grands Prix*

De la Rosa, Räikkönen, Coulthard, Wurz

Au fond du trou

Si les ingénieurs de Mercedes avaient été Japonais, ils se seraient faits hara-kiri dans la pit lane! La saison 2004 de l'écurie a été gâchée par un départ épouvantable. Les techniciens allemands ont produit un moteur un peu juste en puissance, et, pour aggraver encore la situation, qui était dramatiquement fragile. Ce qui signifiait que l'utiliser à fond lors des qualifications constituait un risque réel.

Histoire d'empirer encore la situation, le châssis lui-même comptait ses problèmes. Il ne restait plus à Ron Dennis qu'à s'arracher ce qui lui restait de cheveux, tandis que Norbert Haug devint de plus mauvaise humeur encore qu'à l'accoutumée.

Les choses tournaient si mal qu'il semblait que le nouveau palace de Ron Dennis, inauguré par la Reine elle-même à la mi-saison, ne serait qu'une sorte de tombeau pour les ambitions de l'écurie. Pourtant, un énorme effort de guerrre a fini par renverser la situation et permettre à Kimi Räikkönen de remporter une victoire méritée à Spa, ainsi qu'une belle deuxième place au Brésil. Ce qui laisse augurer d'un avenir un peu plus encourageant pour 2005. Cela dit, lors du retour de la F1 en Europe, les spécialistes du paddock observeront avec intérêt comment l'énorme "centre de (non) communication" de l'écurie parviendra à s'insérer à la place de celle qui ne sera plus que la cinquième écurie!

Renault

7. Jarno TRULLI

FICHE D'IDENTITÉ

- Nom — *TRULLI*
- Prénom — *Jarno*
- Nationalité — *italienne*
- Date de naissance — *13 juillet 1974*
- Lieu de naissance — *Pescara (I)*
- Domicilié à — *Wokingham (GB)*
- État civil — *marié à Barbara*
- Enfants — -
- Hobbies — *musique, cinéma, karting, ordinateurs*
- Musique favorite — *pop, rock, jazz, blues*
- Plat favori — *pizza*
- Boisson favorite — *Coca-Cola*
- Taille — *173 cm*
- Poids — *60 kg*
- Internet — *www.jarnotrulli.com*

STATISTIQUES

- Grands Prix — *130*
- Départs — *128*
- Victoires — *1*
- Pole-positions — *2*
- Meilleurs tours — *0*
- Podiums — *4*
- Accidents/sorties — *17*
- Non-qualifications — *0*
- GP en tête — *7*
- Tours en tête — *141*
- Km en tête — *574*
- Points marqués — *117*

DÉBUTS

1983-86 *Karting*
1988-90 *Champion Kart 100 (I)*
1991 *Champion du Monde Kart 100 FK*
1992 *Kart 125 FC (2e)*
1993 *Kart 100 SA (2e)*
1994 *Champion du Monde Kart 125 FC et Champion Kart 100 FSA (EUR & Nord USA)*
1995 *Champion Kart 100 FA (I)*
1996 *Champion F3 (D)*

CARRIÈRE EN F1

1997 *Minardi-Hart, Prost-Mugen Honda. 3 pts. 15e du championnat.*
1998 *Prost-Peugeot. 1 pt. 15e du championnat.*
1999 *Prost-Peugeot. 7 pts. 11e du championnat.*
2000 *Jordan-Mugen-Honda. 6 pts. 10e du championnat.*
2001 *Jordan-Honda. 12 pts. 9e du championnat.*
2002 *Renault. 9 pts. 8e du championnat.*
2003 *Renault. 33 pts. 8e du championnat.*
2004 *Renault, Toyota. 46 pts. 6e du championnat.*

Il n'y a pas d'image plus représentative de la F1 que la saison 2005 de Jarno Trulli. Quand son coéquipier a remporté le Grand Prix de Hongrie en 2003, l'Italien a réalisé qu'il lui fallait mettre les bouchés doubles. Dès le début de la saison, il s'est alors affiché comme la force montante de l'équipe. Signant la pole position et la victoire à Monaco, l'Italien se montrait serein et souriant dans le paddock, lui qui était d'habitude plutôt d'humeur morose. Le Grand Prix de France fut sa seule et terrible erreur. Le podium en vue, à un tour de la fin, Jarno s'était assuré la troisième place mais il se laissa malheureusement doubler par Barichello dans le dernier virage. Dès lors, les dés étaient jetés, et la colère de Briatore l'emporta. Le Directeur Général de l'écurie – qui a pour réputation de traiter ses pilotes comme une marchandise à acheter ou à revendre –, ne fit pas dans le détail. Trulli fut remercié. Il encaissa mal le coup et les résultats s'en ressentirent. Heureusement l'écurie Toyota, enchantée de trouver ce pilote sur le marché, l'officialisa pour 2005 aux côtés de Ralf Schumacher.

8. Fernando ALONSO

FICHE D'IDENTITÉ

- NOM — *ALONSO DÍAZ*
- Prénom — *Fernando*
- Nationalité — *espagnole*
- Date de naissance — *29 juillet 1981*
- Lieu de naissance — *Oviedo (E)*
- Domicilié à — *Oviedo (E) et Oxford (GB)*
- État civil — *célibataire*
- Enfants — -
- Hobbies — *sports à la télé, cinéma, ordinateurs*
- Musique favorite — *groupes espagnols*
- Plat favori — *pâtes*
- Boisson favorite — *eau minérale*
- Taille — *171 cm*
- Poids — *68 kg*
- Internet — *www.fernandoalonso.com*

STATISTIQUES

- Grands Prix — *51*
- Départs — *50*
- Victoires — *1*
- Pole-positions — *3*
- Meilleurs tours — *1*
- Podiums — *8*
- Accidents/sorties — *5*
- Non-qualifications — *0*
- GP en tête — *13*
- Tours en tête — *157*
- Km en tête — *718*
- Points marqués — *114*

DÉBUTS

1984-98 *Karting, Champion Jr. (E) (93-94-95-96) Champion du Monde Jr. (96) Champion Inter-A (E & I) (97) Champion Inter-A (E) (98)*
1999 *Champion Euro-Open Movistar Nissan*
2000 *F3000 (4e)*

CARRIÈRE EN F1

2001 *Minardi-European. 0 pt. 23e du championnat.*
2002 *Renault. Pilote-essayeur.*
2003 *Renault. 55 pts. 6e du championnat.*
2004 *Renault. 59 pts. 4e du championnat.*

En 2003, Alonso était considéré comme «l'étoile filante» de la discipline, mais douze mois plus tard il semble que cela ne soit plus vraiment le cas. Son statut et sa célébrité semblent lui avoir troublé l'esprit, et sa première partie de saison s'est jouée dans l'ombre de son coéquipier Jarno Trulli. Alonso ne s'est jamais vraiment habitué au nouveau format de qualification, accumulant les fautes stupides. Vers la fin de l'année, le départ de Trulli l'a perturbé et il n'affichait plus la même concentration. A sa décharge, il a toujours donné le meilleur de lui-même alors que la voiture n'était pas des plus simples à piloter sur de longues distances en course. Le garçon d'Oviedo est très jeune et sans aucun doute très talentueux. L'an prochain, aux côtés de Fisichella, sa rage de vaincre reprendra probablement le dessus et il aura, sans nul doute, l'occasion de montrer sa vraie valeur.

7. Jacques VILLENEUVE

FICHE D'IDENTITÉ

- Nom — *VILLENEUVE*
- Prénom — *Jacques*
- Nationalité — *canadien*
- Date de naissance — *9 avril 1971*
- Lieu de naissance — *St-Jean-sur-Richelieu, Québec, (CDN)*
- Domicilié à — *Monaco (MC)*
- État civil — *fiancé à Ellen*
- Enfants — -
- Hobbies — *ski, jouer de la guitare, la musique, l'électronique*
- Musique favorite — *acoustique pop/rock*
- Plat favori — *pâtes*
- Boisson favorite — *lait et la "Root beer"*
- Taille — *171 cm*
- Poids — *63 kg*
- Internet — *www.jv-world.com*

STATISTIQUES

- Grands Prix — *134*
- Départs — *133*
- Victoires — *11*
- Pole-positions — *13*
- Meilleurs tours — *9*
- Podiums — *23*
- Accidents/sorties — *14*
- Non-qualifications — *0*
- GP en tête — *20*
- Tours en tête — *633*
- Km en tête — *2965*
- Points marqués — *219*

DÉBUTS

1986 *Ecole Jim Russel*
1987 *Ecole de pilotage Spenard-David*
1988 *F. Alfa (I)*
1989-91 *F3 (I) (-, 14e, 6e)*
1992 *F3 (J) (2e)*
1993 *Formule Atlantique (3e)*
1994 *IndyCar (6e)*
1995 *Champion IndyCar*

CARRIÈRE EN F1

1996 *Williams-Renault. 78 pts. 2e du championnat.*
1997 *Williams-Renault. 81 pts.* ***Champion du Monde.***
1998 *Williams-Mecachrome. 21 pts. 5e du championnat.*
1999 *B·A·R-Supertec. 0 point. 21e du championnat.*
2000 *B·A·R-Honda. 17 pts. 7e du championnat.*
2001 *B·A·R-Honda. 12 pts. 7e du championnat.*
2002 *B·A·R-Honda. 4 pts. 12e du championnat.*
2003 *B·A·R-Honda. 6 pts. 16e du championnat.*
2004 *Renault. 0 pt. 21e du championnat.*

En mettant Jacques Villeneuve dans le baquet de Trulli pour les trois derniers Grands Prix de la saison, Flavio Briatore s'est assuré d'un bon coup publicitaire, mais rien de plus. Le pilote canadien n'a pas été d'une grande utilité, pas plus qu'il ne l'avait été quand il était chez B.A.R – prouvant par la même occasion que même un singe au volant d'une Williams aurait pu remporter le championnat du monde 1997.
De plus, porter une combinaison de course qui ressemble à un babygro devrait être condamné par la police du bon goût. On ne peut qu'être désolé pour Peter Sauber, qui aura le plaisir d'accueillir Jacques au sein de son équipe en 2005.

Flavio Briatore

Bob Bell

Denis Chevrier

Bernard Dudot

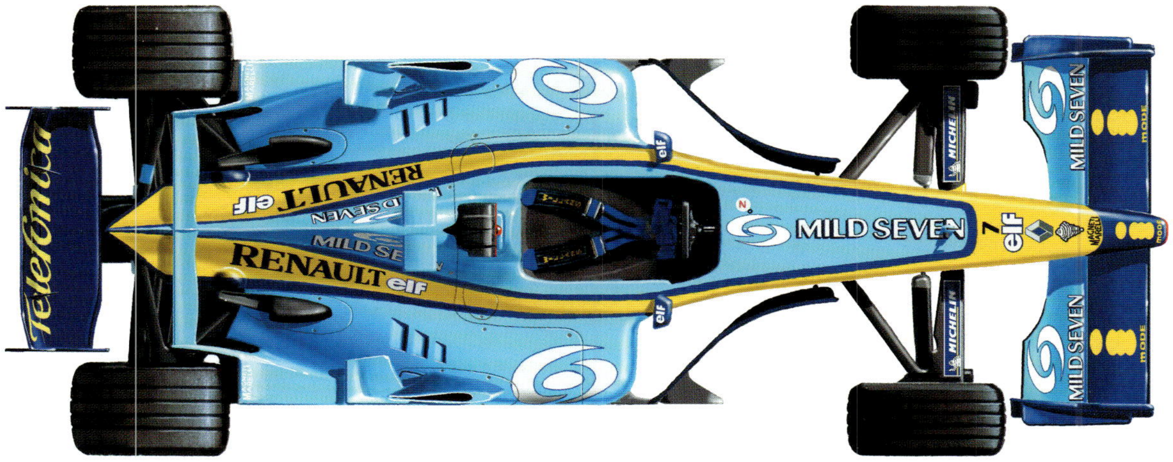

RENAULT R24
JARNO TRULLI
GRAND PRIX DE MONACO

Renault R24

CARACTÉRISTIQUES

• Châssis	*Renault R24*
• Type	*Monocoque en fibre de carbone, structure composite en nid d'abeille aluminium*
• Suspensions	*Triangles superposés, poussoirs / basculeur en titane, barre de torsion + amortisseurs (AV/AR)*
• Moteur	*V10 Renault RS24 (72°)*
• Cylindrée	*3000 cm³*
• Distribution	*4 soupapes par cylindre à rappel pneumatique*
• Gestion électronique	*Magneti Marelli*
• Transmission	*Renault F1 semi-automatique 6 vitesses + marche AR*
• Embrayage	*Non révélé*
• Radiateurs	*Secan / Marston*
• Carburant / huile	*Elf*
• Disques de freins	*Hitco (fibre de carbone)*
• Etriers	*AP Racing*
• Bougies / batterie	*Champion*
• Amortisseurs	*Dynamics*
• Pneumatiques	*Michelin*
• Diamètre roues	*13"*
• Jantes	*BBS*
• Poids	*605 kg, pilote + caméra à bord + lest*
• Empattement	*3100 mm*
• Longueur totale	*4600 mm*
• Largeur totale	*1800 mm*
• Hauteur totale	*950 mm*
• Voie avant	*1450 mm*
• Voie arrière	*1400 mm*

FICHE D'IDENTITÉ

• Adresse	*Renault F1 UK Whiteways Technical Centre, Enstone, Chipping Norton, Oxon OX7 4EE Great Britain*	*Renault F1 France 1-15, avenue du Président Kennedy 91177 Viry-Châtillon France*
• Téléphone	*+44 (0) 1608 678 000*	*+33 (0) 1 69 12 58 00*
• Fax	*+44 (0) 1608 678 609*	*+33 (0) 1 69 12 58 17*

• Internet	*www.renaultf1.com*
• Écurie fondée en	*1973*
• Premier Grand Prix	*Grande Bretagne 1977*
• Appellation officielle	*Mild Seven Renault F1 Team*
• Président-Directeur général	*Patrick Faure*
• Directeur général	*Flavio Briatore*
• Directeur général adjoint	*Bernard Dudot*
• Directeur technique	*Bob Bell (châssis), Rob White (moteur)*
• Directeur de l'ingénierie	*Pat Symonds*
• Directeur exploitation moteur	*Denis Chevrier*
• Designers en chef	*Mark Smith, Tim Densham*
• Ingénieurs de course (7)	*A. Permane, N. Chester, F. Lom*
• Ingénieurs de course (8)	*P. Monaghan, R. Nelson, R. Taffin*
• Nombre d'employés	*390 (GB) / 280 (F)*
• Partenaires	*Mild Seven, Elf, Michelin, Hanjin, i-mode, Telefonica, Guru*
• Fournisseurs officiels	*3D Systems, Alpinestars, Altran, Charmilles, Clearswift, DMG, Elysium, Eutelsat, Jobs, Lancel, Magneti Marelli, Network Appliance, O.Z. Racing, Puma, Veritas, Vistagy*
• Fournisseurs associés	*CD Adapco Group, Fluent, Lectra, Tetco, Schroth Racing*

STATISTIQUES

• Nombre de Grands Prix disputés	*174*
• Nombre de victoires	*17*
• Nombre de pole-positions	*36*
• Nombre de meilleurs tours en course	*19*
• Nombre de podiums	*47*
• Nombre de titres mondiaux conducteurs	*0*
• Nombre de titres mondiaux constructeurs	*0*
• Nombre total de points marqués	*528*

RENAULT F1 Team

CLASSEMENT AU CHAMPIONNAT

1977	*non classé*	1983	*2e – 79 pts*
1978	*12e – 3 pts*	1984	*5e – 34 pts*
1979	*6e – 26 pts*	1985	*7e – 16 pts*
1980	*4e – 38 pts*	2002	*4e – 23 pts*
1981	*3e – 54 pts*	2003	*4e – 88 pts*
1982	*3e – 62 pts*	2004	*3e – 105 pts*

PILOTE D'ESSAIS 2004

• Franck MONTAGNY (F)

Franck Montagny

SUCCESSION DES PILOTES 2004

• Jarno TRULLI	*13 Grands Prix (Australie > Italie)*
• Jacques VILLENEUVE	*3 Grands Prix (Chine, Japon, Brésil)*
• Fernando ALONSO	*les 18 Grands Prix*

Progrès insuffisants

Après avoir terminé quatrième du classement des constructeurs en 2003, l'équipe Franco-Britannique avait l'ambition de terminer troisième cette année. L'objectif a été atteint, mais la joie ne se lisait pas pour autant sur les visages lors du dernier Grand Prix. L'écurie a malheureusement laissé échapper la deuxième place. Les deux pilotes ont pourtant récolté des points lors des cinq premières courses, et mieux encore, Jarno Trulli a confirmé sa pole position à Monaco en mémorable victoire.

Malheureusement, la fin de cette période faste a débuté avec l'abandon des deux pilotes au Grand Prix du Canada. Le moteur V10 a démontré d'excellents progrès. Le châssis R24 bénéficiait d'une répartition de charge à l'arrière qui garantissait une meilleure traction, et a offert un maximum de potentiel aux pilotes lors des départs. Reste que cette monoplace s'est avérée difficile à conduire. Et comme d'habitude, la politique de gestion des pilotes menée par Flavio Briatore a perturbé l'équilibre de l'équipe. Ce fut notamment le cas quand ce dernier a demandé à Jarno Trulli de prendre la porte au moment même où tout le monde devait se serrer les coudes pour remporter la bataille contre B.A.R, marquer des points et s'assurer de la deuxième place au championnat du monde. L'arrivé de Jacques Villeneuve a bien évidemment apporté sa dose de publicité à l'équipe, mais le Canadien n'a engrangé aucun point. La fausse note pour Renault, dans le récit d'une saison qui s'est avérée positive, se limite donc aux progrès étonnants de B.A.R.

B·A·R Honda

9. Jenson BUTTON

FICHE D'IDENTITÉ

• Nom	*BUTTON*
• Prénom	*Jenson*
• Nationalité	*britannique*
• Date de naissance	*19 janvier 1980*
• Lieu de naissance	*Frome, Somerset (GB)*
• Domicilié à	*Monaco (MC)*
• État civil	*fiancé à Louise*
• Enfants	-
• Hobbies	*surfer sur internet, jeux vidéo, shopping*
• Musique favorite	*Jamiroquaï, Kool And The Gang, les 70'*
• Plat favori	*pâtes*
• Boisson favorite	*jus d'orange*
• Taille	*182 cm*
• Poids	*68,5 kg*
• Internet	*www.racecar.co.uk/jensonbutton/*

STATISTIQUES

• Grands Prix	*85*
• Départs	*84*
• Meilleur résultat	*4 x 2e*
• Pole-positions	*1*
• Meilleurs tours	*0*
• Podiums	*10*
• Accidents/sorties	*14*
• Non-qualifications	*0*
• GP en tête	*7*
• Tours en tête	*70*
• Km en tête	*358*
• Points marqués	*130*

DÉBUTS

1989-95 *Karting, Champion Cadet (GB) (90-91) / Open (GB) (91-92-93) / Jr. TKM (GB) (91-92) / Senior ICA (I) (95)*
1996 *Karting (3e coupe du monde et championnat USA)*
1997 *Champion Karting Super A (EUR) et Vainqueur Coupe A. Senna*
1998 *Champion F. Ford et F. Ford Festival (GB)*
1999 *F3 (GB) (3e)*

CARRIÈRE EN F1

2000	*Williams-BMW. 12 pts. 8e du championnat.*
2001	*Benetton-Renault. 2 pts. 17e du championnat.*
2002	*Renault. 14 pts. 7e du championnat.*
2003	*B·A·R-Honda. 17 pts. 9e du championnat.*
2004	*B·A·R-Honda. 85 pts. 3e du championnat.*

10. Takuma SATO

FICHE D'IDENTITÉ

• Nom	*SATO*
• Prénom	*Takuma*
• Nationalité	*japonaise*
• Date de naissance	*28 janvier 1977*
• Lieu de naissance	*Tokyo (J)*
• Domicilié à	*Marlow (GB)*
• État civil	*célibataire*
• Enfants	-
• Hobbies	*cyclisme, se promener, être entre amis*
• Musique favorite	*pop, certains groupes japonais*
• Plat favori	*cuisine japonaise*
• Boisson favorite	*jus de fruits frais, bière de temps en temps*
• Taille	*163 cm*
• Poids	*58 kg*
• Internet	*www.takumasato.com*

STATISTIQUES

• Grands Prix	*36*
• Départs	*36*
• Meilleur résultat	*1 x 3e*
• Meilleure qualif.	*1 x 2e*
• Meilleurs tours	*0*
• Podiums	*1*
• Accidents/sorties	*5*
• Non-qualifications	*0*
• GP en tête	*1*
• Tours en tête	*2*
• Km en tête	*10*
• Points marqués	*39*

DÉBUTS

1996 *Champion Karting (J)*
1997 *Champion Karting (J), Ecole de pilotage Honda*
1998 *F. Vauxhall Jr. (GB)*
1999 *F. Opel Euroseries (GB) (6e), F3 (GB)*
2000 *F3 (GB) (3e)*
2001 *Champion F3 (GB)*

CARRIÈRE EN F1

2001	*B·A·R-Honda. Pilote-essayeur.*
2002	*Jordan-Honda. 2 pts. 15e du championnat.*
2003	*B·A·R-Honda. 3 pts. 18e du championnat.*
2004	*B·A·R-Honda. 34 pts. 8e du championnat.*

Cette année, nous avons vu que les prédictions de Frank Williams de l'an 2000 se sont révélées exactes. Jenson Button a été le seul pilote à pouvoir inquiéter régulièrement les deux Ferrari. Libéré de la pression qui l'envahissait quand Jacques Villeneuve était encore chez B.A.R, Jenson a acquis une mentalité de gagneur et il a terminé dix fois sur le podium. Il n'y a aucune raison de penser qu'il n'en sera pas de même en 2005. Sa seule faiblesse a été d'écouter les conseils déplorables qui lui ont été prodigués lors de la saga «Button chez Williams». Il a montré les deux signes clés des grands pilotes, en améliorant ses performances sur des circuits où le pilotage rentre plus en compte que le package voiture, et en prenant instantanément la mesure des nouveaux circuits.

Ce petit homme est le premier pilote Japonais qui mérite sa place sur une grille de F1 grâce à son talent seul, et non pour assouvir les fantasmes d'un motoriste japonais. Il est indubitablement courageux en piste, montrant notamment son engouement dans les virages les plus rapides. Il ne craint pas ses rivaux, se frottant roue contre roue avec les plus grands. Il a la vitesse, la compétence et l'intelligence pour aller plus loin, sa seule faiblesse étant son manque d'expérience en course. Cela viendra.
Evidemment sa relation avec Honda est un plus, pas seulement pour sa réussite personnelle mais pour l'ensemble de l'écurie B.A.R. Pourrait-il devenir le premier pilote japonais à remporter un Grand Prix en 2005 ?

David Richards

Geoffrey Willis

Anthony Davidson, Enrique Bernoldi

B·A·R 006-HONDA
JENSON BUTTON
GRAND PRIX DE SAINT-MARIN

B·A·R 006-Honda

CARACTÉRISTIQUES

• Châssis	*B·A·R 006*
• Type	*Monocoque en fibre de carbone, structure composite en nid d'abeille*
• Suspensions	*Triangles superposés, poussoirs / barre de torsion et culbuteurs, barre anti-roulis mécanique + amortisseurs (AV/AR)*
• Moteur	*V10 Honda RA004E (90°)*
• Cylindrée	*3000* cm^3
• Distribution	*4 soupapes par cylindre à rappel pneumatique*
• Gestion électronique	*Honda PGM-IG*
• Transmission	*B·A·R Xtrac longitudinale, séquentielle, semi-automatique, activation hydraulique 7 vitesses + marche AR*
• Embrayage	*AP Racing*
• Radiateurs	*Calsonic*
• Carburant / huile	*Elf / Nisseki*
• Disques de freins	*Alkon (en carbone)*
• Etriers	*AP Racing*
• Bougies / batterie	*NGK / 3Ah*
• Amortisseurs	*Koni*
• Pneumatiques	*Michelin*
• Dimensions roues	*Largeur 312 mm (AV) / 360 mm (AR)*
• Jantes	*BBS*
• Poids	*605 kg, pilote + caméra à bord + lest*
• Empattement	*3140 mm*
• Longueur totale	*4465 mm*
• Largeur totale	*1800 mm*
• Hauteur totale	*950 mm*
• Voie avant	*1460 mm*
• Voie arrière	*1420 mm*

STATISTIQUES

• Nombre de Grands Prix disputés	*101*
• Meilleur résultat en Grand Prix	*4 x 2*^{e}
• Nombre de pole-positions	*1*
• Nombre de meilleurs tours en course	*0*
• Nombre de podiums	*13*
• Nombre de titres mondiaux conducteurs	*0*
• Nombre de titres mondiaux constructeurs	*0*
• Nombre total de points marqués	*189*

CLASSEMENT AU CHAMPIONNAT

1999	*non classé*	2002	*8*^{e} *– 7 pts*
2000	*5*^{e} *– 20 pts*	2003	*5*^{e} *– 26 pts*
2001	*6*^{e} *– 17 pts*	2004	*2*^{e} *– 119 pts*

PILOTES D'ESSAIS 2004

• Anthony DAVIDSON (GB) • Enrique BERNOLDI (BR)

SUCCESSION DES PILOTES 2004

• Jenson BUTTON	*les 18 Grands Prix*
• Takuma SATO	*les 18 Grands Prix*

FICHE D'IDENTITÉ

• Adresse	*British American Racing Operations Centre, Brackley, Northants NN13 7BD Great Britain*
• Téléphone	*+44 (0) 1280 84 40 00*
• Fax	*+44 (0) 1280 84 40 01*
• Internet	*www.barf1.com*
• Écurie fondée en	*1997*
• Premier Grand Prix	*Australie 1999*
• Appellation officielle	*Lucky Strike B·A·R Honda*
• Directeur	*David Richards*
• Directeur technique	*Geoffrey Willis*
• Directeur général	*Nick Fry*
• Directeur marketing	*Hugh Chambers*
• Chefs aérodynamiciens	*Willem Toet, Mariano Alperin-Bruvera & Simon Lacey*
• Team manager	*Ron Meadows*
• Chef mecanicien	*Alistair Gibson*
• Ingénieur en chef	*Craig Wilson*
• Ingénieur de course (J.B.)	*Andrew Shovlin*
• Ingénieur de course (T.S.)	*Jock Clear*
• Nombre d'employés	*300*
• Partenaires	*British American Tabacco, Honda, Intercond, Brunotti, Michelin, Mac Tools, Ray-Ban*
• Partenaires techniques	*Alcon, SAP, UGS PLM Solutions*
• Fournisseurs	*Alpine Stars, Ascent Technology, Autoglym, BBS, BlueArc, Cablefree Solutions Ltd, Creative Print Group, CYTEC, Endless Advance Ltd, Glasurit Automotive Refinish, Haas Automation, JOBS, Koni, Lincoln Electric, Matrix Network Solutions, Sandvik Coromant, STL Communications Ltd*

Enfin une véritable équipe

«Il ont longtemps été considéré comme une équipe pour rire, mais désormais c'est une véritable écurie» a analysé un initié de la F1 à propos de B.A.R. La montée en puissance de B.A.R lors des essais d'hiver avait été jugée de «poudre aux yeux» par certains cyniques. Ils n'ont plus qu'à revoir leur jugement, car le team de Brackley est devenu le seul et unique vrai concurrent en mesure de défier Ferrari. B.A.R est l'unique écurie de l'histoire à terminer deuxième au championnat du monde des constructeurs sans avoir jamais remporté de Grand Prix. Ce résultat est le fruit de la fiabilité et de la constance de l'équipe et de sa capacité à produire un package qui fonctionne bien sur presque tous les circuits. La restructuration de David Richard qui s'annonçait comme laborieuse a finalement payé. Geoff Willis et son équipe ont réglé les aspects techniques : boite de vitesse tout en carbone ou encore essieu avant intéressant, tout d'abord interdit par la FIA pour être finalement adopté. Honda a pour sa part mis à disposition un moteur puissant, et a su en tirer bénéfice pour ses opérations marketing, en réintroduisant des figures des années de gloire de l'époque de Senna, Prost ou McLaren. Même les tensions autour du futur de Button n'ont pas affecté l'équilibre de B.A.R comme ce fut le cas au sein d'équipes plus expérimentées telles que Williams et McLaren – qui, du coup, apparaissent comme des débutantes. La grande question: BAR pourra-t-il soutenir ou non ce rythme en 2005, et finalement remporter un Grand Prix.

Sauber Petronas

11. Giancarlo FISICHELLA

FICHE D'IDENTITÉ

• Nom	*FISICHELLA*
• Prénom	*Giancarlo*
• Nationalité	*italienne*
• Date de naissance	*14 janvier 1973*
• Lieu de naissance	*Rome (I)*
• Domicilié à	*Rome (I) et Monaco (MC)*
• État civil	*marié à Luna*
• Enfants	*une fille (Carlotta) et un fils (Christopher)*
• Hobbies	*football, tennis, pêche en rivière, billard*
• Musique favorite	*Elton John, Madonna, Robbie Williams*
• Plat favori	*pâtes "bucatini alla matriciana"*
• Boisson favorite	*Coca-Cola et jus d'orange*
• Taille	*172 cm*
• Poids	*66 kg*
• Internet	*www.giancarlofisichella.com*

STATISTIQUES

• Grands Prix	*142*
• Départs	*141*
• Victoires	*1*
• Pole-positions	*1*
• Meilleurs tours	*1*
• Podiums	*10*
• Accidents/sorties	*19*
• Non-qualifications	*0*
• GP en tête	*4*
• Tours en tête	*36*
• Km en tête	*176*
• Points marqués	*116*

DÉBUTS

1984-88 *Karting*
1989 *Championnat du Monde Karting cat. 100 (4e)*
1990 *Championnat Intercontinental Karting (3e)*
1991 *Karting (EUR) (2e), F. Alfa Boxer*
1992 *F3 (I) (8e)*
1993 *F3 (I) (2e)*
1994 *Champion F3 (I)*
1995 *DTM/ITC Alfa Romeo*

CARRIÈRE EN F1

1995 *Minardi-Ford. Pilote-essayeur.*
1996 *Minardi-Ford. 0 pt. 19e du championnat.*
1997 *Jordan-Peugeot. 20 pts. 8e du championnat.*
1998 *Benetton-Playlife. 16 pts. 9e du championnat.*
1999 *Benetton-Playlife. 13 pts. 9e du championnat.*
2000 *Benetton-Playlife. 18 pts. 6e du championnat.*
2001 *Benetton-Renault. 8 pts. 11e du championnat.*
2002 *Jordan-Honda. 7 pts. 11e du championnat.*
2003 *Jordan-Ford. 12 pts. 12e du championnat.*
2004 *Sauber-Petronas. 22 pts. 11e du championnat.*

12. Felipe MASSA

FICHE D'IDENTITÉ

• Nom	*MASSA*
• Prénom	*Felipe*
• Nationalité	*brésilienne*
• Date de naissance	*25 avril 1981*
• Lieu de naissance	*São Paulo (BR)*
• Domicilié à	*Hinwill (CH)*
• État civil	*célibataire*
• Enfants	*-*
• Hobbies	*ski nautique, football, cinéma, musique*
• Musique favorite	*toutes, du hip hop à la techno*
• Plat favori	*pâtes, viandes de la cuisine brésilienne*
• Boisson favorite	*le champagne des podiums*
• Taille	*166 cm*
• Poids	*59 kg*
• Internet	*www.felipemassa.com*

STATISTIQUES

• Grands Prix	*34*
• Départs	*34*
• Meilleur résultat	*1 x 4e*
• Meilleure qualif.	*2 x 4e*
• Meilleurs tours	*0*
• Podiums	*0*
• Accidents/sorties	*7*
• Non-qualifications	*0*
• GP en tête	*1*
• Tours en tête	*2*
• Km en tête	*9*
• Points marqués	*16*

DÉBUTS

1990-97 *Karting*
1998 *F. Chevrolet (BR) (5e)*
1999 *Champion F. Chevrolet (BR)*
2000 *Champion F. Renault (EUR & I)*
2001 *Champion F3000 Euroseries (I)*

CARRIÈRE EN F1

2002 *Sauber-Petronas. 4 points. 13e du championnat.*
2003 *Ferrari. Pilote-essayeur.*
2004 *Sauber-Petronas. 12 points. 12e du championnat.*

L'Italien retourne dans une équipe de pointe en retrouvant les rangs de Renault en 2005… et il le mérite. Il fut indubitablement l'une des stars de la saison, un enchantement pour l'équipe Sauber. Ses performances en qualifications ont été remarquables, et il s'est encore mieux comporté en course. Relégué au fond de la grille de départ du Grand Prix d'Angleterre, il a apprivoisé le tracé de Silverstone, il est parti de la 20e place et il a été l'auteur d'une remontée fulgurante pour finalement terminer 6e. «Fisico» n'est pas un Italien à Italienne. Chez lui, pas de tempérament lunatique ou de crises de colère, il se concentre sur son travail. Il ne marque pas les esprits, mais quand on observe son parcours, son cheminement reflète un certain talent et compte un nombre remarquable de sixièmes ou de quatrièmes places. Il est déjà regretté au sein de son équipe, surtout quand on sait que c'est Jacques Villeneuve qui va le remplacer!

C'est tous les jours le «Jour de la Marmotte» pour le Brésilien, avec son style de conduite spasmodique, plus concentré à rallier l'arrivé qu'à disputer une course.
Pour un homme qui a passé une année à «L'école Ferrari» en tant que pilote-essayeur pour la Scuderia, il semble qu'il ait bien des problèmes d'apprentissages – bien que les ingénieurs Sauber lui reconnaissent un mieux depuis qu'il a rejoint l'équipe Suisse. Il ne fait aucun doute que le Brésilien détient les clés de la vitesse, mais il lui faudrait être plus besogneux, pratiquer et ne pas manquer d'assiduité.

Peter Sauber

Willy Rampf

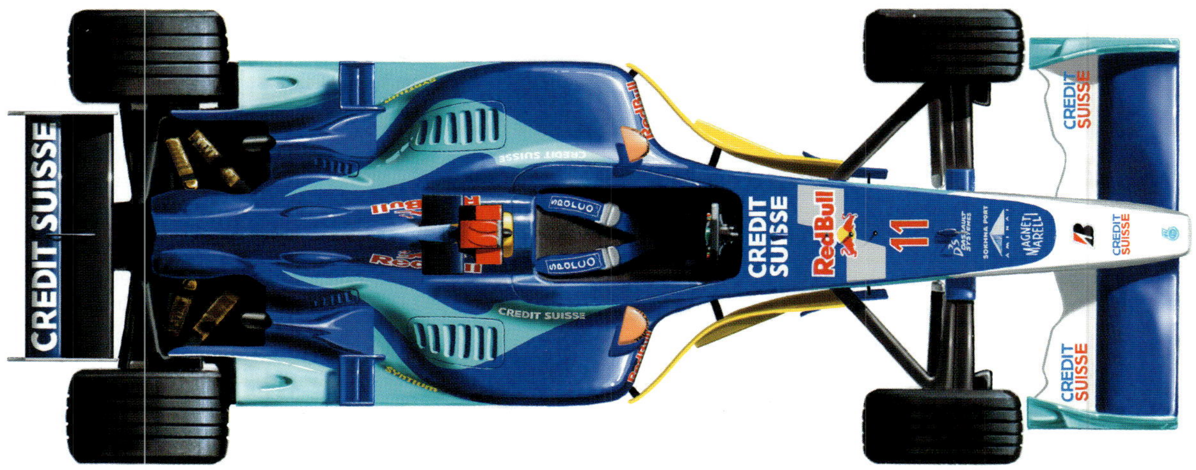

SAUBER C23-PETRONAS
GIANCARLO FISICHELLA
GRAND PRIX DE BELGIQUE

Sauber C23-Petronas

CARACTÉRISTIQUES

• Châssis	*Sauber C23*
• Type	*Monocoque en fibre de carbone, structure composite en nid d'abeille*
• Suspensions	*Triangles superposés, poussoirs / barre de torsion + amortisseurs (AV/AR)*
• Moteur	*V10 Petronas 04A (90°) (Ferrari 053)*
• Cylindrée	*2997 cm³*
• Distribution	*4 soupapes par cylindre à rappel pneumatique*
• Gestion électronique	*Magneti Marelli*
• Transmission	*Sauber longitudinale semi-automatique 7 vitesses + marche AR*
• Embrayage	*AP*
• Radiateurs	*Calsonic*
• Carburant / huile	*Petronas*
• Disques de freins	*Brembo*
• Etriers	*Brembo*
• Bougies / batterie	*Champion / SPE*
• Amortisseurs	*Sachs Race Engineering*
• Pneumatiques	*Bridgestone Potenza*
• Dimensions roues	*265/55R13 (AV) - 325/45R13 (AR)*
• Jantes	*O.Z. Racing > 12"-13 (AV) / 13.7"-13 (AR)*
• Poids	*605 kg, pilote + caméra à bord + lest*
• Empattement	*3120 mm*
• Longueur totale	*4600 mm*
• Largeur totale	*1800 mm*
• Hauteur totale	*1000 mm*
• Voie avant	*1470 mm*
• Voie arrière	*1410 mm*

FICHE D'IDENTITÉ

• Adresse	*Sauber Motorsport AG Wildbachstrasse 9 CH - 8340 Hinwil Switzerland*
• Téléphone	*+ 41 19 37 90 00*
• Fax	*+ 41 19 37 90 01*
• Internet	*www.sauber-petronas.com*
• Écurie fondée en	*1970*
• Premier Grand Prix	*Afrique du Sud 1993*
• Appellation officielle	*Sauber Petronas*
• Président Directeur général	*Peter Sauber*
• Directeur technique	*Willy Rampf* *Osamu Goto (moteur)*
• Team-manager	*Beat Zehnder*
• Responsable ingénierie	*Jacky Eeckelaert*
• Ingénieur de course (G.F.)	*Giampaolo Dall'Ara*
• Ingénieur de course (F.M.)	*Mike Krack*
• Chef mécanicien	*Urs Kuratle*
• Nombre d'employés	*270*
• Principaux sponsors	*Petronas, Credit Suisse, Red Bull*

• Partenaires *Adelholzener Alpenquellen, Adnovum Informatik, AMD, AS Lifts, Balzers, Bridgestone, Brütsch/Rüegger, Catia, Cisco Systems, DaimlerChrysler, Dalco, Druckerei Flawil, Egro AG Kaffeemaschinen, Elektro Frauchiger, Emil Frey, Ericsson, Fluent Deutschland, Gamatech Bottarlini, Italdesign / Giugiaro, Jacques Germanier, Kaeser Kompressoren, Klauke Industries, Lista Group, Magneti Marelli, Microsoft, Mobile TeleSystems, MSC.Software, MTS Systems, Ozalid, Paninfo, Philips, Pilatus, Plenexis, Puma, Sokhna Port, Stoll Giroflex, Sun World, Supag Spichtig and Partners, Swisscom Mobile, Taikang Life, Vescal, Walter Meier, Winkler Veranstaltungstechnik*

STATISTIQUES

• Nombre de Grands Prix disputés	*197*
• Meilleur résultat en Grand Prix	*6 x 3e*
• Meilleure qualification	*2 x 2e*
• Nombre de meilleurs tours en course	*0*
• Nombre de podiums	*6*
• Nombre de titres mondiaux conducteurs	*0*
• Nombre de titres mondiaux constructeurs	*0*
• Nombre total de points marqués	*141*

CLASSEMENT AU CHAMPIONNAT

1993	*6e – 12 pts*	1999	*8e – 5 pts*
1994	*8e – 12 pts*	2000	*8e – 6 pts*
1995	*7e – 18 pts*	2001	*4e – 21 pts*
1996	*7e – 11 pts*	2002	*5e – 11 pts*
1997	*7e – 16 pts*	2003	*6e – 19 pts*
1998	*6e – 10 pts*	2004	*6e – 34 pts*

PILOTE D'ESSAIS 2004

• Neel JANI (CH)

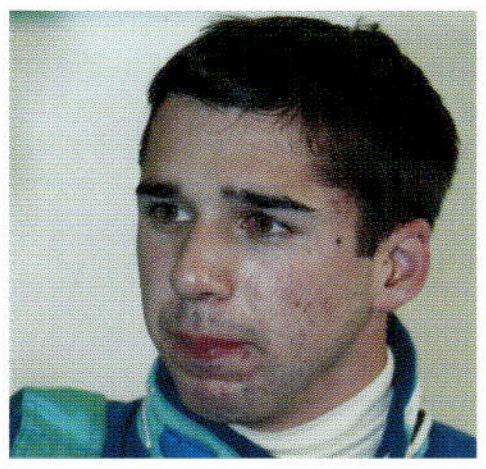

Neel Jani

SUCCESSION DES PILOTES 2004

• Giancarlo FISICHELLA *les 18 Grands Prix*
• Felipe MASSA *les 18 Grands Prix*

Souffle(rie) de changement

Pendant le plus clair de la saison, il a semblé que l'écurie la plus introvertie du paddock allait terminer le championnat en cinquième place. Finalement, Sauber a été passé par McLaren et termine une nouvelle fois sixième. Cela reste néanmoins une grande réussite, puisque Sauber est la mieux placée des écuries "privées", devant des équipes puissantes comme Toyota ou Jaguar. Peter Sauber doit être félicité pour diriger une équipe aussi efficace.
Ses voitures devinrent elles aussi de plus en plus efficaces au fur et à mesure de l'entrée en service de la nouvelle soufflerie de l'écurie. Cette saison, les Sauber eurent l'immense avantage d'aligner le moteur Ferrari V10 (ainsi que sa boîte de vitesses ultra-compacte), ce qui signifiait que la puissance était là. Sauber était la seule écurie autorisée à aligner un troisième pilote le vendredi qui n'ait pas daigné utiliser cette possibilité, mais cela ne semble pas avoir joué de rôle négatif.
Sauber a buté sur davantage de problèmes mécaniques que les Ferrari, mais sur une note plus positive, la voiture a constamment évolué au cours de la saison, ce qui n'avait pas toujours été le cas par le passé. Jamais en panne d'idées, les tacticiens de Sauber ont souvent joué sur des stratégies différentes que celles de leurs adversaires, en stoppant généralement une fois de moins, tactique parfois récompensée par des points. Le plus gros défi auquel Sauber devra faire face en 2005, c'est la perte de Giancarlo Fisichella. En choisissant Jacques Villeneuve, Peter Sauber, qui a pourtant la tête sur les épaules, a, soit commis une énorme erreur, soit sait quelque chose que le reste du monde ignore.

Jaguar

14. Mark WEBBER

FICHE D'IDENTITÉ

- Nom — *WEBBER*
- Prénom — *Mark Alan*
- Nationalité — *australienne*
- Date de naissance — *27 août 1976*
- Lieu de naissance — *Queanbeyan, (Nouvelles Galles du Sud, AUS)*
- Domicilié à — *Buckinghamshire (GB)*
- État civil — *célibataire*
- Enfant — -
- Hobbies — *VTT, avions radiocommandés, Playstation2*
- Musique favorite — *INXS, U2, musique relaxante*
- Plat favori — *pâtes, pizza, chocolat, glaces et desserts*
- Boisson favorite — *jus de pomme, limonade et eau gazeuse*
- Taille — *184 cm*
- Poids — *74 kg*
- Internet — *www.markwebber.com*

STATISTIQUES

- Grands Prix — 51
- Départs — 50
- Meilleur résultat — 1 x 5e
- Meilleure qualif. — 1 x 2e
- Meilleurs tours — 0
- Podiums — 0
- Accidents/sorties — 7
- Non-qualifications — 0
- GP en tête — 1
- Tours en tête — 2
- Km en tête — 8
- Points marqués — 26

DÉBUTS

1991-93 *Karting, Champion NSW et ACT (92)*
1994 *F. Ford (AUS) (14e)*
1995 *F. Ford (AUS) (4e)*
1996 *F. Ford (GB) (2e), Vainqueur F. Ford Festival*
1997 *F3 (GB) (4e)*
1998 *FIA-GT Series (2e)*
2000 *F3000 (3e)*
2001 *F3000 (2e)*

CARRIÈRE EN F1

1999 *Arrows-Supertec. Pilote-essayeur.*
2000 *Benetton-Playlife. Pilote-essayeur.*
2001 *Benetton-Renault. Pilote-essayeur.*
2002 *Minardi-Asiatech. 2 pts. 16e du championnat.*
2003 *Jaguar. 17 pts. 10e du championnat.*
2004 *Jaguar. 7 pts. 13e du championnat.*

15. Christian KLIEN

FICHE D'IDENTITÉ

- Nom — *KLIEN*
- First nom — *Christian*
- Nationalité — *autrichienne*
- Date de naissance — *7 février 1983*
- Lieu de naissance — *Hohenems, Vorarlberg (A)*
- Domicilié à — *Hohenems (A)*
- État civil — *célibataire*
- Enfants — -
- Hobbies — *Internet, VTT, ski*
- Musique favorite — *toutes*
- Plat favori — *cuisine italienne*
- Boisson favorite — *jus de pomme avec de l'eau gazeuse*
- Taille — *168 cm*
- Poids — *64 kg*
- Internet — *www.christian-klien.com*

STATISTIQUES

- Grands Prix — 18
- Départs — 18
- Meilleur résultat — 1 x 6e
- Meilleure qualif. — 1 x 10e
- Meilleurs tours — 0
- Podiums — 0
- Accidents/sorties — 3
- Non-qualifications — 0
- GP en tête — 0
- Tours en tête — 0
- Km en tête — 0
- Points marqués — 3

DÉBUTS

1996-98 *Karting, Champion (96) (CH)*
1999 *F. BMW Jr. Cup (D) (4e)*
2000 *F. BMW (D) (10e)*
2001 *F. BMW (D) (3e)*
2002 *Champion F. Renault (D), F. Renault (EUR) (5e)*
2003 *F3 Euro Series (2e), Vainqueur F3 Marlboro Masters Zandvoort*

CARRIÈRE EN F1

2004 *Jaguar. 3 pts. 16e du championnat.*

Webber est l'un des employés de Jaguar qui sait de quoi est fait son avenir, puisque le sympathique pilote australien est officialisé chez Williams pour 2005. Excepté à Spa, où il est entré en collision avec Barrichello au premier virage, il a été constant, rapide et a su tirer le meilleur parti de la R5. Il s'est particulièrement distingué à Suzuka, avec un tour de qualification qui révèle ses aptitudes de pilotage. Mark Webber a prouvé être un maillon fort dans une équipe, en contribuant à tous les niveaux aux développements techniques et à leurs applications. Il était donc tout naturel pour Williams de le choisir, en espérant qu'il aidera à recréer les premiers jours de gloire de l'équipe vécus avec un autre champion Australien charismatique, Alan Jones. Cette mutation chez Sir Frank va lui permettre de montrer si oui ou non il a vraiment l'étoffe d'un grand. Il ne faut pas oublier que son meilleur résultat en course reste une place de cinquième, à domicile, au volant d'une Minardi !

Il n'y a rien de mal à être un pilote qui «paye» en Formule 1; après tout, un certain Niki Lauda a suivit le même chemin à son époque, et il n'a pas trop mal fini. Cependant, quand Jaguar a déclaré avoir choisi Christian Klien comme partenaire de Webber parce qu'il avait *«d'indéniables capacités»* derrière un volant, la pilule fut dure à avaler. Surtout quand on sait que le jeune Autrichien avait comme atout dans sa poche un très grand chèque de Red Bull, une société de boisson énergétique. Agressif et confiant, le petit ne s'est pas déshonoré, sa courbe de progression, assez escarpée, s'est quelque peu stabilisée en Belgique, circuit sur lequel il a commencé à montrer de vagues signes d'un potentiel jusqu'ici dissimulé. Malheureusement il était déjà bien tard.

Tony Purnell

David Pitchforth

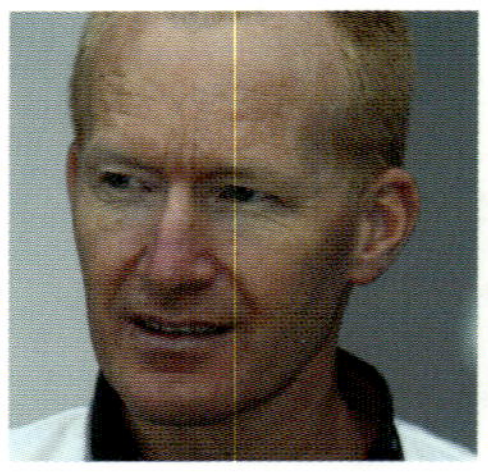

Malcolm Oastler

Björn Wirdheim

JAGUAR R5
MARK WEBBER
GRAND PRIX D'ALLEMAGNE

Jaguar R5

CARACTÉRISTIQUES

- Châssis — *Jaguar R5*
- Type — *Monocoque en fibre de carbone, structure composite en nid d'abeille*
- Suspensions — *Triangles superposés en carbone et poussoirs / barre de torsion antiroulis + amortisseurs (AV/AR)*
- Moteur — *V10 Cosworth Racing CR-6 (90°)*
- Cylindrée — *2998 cm³*
- Distribution — *40 soupapes à rappel pneumatique*
- Gestion électronique — *Pi Research, Pi 'VCS' System*
- Transmission — *Jaguar longitudinale à système hydraulique haute pression, 7 vitesses + marche AR*
- Embrayage — *AP Racing*
- Radiateurs — *IMI*
- Carburant / huile — *Castrol Racing / Castrol Fluid Technology*
- Disques de freins — *Carbone Industrie ou Brembo (carbone)*
- Etriers — *AP Racing*
- Bougies / batterie — *Champion / JRL*
- Amortisseurs — *Koni*
- Pneumatiques — *Michelin*
- Dimensions roues — *12.7"-13 (AV) / 13.4"-13 (AR)*
- Jantes — *O.Z. Racing*
- Poids — *605 kg, pilote + caméra à bord + lest*
- Empattement — *non révélé*
- Longueur totale — *non révélé*
- Largeur totale — *non révélé*
- Hauteur totale — *non révélé*
- Voie avant — *non révélé*
- Voie arrière — *non révélé*

STATISTIQUES

- Nombre de Grands Prix disputés — *85*
- Meilleur résultat en Grand Prix — *2 x 3e*
- Meilleure qualification — *1 x 2e*
- Nombre de meilleurs tours en course — *0*
- Nombre de podiums — *2*
- Nombre de titres mondiaux conducteurs — *0*
- Nombre de titres mondiaux constructeurs — *0*
- Nombre total de points marqués — *49*

CLASSEMENT AU CHAMPIONNAT

2000	*9e – 4 pts*	2003	*7 – 18 pts*
2001	*8e – 9 pts*	2004	*7 – 10 pts*
2002	*7 – 8 pts*		

PILOTE D'ESSAIS 2004

- Björn WIRDHEIM (S)

SUCCESSION DES PILOTES 2004

- Mark WEBBER — *les 18 Grands Prix*
- Christian KLIEN — *les 18 Grands Prix*

FICHE D'IDENTITÉ

- Adresse — *Jaguar Racing Ltd, Bradbourne Drive, Tilbrook, Milton Keynes, MK7 8BJ, Great Britain*
- Téléphone — *+44 (0) 1908 27 97 00*
- Fax — *+44 (0) 1908 27 97 11*
- Internet — *www.jaguar-racing.com*
- Écurie fondée en — *2000*
- Premier Grand Prix — *Australie 2000*
- Appellation officielle — *Jaguar Racing*
- Vice-Président Ford, Directeur F1 — *Richard Parry-Jones*
- Directeur Premier Performance division — *Tony Purnell*
- Directeur général — *David Pitchforth (Jaguar), Nick Hayes (Cosworth Racing)*
- Directeur de l'ingénierie — *Dr. Ian Pocock*
- Ingénieur en chef — *Malcolm Oastler*
- Chef aérodynamicien — *Ben Agathangelou*
- Responsable performance — *Dr. Mark Gillan*
- Designer en chef — *Robert Taylor*
- Ingénieur de course (M.W.) — *Peter Harrison*
- Ingénieur de course (C.K.) — *Stefano Sordo*
- Nombre d'employés — *270*
- Principaux partenaires — *HSBC, RedBull, UGS, DuPont, AT&T, Pioneer, Michelin, Beck's, Amik Italia Spa*
- Partenaires techniques — *Castrol, Lear*
- Fournisseurs officiels — *Tom Tailor, Rolex, Puma, 3D Systems, Jaguar Shoes, Mumm*

Sorti de sa misère

Ce sont donc les adieux à l'un des noms les plus célèbres de l'industrie automobile, un nom au passé sportif glorieux. L'histoire de Jaguar en Formule 1 sera toujours regardée comme une histoire triste, avec trop de dirigeants et pas assez d'argent.

Le comportement de Ford, la société propriétaire de Jaguar, ainsi que son style de management se sont révélé scandaleux. Et la firme de Detroit a fini par retirer la prise. Ce qui est d'autant plus regrettable que cette saison, les monoplaces vertes commençaient à montrer du potentiel tout en s'avérant fiables, voire rapides – quoique la boîte de vitesses et le circuit hydraulique aient représenté des points faibles. Au cours de l'hiver, l'écurie s'était concentrée sur la règle du moteur unique, et mis à part quelques incidents stupides, elle a réussi à rallier l'arrivée. Mais ne marqua de points qu'en cinq occasions. Ayant consommé beaucoup de pneus Michelin dans le passé, l'écurie fit là aussi de grands progrès. On

enregistra quelques actes de bravoure de temps en temps, mais la voiture n'était tout simplement pas assez rapide. Et bien sûr, après l'annonce du retrait de Ford, il ne fallait plus compter sur Jaguar.

Toyota

16. Cristiano DA MATTA

FICHE D'IDENTITÉ

- Nom — *DA MATTA*
- Prénom — *Cristiano Monteiro*
- Nationalité — *brésilienne*
- Date de naissance — *19 septembre 1973*
- Lieu de naissance — *Belo Horizonte (BR)*
- Domicilié à — *Monaco (MC)*
- État civil — *célibataire*
- Enfants — -
- Hobbies — *jouer et écouter de la musique, vélo*
- Musique favorite — *rock, blues, jazz*
- Plat favori — *tous les genres de la cuisine brésilienne*
- Boisson favorite — *thé glacé*
- Taille — *165 cm*
- Poids — *59 kg*
- Internet — *www.damatta.com*

STATISTIQUES

Grands Prix	28
Départs	28
Meilleur résultat	3 x 6e
Meilleure qualif.	1 x 3e
Meilleurs tours	0
Podiums	0
Accidents/sorties	4
Non-qualifications	0
GP en tête	1
Tours en tête	17
Km en tête	87
Points marqués	13

DÉBUTS

1990-92 *Karting, Champion Minas (90-91), (BR) (91)*
1993 *Champion F. Ford (BR)*
1994 *Champion F3 (BR)*
1995 *F3 (GB) (8e)*
1996 *F3000 (8e)*
1997 *Indy Lights (3e)*
1998 *Champion Indy Lights*
1999 *CART (18e)*
2000 *CART (10e)*
2001 *CART (5e)*
2002 *Champion CART*

CARRIÈRE EN F1

2003 *Toyota. 10 pts. 13e du championnat.*
2004 *Toyota. 3 pts. 17e du championnat.*

Il ne ressemble pas à une star de la Formule 1, il n'agit pas comme une star, et ne pilote pas comme une star... au suivant!

16/17. Ricardo ZONTA

FICHE D'IDENTITÉ

- Nom — *ZONTA*
- Prénom — *Ricardo*
- Nationalité — *brésilienne*
- Date de naissance — *23 mars 1976*
- Lieu de naissance — *Curitiba (BR)*
- Domicilié à — *Monaco (MC)*
- État civil — *célibataire*
- Enfants — -
- Hobbies — *surf, ski nautique, motocross*
- Musique favorite — *The Corrs, Paralamas do Sucesso*
- Plat favori — *pâtes au poulet*
- Boisson favorite — *oranges pressées*
- Taille — *172 cm*
- Poids — *64 kg*
- Internet — *www.ricardozonta.com.br*

STATISTIQUES

Grands Prix	36
Départs	36
Meilleur résultat	3 x 6e
Meilleure qualif.	1 x 6e
Meilleurs tours	0
Podiums	0
Accidents/sorties	6
Non-qualifications	0
GP en tête	0
Tours en tête	0
Km en tête	0
Points marqués	3

DÉBUTS

1987-92 *Karting, Champion Curitiba (91)*
1993 *F. Chevrolet (BR) (6e)*
1994 *F3 (BR) (5e)*
1995 *Champion F3 (BR & Amérique du Sud)*
1996 *F3000 (4e)*
1997 *Champion F3000*

CARRIÈRE EN F1

1997 *Jordan-Peugeot. Pilote-essayeur.*
1998 *McLaren-Mercedes. Pilote-essayeur.*
1999 *B·A·R-Supertec. 0 pt. 22e du championnat.*
2000 *B·A·R-Honda. 3 pts. 14e du championnat.*
2001 *Jordan-Honda. 0 pt. 19e du championnat.*
2003 *Toyota. Pilote-essayeur.*
2004 *Toyota. 0 pt. 22e du championnat.*

Le Brésilien a bien fait son travail en tant que troisième pilote lors des essais du vendredi, mettant à disposition sa considérable expérience afin de faire avancer le programme de l'équipe. Avec quatre Grands Prix seulement pour prouver son talent en course, pendant que Toyota s'amusait à jouer aux chaises musicales, aucun directeur d'écurie n'a remarqué son jeu.

16. Jarno TRULLI

VOIR RENAULT, PAGES 28-29

17. Olivier PANIS

FICHE D'IDENTITÉ

- Nom — *PANIS*
- Prénom — *Olivier Denis*
- Nationalité — *française*
- Date de naissance — *2 septembre 1966*
- Lieu de naissance — *Lyon (F)*
- Domicilié à — *Varses près de Grenoble (F)*
- État civil — *marié à Anne*
- Enfants — *2 filles et un garçon (Caroline, Lauren & Aurélien)*
- Hobbies — *famille, ski, vélo, tennis, bateau, karting*
- Musique favorite — *Florent Pagny, Barry White, Garou*
- Plat favori — *pâtes huile d'olive, parmesan*
- Boisson favorite — *eau et Coca-Cola*
- Taille — *173 cm*
- Poids — *72 kg*
- Internet — *www.olivier-panis.com*

STATISTIQUES

Grands Prix	158
Départs	157
Victoires	1
Meilleure qualif.	3 x 3e
Meilleurs tours	0
Podiums	5
Accidents/sorties	20
Non-qualifications	0
GP en tête	1
Tours en tête	16
Km en tête	53
Points marqués	76

DÉBUTS

1981-87 *Karting*
1987 *Vainqueur Volant Elf Winfield Paul Ricard*
1988 *F. Renault (F) (4e)*
1989 *Champion F. Renault (F)*
1990 *F3 (F) (4e)*
1991 *F3 (F) (2e)*
1992 *F3000 (10e)*
1993 *Champion F3000*

CARRIÈRE EN F1

1994 *Ligier-Renault. 9 points. 11e du championnat.*
1995 *Ligier-Mugen-Honda. 16 pts. 8e du championnat.*
1996 *Ligier- Mugen-Honda. 13 pts. 9e du championnat.*
1997 *Prost-Mugen-Honda. 16 pts. 9e du championnat.*
1998 *Prost-Peugeot. 0 point. 18e du championnat.*
1999 *Prost-Peugeot. 2 pts. 15e du championnat.*
2000 *McLaren-Mercedes. Pilote-essayeur.*
2001 *B·A·R-Honda. 5 pts. 14e du championnat.*
2002 *B·A·R-Honda. 3 pts. 14e du championnat.*
2003 *Toyota. 6 pts. 15e du championnat.*
2004 *Toyota. 6 pts. 14e du championnat.*

Olivier Panis a abandonné la Formule 1 de la même manière qu'il a mené sa carrière dans ce sport - tout tranquillement. Le dimanche au Japon était un jour triste, pas seulement parce qu'Olivier prenait sa retraite, mais aussi parce que son départ annonçait la fin des pilotes français sur la grille de départ 2005. Avec son retrait, la Formule Un perd un personnage agréable, besogneux, un vrai gentleman et un assez bon pilote – qui n'a malheureusement jamais eu l'occasion de disposer d'un baquet à la mesure de ses capacités. Mais au moins, pourra-t-il dire à son fils qu'il est l'un des rares pilotes à avoir remporté le mythique Grand Prix de Monaco.

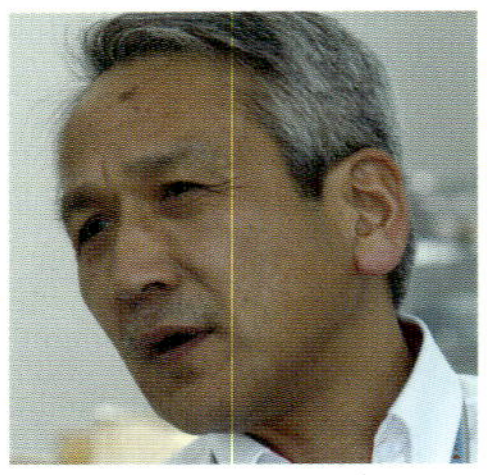

Tsutomu Tomita

John Howett

Mike Gascoyne

Ryan Briscoe

TOYOTA TF104
OLIVIER PANIS
GRAND PRIX DES ETATS-UNIS

Toyota TF104

CARACTÉRISTIQUES

• Châssis	*Toyota TF104 & TF104B*
• Type	*Monocoque en fibre de carbone, structure composite en nid d'abeille*
• Suspensions	*Triangles superposés, poussoirs / barre de torsion + amortisseurs (AV/AR)*
• Moteur	*V10 Toyota RVX-04 (90°)*
• Cylindrée	*3000 cm³*
• Distribution	*4 soupapes par cylindre à rappel pneumatique*
• Gestion électronique	*Magneti Marelli*
• Transmission	*Toyota sequentielle longitudinale hydraulique semi-automatique 7 vitesses + marche AR*
• Embrayage	*Sachs*
• Radiateurs	*Denzo*
• Carburant / huile	*Esso / Esso*
• Disques de freins	*Brembo*
• Etriers	*Brembo*
• Bougies / batterie	*Denso / Panasonic*
• Amortisseurs	*Sachs/Toyota*
• Pneumatiques	*Michelin Pilot*
• Dimensions roues	*13" x 13" (AV) / 12.5" x 13.7" (AR)*
• Jantes	*BBS Magnesium*
• Poids	*605 kg, pilote + caméra à bord + lest*
• Empattement	*3090 mm*
• Longueur totale	*4547 mm*
• Largeur totale	*non révélé*
• Hauteur totale	*non révélé*
• Voie avant	*1425 mm*
• Voie arrière	*1411 mm*

STATISTIQUES

• Nombre de Grands Prix disputés	*51*
• Meilleur résultat en Grand Prix	*2 x 5e*
• Meilleure qualification	*2 x 3e*
• Nombre de meilleurs tours en course	*0*
• Nombre de podiums	*0*
• Nombre de titres mondiaux conducteurs	*0*
• Nombre de titres mondiaux constructeurs	*0*
• Nombre total de points marqués	*27*

CLASSEMENT AU CHAMPIONNAT

2002 *10e – 2 pts*
2003 *8e – 16 pts*
2004 *8e – 9 pts*

PILOTES D'ESSAIS 2004

• Ricardo ZONTA (BR)
• Ryan BRISCOE (AUS)

SUCCESSION DES PILOTES 2004

• Olivier PANIS	*17 Grands Prix (Australie > Japon)*
• Cristiano DA MATTA	*12 Grands Prix (Australie > Allemagne)*
• Ricardo ZONTA	*5 Grands Prix (Hongrie > Chine & Brésil)*
• Jarno TRULLI	*2 Grands Prix (Japon & Brésil)*

FICHE D'IDENTITÉ

• Adresse	*Toyota Motorsport GmbH Toyota-Allee 7 50858 Köln Deutschland*
• Téléphone	*+49 (0) 223 418 23 444*
• Fax	*+49 (0) 223 418 23 37*
• Internet	*www.toyota-f1.com*
• Ecurie fondée en	*1999*
• Premier Grand Prix	*Australie 2002*
• Appellation officielle	*Panasonic Toyota Racing*
• Président Directeur général	*Tsutomu Tomita*
• Président	*John Howett*
• Conseiller	*Ove Andersson*
• Vice-Président	*Toshiro Kurusu*
• Manager général	*Richard Cregan*
• Ingénieur en chef	*Dieter Gass*
• Directeur technique	*Mike Gascoyne (châssis) Luca Marmorini (moteur)*
• Dir. technique coordination	*Keizo Takahashi*
• Designer en chef	*Gustav Brunner*
• Team manager	*Ange Pasquali*
• Ingénieur de course (16)	*Ossi Oikarinen*
• Ingénieur de course (17)	*Humphrey Corbett*
• Nombre d'employés	*580*
• Partenaire principal	*Panasonic*

• Partenaires techniques *BMC Software, Dassault Systèmes, EMC-Information strage, EOS, Exxon Mobile Corporation (Esso), KTC, MAN, Michelin, Toyoda*
• Sponsors *AVEX Inc., DENSO, Ebbon-Dacs, ESPN STAR Sports, Intel Corporation, Kärcher Cleaning Systems, KDDI, Time Inc.*
• Fournisseurs officiels *BBS, DEA, Future Sports, Magneti Marelli, M.B.A. Production, Nolan, Pertinence - Software Solutions, Sika, Sparco, St.Georges, Technogym, Vuarnet, Yamaha*

Le géant aux pieds d'argile

Les gens évoquent le budget de Ferrari comme l'une des raisons du succès de la Scuderia. Le même argument ne s'applique pas à Toyota. Bien sûr, il s'agit de l'écurie la plus jeune du paddock, mais étant donné ses immenses moyens et les buts qu'elle s'est fixé, elle aurait dû faire mieux que huitième au classement des constructeurs – où elle ne termine qu'avec 4 points d'avance sur une équipe Jordan qui n'a pas un sou.
C'est déjà très difficile de diriger une écurie en-dehors de l'Angleterre (demandez ce qu'il en pense à Peter Sauber), mais lorsque le siège de l'écurie est situé à Cologne et que les décisions importantes sont prises à Tokyo, on tient là une bonne recette pour la catastrophe. En 2004, le moteur fonctionnait bien, mais l'aérodynamique du châssis était déficiente. Pire encore, l'écurie manquait de dirigeants clairvoyants. L'arrivée de Mike Gascoyne à la direction technique va sans doute aider, car la qualité première de l'Anglais reste son sens de l'organisation. Pourtant, une lignée de pilotes 2005 comptant Ralf Schumacher et Jarno Trulli ne semble pas trop prometteuse. Les Japonais n'ont-ils pas réalisé qu'il y a deux Schumacher différents en F1? Ils ont peut-être cru qu'ils achetaient l'autre?

Jordan Ford

18. Nick HEIDFELD

FICHE D'IDENTITÉ

- Nom — *HEIDFELD*
- Prénom — *Nick*
- Nationalité — *allemande*
- Date de naissance — *10 mai 1977*
- Lieu de naissance — *Mönchengladbach (D)*
- Domicilié à — *Stäfa (CH)*
- État civil — *fiancé à Patricia*
- Enfants — -
- Hobbies — *tennis, golf, moto, musique, cinéma*
- Musique favorite — *les bons hits*
- Plat favori — *pâtes, buffets d'entrée raffinés*
- Boisson favorite — *jus d'orange avec de l'eau gazeuse*
- Taille — *164 cm*
- Poids — *59 kg*
- Internet — *www.nickheidfeld.com*

STATISTIQUES

Grands Prix	85
Départs	84
Meilleur résultat	1 x 3e
Meilleure qualif.	1 x 4e
Meilleurs tours	0
Podiums	1
Accidents/sorties	9
Non-qualifications	0
GP en tête	0
Tours en tête	0
Km en tête	0
Points marqués	28

DÉBUTS

1986-92 *Karting*
1993 *Formule A Laval (F)*
1994 *Champion F. Ford 1600 (D)*
1995 *Champion F. Ford 1800 (D), F. Ford (D) (2e)*
1996 *F3 (D) (3e)*
1997 *Champion F3 (D)*
1998 *F3000 (2e)*
1999 *Champion F3000*

CARRIÈRE EN F1

1997 *McLaren-Mercedes. Pilote-essayeur*
1998 *McLaren-Mercedes. Pilote-essayeur*
1999 *McLaren-Mercedes. Pilote-essayeur*
2000 *Prost-Peugeot. 0 pt. 20e du championnat.*
2001 *Sauber-Petronas. 12 pts. 8e du championnat.*
2002 *Sauber-Petronas. 7 pts. 10e du championnat.*
2003 *Sauber-Petronas. 6 pts. 14e du championnat.*
2004 *Jordan-Ford. 3 pts. 18e du championnat.*

19. Giorgio PANTANO

FICHE D'IDENTITÉ

- Nom — *PANTANO*
- Prénom — *Giorgio*
- Nationalité — *italienne*
- Date de naissance — *4 février 1979*
- Lieu de naissance — *Conselve (I)*
- Domicilié à — *Padova (I) & Londres (GB)*
- État civil — *célibataire*
- Enfants — -
- Hobbies — *ordinateurs, cinéma, sorties avec amis*
- Musique favorite — *aucune particulière*
- Plat favori — *poisson, crevettes crues*
- Boisson favorite — *eau gazeuse avec vin rouge*
- Taille — *166 cm*
- Poids — *67 kg*
- Internet — *www.giorgiopantano.com*

STATISTIQUES

Grands Prix	14
Départs	14
Meilleur résultat	2 x 13e
Meilleure qualif.	1 x 14e
Meilleurs tours	0
Podiums	0
Accidents/sorties	4
Non-qualifications	0
GP en tête	0
Tours en tête	0
Km en tête	0
Points marqués	0

DÉBUTS

1988-99 *Karting, Champion Jr. (I) (93-94), (EUR) (93), (Monde) (93-94), Champion FA (EUR) (95-96), F. Super A (97 & 99) (3e), Coupe Paris-Bercy (98) (3e)*
1999 *F. Palmer Audi (3e)*
2000 *Champion F3 (D & CH)*
2001 *F3000 (3e)*
2002 *F3000 (2e)*
2003 *F3000 (3e)*

CARRIÈRE EN F1

2004 *Jordan-Ford. 0 pt. 24e du championnat.*

Nick Heidfeld est l'un de ces pilotes toujours à la mauvaise place au mauvais moment. Considérant que sa carrière a été soutenue par Mercedes, qu'il était le coéquipier de Raikkonen chez Sauber, et qu'il était destiné à une certaine célébrité, pourquoi a-t-il terminé sans salaire chez Jordan, une équipe financièrement et techniquement en difficulté ? Personne ne dit que la vie doit être juste, mais le petit Nick a tout de même apporté toute sa motivation à conduire une voiture jaune qui n'était absolument pas compétitive et qu'il a amené au maximum de ses possibilités. La F1 a son lot de cancans sur le dévouement des pilotes, mais si vous voulez savoir ce qu'il en est vraiment, restez dans le stand toute une journée aux côtés d'Heidfeld et vous verrez ce que travailler signifie. Sa compétence a certainement aidé dans la performance globale de l'EJ14. Son heure viendra peut être tardivement, mais il devrait tester la Williams avec une possibilité de la conduire en 2005.

Il a rejoint l'équipe avec de bonnes références. Mais n'ayant pas suffisamment appréhendé les exigences de la F1, il était loin d'être à l'aise dans un baquet. Bien que Pantano se soit petit à petit acclimaté à sa nouvelle mission, les résultats n'ont pas suivis. Il a commencé à accumuler les erreurs. Ses problèmes financiers et contractuels a fourni à l'équipe une bonne raison pour le remercier et le troquer pour Timo Glock lors des trois dernières courses – ce dernier ayant déjà remplacé l'italien lors du Grand Prix du Canada.

Eddie Jordan

James Robinson

Tim Edwards

19. Timo GLOCK

FICHE D'IDENTITÉ

- Nom — *GLOCK*
- Prénom — *Timo*
- Nationalité — *allemande*
- Date de naissance — *10 mars 1982*
- Lieu de naissance — *Lindenfels (D)*
- Domicilié à — *Lohne (D)*
- État civil — *célibataire*
- Enfants — -
- Hobbies — *Go-Kart, tennis, bowling, ski*
- Musique favorite — *pop, rock*
- Plat favori — *pâtes*
- Boisson favorite — *eau minérale*
- Taille — *169 cm*
- Poids — *65 kg*
- Internet — *www.timoglock.com*

STATISTIQUES

Grands Prix	4
Meilleur résultat	1 x 7e
Meilleure qualif.	2 x 16e
Accidents/sorties	0
Points marqués	2

DÉBUTS

1998-99 *Karting*
2000 *Champion F. BMW ADAC Jr.*
2001 *Champion F. BMW ADAC*
2002 *F3 (D) (3e)*
2003 *F3 Euro series (5e)*

CARRIÈRE EN F1

2004 *Jordan-Ford. 2 pts. 19e du championnat.*

La plaisanterie disait que ce pilote avait obtenu une place parce qu'Eddie Jordan pensait qu'il était Irlandais et nommé Tim O'Glock ! Mais plus sérieusement les essais hivernaux ont révélé ici un jeune homme armé d'une bonne connaissance technique, qui est en mesure de glaner de précieuses informations lors des essais du vendredi et surtout de garder la tête froide. Il a fait ses preuves au Grand Prix du Canada et après avoir gâché ses qualifications il a mené une belle course pour marquer ses premiers points en F1. Du bon boulot !

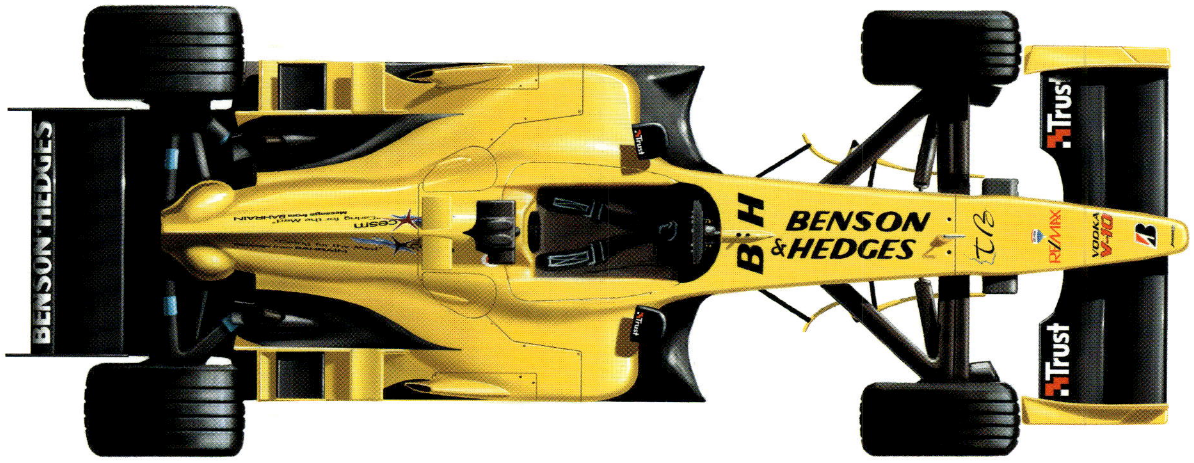

JORDAN EJ14-FORD
NICK HEIDFELD
GRAND PRIX DE MONACO

Jordan EJ14-Ford

CARACTÉRISTIQUES

• Châssis	*Jordan EJ14*
• Type	*Monocoque en fibre de carbone*
• Suspensions	*Triangles superposés, poussoirs / barre de torsion, barre antiroulis + amortisseurs (AV/AR)*
• Moteur	*V10 Ford Cosworth RS2 (90°)*
• Cylindrée	*2998 cm³*
• Distribution	*4 soupapes par cylindre à rappel pneumatique*
• Gestion électronique	*Pi Research*
• Transmission	*Jordan longitudinale avec changement de vitesses électrohydraulique séquentiel, 7 vitesses + marche AR*
• Embrayage	*Jordan / AP Racing*
• Radiateurs	*Secan / IMI Marston*
• Carburant / huile	*Elf / Elf*
• Disques de freins	*Carbone Industrie*
• Etriers	*Brembo*
• Bougies / batterie	*Champion /non révélé*
• Amortisseurs	*Jordan Penske*
• Pneumatiques	*Bridgestone Potenza*
• Dimensions roues	*13"*
• Jantes	*BBS*
• Poids	*605 kg, pilote + caméra à bord + lest*
• Empattement	*+ 3000 mm*
• Longueur totale	*4600 mm*
• Largeur totale	*1800 mm*
• Hauteur totale	*950 mm*
• Voie avant	*1480 mm*
• Voie arrière	*1418 mm*

FICHE D'IDENTITÉ

• Adresse	*Jordan Grand Prix Ltd., Buckingham Road, Silverstone, Northants, NN12 8TJ Great Britain*
• Téléphone	*+44 (0) 1327 850 800*
• Fax	*+44 (0) 1327 857 993*
• Internet	*www.f1jordan.com*
• Écurie fondée en	*1981*
• Premier Grand Prix	*USA 1991*
• Appellation officielle	*Jordan Ford*
• Directeur général	*Eddie Jordan*
• Directeur des opérations & Directeur financier	*Richard O'Driscoll*
• Responsable ingénierie	*James Robinson*
• Responsable design	*John McQuilliam*
• Chef aérodynamicien	*Nicolo' Petrucci*
• Responsable électronique	*Mike Wroe*
• Responsable des opérations	*David Williams*
• Team manager	*Tim Edwards*
• Chef ingénierie	*James Robinson*
• Ingénieur de course	*Dominic Harlow, Gerry Hughes*
• Chef mécanicien	*Andrew Stevenson*
• Premier mécanicien (N.H.)	*Nick Burrows*
• Premier mécanicien (G.P.)	*Matt Deane*
• Nombre d'employés	*200*
• Sponsors officiels	*Benson and Hedges, Puma, RE/MAX Europe, Phard, TB, Trust*
• Fournisseurs officiels	*Vielife, Powermarque, Laurent-Perrier, TMA, NHK Spring Co. Ltd, Principal Colour, Quicksilver, Liqui Moly, ATI*
• Partenaires techniques	*Bridgestone, Celerant Consulting, Sabelt, Touchpaper, Scientio*

STATISTIQUES

• Nombre de Grands Prix disputés	*231*
• Nombre de victoires	*4*
• Nombre de pole-positions	*2*
• Nombre de meilleurs tours en course	*2*
• Nombre de podiums	*18*
• Nombre de titres mondiaux conducteurs	*0*
• Nombre de titres mondiaux constructeurs	*0*
• Nombre total de points marqués	*279*

CLASSEMENT AU CHAMPIONNAT

1991	*5ᵉ – 13 pts*	1998	*4ᵉ – 34 pts*
1992	*11ᵉ – 1 pt*	1999	*3ᵉ – 61 pts*
1993	*10ᵉ – 3 pts*	2000	*6ᵉ – 17 pts*
1994	*5ᵉ – 28 pts*	2001	*5ᵉ – 19 pts*
1995	*6ᵉ – 21 pts*	2002	*6ᵉ – 9 pts*
1996	*5ᵉ – 22 pts*	2003	*9ᵉ – 13 pts*
1997	*5ᵉ – 33 pts*	2004	*9ᵉ – 5 pts*

Robert Doornbos

PILOTES D'ESSAIS 2004

• Timo GLOCK (D)
• Robert DOORNBOS (MC)

SUCCESSION DES PILOTES 2004

• Nick HEIDFELD	*les 18 Grands Prix*
• Giorgio PANTANO	*14 Grands Prix (tous sauf CDN, CHN, J, BR)*
• Timo GLOCK	*4 Grands Prix (CDN, CHN, J, BR)*

Combien vous mettez ?

La quatorzième saison de l'écurie irlandaise semblait bien devoir être la dernière. Les beaux jours de la troisième place du championnat et des victoires étaient bien loin, et désormais les camions de l'équipe étaient parqués à côté de ceux de Minardi dans les paddocks. La perte du directeur technique Gary Anderson signifiait aussi que le département n'avait plus de patron. Il n'y avait pas davantage d'argent, ni d'essais d'hiver – la EJ14 n'a été conçue que très tard, en novembre 2003 –, et par voie de conséquence aucune compréhension du fonctionnement des pneus Bridgestone. Le moteur Cosworth rendait au moins 70 chevaux à ceux alignés par Jaguar. Le mode survie signifiait qu'aucune somme n'étaient consacrée au développement. Au début de la saison, les Jordan donnaient ici ou là du fil à retordre aux Toyota, aux Jaguar ou aux Sauber. Mais en fin d'année, elles ne menaçaient plus guère que les Minardi! On ne peut toutefois jamais exclure Eddie Jordan, et il semble qu'il ait réussi, dans un dernier tour de force, à s'attribuer des moteurs Toyota. Il y aurait aussi quelques acheteurs potentiels pour son écurie, quoique Eddie Jordan veuille conserver un poste de commandement. «*Pour Eddie, cette écurie, c'est comme une maîtresse*», lâche un habitué. «*Il ne supporte pas l'idée que qui que ce soit y touche...*»

Minardi Cosworth

20. Gianmaria BRUNI

FICHE D'IDENTITÉ

- Nom — *BRUNI*
- Prénom — *Gianmaria*
- Nationalité — *italienne*
- Date de naissance — *30 mai 1981*
- Lieu de naissance — *Rome (I)*
- Domicilié à — *Rome (I)*
- État civil — *célibataire*
- Enfants — *-*
- Hobbies — *se dépenser physiquement, karting*
- Musique favorite — *toutes sauf la musique lyrique*
- Plat favori — *salade de poulet, pâtes blanches*
- Boisson favorite — *Coca-Cola light, jus d'orange*
- Taille — *182 cm*
- Poids — *70 kg*
- Internet — *www.gianmariabruni.it*

STATISTIQUES

Grands Prix	*18*
Départs	*18*
Meilleur résultat	*3 x 14e*
Meilleure qualif.	*1 x 16e*
Meilleurs tours	*0*
Podiums	*0*
Accidents/sorties	*2*
Non-qualifications	*0*
GP en tête	*0*
Tours en tête	*0*
Km en tête	*0*
Points marqués	*0*

DÉBUTS

1991-94 *Karting*
1995 *Karting (EUR) (3e)*
1997 *F. Renault Campus (I)*
1998 *Champion F. Renault Campus (I)*
1999 *Champion F. Renault (EUR)*
2000 *F3 (GB) (5e)*
2001 *F3 (GB) (4e), Zandvoort Marlboro Masters (4e)*
2002 *F3000 Euro series (12e)*
2003 *F3000 Euro series (3e)*

CARRIÈRE EN F1

2004 *Minardi-Cosworth. 0 pt. 25e du championnat*

21. Zsolt BAUMGARTNER

FICHE D'IDENTITÉ

- Nom — *BAUMGARTNER*
- Prénom — *Zsolt*
- Nationalité — *hongroise*
- Date de naissance — *1er janvier 1981*
- Lieu de naissance — *Budapest (H)*
- Domicilié à — *Budapest (H)*
- État civil — *célibataire*
- Enfants — *-*
- Hobbies — *acrobaties en avion, internet, football*
- Musique favorite — *hits, la musique des 80'*
- Plat favori — *pâtes, salade*
- Boisson favorite — *eau plate*
- Taille — *178 cm*
- Poids — *74 kg*
- Internet — *www.zsolt.baumgartner.hu*

STATISTIQUES

Grands Prix	*20*
Départs	*20*
Meilleur résultat	*1 x 8e*
Meilleure qualif.	*3 x 17e*
Meilleurs tours	*0*
Podiums	*0*
Accidents/sorties	*4*
Non-qualifications	*0*
GP en tête	*0*
Tours en tête	*0*
Km en tête	*0*
Points marqués	*1*

DÉBUTS

1994-95 *Karting Jr. A (H) (2e)*
1996 *Go-kart*
1997 *F. Renault (D) (2e)*
1998 *F. Renault (Ecole La Filière)*
1999 *F. Renault 2000 (D & EUR) (3e)*
2000 *F3 (D) (9e)*
2001 *F3 (D)(17e), F3000*
2002 *F3000 (15e)*
2003 *F3000 (14e)*

CARRIÈRE EN F1

2003 *Jordan-Ford. 0 pt. 24e du championnat.*
2004 *Minardi-Cosworth. 1 pt. 20e du championnat.*

Après une poignée de courses avec Jordan en 2003, ce pilote Hongrois – payant – a fait l'inévitable pas chez Minardi. Il serait trop facile d'écrire que Zsolt Baumgartner est un dilettante, qu'il suscite des moqueries dans le paddock et qu'il est épaulé par son père, un homme richissime. Zsolt a durement mené sa barque et s'est constamment amélioré pour finir par gagner le respect de l'équipe. Il a prouvé être très fiable et a habituellement ramené sa voiture au stand, quand il avait encore la possibilité de le faire. Finir huitième et marquer un point à Indianapolis fut la cerise sur le gâteau de sa saison.

L'Italien est arrivé chez Minardi avec un CV plus impressionnant que son coéquipier. Sa saison a bien commencé, et il a fait preuve de la vélocité que tous espéraient. A à mi-saison, le rythme a baissé et les heurts avec les membres de l'équipe ont débuté avant que Gianmaria n'en revienne à nouveau à un bon rendement en fin de saison. Pour sa décharge, il faut reconnaître que lorsque vous êtes assis derrière le volant d'une Minardi, il est très difficile de faire ses preuves.

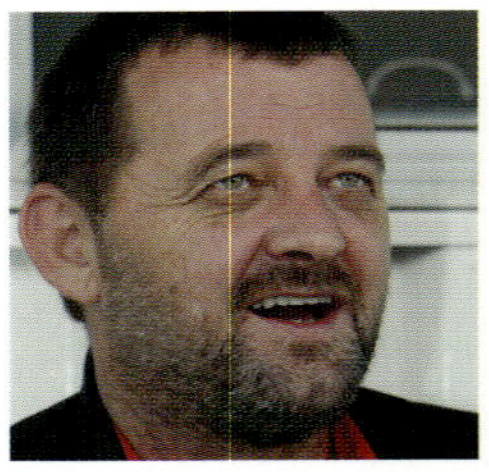

Paul Stoddart

Gabriele Tredozi

MINARDI PS04B-COSWORTH
ZSOLT BAUMGARTNER
GRAND PRIX DU JAPON

Minardi PS04B-Cosworth

CARACTÉRISTIQUES

- Châssis *Minardi PS04B*
- Type *Monocoque en fibre de carbone, structure composite en nid d'abeille*
- Suspensions *Triangles superposés, poussoirs / barre de torsion, barre antiroulis + amortisseurs (AV/AR)*
- Moteur *V10 Cosworth Racing CR-3L (72°)*
- Cylindrée *2998 cm³*
- Distribution *4 soupapes par cylindre à rappel pneumatique*
- Gestion électronique *Magneti Marelli Step 10*
- Transmission *Minardi sequentielle longitudinale hydraulique semi-automatique 6 vitesses + marche AR*
- Embrayage *AP Racing*
- Radiateurs *Secan Minardi*
- Carburant / huile *Elf / Elf*
- Disques de freins *Hitco / Brembo*
- Etriers *Hitco / Brembo*
- Bougies / batterie *Champion / non révélé*
- Amortisseurs *Sachs*
- Pneumatiques *Bridgestone Potenza*
- Dimensions roues *13" x 12" (AV) / 13" x 13.7" (AR)*
- Jantes *O.Z. Racing*
- Poids *605 kg, pilote + caméra à bord + lest*
- Empattement *3097 mm*
- Longueur totale *4548 mm*
- Largeur totale *1800 mm*
- Hauteur totale *950 mm*
- Voie avant *1480 mm*
- Voie arrière *1410 mm*

FICHE D'IDENTITÉ

- Adresse *Minardi Team SpA, Via Spallanzani, 21, 48018 Faenza (RA) - Italy*
- Téléphone *+39 0 546 696 111*
- Fax *+39 0 546 620 998*
- Internet *www.minardi.it*
- Ecurie fondée en *1974*
- Premier Grand Prix *Brésil 1985*
- Appellation officielle *Minardi Cosworth*
- Pdt Directeur général *Paul Stoddart*
- Directeur programme de dévpmnt. de jeunes pilotes *Gian Carlo Minardi*
- Directeur technique *Gabriele Tredozi*
- Chef aérodynamicien *Loïc Bigois*
- Directeur sportif *John Walton*
- Chef mécanicien *Paolo Pincastelli*
- Ingénieur de course (G.B.) *Greg Wheeler*
- Ingénieur de course (Z.B.) *Alex Varnava*
- Nombre d'employés *113*
- Sponsors *(Wilux), Superfund, Tosinvest, CIB Lizing, Uniqa, Standox, Santogal, Fondmetal, Golden Palace, Allegrini, X-Drinks*
- Partenaires techniques *Cosworth, Bridgestone, Magneti Marelli, Brevi, Puma, 3D Systems, Cimatron, Aurora Engineering, Fedem, Beta, CD adapco Group, IT Unlimited, Netscalibur, Feedback*
- Fournisseurs officiels *LeasePlan, X-Drinks, Global Group, Calligaris, Caravell, Poderi Morini, Acqua Fabia, Rustichella, Ursini, Rekiko*

STATISTIQUES

- Nombre de Grands Prix disputés *321*
- Meilleur résultat en Grand Prix *2 x 4^e*
- Meilleure qualification *1 x 2^e*
- Nombre de meilleurs tours en course *0*
- Nombre de podiums *0*
- Nombre de titres mondiaux conducteurs *0*
- Nombre de titres mondiaux constructeurs *0*
- Nombre total de points marqués *31*

CLASSEMENT AU CHAMPIONNAT

1985	*non classé*	1992	*11e – 1 pt*	1999	*10e – 1 pt*
1986	*non classé*	1993	*8e – 7 pts*	2000	*non classé*
1987	*non classé*	1994	*10e – 5 pts*	2001	*11e – 0 pt*
1988	*10e – 1 pt*	1995	*10e – 1 pt*	2002	*9e – 2 pts*
1989	*10e – 6 pts*	1996	*non classé*	2003	*10e – 0 pt*
1990	*non classé*	1997	*non classé*	2004	*10e – 1 pt*
1991	*7e – 6 pts*	1998	*non classé*		

PILOTES D'ESSAIS 2004

- Bas LEINDERS (B)
- Tiago MONTEIRO (P)

SUCCESSION DES PILOTES 2004

- Gianmaria BRUNI *les 18 Grands Prix*
- Zsolt BAUMGARTNER *les 18 Grands Prix*

Bas Leinders

En mode survie

Encore combien de temps Minardi pourra-t-elle rester en F1, et à quoi tout cela sert-il? La petite équipe de Faenza – la quatrième plus ancienne en F1 – compte un passé honorable. Sans elle, il est vrai qu'il manquerait une dimension humaine aux paddocks de F1. Mais en terme de course automobile, l'équipe de Paul Stoddart n'a pas fait beaucoup plus que surnager, ne marquant qu'un petit point. Avec un seul jour d'essais avant le début de la saison, pratiquement aucun travail en soufflerie et les mêmes moteurs Cosworth CR3 qu'en 2003, il faut toutefois attribuer une bonne note à l'écurie pour ses efforts. La fiabilité des monoplaces n'était pas si mauvaise étant donné le manque de développement. Minardi pouvait pratiquement oublier la règle du moteur unique, car la pénalité pour changement de bloc – perdre dix places sur la grille – n'allait pas affecter beaucoup une équipe dont les voitures figuraient systématiquement en dernière ligne de toute façon. Cela dit, au vu du rythme de développement des grandes écuries, Minardi s'est bien débrouillée pour maintenir son retard à un niveau raisonnable. Par moment, elle a même réussi à rejoindre sa rivale la plus proche, Jordan. La plus grande contribution de Paul Stoddart, en 2004, fut de pousser les autres écuries (mise à part Ferrari) à trouver des solutions pour réduire les coûts et améliorer le spectacle.

asonic
TOYOTA
KDDI
KDDI

ÉCLAIRAGES

Comme le veut la tradition, l'Année Formule 1 propose une analyse de la saison signée par cinq des plus grands journalistes suivant le championnat de Formule 1.
Ce qui permet d'avoir un aperçu des préoccupations nourries par les fans japonais, allemands, anglais, canadiens ou italiens. Tour du monde.

2004: a British point of view

Flavio Briatore à cœur ouvert

Bernie Ecclestone s'est un jour décrit comme « un très bon ami, et un très mauvais ennemi ». Dans les paddocks de Formule 1, il y a ceux qui disent la même chose au sujet de Flavio Briatore, le patron d'écurie duquel Bernie est le plus proche. Il epxlique tout sur sa philosophie, ses colères et sa vision de l'avenir. Magistral!

Nigel Roebuck - Autosport, Londres

Il a fait très fort dès la première minute où il est arrivé en F1, vers la fin des années '80, pour prendre la direction de l'écurie Benetton. En 1994, l'écurie entrait dans l'histoire en permettant à Michael Schumacher de remporter son premier titre de Champion du Monde.

« *Flavio ne savait rien de la course automobile avant d'arriver en F1* », explique Bernie Ecclestone. « *Il n'avait jamais fait d'apprentissage de mécanicien ou de quoi que ce soit du style. Il peut donc, du coup, adopter une approche différente de celle des autres directeurs d'écurie.* »

Et, c'est vrai, Flavio a réellement une autre approche, et pas seulement dans la manière qu'il a de parler de ses pilotes. Au Grand Prix des Etats-Unis 2000, Giancarlo Fisichella ne s'est qualifié qu'en 15e place, et Flavio était furieux. « *Pourquoi je suis en colère ?* », vociférait-il. « *Parce que Fisico est un paresseux!* » Ce n'est pas exactement le genre de commentaire qu'il faut attendre d'un Jean Todt ou d'un Ron Dennis.

« *J'étais très en colère ce jour-là* », se souvient Briatore, « *parce qu'Indianapolis était un nouveau circuit, et j'y ai envoyé les ingénieurs à l'avance. Et Fisichella ? Il est arrivé avec deux jours de retard, parce que Monsieur était en vacances à Hawaii et que la météo était bonne ! Je n'accepte pas ce genre de comportement. Quand on s'amuse, on s'amuse, mais quand on travaille, on doit respecter les règles, et quand quelqu'un fait quelque chose comme ça – ou comme Jenson l'a fait à Monaco -, je pense que ce n'est pas bien.* »

Mais que diable avait fait Button à Monaco ?

« *Bon, il était jeune. Il avait connu quelques jolis succès au cours de sa première saison avec Williams, et voilà qu'il avait d'un coup toute la presse britannique autour de lui comme s'il était devenu le nouveau Senna. Il avait de l'argent, aussi, et alors il avait acheté un énorme bateau qui était ancré le long du motorhome. Et je n'ai pas aimé ça du tout ! Il était comme Giancarlo : très talentueux, mais paresseux. Aujourd'hui, c'est devenu un pilote. Récemment, j'entretiens de bons rapports avec lui, tout comme d'ailleurs avec Giancarlo.* »

Pour la saison 2002, Flavio a remplacé Fisichella par Trulli. Et voilà que pour 2005, il remplace Jarno par... Giancarlo.

« *En réalité, Fisichella a bien travaillé en 2001, mais c'est à ce moment que son manager a demandé une somme d'argent qui ne faisait aucun sens à mes yeux. Nous n'avions pas la voiture pour gagner, et je n'avais donc pas besoin de faire de grosses dépenses dans le budget des pilotes. Le paddock est rempli de managers, mais il faut dire que 90% d'entre eux ne comprennent rien aux affaires.* »

L'un de ces managers, évidemment, c'est Briatore lui-même. Et il semble comprendre les affaires relativement bien. En tant que directeur de l'écurie Renault, il est aussi le manager de son pilote numéro 1, Fernando Alonso.

« *Je veux gagner avec Renault, OK ? Tout le monde se marre parce que je n'emploie que « mes » pilotes, mais je ne me soucie que de l'écurie. J'étais le manager de Trulli, et notre contrat venait à expiration cette année – et les gens, naturellement, supposent que c'est la raison pour laquelle je ne l'ai pas gardé pour 2005. Ensuite, ces mêmes personnes ont dit que je l'ai viré parce qu'il n'a pas su conserver sa troisième place à Magny-Cours. Bien sûr que ça m'a mis en colère, mais ce n'est pas un seul fait qui m'a poussé à prendre cette décision.* »

Lorsque Jarno Trulli a magnifiquement remporté le Grand Prix de Monaco, son avenir semblait assuré, en particulier parce qu'il semblait improbable qu'une écurie française puisse licencier celui qui avait remporté le Grand Prix le plus prestigieux de la saison. Mais lorsqu'on lui demanda de confirmer que Jarno allait rester, Briatore refusa pourtant de le faire.

« *J'ai refusé, parce que tout le monde réagissait uniquement avec ses émotions – et si vous faites ça, vous n'êtes pas le patron longtemps. Jarno peut être un grand pilote quand il le veut – par exemple, son tour de qualification à Monaco était un chef d'œuvre. Mais il faut garder les pieds sur terre. Oui,*

Nigel Roebuck
56 ans, a décidé de quitter son emploi dans l'industrie à 24 ans pour se lancer dans le journalisme. En 1971, il travaille ainsi pour le magazine américain «Car & Driver», avant de passer à l'hebdomadaire britannique «Autosport» en 1976. Il couvre la Formule 1 pour ce dernier depuis 1977, tout en travaillant également pour le «Sunday Times», pour «Auto Week» et pour le magazine japonais «Racing On».

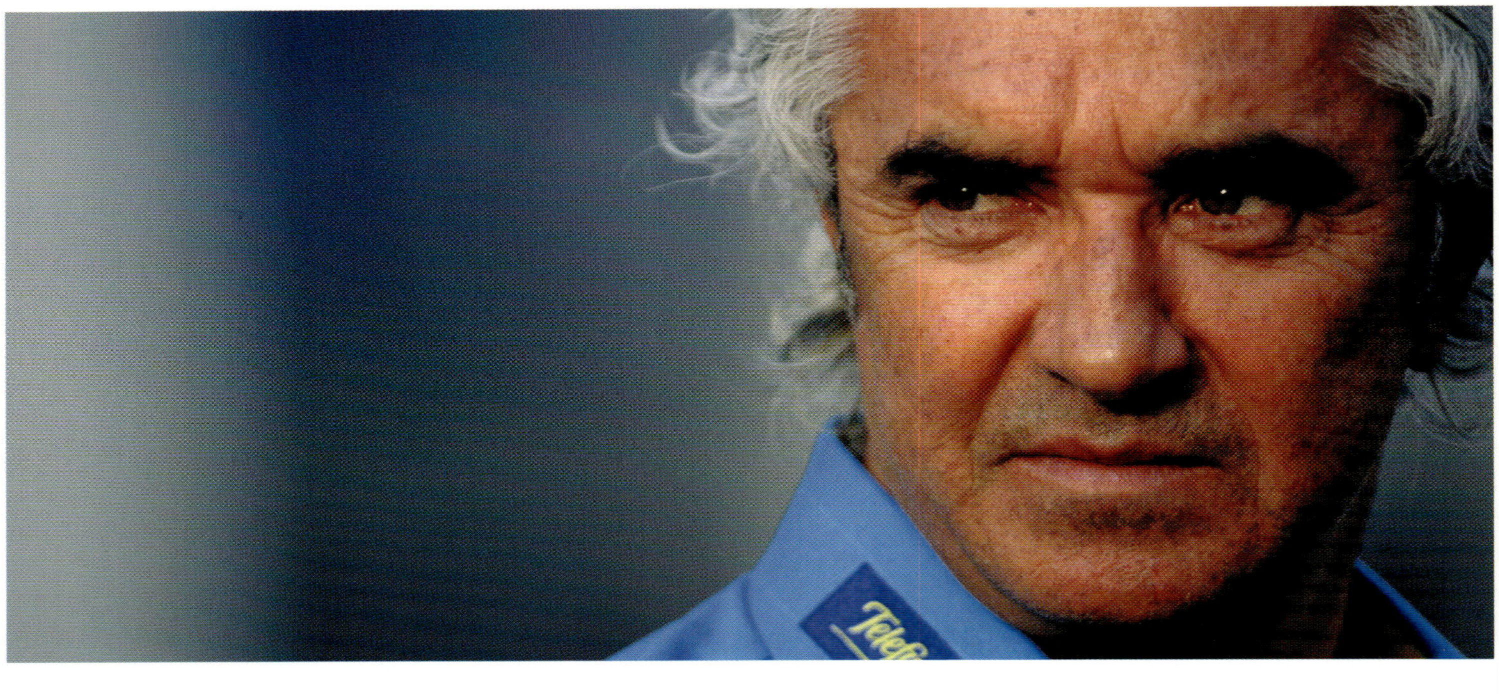

c'est génial de remporter une course, mais en attendant, vous en perdez 200, et voilà que je devrais vous remercier pour la 201e ! Sa motivation reviendra peut-être chez Toyota… »
En attendant, Fisichella revient chez Renault, ce qui fut une surprise pour beaucoup d'observateurs étant donné ses difficultés passées avec Flavio Briatore.
« Vous voyez passer beaucoup de pilotes avec un talent extraordinaire – Jean Alesi était l'un d'eux –, mais qui ne le développent jamais. Je pense que Fisichella a encore l'opportunité de le faire, et il sait qu'il doit le faire, parce que pour lui, c'est la toute dernière chance, pas vrai ? S'il rate ce train-là, personne ne se souviendra de lui dans trois ans, parce qu'il n'aura rien fait de sa carrière. Absolument rien. »
Flavio Briatore lui-même n'irait pas jusqu'à prétendre que ses intérêts financiers, avec les pilotes qu'il manage, ne sont qu'altruistes. Il n'en reste pas moins que sans lui, Mark Webber compris, ne seraient pas en Formule 1 sans son aide.
« Il y a des gars que se sont plaints », raconte Mark. *« Ils se disaient, "Mon Dieu, j'ai vendu mon âme à Flavio". Mais je n'avais pas vraiment le choix. J'ai fait une première saison avec Minardi, et j'ai été voir Flavio. Je lui ai dit : "Regarde, j'ai quelques résultats", et j'ai ajouté que Paul Stoddart m'avait tellement avancé d'argent qu'il allait sans doute gagner une bonne tranche de mes revenus futurs. Flavio m'a aidé à m'en sortir, et sans lui je ne serais plus du tout en F1. Il a été très correct avec moi. »*
« Bien sûr », commente Flavio Briatore. *« Je ne crois pas qu'une écurie ou qu'un pilote ai rencontré de problème avec moi au cours des 15 dernières années. Je suis très dur en affaires, mais lorsque je donne ma parole, c'est ma parole. En F1, il y a des gens qui changent d'avis entre le matin et l'après-midi. Ce n'est pas mon style. »*
De tous les pilotes dans son giron, toutefois, Fernando Alonso est bien celui qui a le plus de valeur. Et Flavio continue de trouver incroyable qu'il n'ait pas du se battre pour le voir rejoindre son groupe de pilotes. *«Quand j'ai acheté Fernando à Minardi – pour moins d'un million de dollars – j'étais le seul à être venu avec un chèque. OK, il y a beaucoup de gens qui sont heureux de payer 25 millions de dollars, mais par la suite ! C'est facile de parler, mais moi je fais des affaires. Et quand j'achète un pilote, il arrive qu'au final je sois remboursé de mon investissement, c'est aussi simple que cela. »*
« Bien sûr, Alonso est spécial : s'il parvient à développer son talent à 100%, il sera aussi doué que n'importe quel autre pilote que nous avons vu en F1 ces 20 dernières années. Il pilote vraiment, vraiment à fond pendant les courses, et sa constance est fantastique. »
« Un pilote, ce n'est rien d'autre qu'un employé de la société. Beaucoup de choses dépendent de lui, mais il y a des centaines de personnes qui travaillent très dur pour lui rendre la vie agréable, et ces gens ne vont pas en vacances à Hawaii ! Alors, oui, il arrive que j'aie des problèmes avec des pilotes comme Alesi, Fisichella ou Button. Je ne leur répète pas : "Oh, tu es une star, tu es merveilleux." Non. Quand vous êtes merveilleux, vous êtes merveilleux. Et quand vous vous plantez, vous vous plantez. Si vous casser une voiture, je m'en fiche, vraiment. Mais si je vous vois vous conduire de manière incorrecte à propos des gens qui travaillent pour vous, alors là je deviens réellement furieux. »
« Hédoniste », c'est le premier mot à venir à l'esprit à propos de Flavio Briatore. Dans les journaux people, vous ne trouverez pas tellement de photos de patrons d'écurie. Flavio, lui, y figure régulièrement pour avoir été vu quelque part, et toujours au bras d'un top modèle. Comme il le disait lui-même précédemment, «quand vous vous amusez, vous vous amusez». Et sans aucun doute, sa vie ne se limite pas au seul sport automobile. *« Je suis différent de bien des gens, parce que j'ai de nombreuses sources de revenus. Par exemple, je possède un night-club et un restaurant à Londres – le Cipriani. Et lorsque vous avez affaire avec ce genre de sociétés, vous ne brassez pas les millions. C'est ce qui me garde les pieds sur terre. J'ai d'autres affaires, et toutes fonctionnent bien. »*
Flavio est optimiste à propos des perspectives qui s'offrent à l'écurie Renault en 2005. *« Pour la première fois, nous devrions être compétitifs au niveau des moteurs. En 2003, j'avais dit que nous devrions renoncer au moteur à angle large. Ça n'a rendu personne heureux, mais si nous n'avions pas fait ce changement, l'écurie n'aurait été nulle part. Maintenant, nous allons dans la bonne direction. Peut-être que nous ne serons pas encore au niveau des meilleurs – Ferrari, BMW, Honda –, mais il n'y aura plus une différence de 80 ou 100 chevaux, comme c'était le cas en 2003. Un pourcent ici ou là, ce n'est pas très grave pour nous qui étions habitués à 20%… »*

< Victoire au Grand Prix de Monaco. Flavio Briatore est heureux, mais essaie de garder les pieds sur terre. "Il a perdu 200 courses, et voilà que j'aurais dû le remercier pour la victoire à la 201e!"

< Avec Bernie Ecclestone. Les deux hommes se vouent une grande estime réciproque.

En 1997, Flavio Briatore a quitté Benetton, et – apparemment – la Formule 1. Ensuite, dit-il, il a repéré une opportunité de faire des affaires. *« C'était comme si personne ne disposait de moteur. J'ai donc passé un accord avec Renault, j'ai investi, et j'ai monté Supertec. Commercialement, ça marchait très bien. »* Sans aucun doute. Il y eu des contrats signés avec Williams, Benetton, Arrows et BAR. Pendant tout ce temps, Flavio travaillait en étroite collaboration avec les gens de Renault – ceux qui finirent par décider de revenir à la F1, avec un projet très ambitieux. *« Nous avons décidé que la seule façon de faire était d'acheter une écurie existante. Nous avons brièvement discuté avec Jordan, puis nous avons passé un accord avec Benetton. »*
Et lorsque son temps avec Renault viendra à expiration, qu'y a-t-il au programme pour Flavio Briatore ? Certains avancent qu'il s'impliquera dans un autre projet de motorisation, par exemple pour fournir les prochains 2.4 litres V8 aux écuries qui seront peut-être laissées sans bloc par les grands constructeurs qui auront désertés.
« C'est vrai », concède-t-il. *« C'est vrai que j'affectionne les règlement moteur relativement simples, de sorte que des sociétés comme Mecachrome soient en mesure de produire des moteurs sans être à 80 chevaux derrière les grands constructeurs. De cette manière, si Frank perd BMW, ou si Ron perd Mercedes, ou quelque chose du genre, ils pourront signer des contrats avec Mecachrome, au juste prix, et ils pourront continuer de courir. De nos jours, personne ne semble penser à ça, mais qu'est-ce que Williams ou BAR seraient devenus sans Supertec ? »*
« Je suis inquiet à propos de la santé de la F1, parce que je pense que nous traitons très mal nos clients. Pour le type de spectacle que nous offrons, je pense que nous dépensons beaucoup trop d'argent, notamment en technologies stupides et inutiles. Et les gens ne comprennent pas pourquoi nous dépensons autant. Ils n'aiment pas ça, ils veulent voir les pilotes conduire réellement les voitures, et ils ont raison ! C'est un fait que nous oublions trop souvent : nous sommes une industrie de loisir. Et d'où vient l'argent ? Personne n'est jamais entré dans mon bureau avec un chèque pour essayer d'acheter notre technologie ! »
« Donc, je me fais du soucis, oui. Mais je pense qu'il y en a d'autres qui devraient s'en faire bien davantage, parce que je n'ai pas un centime à moi investi dans ce business pour le moment. Et il y a des gens qui ont investi des millions et des millions de dollars.. et je ne comprends pas pourquoi ces même gens ne voient pas que les choses doivent changer. A cause des Accords Concorde, nous sommes face à une situation où on a besoin de l'accord de tout le monde pour changer quoi que ce soit. Je n'ai jamais vu de société fonctionner avec 100% des voix du conseil d'administration – mon Dieu, vous ne dirigez jamais une multinationale avec 100% des voix ! »
« Donc, pour l'instant, j'ai loué le bateau que j'utilise, vous comprenez ? Si la mer devient vraiment mauvaise, je le rends à son propriétaire. Mais vous vous mettez à la place de ceux qui possèdent leur propre bateau et se rendent compte qu'il est en train de couler ? Mon Dieu… la cata ! Merci, mais très peu pour moi. Je préfère vraiment la location… »

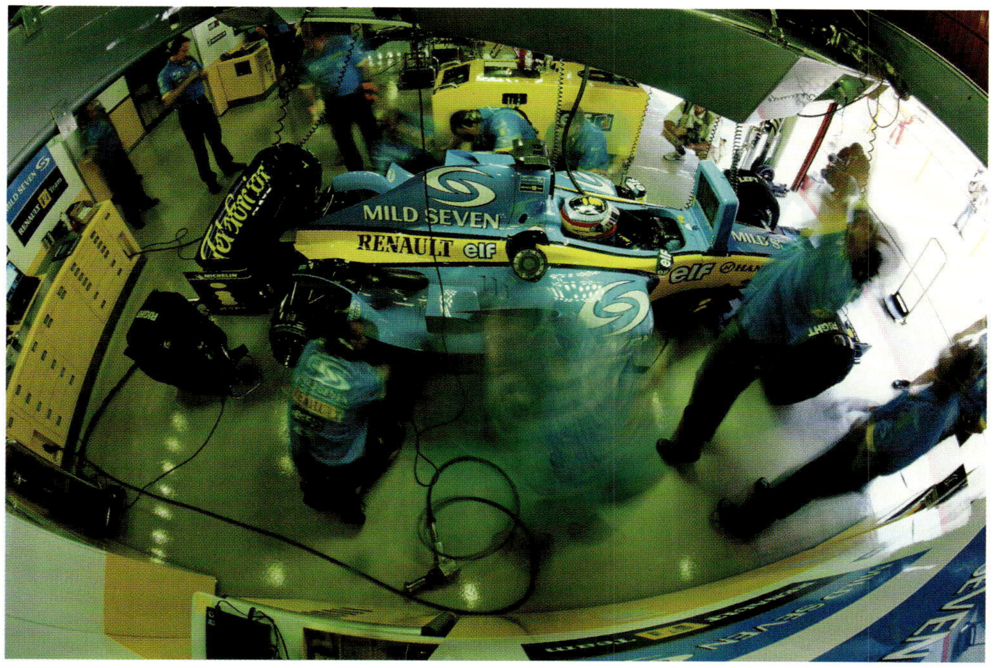

2004 aus deutscher Sicht

Mercedes a failli racheter McLaren. Et BMW hésite à tout abandonner. Doutes.

La Scuderia Ferrari ayant largement dominé la saison 2004, il n'est resté aucune miette pour les écuries adverses. Du coup, les directions des groupes DaimlerChrysler et BMW ont hésité à réaliser des changements de cap radicaux. La domination italienne a été plutôt mal digérée Outre-Rhin.

Anno Hecker – Frankfurter Allgemeine Zeitung

Vers le milieu de la saison, alors que plus rien ne pouvait empêcher Michael Schumacher de remporter le titre mondial, il récusait toute félicitation trop hâtive. « *Et que se passerait-il si McLaren ou Williams réussissait à renverser la situation ?* », demandait-il. «*Cela pourrait se produire la semaine prochaine...*»

Le champion du monde n'aimait guère à s'exprimer au sujet de la concurrence. Il préférait largement s'extasier sur les performances « *fantastiques* » de sa Ferrari. Cela dit, en affirmant rester sur ses gardes, il ne trompait personne : pour menacer Ferrari, les top teams traditionnels étaient nettement trop faibles et les écuries montantes, du type Renault ou BAR, n'étaient pas encore suffisamment au point pour songer à monter une attaque contre la surpuissante Scuderia.

A Stuttgart, au siège du groupe DaimlerChrysler, la remarque de Michael Schumacher s'est vite répandue. Mais comment y répondre ? L'écurie anglo-allemande ne travaillait-elle pas déjà à la limite absolue de ses capacités ? Au cours de l'été, elle a pu produire une version « B » de la MP4-19, qui devait parer à la plupart des défauts de la version de base. « *B, c'est pour « bien mieux »* », se réjouissait Nobert Haug, le patron du département sportif de Mercedes après le premier Grand Prix. La victoire remportée par Kimi Räikkönen à Spa-Francorchamps n'a fait que conforter Monsieur Mercedes dans sa voie : « *Tout marche dans le bon sens* », dit-il. Pourtant, à ce stade-là, force était de constater que les innombrables changements de monoplaces au cours des deux saisons passées, combinés aux nombreuses défaites face à Ferrari et même face à BMW, auraient déjà dû avoir des conséquences lourdes. Et c'est ainsi que peu de temps avant le dernier Grand Prix de la saison circulait une histoire tenue secrète, et que personne n'osera admettre tant chez DaimlerChrysler que chez McLaren : c'est l'histoire de la complète refonte de l'écurie, la reprise de la direction de McLaren par DaimlerChrysler, en partant du remerciement de Ron Dennis et de Norbert Haug.

« *Demandez donc se qui se passe à Stuttgart* », répondait laconiquement Norbert Haug lorsque l'on évoquait ces rumeurs devant lui, en novembre 2004. «*On vous y répondra toujours que c'est bien moi qui suis le patron du sport auto.* » Ce qui est vrai. Haug est solidement vissé sur son fauteuil, peut-être même plus fermement que jamais. Il fait bien. S'il met un pied à côté, il en sera tout de suite déboulonné.

Derrière cette histoire se cache une terrible partie de bras de fer. Le 1er octobre, Eckhard Cordes a pris la place de Jürgen Hubbert dans le rôle du directeur de Mercedes auprès du directoire de DaimlerChrysler. Cordes, du coup, a aussi hérité de la responsabilité du sport automobile. C'est un homme qui tient l'image en grande estime. En même temps, il se montre totalement insatisfait avec la situation prévalant chez McLaren-Mercedes, une entité qu'il compte bien transformer en une entité Mercedes-Mercedes. DaimlerChrysler possède déjà 40% de McLaren, et le producteur de moteur Ilorin lui appartiendra totalement d'ici la fin de l'année 2005. Une reprise en douceur que le tandem Haug et Hubbert avait planifié de longue date. Tous deux voulaient intégrer McLaren dans le giron familial de Mercedes, tout comme ils l'avaient fait autrefois avec AMG. L'ère des flèches d'argent, c'était le concept, allait fêter les 50 bougies du retrait de Mercedes de la compétition – suite à l'accident du Mans ayant causé la mort de 70 personnes environ –, et il s'agissait de célébrer dignement l'événement.

Norbert Haug est fait au feu. Chaque année, son poste est mis en cause et il se tient prêt à tout. Il dirige son département depuis déjà 15 ans, un temps bien long. Dans l'idée de Cordes, il ne devait plus être en fonction au moment d'atteindre le glorieux but de l'écurie 100% Mercedes. Ce n'est pas que sa compétence soit en cause, mais Cordes tient à redémarrer d'une feuille blanche. Pour lui, une

direction à deux têtes avait du sens : un dirigeant pour les contacts en Formule 1, pour les jeux politiques complexes de la discipline, et un autre pour tout ce qui touche à la technique. Une construction « à la BMW », qui rappelait le management bicéphal de la firme de Münich, avec Gerhard Berger dans un rôle et Mario Theissen dans l'autre. Là, il devenait évident que l'ex-pilote de Formule 1 autrichien avait été approché par Mercedes pour tenir ce rôle. D'ailleurs, après deux ans de repos qui n'en était pas vraiment, Gerhard Berger avait de nouveau envie de mettre la main à la pâte. Et pour une fois dans une fonction que BMW lui avait finalement refusé d'accéder. En fait, Berger a quitté la marque bavaroise parce que sa théorie, celle de se séparer de Williams et de tout faire soi-même, a été rejetée à la dernière minute. Auprès de Mercedes, l'autrichien risquait donc de trouver exactement ce qu'il recherchait.

Mais tout cela, c'est déjà du passé. Parce que ce joli plan est tombé sur un os : Ron Dennis. La feuille de route a échoué à la dernière minute sur les exigences du Britannique. Apparemment, il aurait exigé le versement de 750 millions d'Euros pour son usine. Une somme qu'il aurait quelque peu revu à la baisse au printemps. Le directeur général de DaimlerChrysler, Jürgen Hubbert, a suggéré en mai que les deux parties se réunissent pour en discuter.

Anno Hecker
39 ans, a débuté comme professeur de gymnastique, avant de se tourner vers le journalisme en 1986. Après un stage dans une agence de presse de Bonn en tant que correspondant politique, il entre à la «Frankfurter Allgemeine Zeitung» en 1991, en tant que responsable pour le sport automobile. Il s'est spécialisé dans les thèmes mêlant sport et politique.

Mais même le chiffre qui fut alors formulé, 500 millions d'Euros, était encore beaucoup trop élevé pour la firme allemande. Comment d'un côté exiger davantage de ses employés sous le couvert de difficultés économiques, et de l'autre dépenser un demi-milliard d'Euros pour acheter une écurie de course ? DaimlerChrysler avait en effet bien d'autres soucis. Sans compter qu'il s'agissait d'acheter une écurie lourdement endettée. La fameuse usine, que Ron Dennis a fait construire par un architecte-vedette, Sir Norman Foster, a coûté à en croire les journaux britanniques la somme de 300 millions de Livres (près de 500 millions d'Euros) au lieu des 200 millions prévus.

«Comment d'un côté exiger davantage de ses employés sous le couvert de difficultés économiques, et de l'autre dépenser un demi-milliard d'Euros pour acheter une écurie de course ?»

A ce stade, on se rendait compte que la reprise de l'écurie était sur une pente glissante. Soit Ron Dennis était prêt à une grosse remise, soit Cordes changeait d'avis. En fait, il semble surtout qu'il avait d'autres chats à fouetter, des tâches nettement plus urgentes à liquider, et qu'il avait décidé d'attendre la saison 2005. Sa petite phrase : « *Nous pouvons aussi tout recommencer de zéro* » donnait quoi qu'il arrive marge à de très diverses interprétations. Est-ce que DaimlerChrysler pourrait envisager de tout abandonner ? « *Non, a tranché Jürgen Hubbert lors de son discours d'adieu, début novembre à Stuttgart. Cette écurie travaillera encore de nombreuses années avec succès.* »
Chez BMW, les fans de Formule 1 ne sont pas aussi affirmatifs. Une victoire lors de la toute dernière manche du championnat, décrochée devant le rival national, a quelque peu réconcilié la marque avec la F1. Mais le vainqueur de São Paulo n'a pas manqué de rappeler à la marque de Münich la fin prochaine de son histoire avec elle : Juan Pablo Montoya, un génie du pilotage, un sculpteur de virages, s'en va chez McLaren-Mercedes. Parallèlement, Ralf Schumacher s'en va chez Toyota, et il a sans doute été un peu plus poussé par Frank Williams à le faire, qu'il ne le montra en public. Le chapitre de ce qui était jadis « *le meilleur tandem de la pit-lane* » (selon Gerhard Berger en 2001) est désormais clos, et sans happy-end.
Le mécontentement de la marque à propos de ces problèmes politique ne transparaît pas à l'extérieur. Ce que les gens en pensent, il n'y a que Gerhard Berger pour l'avoir expliqué : « *Williams ne veut que des pilotes qui restent dans la salle d'attente* », ce qui voulait dire que l'écurie n'embauchait que ce qui reste! Mark Webber est sans doute un très bon pilote, et Frank Williams a bien fait de le prendre. Mais est-il un potentiel vainqueur de Grands Prix ? A-t-il les qualités requises pour devenir champion ?
La recherche du deuxième pilote, celui qui accompagnera l'Australien, est l'histoire d'une véritable catastrophe au niveau du management. La misérable histoire de la signature du contrat avec Jenson Button, qui était déjà sous contrat pour 2005, démontre à quel point BMW dépend de l'écurie Williams, et ce n'est là qu'un épisode de plus à verser au dossier. Depuis le début des relations entre l'écurie et la marque allemande, celle-ci se plaint de faiblesses constantes. «*C'est chaque année la même chose. L'aérodynamique de la voiture n'est pas à la hauteur. Et d'ici que le problème soit réglé, la saison est jouée*», avait déjà prévenu Berger au printemps. Et il avait ô combien raison. Avec sa partie avant révolutionnaire, l'écurie Williams s'est carrément cassée le nez.
Sous la pression exercée par BMW, les techniciens de Williams se sont au moins forcés à collaborer plus intensivement avec les ingénieurs de BMW. Au printemps, Patrick Head s'est finalement retiré du poste de directeur technique, en ne reculant que d'un petit pas. Depuis, c'est le jeune Sam Michael qui dirige les opérations. « *Voilà qui va faire du bien à l'écurie*», a commenté Ralf Schumacher. Oui, mais pour autant que la paix s'installe dans le département. Le licenciement de l'aérodynamicienne Antonia Terzi, à l'automne, n'abonde pas dans ce sens. Williams a réagi en nommant Loïc Bigois pour la remplacer, mais l'ex-ingénieur de Prost et de Minardi ne compte pas parmi les plus fins aérodynamiciens du moment. La rumeur qui voulait que le génie de l'aérodynamique, Adrian Newey, quitte McLaren pour en revenir à l'écurie Williams n'a même pas fait grand bruit. L'époque des individus semble avoir fait son temps en Formule 1.
Tant à Münich qu'à Grove, on semble ainsi déjà considérer 2005 comme une saison de transition, comme une sorte de campagne de publicité pour des temps meilleurs. Mais BMW sera-t-elle alors toujours présente ? L'époque où l'on considérait l'effet publicitaire amené par la rumeur d'un moteur super-puissant dans un châssis moyen est terminée. Les progrès des concurrents sur le plan moteur leur ont permis de rattraper BMW, et le V10 bavarois n'était plus la référence absolue au cours de la saison 2004. Honda sembla même avoir pris l'avantage vers la fin de l'année.
Voilà qui aurait pu constituer une bonne base sur laquelle construire. Afin de pouvoir tout arrêter au moment des succès, selon la règle d'or des capitaines d'industries germaniques. Sinon, la dernière image qui reste est celle d'un échec.
La lutte sans fin au sujet du format des nouveaux moteurs 2006 a aussi pu émousser les ambitions de BMW. La marque ne semble nourrir aucun intérêt pour produire un moteur V8 de 2.4 litres qui soit proche des blocs de la série.
Ce changement de règlement décidé sous l'égide de Max Mosley pourrait constituer un excellent prétexte pour se retirer du grand cirque. BMW s'en irait alors sans titre mondial. La faute – manifestement – aux autres !

^
Kimi Räikkönen à l'attaque, sur deux roues. Le Finlandais n'a pas ménagé ses efforts, mais ce n'est qu'après l'apparition de la MP4-19 "B" qu'il a pu signer quelques résultats, dont sa victoire de Spa.

<
(page d'en face)
En haut:
Mario Theissen et Norbert Haug en conférence. Pour parler avenir?

En bas:
Le sens de l'attaque de Montoya va manquer aux Williams en 2005

- "Et tu trouves ça amusant, toi, cette Formule 1?"
- "Pas vraiment, mais au moins on est bien payés"
Jürgen Hubbert et Norbert Haug surveillent la piste d'un œil sévère. La saison 2004 n'a pas été à la hauteur de leurs ambitions.
v

2004: punto di vista dall'Italia

En Italie dire Ferrari c'est dire Fiat.

Dire automobile c'est dire Turin, la capitale nationale de l'automobile. Même si l'on voit Fiat, Alfa Romeo, Lancia, Autobianchi, Ferrari et Maserati, il n'y a toujours qu'une seule famille: Fiat.

Paolo Ciccarone - Radio Monte Carlo

***Paolo Ciccarone**, né à Lucera (province de Foggia en Italie) le 29 mai 1958, suit le monde de la Formule Un depuis 1983, en tant que photographe free lance pour Autosprint et autres quotidiens locaux, pour ensuite devenir journaliste de la revue Rombo. Depuis avril 2000 il est le responsable de la rédaction moteurs de Radio Monte Carlo. Pour laquelle il suit les Grands Prix, racontant les secrets les plus cachés de la Formule 1. Entretemps, il a travaillé à Tele+. Lors des dernières saisons, il a également la collaboré avec des quotidiens tels que Avvenire et la Gazzetta des Mezzogiorno, racontant la vie des héros de la Formule 1.*

C'est un destin croisé qui d'un côté a lié avec un double nœud le monde de l'automobile italien avec la maison turinoise, et de l'autre la chance et les malheurs du groupe qui font la tendance de toute la nation. L'Italie n'est pas l'Allemagne où le marché reste insensible aux problèmes de BMW, si Mercedes se porte bien ou si VW et Porsche sont en expansion ou en baisse. Et la France non plus, où Renault qui bénéficie d'une participation de l'Etat, fait concurrence à Citroën et Peugeot. En Italie tout passe par Turin: que tout aille bien ou tout aille mal, tout dépend d'un seul groupe qui englobe les marques les plus prestigieuses comme Ferrari et Maserati, dans d'inextricables accords et liens difficiles à expliquer si l'on ne connaît pas bien les contrats. Les victoires de Michael Schumacher en Formule 1 ont servi à relancer le style italien dans le monde de l'automobile. Mais dire Ferrari, ne veut pas dire Fiat. Depuis que Luca di Montezemolo a accepté d'être aussi le président du groupe automobile turinois, il continue l'œuvre de relancement du made in Italy qui passe, bizarrement, par l'Allemagne. Il n'y a pas que Schumacher et la F1, mais il y a aussi une philosophie et une politique que Montezemolo poursuit au sein du groupe pour son relancement. Turin est une ville cosmopolite et Fiat est une entreprise aux langues diverses. En novembre 2003, après l'arrivée de l'Autrichien Herbert Demel chez Fiat, c'est l'Espagnol José Maria Alapont qui s'installe chez Iveco et seulement deux mois plus tard le service «qualité Fiat» a été confié à Stefen Ketter (ex Audi et BMW). Ensuite, Johann Wohlfarter originaire du Haut-Adige (ex Volkswagen) est devenu responsable du développement et de la communication du réseau ventes et l'Anglais Martin Leach a pris le commandement de Maserati. Depuis le 1er novembre 2004 c'est Herald Wester, autre acquisition de l'Allemande Audi, qui a pris ses fonctions de numéro un de l'engineering et du design. Parmi les nouvelles entrées du groupe turinois, il y a Karl-Heinz Kalbfell, l'ex-président de Rolls Royce (BMW) qui s'installe au sommet d'Alfa Romeo, à la place de Daniele Bandiera. Mais n'oublions pas Wolfgang Egger, le responsable du «Centro Stile».

La «normalisation», lancée par Sergio Marchionne, administrateur délégué de la Holding, se poursuit sur tous les fronts et non sans une certaine nervosité des derniers managers turinois et piémontais, qui ont survécu aux féroces changements de pouvoirs. A Turin l'inquiétude persiste à cause du retard de la ratification de la nomination de Kalbfell chez Alfa Romeo; alors que depuis longtemps les rumeurs le voyaient établi. Les managers pensaient pouvoir arrêter le bain de sang des Italiens grâce à leurs liens personnels avec les différents membres de la Maison Agnelli. Cela n'a pas été le cas et Fiat, recalée à la fin de l'année 2004 par «Standard & Poor's» est de plus en plus guidée par des mains «étrangères». Malgré tout cela, Luca

di Montezemolo, président de Fiat, de Confidustria (Association des industriels italiens), de Ferrari et des autres sociétés, continue à parler de made in Italy, de style et de force, à propager dans le monde grâce aux victoires d'un autre allemand, Michael Schumacher, vainqueur en 2004 du 7e titre mondial, le 5ème consécutif avec Ferrari. Et pourtant, pour la première fois depuis longtemps, les bilans de Ferrari toujours positif, ont montré une perte retentissante.
Il a été dit que la faute incombait aux investissements de Maserati. Mais aucun quotidien économique italien n'a souligné que le passif de 18,2 millions d'Euros accumulé par Ferrari lors de la gestion 2003, était exactement le montant de la gratification exceptionnelle que l'actionnaire avait donné 12 mois auparavant, au président Luca di Montzemolo, en vertu des bons résultats acquis sous le profil sportif et commercial, avec un record des ventes et profits en augmentation. Après 12 mois, celle qui paraissait être la poule aux œufs d'or du groupe Fiat, a commencé à s'essouffler comme quelqu'un qui se fatigue à faire la balance des comptes. Les bilans de Fiat continuent d'être négatifs et l'équilibre du budget a été retardé encore de deux ans. Le manque de nouveaux modèles, la contraction des quotes-parts sur le marché national (2004 a clôturé avec environ 2 millions et 200 milles voitures, ce qui correspond plus ou moins à 2003), au profit des constructeurs étrangers (Toyota, Nissan, Citroën, Ford et Renault, pour en citer quelques-uns) n'a pas eu d'influence sur la F1. Ironie du sort ! Quand en 1969 l'Avocat Gianni Agnelli signa l'accord avec Enzo Ferrari (il paya un viager d'environ 250 milles Euros soit 500 millions de lire à l'époque) pour sauver l'Ecurie et empêcher la vente à Ford, personne n'aurait imaginé qu'environ 30 ans après, Ferrari aurait régularisé une bonne partie du bilan négatif de Fiat. La capitalisation et la prochaine cotation en bourse de Ferrari, ont généré des bénéfices qui ont servi à combler une bonne partie des déficits de Fiat. C'est pourquoi aujourd'hui on ne peut pas dire que les comptes négatifs de Turin, peuvent créer des problèmes à Ferrari. Au contraire, les victoires du championnat mondial ont apporté un surplus financier que Fiat a accueilli avec soulagement, lui permettant de boucher les trous du bilan. Tout cela est dû aux victoires de Schumacher, devenu depuis une idole nationale en Italie, qui ont créé une auréole «d'invincibilité» chez Ferrari. Les sponsors, toujours plus généreux malgré la crise du marché mondial, frappent à la porte de l'Ecurie à Maranello. Les bilans du Team F1, qui a un budget d'environ 800 millions d'Euros, sont largement couverts par les sponsors, par les primes de championnat F1, par les recettes des droits télévisés et le merchandising. Cet argent permet à Ferrari de s'occuper de la F1 sans les problèmes que rencontrent les autres constructeurs. Mais il est vrai qu'il faut aussi relancer Maserati, mais les fonds ne suffisent jamais. C'est pourquoi depuis quelque temps Luca di Montezemolo a entamé une bataille contre Bernie Ecclestone, pour la répartition des recettes de la F1.
Avec une situation de marché confiné et malgré les victoires à répétition de Schumacher et de Ferrari, les bilans commencent à craquer. Que se passerait-il si un jour, un autre Team et un autre constructeur venait à gagner autant? Les recettes actuelles ne seraient pour Ferrari qu'un rêve, c'est pourquoi avant qu'arrive le moment de serrer la ceinture, mieux vaut demander une meilleure répartition de l'argent géré par Ecclestone.
C'est une bataille économique qui n'a rien a voir avec le sport ou la F1. D'ailleurs les fans ne sont pas intéressés par l'argent ni par les championnats alternatifs. Ils veulent seulement voir piloter et gagner une Ferrari. Michael Schumacher, l'instrument de ces victoires est aujourd'hui idolâtré et traité comme un Dieu de la vitesse. Depuis «qu'on l'oblige» à parler italien pendant les conférences de presse, il s'est créé aussi une certaine sympathie pour le personnage qui en Italie, sous cet aspect, n'a jamais percé malgré les victoires à répétitions. L'opération sympathie a subi un changement décisif après les interviews en italien, mais même s'il y a une Fiat Stilo signé Schumacher, ce changement n'a pas suffi à faire vendre plus de voitures au Groupe Fiat. S'il manque le modèle qui fascine, peu importe la signature de Schumacher, car quand il s'agit d'acheter, l'automobiliste italien fait les comptes avec le peu d'argent qu'il a en poche et il choisira le meilleur par rapport aux conditions qualité/prix, qui aujourd'hui ne concernent pas tous les modèles de Fiat. Ce n'est pas un hasard si en Italie, la Punto et la nouvelle Panda sont les plus vendues, suivies de la Lancia Y; Alors que pour le reste, mises à part l'Alfa Romeo 147 et 156 (leader dans le segment «D» italien) c'est le désert absolu. La Lancia n'a pas une voiture de classe moyenne compétitive, et ne parlons pas de la Thésis, un vrai désastre par rapport aux attentes. Maserati ne vend pas assez pour garantir des recettes. Et même si la nouvelle Quattroporte est très belle, la concurrence de BMW et de Mercedes la dépasse. Il faut des investissements, c'est-à-dire de l'argent, et là les problèmes de Fiat peuvent ralentir le développement compétitif des autres marques. Si Ferrari a des bilans sportifs en ordre, grâce aux recettes de la F1, Maserati se débat dans le mondial F.I.A. GT, non pas à cause de la voiture (la magnifique MC12) mais pour la disponibilité de ses budgets. L'Alfa Romeo devait rentrer dans la DTM, l'Autodelta (l'Ecurie par excellence d'Alfa Romeo) devait débuter en février 2004, mais en fait on ne sait encore rien, malgré que l'ingénieur Giuseppe d'Agostino ait laissé la Ferrari où il était responsable en piste des moteurs F1, pour devenir chef d'Autodelta et relancer justement le sport signé Alfa Romeo. Les Rallyes n'en parlons pas, il manque le modèle sur lequel miser, que ce soit pour Fiat ou pour Alfa Romeo.
Par faute de ressources et devant gérer les comptes, les dirigeants turinois ont décidé d'éliminer ce qui était possible. Ces décisions ont engendré une lutte interne qui risque de casser l'union du groupe: quelqu'un est en train de faire la guerre contre le programme Maserati et met des bâtons dans les roues à chaque occasion, au point de spéculer une séparation nette entre Ferrari et Maserati. Mais en ce moment ce serait comme couper une jambe à un coureur qui commence à peine à courir.
Dans ce panorama les victoires de Michael Schumacher et de Ferrari (spécialement celle de Rubens Barrichello en Chine) sont la carte de visite d'un monde industriel qui a les moyens de bien faire mais besoin de temps. Malheureusement le temps et l'argent sont les pièces manquantes du groupe Fiat. Même les miracles de Schumacher et la gestion sportive de Ferrari ne pourront résoudre, dans les prochaines années, les problèmes commencés à Turin il y a bien longtemps, lorsqu'elle était encore la capitale indiscutable de l'automobile italienne et quand l'allemand était la langue de l'Allemagne et non pas des hautes sphères du «Lingotto» comme cela a été le cas pendant la saison 2004.

<
Rubens Barrichello, le premier vainqueur de l'histoire du Grand Prix de Chine.

<<
Rubens Barrichello, Luca di Montezemolo, Jean Todt, Michael Schumarcher, Luca Badoer: on ne change pas une équipe qui gagne!

Présentation de la nouvelle Fiat Panda 4x4 sur le circuit de Monza en présence de l'équipe Ferrari.
V

2004 vu du Canada

Noir ou blanc, selon le camp

Stéphanie Morin – La Presse, Montréal

Il aura fallu du temps et un zèle constant pour que Jacques Villeneuve réussisse à s'extirper de sa retraite forcée. Petite histoire d'une résurrection (ou portait instantané d'un sport en mal de personnalité.)

Autre saison, même domination. Pendant qu'en piste, la saison 2004 se déclinait en rouge, exaspérante d'ennui parce que trop prévisible, l'autre saison, celles des rumeurs et des spéculations, a tenu en haleine un paddock en mal d'excitation. De mensonges en demi-vérités, de révélations exclusives en démentis formelles, le jeu de chaises musicales des pilotes aura rarement fait autant de bruit.

Les rumeurs concernant le retour du Canadien dans les paddocks sont peut-être celles qui ont fait couler le plus d'encre. C'est d'ailleurs le gérant du pilote, Craig Pollock, qui a lancé le bal en déclarant au tabloïd britannique The Sun à la fin avril: «*J'ai déjà entamé les discussions avec de bonnes écuries. Jacques avait des propositions pour courir cette saison, mais il ne veut piloter que pour une équipe qui lui donnera la chance de se battre pour le titre contre Michael Schumacher. Il veut une voiture qui puisse gagner des courses et lui permettre de se battre pour le championnat. Williams semble être une bonne option.*»

Au Grand Prix d'Espagne, des sources soi-disant bien informées juraient qu'on avait vu le Québécois passer une journée entière à Grove, dans l'usine de son ancienne écurie, Williams. (On apprendra plus tard que le Québécois n'y a jamais mis les pieds, mais qu'il a rencontré Frank Williams, Patrick Head et Sam Michael à Londres pour tenter de les convaincre de lui fournir un volant.)

Il n'en fallait pas plus pour que certains sautent aux conclusions : Villeneuve allait réintégrer l'écurie avec laquelle il a décroché son championnat en 1997. Les esprits se sont vite enflammés et se sont mis à rêver déjà de batailles épiques entre la Williams du Canadien et la Ferrari de Michael Schumacher. Pour ses plus ardents partisans, Villeneuve était attendu comme le Messie qui allait sortir le sport de son marasme. Rien de moins!

Le hic, c'est que les rumeurs ont tardé à se concrétiser. Si Frank Williams avouait en mai que le nom de Villeneuve figurait sur sa liste de candidats pour remplacer Juan Pablo Montoya ou Ralf Schumacher, il refusait de se mouiller davantage. Contrariée, la machine à rumeurs s'est emballée. On envoyait l'ancien champion une semaine faire des essais privés à Monza, l'autre à Silverstone, l'autre encore à Jerez. Les journalistes tiraient dans toutes les directions avec autant de discernement qu'une poule sans tête! Et le clan Villeneuve ne faisait rien pour calmer le jeu: tant que son nom circulait, c'était toujours ça de gagné!

Que ce feuilleton ait tourné au délire est on ne peut plus symptomatique du malaise qui gruge la F1. Le manque criant de charisme dans les paddocks (et de compétition en piste) fournit des minutions aux nostalgiques qui ont vu dans chaque rumeur une promesse de jours meilleurs. Quand un seul homme gagne 13 des 18 courses du calendrier et que les conférences de presse sont ennuyantes comme la pluie, il ne faut pas s'étonner qu'on vienne à fabuler sur les retours possibles de Villeneuve et - pourquoi pas? - de Mika Hakkinen, dont le nom a aussi surgi au cours de l'année. Bernie Ecclestone lui-même a admis que son plateau de pilote manquait de personnalité et que le retour des deux anciens champions ferait le

Stéphanie Morin *a quitté une carrière d'enseignante pour passer au journalisme, il y a cinq ans. Journaliste pour la Presse, un quotidien de Montréal, elle couvre plusieurs sports, dont le tennis, le hockey et la boxe, en parallèle avec la Formule 1. À 32 ans, elle en est à sa troisième saison dans les paddocks.*

plus grand bien. Quand on compte sur des hommes de 33 et 36 ans pour insuffler une bouffée d'air frais au sport, c'est signe que quelque chose ne tourne pas rond.
Les jeunes loups n'ont d'ailleurs pas apprécié que la vieille garde mobilise ainsi les discussions. «*Villeneuve est-il assez frais mentalement pour revenir à la compétition?*», s'interrogeait Mark Weber avant d'ajouter qu'il y avait de très bons pilotes en plein développement à qui il faudrait donner une chance. «*Villeneuve veut revenir? Tant mieux pour lui*», a répliqué Juan Pablo Montoya avec sa moue habituelle.
Un des rares commentaires positifs est étonnamment venu de Michael Schumacher. «*Je n'ai pas de mauvais sentiments de voir* (Villeneuve) *revenir en F1, honnêtement, lançait l'Allemand lors du Grand Prix d'Europe. Je serais même plutôt heureux. Nous nous sommes vus à la réception après la course à Monaco et on a jasé. L'atmosphère entre nous était plutôt détendue.*»

Recherche volant désespérément

Flirter avec Williams, c'est une chose, mais Jacques Villeneuve est allé beaucoup plus loin dans l'espoir de trouver un baquet : il a voulu recoller les pots cassés avec son ancien patron David Richards.
Ne reculant devant aucune contradiction, Villeneuve s'est lancé en pleine campagne de séduction dès que «l'affaire Button» a explosé. Convaincu qu'il était le meilleur candidat pour remplacer Jenson Button chez BAR si ce dernier passait chez Williams, il a multiplié les appels dans l'espoir de réintégrer l'écurie qui l'avait poussé à la retraite dix mois plus tôt. Il a contacté les gens de Honda, ceux de British American Tobacco et, chose impensable il y a peu de temps, il a renoué contact avec Richards.
Dans tout autre sport, le retour du pilote se serait fait naturellement: après tout, Villeneuve a travaillé sur la voiture pendant cinq ans et connaît bien les habitudes de la maison. Mais peut-on effacer aussi facilement deux ans de querelles? «*Si les gens mettent de côté la politique, si les ego ne se mettent pas en-travers, ça pourrait marcher*», espérait-il. Mettre de côté ego et politique quand il est question de Formule 1? Aussi bien demander l'impossible.
Le Canadien a beau être un vieux routier de la F1, avec huit saisons sous la ceinture, le grand cirque a réussi à le désillusionner encore un peu plus. L'attitude des gens de chez Williams, notamment, l'a déçu: «*J'ai rencontré Frank, Patrick et Sam Michael en avril. Ça semblait très sérieux et positif, puis je n'ai plus entendu parler d'eux*», disait-il. Ils n'ont pas non plus prévenu le pilote après la mise sous contrat de Button. «*On m'avait dit qu'on me tiendrait au courant, qu'on allait être droit avec moi. Je suis déçu, mais bon, ce n'est pas surprenant. On parle quand même du milieu de la F1!*» S'il espérait que ses résultats en 1997 lui servirait de sésame à Grove, il est retombé durement sur terre.
Au milieu de ce brouhaha, Villeneuve s'est offert sa première sortie publique depuis le Grand Prix des États-Unis en 2003. Il a roulé au Festival of Speed de Goodwood dans la Ferrari 312 T3 pilotée par son père Gilles lors de sa première victoire en F1, à Montréal en 1978.
Villeneuve a été à ce point réticent de parle de son père pendant sa carrière, que certains ont vu dans cette apparition surprise un vaste exercice de relations publiques pour se remettre sur la sellette. «*C'est quelque chose que je n'aurais jamais fait quand je pilotais*, a-t-il reconnu. *Quant tu pilotes et que tu as ta carrière, ça te rend un peu plus robotique. Tu bloques tes émotions. Là, ça fait sept ou huit mois que je suis à la maison. Il y a une sorte de relâche.*»
«*La page n'avait jamais été tournée. J'ai toujours mis une barrière entre nos deux carrières. Pas parce que j'avais un problème avec mon père ou que je ne l'aimais pas, mais parce que je voulais tracer mon propre chemin et non pas nécessairement continuer ce qu'il avait fait. Mais là, je ne cours pas, et j'ai eu envie de venir lui faire honneur. C'était à la fois un merci et un au revoir à mon père.*»

Vingt-quatre heures chargées

Après avoir répéter ad nauseam qu'il voulait revenir dans une écurie de pointe qui lui permettrait de se battre aux avants-postes, Villeneuve a changé son fusil d'épaule. Conscient que les grandes équipes ne lui ouvriraient pas leurs portes, le pilote s'est tourné vers l'écurie Sauber et a pris l'initiative de contacter Peter Sauber. À la mi-août, il a visité l'usine d'Henwil et, dit-il, le courant est tout de suite passé avec le patron de l'écurie suisse.
Le 15 septembre 2004, la nouvelle est tombée: Villeneuve signait un contrat de deux ans avec Sauber. Il sait que la petite écurie ne fera pas de lui le prochain champion du monde, mais il dit être prêt à se relever les manches dans le seul but de faire progresser l'écurie. «*J'ai beaucoup discuté avec Peter Sauber et j'ai été séduit par l'homme et sa structure. C'est une écurie où il n'y a jamais de politique, où c'est toujours très propre. C'est également la seule écurie qui m'a traité avec respect, qui m'a parlé sérieusement. J'ai vraiment senti de la part de Peter Sauber et de ses hommes un vrai désir de me voir les rejoindre. Ça a fait la différence.*»
Ce même 15 septembre, Villeneuve effectuait son retour officiel en F1, sous les couleurs de l'écurie Renault. Les Bleus ont décidé de se séparer de Jarno Trulli et de faire confiance à l'ex-champion du monde pour rattraper BAR au deuxième rang du championnat des constructeurs. En 24 heures, Villeneuve est sorti de sa retraite pour redevenir l'homme le plus en demande de la F1.
Son passage chez Renault n'aura toutefois pas rapporté les fruits escomptés: il a été blanchi lors des trois derniers Grands Prix de la saison. Au Canada, les chroniqueurs ne s'entendent pas sur la valeur à donner à ce retour. Certains ont cloué le pilote au pilori après une course, jugeant sa performance «*lamentable, inexcusable, attristante.*» D'autres ont salué son courage de s'être lancé dans un défi de cette envergure: il fallait du cran pour revenir en compétition après dix mois de congé, avec deux jours seulement pour se familiariser avec une nouvelle voiture, une nouvelle écurie, de nouveaux pneus et, comme si ce n'était pas assez, un nouveau circuit. Selon les camps, son retour est noir ou blanc…
Chose certaine, son entraînement intensif pendant ses mois de congé n'ont pas suffi. Le pilote est sorti exténué de chacune de ses courses. En dix mois, la F1 a progressé: les pilotes font face à des forces G plus grande, les monoplaces sont trois dixièmes de secondes plus rapides et les pneus sont plus performants que jamais. Villeneuve, de toute évidence, n'était pas prêt à affronter cette nouvelle réalité.
Reste que ses trois courses chez Renault n'ont pas suffi à redorer son blason. Peter Sauber, lui, reste confiant d'avoir fait le bon choix, mais un doute plane sur les capacités de Villeneuve à revenir au sommet. Ces années de cauchemars chez BAR ont peut-être laissées une marque plus profonde que ne l'espère le pilote.

La réponse viendra bien assez vite en 2005.

^
Grand moment d'émotion au «Festival of speed» de Goodwood 2004 lorsque Jacques se glisse au volant de la Ferrari 312T3 en souvenir de son père Gilles.

Grands espoirs partagés pour Jacques Villeneuve et Peter Sauber en vue de la saison 2005.
v

Ceux qui font la différence

La révélation de l'année 2004, c'est sans aucun doute la BAR-Honda. Après quatre ans de galère, l'écurie a enfin pu entrer dans le club des meilleurs. Et les belles performances de Takuma Sato étaient elles-aussi inattendues. Par contre, l'autre géant japonais, Toyota, nous a déçu. Qu'est ce qui a fait donc cette énorme différence?

Kunio Shibata – Autosport, Tokyo

Sato, quel panache!

C'était en mai, au Nurburgring, que nous avons "découvert" ce pilote japonais. Il a d'abord prouvé qu'il est aussi rapide que son co-équipier, Jenson Button, en gagnant sa première "front row" en séance qualif. Il avait en plus pris plus d'essence et se retrouvait beaucoup plus lourd que Michael Schumacher, alors en Pole Position.
En course, il était longtemps deuxième entre deux Ferrari, et au 44ème tour, après avoir accompli son ultime arrêt-ravitaillement, il a rejoint la piste juste derrière Rubens Barrichello. Son premier podium était donc quasi assuré.
Pourtant, ce n'était guère ce que Sato souhaitait. En retardant le freinage le plus possible, il s'est jeté à l'intérieur du premier virage. Rubens n'avait certainement pas regardé dans son rétroviseur, mais on ne peut pas le lui reprocher, puisque sur la ligne droite qui précède ce premier virage, il y avait plus de vingt mètres d'écart entre les deux protagonistes. Aucun pilote n'aurait osé attaquer dans cette situation. Sauf Sato!
Malheureusement, sa BAR-Honda a perdu l'aileron avant par suite de la touchette, et Takuma a été contraint de rentrer au stand. Puis, il a définitivement abondonné à cause du moteur qui a explosé (en 2004, il a subi cette défaillance à sept reprises au total!).
Après la course, Rubens a qualifié la manoeuvre du pilote japonais de "travail d'amateur", et les journalistes du pays du soleil levant (moi y compris, évidemment!) se plaignaient de la perte "délibérée" de son podium. Mais Sato lui-meme n'a eu aucun regret. "*Si c'était à refaire, je referais la même chose.*" dit-il avec conviction. "*Meme si c'est vraiment minime, si les chances existent, je n'arreterai pas d'attaquer. C'est mon style depuis toujours, et grace à cela, j'ai gagné une place en F1*".
Effectivement, son style n'a pas du tout changé par la suite. En qualifs, à Montréal, il a fait un tête-à-queue en pleine attaque. Puis, en séance libre à Indianapolis, il a percuté une Sauber. Felipe Massa manquait certainement d'attention, mais ce n'était ni en course ni en qualifs. Sato n'avait pas besoin d'attaquer à 100%. En regardant sa machine endommagée, je me disais,"*Taku a définitivement perdu une chance de monter sur le podium*".
Pourtant, j'avais tort! Deux sorties de safety car ont fait complètement perdre les avantages de la stratégie à deux arrets que le camp BAR et Sato avaient choisi, et sa BAR a rétrogradé jusqu'en 10ème position. Mais à partir de là, il s'est littéralement déchainé et a commencé la chasse aux pilotes. Il a dépassé Fisichella, Coulthard, puis Panis. A 12 tours de l'arrivée, il attaque Trulli au premier virage. Un tour auparavant, le moteur d'une Jaguar avait craché de l'huile, et la surface devenait extremement glissante. Jarno ralentit en regardant un drapeau "huile", mais Takuma n'a pas levé le pied droit.
C'était la première fois qu'un pilote japonais montait sur la troisième marche du podium depuis Suzuka 1990. Mais cette fois, avec quel panache il a obtenu ce résultat!
"*Il est vrai que notre voiture a extrêmement bien marché ici. Sans doute bien mieux que la Ferrari*", analyse Shuhei Nakamoto, directeur Engineering de Honda. "*Mais même en tombant à la 10ème place, Taku a réussi à obtenir le podium. Ce n'est pas la voiture. Ni la stratégie, c'est lui-meme qui y est arrivé.*"
Quand il a débuté en F1, j'ai entendu dire au Japon que Sato n'était pas considéré comme un pilote talentueux ou comme le meilleur produit du pays. Je ne doute pas qu'il y en aurait de plus rapides ou plus consistants là-bas. Mais ils ont peut-etre oublié à réflechir sur les raisons qui ont permis à Sato seul de venir en F1, et non pas les autres.
Ses points forts, c'est d'abord son incroyable professionalisme. Si vous écoutez son anglais, vous ne croirez jamais qu'il l'a appris en deux ans seulement. Quand il a débarqué en Angleterre en 99, il ne parlait pas un mot d'anglais. Concernant sa connaissance de la mécanique, et de la dynamique de véhicule, Nakamoto dit " *il connait sans doute mieux ces domaines que nos jeunes ingénieurs de 2 ou 3 ans d'expérience*".

Et il ne faut pas oublier sa volonté de gagner. Depuis qu'il a rencontré Ayrton Senna à Suzuka, en 88, Takuma a toujours voulu devenir un pilote de course. Mais faute de mieux, il se contenta de courir à vélo jusqu'à 20 ans. Il a donc commencé sa carrière de pilote avec presque 10 ans de retard par rapport à des confrères comme Button ou Raikkonen. Si j'ose dire, c'est à la fois son complexe et sa force.
Takuma nous a rappelé cette année que les dépassements sont tout à fait possibles même avec les F1 modernes. Avec un an d'expériences de plus, que pourra-t-il nous montrer l'année prochaine?

Honda: Assis sur une pierre pendant 4 ans

Au Japon, il y a un proverbe qui dit : "Assis sur une pierre pendant 3 ans". Ce qui signifie : si vous supportez les malheurs pendant 3 ans, vous surmonterez l'épreuve. Je l'ai entendu plusieurs fois

Kunio Shibata
46 ans, a quitté le Japon et son métier de journaliste en 1982 pour s'installer à Paris afin d'y suivre des études à Sciences Po. Devenu ensuite réalisateur free-lance pour la télévision japonaise, il s'est toujours intéressé au sport automobile et a commencé à suivre les Grands Prix pour une agence de presse en 1987, avec l'arrivée du pilote Satoru Nakajima. Il collabore au magazine spécialisé nippon «Grand Prix XPress» depuis 1991.

l'année dernière récité par les gens de Honda. Ils ont commencé la nouvelle aventure en 2000, et 3 ans plus tard, ils n'avaient toujours pas de résultats satisfaisants.
Et soudain cette année, ils ont réussi à surgir de l'ombre. Plus fort que Williams et McLaren, BAR-Honda a obtenu la deuxième place du championnat après Ferrari.
"*Mais ce n'est pas du tout un succès soudain, ni chanceux*", rétorque Takeo Kiuchi, F1 project leader. "*Les deux premières années avec BAR, c'était un échec total, parce que nous ne savions pas comment coopérer avec les gens de BAR. Un de nos buts, pour cette troisième ère de Honda F1, c'est de développer une voiture complète. Mais en réalité, nous nous concentrions sur le moteur, et de leur côté, le châssis. Pourtant, depuis deux ans, la situation a radicalement changé*".
Ce grand changement a été mené, en principe, par deux personnes-clé. L'une, c'est Geoff Willis, venu de Williams à BAR en tant que directeur technique. Et l'autre, Shuhei Nakamoto. Cet ingénieur japonais est un pur produit de la course depuis plus de 20 ans, mais en moto. Spécialiste du châssis, il est devenu directeur général de l'équipe d'usine. Honda, en moto, est presque équivalente à Ferrari en F1. Il sait donc parfaitement comment exploiter une machine à gagner.
Willis et Nakamoto, ce sont les deux complices qui réalisent des choses parfois au-delà des intérets de leur propre camp. En deux ans, ils ont réussi à changer la mentalité de chacun, BAR et Honda sont maintenant prêts à écouter les uns et les autres. La boîte de vitesse ultra-compacte et légère, le controle électronique hautement sophistiqué, et quelque pièces aérodynamiques qui ont beaucoup contribué au succès de cette saison, ce sont tous des fruits de cette coopération. En plus, Honda participe également à établir une stratégie pendant les GP. Honda n'a aucune envie (du moins pour le moment) d'acheter BAR, ni de créer sa propre écurie, comme Ferrari, Toyota ou toute autre, parce que le système actuel fonctionne plutôt bien.
Mais cela ne signifie pas forcément que les gens de Honda soient totalement satisfaits de leurs relations avec BAR. Au contraire. Ils sont particulièrement mécontents du fait qu'ils n'ont pas pu gagner une seule course cette année. BAR est extrêmement heureux d'avoir gagné la deuxième position en championnat. Ce n'est pas l'avis de Honda. "*Si nous pouvons gagner un seul GP, nous nous fichons du reste, meme si nous abandonnons dans les autre 17 courses*", affirme Kiuchi.
Honda est condamné à gagner. BAR veut aussi la victoire qu'elle cherche depuis la création de l'écurie en 99. Mais non pas avec n'importe quelle sacrifice. Cette différence de degré concernant la volonté de gagner pourrait causer un effet plus ou moins négatif. Mais en attendant, l'avenir proche de BAR Honda s'annonce prometteur.

Toyota:une vraie tortue

Ce qui n'est pas du tout le cas chez Toyota. Dans ce même article l'année dernière, j'ai décris ces deux géants japonais comme le lièvre et la tortue, puisque j'étais convaincu que Toyota ferait des progrès, lentement mais éfficacement, et qu'elle surpasserait un jour l'autre. J'avais à moitié raison. Le progrès de cette année était en effet vraiment lent, mais pas du tout efficace!
La grande nouveauté 2004 était d'utiliser un seul moteur pendant tout le week-end de GP. Toyota a donc mis la priorité sur la fiabilité plutôt que la performance. Ils croyaient qu'au moins au début de la saison, la fiabilité jouerait un rôle primordial, et que les rivaux auraient du mal à finir les courses.
Eh bien non! Apart queleques exceptions (comme Mclaren), la plupart n'avaient aucun mal pour couvrir deux fois plus de distance que l'année dernière, tout en étant deux secondes plus rapide. Toyota n'a pas cassé de moteur non plus, mais avec quelle lenteur! Ils finissaient rarement la course dans le même tour que le gagnant, et ont obtenu seulement 9 points au championnat. C'est environ un trentième de Ferrari, et un treizième de BAR-Honda.
Le mal Toyota n'est pas seulement révélé par les chiffres. La politique de l'écurie a été, pour le moins que l'on puisse dire, très confuse. Citons juste un exemple. Ils ont une fois de plus changé de pilote en pleine saison, avec des raisons que l'on arrive difficilement à comprendre. Juste après le GP d'Allemagne, Da Matta a été remplacé par Zonta. Parce que « *Ricardo montre bien sa vitesse en tant que troisième pilote, et que nous voudrions le tester en course* ». entre Da Matta et Panis, « *Nous gardons le dernier, puisqu'il marque plus de points* » (!)
Et comme nous le craignions, Zonta termina avec des résultats plus que médiocres. Il est évident que la contre-performance de Toyota n'est pas due aux pilotes, mais à la conception de la voiture, et à sa mauvaise exploitation. En un mot, c'est le management qui est mis en cause. Les ingénieurs et les mécanicians sont des professionels, mais ils sont apparemment mal dirigés.
Avec l'arrivée de Mike Gascoyne, la situation a tendance à s'ameliorer. Mais cela prendra énormément de temps, dans la mesure où les dirigeants pensent que Gascoyne est un superman, et qu'il peut tout faire d'un coup de baguette magique.
En ce qui concerne le management, je voulais parler du choix douteux des pilotes pour l'année prochaine, mais hélas, il n'y a plus de place pour ce faire. Je vais donc terminer par un mot de l'un des dirigeants de Toyota. Il dit : "*Pour le moment, c'est Ferrari qui domine. Mais dans le futur proche, ce sera nous et Honda qui nous batterons pour le titre.*" ...Qui peut être d'accord avec une telle remarque?

^
Takuma Sato peut bien se montrer souriant: sa saison 2004 a démontré qu'il est un pilote extraordinaire, sans doute le meilleur pilote japonais de l'histoire.

<
(en face)
Et c'est le podium! A Indianapolis, Takuma Sato a terminé troisième et monte sur le podium avec les deux pilotes Ferrari.

Takuma s'entend parfaitement bien avec David Richards
v

Championnat du Monde 1964: Surtees et Ferrari de justesse

de Jacques Vassal
«Automobile historique»

Silverstone, 11 juillet 1964: une superbe vue de la Ferrari 158 de John Surtees, en plein appui, lors du Grand Prix de Grande-Bretagne où il se classera 3e, derrière Clark et Hill. Le redressement est en vue... >

Jacques Vassal, *Journaliste, écrivain et traducteur, également spécialiste de chanson et de musiques populaires, Jacques Vassal a collaboré plus de onze ans au magazine «Auto-Passion». Depuis le début 2000, il travaille en indépendant pour diverses revues spécialisées, en particulier «Automobile Historique», alternant essais, portraits, interviews et rétrospectives. Il est par ailleurs, avec Pierre Ménard, le co-auteur de la série «Les Légendes de la Formule 1» aux Editions Chronosports. (Six titres parus - série en cours)*

Il y a quarante ans, la Scuderia Ferrari courait sur presque tous les fronts à la fois: endurance, Championnat d'Europe de la Montagne avec des prototypes et des GT - tout cela en plus, bien sûr, de la Formule 1. La saison 1964 en Formule 1 restera mémorable, pour le titre mondial «pilotes» arraché de haute lutte par John Surtees, bien secondé par Lorenzo Bandini, outre la Coupe des Constructeurs par Ferrari.

Au début de 1963, Ferrari annonce une nouvelle 156 de Formule 1 semi-monocoque (elle ne sera prête qu'en cours de saison). Le 4 mars à Monza sont présentées les autres nouveautés de Maranello, dont les prototypes 2 litres Dino V 6 et 3 litres 250 P V 12 à moteur central arrière pour les épreuves d'endurance; on verra aussi à plusieurs reprises, dont Le Mans, un coupé expérimental à moteur 4 litres à l'avant, la 330 LM/B. En Grand Tourisme, les 250 GTO à moteur 3 litres V 12 à l'avant vont poursuivre une carrière brillamment entamée en 1962. Quant aux pilotes, la grande nouvelle du moment est le recrutement du Britannique John Surtees, ancien Champion du Monde motocycliste (sept titres, 350 et 500 cm³, de 1956 à 1960) qui, après des débuts sur Lotus 18, vient de disputer une très belle saison 1962 sur Lola-Climax (4e du Championnat du Monde avec 19 points). Un engagement d'autant plus prometteur pour la Scuderia que Surtees est un pilote féru de technique et de mécanique, capable d'optimiser le travail avec les ingénieurs et les mécaniciens. Il sera épaulé, tour à tour en Formule 1, en prototypes et parfois en GT, par le Belge Willy Mairesse et les deux Italiens les plus prometteurs du moment: Lorenzo Bandini et Lodovico Scarfiotti. La Scuderia Ferrari est placée depuis 1962 sous la direction sportive d'Eugenio Dragoni, un homme d'affaires milanais qui, à travers la Scuderia Sant'Ambroeus, a développé une sorte de pépinière de jeunes talents italiens. Dragoni est l'homme qui, en 1961, a convaincu Enzo Ferrari de confier une monoplace de Formule 1 à cette écurie privée qu'il dirige. Et c'est sous la bannière de la Sant'Ambroeus que le jeune Giancarlo Baghetti a remporté à Syracuse sa toute première course en Formule 1 (mais hors-championnat du monde); plus étonnant encore, Baghetti a gagné à Reims le Grand Prix de l'ACF, sauvant l'honneur du cheval cabré, alors que les pilotes officiels de la Scuderia - Phil Hill, Richie Ginther et Wolfgang Von Trips - étaient tous mis hors-jeu. Si, par la suite, Baghetti a poursuivi sa carrière en prototypes et en GT, sans pouvoir confirmer ses talents en Formule 1, en revanche Bandini et dans une moindre mesure Scarfiotti - qui a remporté le Championnat d'Europe de la Montagne 1962 avec un prototype Dino 2 litres - ont dans ce domaine un certain potentiel. Et Bandini est spécialement suivi voire favorisé par Dragoni...

A la poursuite des championnats

Le constructeur de Maranello, loin de la monoculture de la F 1 moderne, est connu pour son éclectisme; en endurance, les 24 Heures du Mans - que la Scuderia va encore remporter en 1963 avec la 250 P de Scarfiotti-Bandini et en 1964 avec la 330 P de Guichet-Vaccarella - sont alors une priorité; si bien que jusqu'à la fin juin, la préparation et le développement des monoplaces de Formule 1 passent plus ou moins au second plan. Le Championnat du Monde 1963 sera dominé de la tête et des épaules par le Team Lotus avec sa type 25 à châssis monocoque et moteur V 8 Coventry-Climax; succès dû en partie au concept très avancé de Colin Chapman, en partie à son pilote numéro 1, l'extraordinaire Jim Clark. BRM, qui l'a emporté en 1962, marque le pas, malgré encore quelques coups d'éclat (avec une nouvelle victoire de Graham Hill à Monaco, son circuit fétiche). Et, tandis que Cooper se trouve dans une phase de déclin inexorable, son ancien pilote et double Champion du Monde, l'Australien Jack Brabham, est devenu constructeur pour son propre compte. Brabham - qui utilise lui aussi le V 8 Coventry-Climax mais s'en tient au traditionnel châssis tubulaire - s'affirme comme un futur protagoniste de premier plan. D'autant plus qu'il affiche toujours une belle forme au volant et qu'il a confié sa seconde monoplace à un pilote de tout premier ordre: l'Américain Dan Gurney. Quant à Ferrari, il entame sa saison en alignant une monoplace 156 de type intérimaire, le modèle 1962 amélioré par l'ingénieur Mauro Forghieri: le moteur est toujours le V 6 ouvert à 120°; avec l'injection directe, il développe 200 ch à 10000 tours/minute. Le châssis tubulaire a été affiné en attendant un vrai nouveau modèle. Surtees glane tout de même des places d'honneur: 4e à Monaco (avec en prime un record du tour) et 3e en Hollande (où Scarfiotti, remplaçant Mairesse, gagne son premier point pour son premier Grand Prix). Mais la Scuderia connaît ensuite deux échecs cinglants, en Belgique (Spa) et à l'ACF (Reims): Surtees et Mairesse sont victimes de casses de moteur en Belgique. A Reims, où Bandini reprend du service en F 1, mais sur une BRM 56 de l'écurie milanaise Centro-Sud, Surtees est seul pilote Ferrari au départ du GP de l'ACF car son coéquipier Willy Mairesse a subi de graves brûlures au Mans lors de l'incendie de leur 250 P. Comble de malchance, Lodovico Scarfiotti, désigné pour remplacer à nouveau le Belge sur la seconde 156, se blesse aux essais. Après un très beau début de course, John est cette fois éliminé par une pompe à essence défectueuse. Enfin, à Silverstone, le 20 juillet, on va commencer à sentir les fruits du travail d'une Scuderia libérée du poids des 24 Heures du Mans, qu'elle a gagnées haut la main, et du Championnat du Monde des Constructeurs (en endurance), qui lui est désormais acquis, les 250 P ayant déjà gagné en début de saison les 12 Heures de Sebring et les 1000 Km du Nürburgring.

Le redressement de la Scuderia

Pourtant, au départ du GP de Grande-Bretagne, Surtees est encore seul pilote Ferrari. La course étant longue (385 km), il a fait monter un réservoir additionnel sur sa monoplace. Il va se classer 2e, à 25" il est vrai de la Lotus de Clark, mais à 12" devant la BRM de Hill, les deux autres principaux protagonistes, et non sans avoir battu par trois fois le record du tour. A noter que Hill, alors 2e, est tombé en panne d'essence dans l'ultime boucle, ce qui a permis à la Ferrari qui talonnait la BRM de gagner une place, tout en prouvant la validité de l'idée de Surtees. Ferrari ne participe pas à la course de Formule 1 non-inscrite au Championnat du Monde sur le circuit de Solitude, près de Stuttgart, préférant travailler avec la firme Bosch pour améliorer l'efficacité du système d'injection à moyens régimes, qui s'avérera déterminant lors du Grand Prix d'Allemagne. C'est donc sur le Nürburgring, le 4 août, que va se jouer la «belle» entre Ferrari, Lotus et BRM, et entre Surtees, Clark et Hill. Sur ce circuit tourmenté de 22,810 km, aux 172 virages, qu'il apprécie particulièrement, et où il a récemment remporté (avec Mairesse) les 1000 Kilomètres sur une Ferrari 250 P, «Big John» va réaliser un véritable festival. Il suit Clark comme son ombre et, quand le V 8 Climax de l'Ecossais connaît des ratés, bondit en tête et ne la quitte plus jusqu'à l'arrivée. Clark lui-même reconnaîtra après l'arrivée que, même sans ses ennuis de moteur, il n'aurait pas pu battre la Ferrari, ni surtout son pilote, en état de grâce ce jour-là. Et si c'est Clark qui le dit... En Sicile, quinze jours plus tard, Surtees remporte la course d'Enna Pergusa (qui ne compte pas pour le Championnat du Monde). La Scuderia va donc aborder le GP d'Italie, à Monza le 8 septembre, dans de meilleures dispositions. Le nouveau modèle «Aero» avec châssis semi-monocoque est enfin prêt, mais pas le V 8

Monaco, 26 mai 1963: pour son premier Grand Prix officiel sur Ferrari, Surtees a tiré le meilleur possible d'une 156 qu'il sait dépassée. Ses efforts sont récompensés par une modeste 4e place à l'arrivée, mais son meilleur tour en course en 1'34''5, soit 119,809 km/h, en dit long sur la détermination du pilote.
v

<
Lors du même Grand Prix de Monaco, Surtees et la 156 en glisse à la sortie de l'épingle de la Gare (pas encore Loews à l'époque), devant la Cooper de Tony Maggs.

^
Monaco, 10 mai 1964: Surtees concentré au volant de la 158, juste avant le départ d'un Grand Prix qui ne lui portera pas chance...

^ >
Zandvoort, 24 mai 1964: Surtees et la 158 retrouvent de leur superbe: ils précèdent ici Jack Brabham (Brabham) et Jim Clark (Lotus). C'est «l'Ecossais Volant» qui l'emportera ce jour-là, avec 53'' d'avance sur «Big John».

développé par l'ingénieur Angelo Belleï; aussi Surtees dispute-t-il cette course avec une voiture intérimaire à moteur V 6, Bandini utilisant un modèle tubulaire. A noter que Lorenzo a été réintégré dans la Scuderia à la suite de l'accident de Willy Mairesse au Nürburgring, au cours duquel un commissaire fut tué et le pilote grièvement blessé. Si Surtees réalise une brillante «pole-position» devant Graham Hill, en course, après avoir mené pendant quelques tours, il est éliminé au 17e tour par un bris de soupape du V 6. Les trois derniers Grands Prix, aux Etats-Unis (Watkins Glen), au Mexique (Mexico) et en Afrique du Sud (East London), se soldent par de nouveaux abandons pour Surtees, qui ne peut se classer mieux que 4e au Championnat du Monde avec 22 points, derrière Jim Clark sur Lotus (54) et les deux pilotes de BRM, Hill et Ginther (29). Bandini quant à lui a terminé 5e aux Etats-Unis et en Afrique du Sud. Ferrari est classé 4e (sur 6) de la Coupe des Constructeurs.

Surtees maître du Ring

Pour 1964, Forghieri prépare un moteur 12 cylindres à 180°, le type 1512, mais ce travail est plus long que prévu et Surtees et Bandini, qui sont reconduits comme tandem de pointe de la Scuderia, devront courir la saison avec la 158. Le V8 conçu par l'ingénieur Angelo Belleï, second de Forghieri, doit développer 210 chevaux en version double allumage. Le 12 avril, à Syracuse, Surtees et Bendini signent un doublé à Syracuse, mais hors du Championnat du Monde et face à une concurrence modeste. A l'International Trophy de Silverstone, Surtees tombe en panne de pompe à essence et, lors des premiers Grands Prix, l'alimentation reste capricieuse. Surtees, 2e en Hollande, ne marque que 6 points en 4 sorties et Bandini aucun. Clark et Hill, Lotus et BRM, prennent à nouveau le large au Championnat du Monde des conducteurs et dans la Coupe des Constructeurs. C'est «comme d'habitude» après les 24 Heures du Mans, que la Scuderia remporte une nouvelle fois, qu'elle s'occupe enfin sérieusement d'améliorer ses monoplaces de Formule 1. Forghieri installe un filtre de refroidissement de carburant à l'avant du moteur, visible derrière l'épaule gauche du pilote, qui va permettre à celui-ci d'exploiter toute sa puissance, et à celle-là de durer toute la distance. Pour Ferrari, il est plus que temps de se ressaisir car, outre Lotus et BRM, Brabham s'avère un nouveau concurrent redoutable: Dan Gurney vient de gagner à Rouen-les-Essarts le GP de l'ACF. Dans cette course, Surtees qui inaugurait le nouveau filtre à ailettes a réussi à qualifier sa voiture en première ligne, aux côtés de Clark et de Gurney. En course, il est contraint à l'abandon, à cause d'une pompe défectueuse. Mécontent du V 8, lequel manque et de puissance, et de fiabilité, il préférerait que la Scuderia Ferrari passe tout de suite au moteur 12 cylindres. Néanmoins à Brands Hatch, où cette année se dispute le GP de Grande-Bretagne, Clark est à nouveau vainqueur devant Hill, mais Surtees se classe 3e et Bandini 5e.

>
Magnifique profil de la 158 et de Surtees «dans ses oeuvres», lors de ce même Grand Prix de Hollande.

John Surtees et la Ferrari 158: malgré la domination de Clark et de sa Lotus lors de ce début de saison, cette figure restera marquante pour l'année 1964.
<

C'est en Allemagne que l'équipe italienne et son leader britannique vont se replacer dans la lutte au sommet. Déjà, sur le circuit de Solitude, où cette fois la Scuderia a couru, Surtees s'est classé 2e après une lutte très serrée avec la Lotus de Clark. Bosch a mis au point un nouveau système d'aide à l'injection commandé par le pilote, qui réduit le handicap à bas et à moyens régimes. Et, dès les essais du GP d'Allemagne (où la curiosité du jour est la débutante Honda à moteur V 12 transversal conduite par un tout aussi débutant en F 1, l'Américain Ronnie Bucknum), Surtees se montre magistral sur ce Nürburgring qu'il affectionne particulièrement. Avec un tour en 8'38''4, il signe la «pole» en ne devançant toutefois Clark et Gurney que de $4/10^e$ et $9/10^e$ respectivement ce qui, sur un circuit long de 22,810 km, souligne le niveau proche de ces trois pilotes et de leurs autos. Bandini, en 8'42''6, complète cette première ligne (la largeur du circuit à cet endroit autorise à l'époque une grille de départ en 4-3-4-3…), reléguant Graham Hill en deuxième ligne. Lorenzo effectue d'ailleurs un départ «canon» et prend brièvement le commandement, mais c'est Clark qui passe en tête au premier tour. Dès le suivant, toutefois, Surtees attaque l'Ecossais et le passe. C'est ensuite Gurney qui, profitant des ennuis de sélecteur de vitesses de Clark, vient disputer sa place à Surtees. L'Américain et le Britannique se livrent à une passe d'armes effrénée durant plusieurs tours, après quoi Gurney est ralenti par des problèmes de refroidissement, perdant toute chance de victoire, mais c'est alors Hill qui a Surtees en ligne de mire. Surtees se démène jusqu'au bout, signe le meilleur tour en course et remporte devant le pilote BRM son second GP d'Allemagne consécutif. Le travail de la Scuderia a payé, puisque ce succès est complété par la 3e place d'un Bandini très en progrès. C'est si vrai que sur l'aérodrome de Zeltweg, où se court trois semaines plus tard le premier GP d'Autriche, c'est l'Italien qui va sauver l'honneur de Ferrari et jouer les trouble-fête, remportant une victoire inattendue alors que Surtees, mais aussi Clark, Hill et Gurney ont abandonné. Sur cette piste bosselée, les petites monoplaces ont été soumises à rude épreuve, en particulier les suspensions et les transmissions. Lorenzo est récompensé de sa conduite très mesurée. Voilà qui, sans profiter directement à Surtees, évite tout au moins que ses rivaux prennent le large au Championnat du Monde.

Quand, le 6 septembre, Surtees et Ferrari enfoncent le clou par une nouvelle victoire, dans le GP d'Italie, mettant tous les tifosi en liesse autour de la piste de Monza, ceux-ci commencent vraiment à croire à leurs chances pour les deux titres mondiaux. Car, non seulement Bandini (qui a testé la 1512 à Monza mais a couru avec une 158) est 3e de cette course, mais le 2e est Bruce McLaren, pilote excellent mais inattendu ici alors que les Cooper-Climax effectuent une très mauvaise saison. Hill, Clark et Gurney ont à nouveau abandonné. Surtees, aussitôt acclamé et surnommé Il Grande John par les tifosi, peut d'autant plus savourer cette victoire (et Ferrari, l'en féliciter) que, huit jours plus tôt, par la faute d'un concurrent maladroit, il a été victime d'une violente sortie de route en disputant le Tourist Trophy à Goodwood au volant d'une 250 GTO du NART. Lui qui est parti pour Monza avec un cou encore endolori par l'impact s'est magnifiquement ressaisi!

Un final à suspense

Les deux ultimes Grands Prix, de l'autre côté de l'Atlantique, vont donc relancer la compétition. Dans l'intervalle, Enzo Ferrari se livre à un geste théâtral de colère à l'encontre de l'ACI (Automobile Club d'Italie), qui vient de refuser de faire suivre à la Commission Sportive Internationale la demande d'homologation en GT de sa berlinette 250 LM. Motif: 100 exemplaires produits (ou du moins en cours de construction) sont requis par le règlement, alors qu'il n'y a qu'une trentaine de 250 LM construites. Ferrari menace, ce qui n'a rien à voir avec le problème, de ne plus engager de voitures sous son nom, y compris en F 1! En pratique, pour ne pas perdre ses chances sur un coup de tête, le Commendatore va confier ses monoplaces - peintes pour l'occasion aux couleurs américaines, blanches à bandes bleues - à son fidèle ami et importateur aux Etats-Unis, Luigi Chinetti, qui va les engager sous la bannière de son écurie, le North

Monza, 6 septembre 1964: après l'Allemagne, l'Italie va consacrer le retour de Ferrari aux «affaires»: sur la grille de départ de ce Grand Prix, on reconnaît (de g à d) Graham Hill (BRM), Dan Gurney (Brabham-Climax) et John Surtees (Ferrari 158).
v

^ Après l'arrivée du Grand Prix d'Italie, Mike Spence (à gauche), Joachim Bonnier, John Surtees et (à droite) Jim Clark.

American Racing Team. Le NART, habitué de l'endurance, ne court jamais en Formule 1 et nul n'est dupe de la manoeuvre. Quoiqu'il en soit, sous cette livrée, à Watkins Glen (où Bandini fait débuter la 1512 en Grand Prix) la Ferrari de Surtees se place 2e, tandis que Hill et BRM renouent avec la victoire et que Clark (alimentation), ainsi que Gurney (pression d'huile) abandonnent à nouveau, après avoir été longtemps dans le petit groupe de tête avec la Ferrari et la BRM. A la veille du Grand Prix du Mexique, final de ce championnat riche en rebondissements, il est donc mathématiquement possible à trois pilotes de ceindre la couronne: Hill, Surtees et Clark. Si Surtees compte 5 points de retard sur Hill, Clark, lui, en compte 4 de plus: tâche difficile mais non impossible, à condition que l'Ecossais gagne cette course, que Surtees ne s'y classe pas mieux que 3e et que Hill n'y marque aucun point. Mais si John était 2e, et Jim vainqueur à Mexico, la couronne irait au pilote Ferrari...à condition que Graham ne termine pas mieux que 5e! Les dieux de la course voudront que ce Grand Prix du Mexique reste dans les mémoires exactement pour cette raison: auteur de la «pole», Clark s'élance en tête et creuse le trou, devant Gurney, Spence sur la deuxième Lotus et Bandini. Hill a pris un mauvais départ (lunettes mal fixées!), et Surtees - 4e temps aux essais avec un V8 en piètre forme - a perdu du temps à cause de ratés dans son moteur. Celui-ci a calé pendant une seconde avant le premier virage et John a dû laisser passer plusieurs concurrents avant de réellement démarrer. C'est pourquoi Bandini (qui court ici, comme à Watkins Glen déjà, sur la 1512) se trouve devant lui. Au 20ème des 65 tours, Clark est en tête suivi (à 7") de Gurney, puis viennent Hill, auteur d'une énergique remontée, Bandini et Surtees qui a entamé la sienne. Or, au 31er tour, au freinage de l'épingle à droite, le nez de la Ferrari de l'Italien heurte les échappements de la BRM de Hill, forçant celui-ci à s'arrêter au stand. Il repartira très attardé après réparation, perdant toute chance de titre. Pour tout commentaire, le flegmatique et moustachu Londonien aurait déclaré après l'arrivée que «Bandini mérite vraiment son salaire chez Ferrari»! Humour tout britannique, car les deux pilotes se serrèrent la main après l'arrivée. Selon Surtees, qui les suivait depuis plusieurs tours, il s'agissait d'un simple incident de course: prévenu par le stand BRM de la remontée de Surtees, son second rival après Clark pour le titre, Graham tenta le tout pour le tout pour rester devant Bandini. Surtees écrit dans ses mémoires:«Après avoir failli plusieurs fois, l'inévitable se produisit. La BRM et la Ferrari bloquèrent leurs roues et partirent en dérapage et je passai directement devant pour ravir la 3e place.» Certains reprocheront à Bandini de l'avoir fait exprès pour aider Surtees, mais celui-ci observe avec une logique imparable: «Les anti-Bandini n'avaient pas remarqué que, si Clark avait continué et gagné la course, il aurait été Champion du Monde de toute façon. Les choses ont ainsi tourné que le titre n'est tombé dans mes mains qu'au tout dernier tour!» En effet, que s'est-il passé ensuite? Clark, qui semblait avoir course gagnée, et du même coup le titre mondial, est doublé à l'avant-dernier tour par Gurney, qui va remporter la course. Le moteur de la Lotus a perdu toute son huile et l'Ecossais terminera au ralenti, à la 5e place. Chez Ferrari, voyant les malheurs de Hill puis de Clark, on a calculé in extremis que si Bandini, devenu 2e, laissait passer Surtees à présent 3e, «Big John» - même si Gurney gagne la course, ce qui sera le cas - deviendra Champion du Monde...de justesse. En effet, à l'époque, les 6 meilleurs résultats sur 10 Grands Prix sont comptabilisés. Alors, Bandini a-t-il, comme le veut une légende tenace, ralenti sur ordre pour laisser passer Surtees? En fait, John révèle encore dans ses mémoires que Bandini fut ralenti lui-même par un ennui d'alimentation dans le dernier tour, ajoutant «je ne suis pas sûr que sans cela il m'aurait laissé passer». Cela peut paraître invraisemblable, sauf si l'on se souvient qu'à l'époque, les liaisons par radio entre le pilote et son stand n'existaient pas et si l'on comprend que dans le feu de l'action, s'agissant du dernier tour, la préoccupation principale du pilote était de sauvegarder sa propre place à l'arrivée. Quoi qu'il en soit, c'est ainsi qu'avec 40 points (contre 39 retenus à Graham Hill), Surtees 2e au Mexique devint Champion du Monde des Conducteurs 1964. Il n'avait, certes, pas démérité, mais ses adversaires non plus!

Classements

Grand Prix du Mexique, 25 octobre 1964, circuit Magdalena Mixhuca, Mexico

1-Dan Gurney (USA, Brabham-Climax), 325 km en 2 h 09'50"32/100, moyenne 150,186 km/h; 2-John Surtees (G.-B., Ferrari), à 1'08"94; 3-Lorenzo Bandini (I, Ferrari), à 1'09"63; 4-Mike Spence (G.-B., Lotus-Climax, à 1'21"40); 5-Jim Clark (G.-B., Lotus-Climax), à 1 tour; 6-Pedro Rodriguez (MEX, Ferrari), à 1 tour; 7-Bruce McLaren (N.-Z., Cooper-Climax), à 1 tour; 8-Richie Ginther (USA, BRM) , à 1 tour; 9-Phil Hill (USA, Cooper-Climax), à 2 tours; 10-Moise Solana (MEX, Lotus-Climax), à 2 tours; 11-Graham Hill (G.-B., BRM), à 2 tours; 12-Innes Ireland (G.-B., BRP-BRM), à 4 tours; 13-Hap Sharp (USA, Brabham-BRM), à 5 tours; 14-Jack Brabham (AUS, Brabham-Climax, à 21 tours).
Meilleur tour : Jim Clark (G.-B., Lotus-Climax), 1'58"37, 152,15 km/h

Championnat du monde des Conducteurs 1964

(10 GRANDS PRIX DISPUTES - 6 MEILLEURS RESULTATS RETENUS - Points aux 6 premiers : 9-6-4-3-2-1)

1-John Surtees (G.-B.), 40 points; 2-Graham Hill (G.-B.), 39; 3-Jim Clark (G.-B.), 32; 4-Lorenzo Bandini (I) et Richie Ginther (USA), 23; 6-Dan Gurney (USA), 19; 7-Bruce McLaren (N.-Z.), 13; 8-Jack Brabham (AUS) et Peter Arundell (G.-B.), 11; 10-Joseph Siffert (CH), 7; 11-Bob Anderson (G.-B.), 5; 12-Tony Maggs (SA), Mike Spence (G.-B.) et Innes Ireland (G.-B.), 44; 15-Joachim Bonnier (S), 3; 16-Chris Amon (N.-Z.), Walt Hansgen (USA) et Maurice Trintignant (F), 2; 19-Trevor Taylor (G.-B.), Phil Hill (USA), Mike Hailwood (G.-B.) et Pedro Rodriguez (MEX), 1

Coupe des constructeurs 1964

1-Ferrari, 45 points (49)
2-BRM, 42 points (51)
3-Lotus, 37 points (40)
4-Brabham, 33 points (37)
5-Cooper, 16 points.

^
Portrait de John Surtees, à l'époque de son titre mondial sur Ferrari.

John Surtees

John Surtees est né le 11 février 1934 à Tatsfield dans le Surrey (sud de l'Angleterre). Fils d'un ancien chauffeur de bus reconverti dans le commerce, la réparation et la compétition motocyclistes, il poursuit modérément ses études, s'intéresse au sport (boxe et athlétisme) apprend la mécanique et, inévitablement, débute en course sur deux roues, dès l'âge de 15 ans, sur Excelsior-JAP, en «grass-track». Puis en circuit à 17 ans, sur Vincent-HRD 500 et 1000 cm^3: le 3 juin 1951, à Brands Hatch, il est l'homme du jour en remportant ses trois premières victoires, en 500, 1000 et handicap! En 1952, il passe de la Vincent à la Norton Manx et dispute l'Ulster GP le 16 août, sa première épreuve en Championnat du Monde. Il gagne de nombreuses courses dans les championnats britanniques 1953 et 54, sur Norton, en 350 et 500 cm^3. En 1955 il court également sur NSU en 250 cm^3 et gagne l'Ulster GP à Dundrod en Irlande du Nord, sa première victoire en Championnat du Monde, en plus de nombreuses courses en Grande-Bretagne. Recruté par MV Agusta pour 1956, il court les Championnats du Monde en 350 et en 500 cm^3 pour la firme italienne, remportant 37 grands prix et sept titres de Champion du Monde (trois en 350, quatre en 500) de 1956 à 1960.

Dès 1958, il prend part à des tests sur quatre roues (Vanwall F 1 et Aston Martin DBR 1) mais c'est en 1960 qu'il passe à l'auto, tout en disputant sa dernière saison de moto. Cette année-là, avec l'écurie de Rob Walker, il court en Formule Junior sur Cooper-BMC et Lotus-Ford, en Formule 2 sur Cooper et Lotus-Climax (2e à Oulton Park) et même en Formule 1, sur Lotus 18 (Monaco, Portugal et Etats-Unis). En 1961, sur Cooper-Climax T 53, il marque ses premiers points en Championnat du Monde: 5e en Belgique et en Allemagne, sur les deux circuits (Spa et le Nürburgring) les plus probants à l'époque. Ces performances le font solliciter par Ferrari, mais il refuse l'offre, ou plutôt la diffère, ne s'estimant pas assez mûr! Bien lui en prend, car en 1962 Ferrari touche le fond en F 1, tandis que Surtees, sur Lola-Climax Mk IV, réussit une fort belle saison en marquant 19 points au Championnat du Monde, avec comme fait marquant une superbe 2e place au GP d'Allemagne. Il débute aussi brillamment sur Ferrari 250 GTO (2e aux 1000 Km de Paris avec Mike Parkes). Il signe donc chez Ferrari pour 1963: en Formule 1 cette année-là, il gagne le GP d'Allemagne (la première de ses six victoires en 111 GP de Championnat du Monde) et marque 22 points. En prototypes, il signe de probantes victoires avec la 250 P aux 12 Heures de Sebring et aux 1000 Km du Nürburgring. En 1964, toujours sur Ferrari, avec deux victoires en Allemagne et Italie, 40 points marqués, il devient Champion du Monde, sur Ferrari 156 puis 158, au terme d'un GP du Mexique à rebondissements. Il est le premier (et jusqu'à présent, le seul) Champion du Monde sur 2 roues et sur 4 roues. En prototypes, il est 3e à Sebring et au Mans et 2e à Reims, toujours sur Ferrari et avec Lorenzo Bandini. Les deux pilotes s'entendent très bien et s'estiment beaucoup. Mais en coulisses, la cohabitation chez Ferrari entre Surtees et Dragoni est de plus en plus tendue. En 1965, Surtees passe de la Ferrari 158 à la 1512, qu'il apprécie moins, et qui le lâchera plusieurs fois. Il ne marque que 17 points au Championnat du Monde (5e). En prototypes, 2e aux 1000 Km de Monza, il remporte à nouveau les 1000 Km du Nürburgring (avec Scarfiotti sur Ferrari 330 P 2). Mais son association avec Eric Broadley, le patron de Lola, pour qui il développe la T 70 à moteur Chevrolet (victoires à Mosport, Brands Hatch et Sainte-Jovite), complique sa situation chez Ferrari et envenime ses relations avec Dragoni. En septembre, à Mosport au Canada, sur Lola, il est victime d'un grave accident. Remis de ses blessures, sorti de convalescence au début 1966, il est maintenu chez Ferrari et signe aux 1000 Km de Monza (sur 330 P3 avec Parkes) et au GP de Belgique (sur 312 F 1) deux victoires éclatantes, les deux fois sous une pluie battante. Les rapports avec Dragoni vont de mal en pis et Surtees, lui-même homme de fort tempérament, quitte Ferrari à la veille des 24 Heures du Mans. Il continue sa saison en F 1 sur Cooper-Maserati, remportant deux podiums et une victoire (Mexique) avec cette voiture que l'on dit trop lourde et dépassée. Malgré un changement d'écurie en cours de saison, il est vice-Champion du Monde, derrière Jack Brabham (42). En sport, sur Lola-Chevrolet, il remporte le premier challenge CANAM.

Pour 1967, en F 1 il rejoint Honda, dont il aide à développer la RA 273, V 12, et met au point, «en perruque» avec Lola, la RA 300 (parfois surnommée «Hondola»), avec laquelle il gagne un incroyable GP d'Italie. 4e du Championnat du Monde (20 points, ex-aequo avec Chris Amon), Surtees va poursuivre en 1968 avec Honda, sur la RA 301 (2e en France, 3e aux Etats-Unis). Malheureusement, Honda se retire de la compétition à la fin 1968. Surtees signe chez BRM alors que l'écurie de Bourne n'est plus que l'ombre d'elle-même, réalisant une bien médiocre saison sur la P 138, tandis qu'en CANAM, il pilote pour Chaparral, là encore avec bien des déboires sur la délicate 2 H. En 1970, «Big John» court sur McLaren en F 1 et est rappelé par Ferrari pour quelques courses d'endurance sur 512 S (3e à Monza et au Nürburgring, 4e à Spa). En 1971, imitant l'exemple de ses camarades Brabham, Gurney (Eagle) et McLaren, il devient constructeur. Les Surtees-Cosworth TS 7 et TS 9 vont courir les Championnats du Monde avec des fortunes diverses, et en Formule 2 les TS 10 à moteur Hart vaudront à «Big John» ses deux ultimes victoires de pilote, au Japon et à Imola, en 1972. En Formule 5000, c'est son ami l'ex-motard Mike Hailwood qui assurera le renom de la marque.

Surtees reste aujourd'hui un pilote apprécié des courses historiques, tant à moto (il possède une exceptionnelle collection de machines de course) qu'en auto. Quoique l'homme (qui s'est brouillé avec presque tous ses employeurs, puis avec la plupart de ses pilotes!) soit controversé, apparaissant tantôt incompris, tantôt trop obstiné, le champion reste immense.

<
Ferrari 156 «Aero»

<
Ferrari 158 «Aero»

AMBIANCES

S'il est vrai qu'une photo vaut mieux qu'un long discours, des dizaines de photos valent mieux que tous les textes réunis dans ce livre... Place donc à quelques clichés qui n'offrent qu'un petit aperçu de la richesse de cette saison 2004.

Marlboro

7

9

MICHELIN

Belles de paddock

Que serait la Formule 1 sans une touche féminine dans les paddocks? Groupies, gridgirls, journalistes, top modèles ou attachées de presse: les plus jolies filles de la planète peuvent être croisées sur les circuits. Sans compter que la plus belle d'entre elles ne figure peut-être pas sur ces pages...

Boulons et rondelles

La Formule 1 version 2004 semble bien loin des monoplaces des années '50 ou '60. Il est vrai que le nombre d'ingénieurs en électronique dépasse largement le nombre de mécaniciens traditionnels dans les équipes d'aujourd'hui. Pourtant, sous les capots en kevlar, derrière les boîtiers de télémétrie, on trouve encore des restes du bon vieux temps, comme des boulons, des vis ou des rondelles. Avec de vrais mécanos pour les serrer ou pour les démonter.

SIEMENS

BENSON & HEDGES
BENSON&HEDGES
BENSON&HEDGES
MONACO
Grand Prix
motorpark
B&H
B&H
CARREFOUR
wilux
Trust

Le jaune, couleur de l'espoir?

La saison 2004 de l'écurie Jordan s'est révélée conforme aux attentes de l'écurie: modeste. La petite formation de Silverstone s'est battu avec son courage habituel pour tenter de grapiller les places d'honneur. Au bilan: cinq points qui permettent à l'équipe de sauver l'honneur. Mais que faire contre les budgets colossaux dont disposent ses adversaires?

Regards croisés

Casqués, sanglés, prêts à en découdre, les pilotes de F1 se concentrent souvent avec de passer à l'action. Saurez-vous les reconnaître derrière leurs cagoules?

(dans l'ordre, de haut en bas et de gauche à droite: Takuma Sato, Jarno Trulli, Giancarlo Fisichella, Marc Gené, Michael Schumacher, Kimi Räikkönen, Nick Heidfeld, Juan Pablo Montoya et Felipe Massa).

LES 18 GRANDS PRIX

Australie, Brésil, Japon, Bahrein ou Chine: cet interminable championnat 2004 a été particulièrement riche en action, chaque course fleurant bon sa propre ambiance. La saison terminée, cette revue des Grands Prix évoque toujours de bons et de moins bons souvenirs...

Panasonic
HONDA
Marlboro
vodafone
FedEx

7 MARS 2004
GRAND PRIX D'AUSTRALIE
MELBOURNE

ENCORE LUI !

Mais qui pourra battre Michael Schumacher? Au terme de ce premier Grand Prix de la saison, la question était de toutes les conversations dans le paddock de Melbourne.
Largement installé en pole-position au cours des essais, en tête au départ puis de bout en bout malgré trois ravitaillements, Michael Schumacher a littéralement écrasé le Grand Prix d'Australie.
Deuxième aux essais et deuxième à l'arrivée de la course, Rubens Barrichello assure le doublé à la Scuderia. Troisième, Fernando Alonso démontre qu'il faudra bien compter avec les Renault cette saison.

>
Flou sur Juan Pablo Montoya. Le Colombien s'était en quelque sorte tiré dans le pied en annonçant son transfert chez McLaren pour 2005 avant même que la saison 2004 ne débute. Rien de tel pour démotiver son écurie... Aux essais, il s'est tout de même qualifié troisième, loin devant son coéquipier Ralf Schumacher.

Et une première pole pour Michael Schumacher, une!

Vendredi matin. Michael Schumacher sort des stands sur sa nouvelle Ferrari F2004. Après un petit tour de reconnaissance, en 1:52, il enchaîne immédiatement avec un chrono canon, 1:25.127, et rentre aux stands. Un petit tour rapide qui a suffi à écoeurer ses adversaires, plus personne ne réussissant à approcher ce temps de toute la séance d'essais.

A midi, c'était la soupe à la grimace. Chez Michelin, Pierre Dupasquier, le patron de la compétition, ne savait que penser. « *Enfin, c'est incroyable. Il n'y a pas que des mauvais ingénieurs chez Williams et chez McLaren*», tonnait-il. «*Les lois de la physique sont les mêmes pour tout le monde, je ne crомprends pas comment Ferrari peut se forger un tel avantage.* »

Chez Bridgestone, le manufacturier équipant la Scuderia, c'était au contraire la satisfaction. Après les contre-performances déplorées la saison dernière, il semblait que le travail fourni au cours de l'hiver portait ses fruits. Et les Sauber ? Avec le même moteur et la même boîte de vitesses que les Ferrari, avec les même pneus Bridgestone et un châssis « pompé » sur la voiture de la Scuderia 2003, on pouvait imaginer que Giancarlo Fisichella et Felipe Massa se colleraient dans le sillage des rouges.

Ce ne fut de loin pas le cas. Les Sauber terminèrent la journée à près de deux secondes de Schumi. « *Nous ne nous attendions pas à un pareil écart*, avouait Peter Sauber. *Je ne sais pas comment les Ferrari ont fait, mais elles ont vraiment frappé un grand coup aujourd'hui.* »

Alors, la saison 2004 était-elle déjà promise à Michael Schumacher ? A en croire l'un des ingénieurs en chef de l'écurie Williams, qui s'exprimait vendredi sous le couvert de l'anonymat, c'était bien possible : «*Les Ferrari semblent tellement bien parties que je ne crois pas que nous serons en mesure de les rattraper cette saison*, lâchait-il en fin de journée. *A mon avis, elles vont gagner toutes les courses.* » Il n'était pas loin de la vérité.

Le samedi, pas de surprise. Les deux Ferrari ont même raflé les deux meilleurs chronos.

Séparées de 74 millièmes de seconde seulement, les monoplaces de la Scuderia se sont forgées une bonne demi-seconde d'avance sur le restant du plateau, emmené par Juan Pablo Montoya. Un écart déjà plus "standard" que les deux secondes de la veille. « *La voiture était excellente dès que nous l'avons posée sur la piste vendredi matin, se félicitait Michael Schumacher. Toute l'écurie a fourni un travail extraordinaire.* »

La saison 2004 s'annonce déjà tout en rouge

D'ordinaire, à l'orée d'une nouvelle saison, Michael Schumacher se montre plutôt réservé. Ces dernières années, en débarquant à Melbourne, il avait pour coutume d'aligner les banalités prudentes, rappelant ici qu'il ne savait pas ce que valaient les voitures concurrentes, ou soulignant là combien la saison à venir s'annonçait difficile. Une retenue qui s'est finalement révélée excessive, puisque l'Allemand a remporté ces quatre derniers championnats coup sur coup.

Dans ce contexte du « politiquement correct », Michael Schumacher a surpris son monde, hier, en s'affirmant « très confiant » à propos de la saison à venir. « Je pense que nous serons en forme, a-t-il commenté. J'adore notre nouvelle voiture, je me sens très à l'aise à son volant. Vraiment, je crois que nous allons vivre une bonne saison.»

Voilà des propos qui ne sont pas faits pour rassurer les adversaires du sextuple champion du monde. A l'heure où la nouvelle Williams FW26 semble pourtant bien née, et où la nouvelle McLaren MP4-19 n'a pas encore vraiment dévoilé son potentiel, Michael Schumacher ne semble pas craindre pas ces deux écuries autant que ces dernières saisons. « Je me suis un peu trompé au sujet des McLaren, affirme-t-il même. Au vu des chronos qu'elles ont signé cet hiver, je ne pense pas qu'elles seront très dangereuses, tout au moins en début de saison. Les Williams seront à surveiller, bien sûr, mais je crois que mon rival le plus sérieux, ce sera mon coéquipier Rubens Barrichello. Il a la même voiture que moi. »

Lorsque l'on sait que le Brésilien n'a jamais vraiment réussi à inquiéter l'Allemand, ces propos donnent froid dans le dos des amoureux de Grands Prix très disputés. Car si les prédictions de Michael Schumacher se vérifient, ce week-end, la saison 2004 pourrait bien s'écrire tout en rouge.

>
Michael Schumacher pensif. L'Allemand a signé le meilleur chrono le vendredi, le meilleur le samedi et le meilleur tour en course. Le week-end australien n'aurait pas pu se conclure mieux pour l'Allemand.

Sixième aux essais. Mark Webber démarre fort devant son public

Trop parfait, Mar Webber. Son visage de jeune premier lui vaut la jalousie des hommes, bien sûr, mais même aussi parfois celle des filles, dont certaines ne digèrent pas ses qualités.
Il faut admettre qu'il en fait beaucoup. Toujours content, toujours souriant, n'ayant jamais une critique à formuler, il agace presque son monde. En plus de piloter une Formule 1, il s'occupe aussi du GPDA, l'association des pilotes de Grand Prix, dans le but d'améliorer la sécurité des circuits ou milite encore pour que les spectateurs puissent approcher les pilotes de plus près. En piste, il ne commet que rarement d'erreur. Il est rapide, bon metteur au point, et ne tient jamais de propos déplacés devant les journalistes. Parfait, on vous dit.
Pourtant, il pourrait bien avoir mangé son pain blanc. Après une progression-éclair, il est désormais attendu au tournant de la confirmation. Mark Webber a débuté en F1 au Grand Prix d'Australie 2002. C'était sur une Minardi, et la cinquième place qu'il décrocha ce jour-là fut accueilli comme un véritable triomphe de la part du public local, qui le hissa même sur le podium.
Repéré par les dirigeants de Jaguar, il rejoignit la marque au chat en 2003, pour marquer 17 points et réussir quelques superbes performances en qualification.
Pour 2004, il a rempilé chez les verts. Mais cette fois sans bénéficier de l'état de grâce du débutant. En 2004, Mark Webber était condamné à faire mieux qu'en 2003. Ce qui allait essentiellement dépendre de sa nouvelle voiture, la R5. « *Ce ne sera pas facile,* concédait Mark Webber. *Cette année, j'aimerais bien terminer pour la première fois sur le podium, mais je ne serai pas désespéré si cela ne se produit pas. Nous aurons à nous battre contre des écuries très puissantes – à notre niveau, il s'agit de BAR, Toyota et Sauber.* » En effet, l'Australien ne fera jamais mieux qu'une sixième place en Allemagne.
Aux essais, Mark Webber a bien démarré 2004 en se qualifiant sixième. « *C'est vraiment fantastique,* admettait-il. *La voiture se comporte vraiment bien. Cela dit, nous devons surtout travailler sur nos performances en course, on y est souvent moins bons qu'aux essais.* »
Aujourd'hui, Mark Webber faisait déjà partie des vedettes établies de la F1. Mais la discipline reine ne pardonne rien. Pour ne pas tomber dans l'anonymat, « Monsieur Propre », comme certains l'appelaient, allait rapidement devoir aligner les résultats. « *Passer de Minardi à Jaguar a été une opportunité extraordinaire*, confirmait-il. *Mais je sais que le plus dur se trouve devant moi.* »

^
Kimi Räikkönen ne s'est qualifié qu'en dixième place sur la grille de départ. Les MP4/19 ne se montraient pas à la hauteur des espoirs placés en elles.

<<
Pas moyen d'échapper à la passion de la Formule 1 dans les rues piétonnes de Melbourne. Ceux qui n'appréciaient pas Michael Schumacher en étaient pour leurs frais.

<
Mark Webber n'a pas oublié ses fans à Melbourne. La séance de signature d'autographe a été longue...

La grille de départ

1	M. SCHUMACHER	1:24.408 (226,172 km/h)
2	R. BARRICHELLO	1:24.482
3	J.P. MONTOYA	1:24.998
4	J. BUTTON	1:24.998
5	F. ALONSO	1:25.699
6	M. WEBBER	1:25.805
7	T. SATO	1:25.851
8	R. SCHUMACHER	1:25.925
9	J. TRULLI	1:26.290
10	K. RÄIKKÖNEN	1:26.297
11	F. MASSA	1:27.065
12	D. COULTHARD	1:27.294
13	C. DA MATTA	1:27.823
14	G. FISICHELLA	1:27.845
15	N. HEIDFELD	1:28.178
16	G. PANTANO	1:30.140
17	Z. BAUMGARTNER	1:30.681
18	O. PANIS	-
19	C. KLIEN	-
20	G. BRUNI	-

> Et c'est gagné! Michael Schumacher franchit la ligne d'arrivée en vainqueur facile de ce premier Grand Prix de la saison.

Bousculade à l'arrière

Si les deux Ferrari se sont imposées sans problème, la course a été relativement animée à l'arrière-garde. Au départ, derrière les deux monoplaces rouges et leur envol parfait, Juan Pablo Montoya a manqué son freinage au premier virage. Du coup, c'est la Renault de Fernando Alonso, cinquième sur la grille, qui en ressortit derrière les deux monoplaces rouges.
L'Espagnol resta dès lors tranquillement troisième pour terminer sur le podium. « *J'ai pris un bon départ*, racontait Fernando Alonso, *même si Juan m'a un peu forcé à mettre deux roues dans l'herbe. Ensuite, je n'étais pas assez rapide pour essayer de revenir sur la tête de la course, et je me suis retrouvé un peu seul, au milieu de nulle part ! Je n'ai pas eu de gros problème, et ce podium est nettement mieux que ce que nous espérions ici. On savait que nous avions une bonne voiture, mais nous espérions juste marquer quelques points au cours des trois premiers Grands Prix, avant que des développements-moteur importants ne soient disponibles.* »
Jarno Trulli, sur la deuxième Renault, terminait septième à un tour et marquait donc deux points.
Derrière les trois premiers, on retrouvait les deux Williams de Ralf Schumacher, quatrième, et Juan Pablo Montoya, cinquième, cinq secondes plus loin.
Le Colombien était nettement mieux qualifié que l'Allemand, mais ce dernier a passé le premier au cours des ravitaillements – qui furent au nombre de trois comme pour tous les autres pilotes.
Jenson Button franchit le drapeau à damier à la sixième place sur sa Lucky Strike BAR Honda, après avoir longtemps occupé le quatrième rang. Takuma Sato, son coéquipier, terminait neuvième, tout juste en-dehors des points.
Mark Webber, bien qualifié, dut abandonner sur problème de boîte de vitesse. Pas de chance pour le public australien, venu en nombre l'applaudir.

Ferrari bénéficiait en Australie de chauds supporters sur le podium.
v

Domination intégrale

Dimanche, 13 heures 30. Pascal Vasselon, le responsable du programme «Formule 1» de Michelin, arpente la grille de départ en scrutant le ciel d'un œil inquiet. Il fait 18 degrés sur Melbourne, la température estivale annoncée par la météo n'est pas au rendez-vous. Les pneus français ne disposeront peut-être pas de l'avantage espéré.
Cela aurait-il changé la physionomie de la course ? Sans doute pas, au vu de l'incroyable domination des Ferrari tout au long du Grand Prix.
Départ. Ce n'est pas une course, c'est une leçon de sport automobile! Les Ferrari, à Melbourne, n'ont laissé d'espoir à personne et se sont imposées sans problème au terme de ce premier Grand Prix. « *Je pensais bien que nous serions compétitifs, mais pas à ce point. On peut dire que ce fut une course parfaite, mais aussi une course très dure. Au début, Rubens roulait très vite, et je devais me défoncer pour rester devant. Il n'y a que sur la fin, quand Fernando* (Alonso) *a ralenti que nous avons pu lever le pied. Comme c'était la première course avec le nouveau règlement du moteur unique, nous avons préféré ne prendre aucun risque et épargner le bloc au maximum. J'ai beaucoup ralenti en fin de Grand Prix*», s'étonnait Michael Schumacher lui-même après la course.
Chez Williams, Mario Theissen, le directeur de la compétition de BMW, affichait clairement sa déception : « *Nous ne nous attendions vraiment pas à cela*, reconnaissait-il. *Surtout, nous ne pensions pas que les Ferrari seraient en mesure de se creuser un tel avantage. On va devoir travailler très dur.* »
Sam Michael, le directeur d'exploitation de l'écurie, conclut par une note d'espoir : « *Je me réjouis des deux Grands Prix à venir. Ils vont se dérouler par temps très chaud, en Malaise et à Bahrein. On devrait y être beaucoup mieux.* »
Dans le paddock, au soir de ce Grand Prix d'Australie, beaucoup se demandaient où Michael Schumacher puisait sa motivation. «*Je pilote pour une excellente équipe*, répondait-il. *L'atmosphère est fantastique, j'aime ce sport, j'aime me piloter, c'est ce que je sais faire le mieux. Je vais continuer tant que ce travail me plaît, même si je n'ai plus rien à prouver. Mais il est beaucoup trop tôt pour affirmer que je vais dominer toute la saison de cette façon. Il faudra voir ce qui se passera sur d'autres circuits et dans d'autres conditions météo pour se rendre compte plus précisément de la situation. L'an dernier, nous avons vécu une saison très difficile, alors qu'ici à Melbourne, si la course s'était déroulée dans des conditions normales, nous aurions là aussi signé un doublé. Il est donc prématuré de tirer des conclusions.*»

<
Premier podium de l'année, et premier doublé pour la Scuderia Ferrari.

Juan Pablo perd son sang-froid en public

Juan Pablo Montoya est-il en train de perdre son calme avant même que la saison ne démarre? Le jeudi, lors d'une conférence de presse organisée par Allianz, l'un des sponsors de l'écurie Williams, deux comédiens australiens se sont glissés parmi les journalistes et ont commencé à poser des questions ridicules. L'un d'eux a alors répondu à son téléphone portable pendant qu'il parlait au Colombien, parlant à haute voix en simulant de converser avec sa mère, avant de demander à Juan Pablo Montoya s'il pouvait venir jouer au golf avec sa mère. C'en était trop pour le Colombien, qui s'est levé et a quitté les lieux d'un coup. Pas de chance pour les invités d'Allianz, qui auraient normalement ensuite dû faire des tour de circuits dans une BMW conduite par le pilote Williams. Un Juan Pablo Montoya qui, arrivé au circuit, n'a pas été avare en petites phrases. « *L'écurie Williams, c'est comme certaines fiancées : au bout d'un moment, on en a marre et on a envie d'en changer* », commenta-t-il au sujet de son transfert chez McLaren. Le Colombien essayerait de fâcher son équipe qu'il ne s'y prendrait pas autrement...

Et d'une pour Michael Schumacher. Avec 13 secondes d'avance sur son coéquipier et plus de 30 secondes sur Fernando Alonso, il n'a jamais été vraiment menacé de toute la durée de l'épreuve.
<

«Je vous souhaite bonne chance!». Sur la grille de départ, Pierre Dupasquier est allé saluer Jean Todt. Avec lequel il avait travaillé au temps où le patron de la Scuderia travaillait en rallyes avec Peugeot, et qui, depuis, était devenu un adversaire redoutable à la tête de la Scuderia.
V

SIEMENS
SAP
Mobil
1

A l'attaque

Deux roues sur le vibreur, deux roues dans l'herbe pour David Coulthard. L'Ecossais connaît un début de saison difficile, lui qui s'était imposé sur ce même circuit l'année précédente. Aux essais, il s'est qualifié douzième, avant de se battre en course pour décrocher une modeste huitième place.

Les échos du week-end

Sortie dans la terre pour Juan Pablo Montoya au premier virage. Légèrement optimiste, il a freiné un peu tard et vire dans l'herbe. Il terminera finalement cinquième.

> 0.000 seconde. C'est le temps qui sépare Juan Pablo Montoya et Jenson Button à l'issue des essais qualificatifs. Tous deux ont signé des chronos exactement identiques. Normalement, dans ces conditions, c'est le premier à établir le temps qui se retrouve devant. Cette fois, ce fut l'inverse, en vertu du nouveau règlement qui précise qu'en un tel cas c'est le classement de la première partie de la séance qualificative qui est pris en compte. Montoya ayant été plus rapide que Button lors de cette première séance, c'est donc lui qui partit troisième sur la grille.

> Contrairement aux Ferrari, les Sauber n'ont guère brillé lors des qualifications. En fait, Giancarlo Fisichella aurait sans doute pu entrer dans les dix premiers s'il n'avait pas commis une grosse faute dans le premier secteur. « *J'ai pu rattraper la voiture, mais j'ai été déconcentré et j'ai commis plusieurs petites erreurs par la suite*, commentait Fisico. *Dommage, parce que la voiture avait du potentiel.* »

> La nouvelle formule des qualifications, qui voyait passer chaque voiture deux fois plutôt qu'une – puisque désormais les préqualifications avaient lieu le même jour que les qualifications –, n'a pas convaincu grand monde à Melbourne. Le premier passage semblait presque inutile, puisqu'il ne servait qu'à fixer l'ordre du second, et une séance de près de deux heures s'avérait mortellement longue et ennuyeuse. La rumeur voulait que le règlement soit modifié rapidement pour remédier au problème. Il ne le fut finalement pas de la saison. Seule l'écurie Minardi a réellement souffert à Melbourne: elle n'a eu que deux minutes pour passer des réglages de qualification (à vide d'essence) à ceux de course. Du coup, le règlement a en effet été modifié pour mieux séparer les deux séances d'essais et démarrer les qualifications à heure fixe plutôt qu'immédiatement au terme des préqualifications.

> Le Grand Prix de Bahrein, dont la première édition allait se dérouler le 4 avril prochain, était menacé d'attaque terroriste. Les organisateurs affirmaient que toutes les mesures de sécurité avaient été prises, mais ils ont tenu à souligner leur volonté de calme en devenant sponsor de l'écurie Jordan. Tout au long de la saison, les flancs des voitures jaunes furent ainsi décorés d'un signe de paix changé à chaque Grand Prix.

> En accord avec le nouveau règlement, la journée du vendredi permettait désormais aux écuries n'ayant pas terminé aux quatre premières places du championnat des constructeurs 2003 d'aligner trois voitures. A Melbourne toutes les écuries concernées en ont profité, sauf Minardi, dont le troisième pilote prévu, le Belge Bas Leinders, s'est vu refusé sa super-licence. Et sauf Sauber, qui affirmait ne pas avoir suffisamment de ressources pour aligner trois voitures ! « *Même si nous avions les moyens d'une troisième voiture*, expliquait Peter Sauber, *nous n'alignerions pas Neel Jani (le pilote-essayeur de l'écurie). Cela n'aurait pas de sens. Il nous faudrait plutôt un pilote expérimenté* », a-t-il précisé.

> Une foule record a assisté aux essais de vendredi: 81500 personnes, le chiffre le plus élevé pour un premier jour depuis que le Grand Prix d'Australie s'est déplacé à Melbourne, en 1996. Un engouement pour la Formule 1 qui était donc en nette reprise après quelques années de baisse d'intérêt.

> Bernie Ecclestone, vendredi, a fait une rare apparition dans la salle de presse pour expliquer qu'il a détesté la première journée d'essais. « *Je n'aime pas ce que j'ai vu. Les voitures ont très peu tourné aujourd'hui, ce n'est pas bon pour le public.* »
Les pilotes ont effectivement limité leurs essais en raison de la règle du moteur unique, elle aussi nouvelle, et qui obligeait à conserver le même bloc tout au long d'un week-end. Bernie Ecclestone devait bien savoir qu'il en serait ainsi. Il commençait à militer, en fait pour la suppression des essais du vendredi, qu'il souhaitait voir remplacés par deux Grands Prix supplémentaires, histoire d'allonger le calendrier à vingt épreuves. Un sujet qui revint sur le tapis tout au long de la saison dans les discussion de coulisses à propos de l'avenir de la Formule 1.

La saison commençait sous les meilleurs auspices pour Renault: Fernando Alonso terminait ce Grand Prix d'Australie sur la troisième marche du podium, tandis que Jarno Trulli finissait septième. Premier des non-Ferrari, en 2004, c'était déjà quelque chose...

Magie de l'Australie. Loin de Melbourne et de ses trois millions d'habitants, le centre du pays conserve une attraction irrésistible. Terre rouge, paysages uniques, routes désertes: c'est les antipodes de la Formule 1.

Essais

Toutes les séances d'essais

N°	Pilote	N° Châssis - Moteur	Libres 1 vendredi	Pos.	Libres 2 vendredi	Pos.	Libres 3 samedi	Pos.	Libres 4 samedi	Pos.	Pre-qual. samedi	Pos.	Qualifs samedi	Pos.
1.	Michael Schumacher	Ferrari F2004 234	1:25.127	1	1:24.718	1	1:25.786	1	1:25.093	1	1:25.301	2	1:24.408	1
2.	Rubens Barrichello	Ferrari F2004 236	1:25.361	2	1:24.826	2	1:26.159	2	1:25.649	4	1:25.992	8	1:24.482	2
3.	Juan Pablo Montoya	Williams FW26 05 - BMW	1:27.462	6	1:26.206	7	1:26.195	3	1:25.255	2	1:25.226	1	1:24.998	3
4.	Ralf Schumacher	Williams FW26 03 - BMW	1:27.675	7	1:25.882	6	1:26.390	4	1:25.628	3	1:25.445	3	1:25.925	8
5.	David Coulthard	McLaren MP4-19 03 - Mercedes	1:27.264	4	1:26.215	8	1:26.428	5	1:26.133	10	1:25.652	5	1:27.294	12
6.	Kimi Räikkönen	McLaren MP4-19 04 - Mercedes	1:28.233	12	1:26.579	10	1:26.725	7	1:26.127	9	1:25.592	4	1:26.297	10
7.	Jarno Trulli	Renault R24-03	1:27.025	3	1:25.757	3	1:26.817	9	1:25.927	7	1:27.357	15	1:26.290	9
8.	Fernando Alonso	Renault R24-02	1:27.359	5	1:25.853	5	1:26.610	6	1:25.908	5	1.25.928	7	1:25.699	5
9.	Jenson Button	B.A.R 006-02 - Honda	1:27.867	8	1:25.786	4	1:26.995	10	1:26.403	11	1:25.898	6	1:24.998	4
10.	Takuma Sato	B.A.R 006-01 - Honda	1:28.874	13	1:26.967	12	1:28.438	15	1:27.592	16	1:26.737	11	1:25.851	7
11.	Giancarlo Fisichella	Sauber C23-02 - Petronas	1:29.120	15	1:26.601	11	1:27.744	13	1:27.195	15	1:26.286	10	1:27.845	14
12.	Felipe Massa	Sauber C23-03 - Petronas		24	1:26.969	13	1:28.341	14	1:27.172	14	1:26.833	12	1:27.065	11
14.	Mark Webber	Jaguar R5-03	1:28.089	10	1:26.312	9	1:26.804	8	1:26.066	8	1:26.232	9	1:25.805	6
15.	Christian Klien	Jaguar R5-01	1:30.046	19	1:27.724	17	1:28.572	16	1:27.088	13	1:27.258	14		19
16.	Cristiano da Matta	Toyota TF104/02	1:28.955	14	1:27.710	16	1:27.717	16	1:26.597	12	1:28.274	17	1:27.823	13
17.	Olivier Panis	Toyota TF104/03	1:29.169	16	1:27.807	18	1:27.107	11	1:25.916	6	1:27.253	13		18
18.	Nick Heidfeld	Jordan EJ14/03 - Ford	1:29.826	17	1:27.826	19	1:30.233	18	1:27.755	17	1:27.469	16	1:28.178	15
19.	Giorgio Pantano	Jordan EJ14/02 - Ford	1:30.100	20	1:30.061	23	1:30.057	17	1:28.825	18	1:29.156	18	1:30.140	16
20.	Gianmaria Bruni	Minardi PS04B/02 - Cosworth	1:33.236	23	1:28.991	21	1:31.310	19	1:30.496	19	1:30.912	19		20
21.	Zsolt Baumgartner	Minardi PS04B/01 - Cosworth	1:32.886	22	1:29.708	22	1:32.295	20	1:31.763	20	1:32.606	20	1:30.681	17
35.	Anthony Davidson	B.A.R 006-03 - Honda	1:27.921	9	1:27.516	15								
37.	Björn Wirdheim	Jaguar R5-02	1:30.033	18	1:28.781	20								
38.	Ricardo Zonta	Toyota TF104/04	1:28.118	11	1:27.165	14								
39.	Timo Glock	Jordan EJ14/02 - Ford	1:30.618	21	1:30.291	24								

Vitesses de pointe

N°	Pilote	P1 Qualifs	Pos.	P1 Course	Pos.	P2 Qualifs	Pos.	P2 Course	Pos.	Finish Qualifs	Pos.	Finish Course	Pos.	Radar Qualifs	Pos.	Radar Course	Pos.
1.	M. Schumacher	291,8	2	294,5	2	302,0	1	311,5	3	304,0	2	308,3	3	317,0	3	323,4	3
2.	R. Barrichello	291,8	3	296,3	1	301,0	3	308,6	5	305,2	1	309,0	1	317,9	2	323,9	2
3.	J.P. Montoya	291,9	1	294,4	3	301,5	2	311,9	2	303,5	3	308,3	4	316,2	5	320,1	6
4.	R. Schumacher	286,1	9	293,1	5	299,6	7	310,8	4	303,4	4	307,4	5	316,7	4	321,8	5
5.	D. Coulthard	285,4	10	289,5	9	295,6	12	306,4	9	298,6	9	302,3	9	312,8	9	318,2	12
6.	K. Räikkönen	285,0	11	287,8	11	296,5	11	306,9	7	298,2	10	302,8	8	311,2	10	318,7	11
7.	J. Trulli	283,0	14	287,3	12	294,3	14	304,0	14	294,8	14	300,6	14	309,7	14	311,6	17
8.	F. Alonso	287,3	7	289,6	8	294,2	15	303,2	16	296,7	13	300,5	15	310,7	12	312,3	16
9.	J. Button	289,7	5	293,2	4	299,6	6	305,0	11	300,0	7	301,6	10	306,7	10	319,3	8
10.	T. Sato	290,0	4	285,7	16	299,0	8	306,4	10	299,2	8	301,0	12	314,6	7	318,8	10
11.	G. Fisichella	288,5	6	292,7	6	300,4	4	311,9	1	302,7	5	308,5	2	318,7	1	323,0	4
12.	F. Massa	284,1	12	289,0	10	299,8	5	306,7	8	300,8	6	305,5	6	315,3	6	323,9	1
14.	M. Webber	286,9	8	289,8	7	296,9	9	304,3	13	298,1	11	301,2	11	310,9	11	319,9	7
15.	C. Klien	269,8	18	285,7	14	296,5	10	307,9	6			304,6	7	207,5	18	318,9	9
16.	C. Da Matta	283,1	13	287,2	13	295,4	13	303,8	15	296,7	12	300,0	16	309,8	13	315,4	13
17.	O. Panis			280,5	18			304,5	12			300,8	13			313,1	14
18.	N. Heidfeld	281,6	15	285,7	15	289,3	18	298,5	18	293,9	15	296,4	17	306,9	16	311,5	18
19.	G. Pantano	274,9	17	280,7	17	289,4	17	296,9	20	291,1	17	294,7	20	302,9	17	310,4	20
20.	G. Bruni			277,0	20			302,1	17			295,6	18			311,2	19
21.	Z. Baumgartner	276,0	16	278,4	19	291,8	16	297,7	19	292,6	16	295,6	19	307,7	15	312,4	15

Course

Classement & abandons

Pos.	Pilote	Equipe	Tour	Temps	Moyenne
1.	M. Schumacher	Ferrari	58	1:24:15.757	219,010 km/h
2.	R. Barrichello	Ferrari	58	+ 13.605	218,423 km/h
3.	F. Alonso	Renault	58	+ 34.673	217,519 km/h
4.	R. Schumacher	Williams BMW	58	+ 1:00.423	216,424 km/h
5.	J.P. Montoya	Williams BMW	58	+ 1:08.536	216,081 km/h
6.	J. Button	B.A.R Honda	58	+ 1:10.598	215,994 km/h
7.	J. Trulli	Renault	57	1 tour	215,191 km/h
8.	D. Coulthard	McLaren Mercedes	57	1 tour	215,004 km/h
9.	T. Sato	B.A.R Honda	57	1 tour	213,998 km/h
10.	G. Fisichella	Sauber Petronas	57	1 tour	212,448 km/h
11.	C. Klien	Jaguar	56	2 tours	210,693 km/h
12.	C. Da Matta	Toyota	56	2 tours	210,376 km/h
13.	O. Panis	Toyota	56	2 tours	208,686 km/h
14.	G. Pantano	Jordan Ford	55	3 tours	207,645 km/h

Pilote	Equipe		Motif d'abandon
F. Massa	Sauber Petronas	45	Problème moteur
N. Heidfeld	Jordan Ford	44	Problème d'embrayage, boîte bloquée en 1ère
G. Bruni	Minardi Cosworth	44	15 tours 160,473 km/h Non classé
M. Webber	Jaguar	30	Perte des 6e et 7e rapports de boîte
Z. Baumgartner	Minardi Cosworth	14	Gestion électronique du moteur
K. Räikkönen	McLaren Mercedes	10	Casse moteur dû à une perte de pression d'eau

Meilleurs tours

	Pilote	Temps	Tour	Moyenne
1.	M. Schumacher	1:24.125	29	226,933 km/h
2.	R. Barrichello	1:24.179	8	226,788 km/h
3.	F. Alonso	1:25.088	10	224,365 km/h
4.	J.P. Montoya	1:25.286	42	223,844 km/h
5.	R. Schumacher	1:25.824	11	222,441 km/h
6.	M. Webber	1:25.952	15	222,110 km/h
7.	J. Button	1:25.982	24	222,032 km/h
8.	T. Sato	1:26.077	43	221,787 km/h
9.	J. Trulli	1:26.275	9	221,278 km/h
10.	G. Fisichella	1:26.282	39	221,260 km/h
11.	D. Coulthard	1:26.328	13	221,142 km/h
12.	F. Massa	1:26.846	11	219,823 km/h
13.	N. Heidfeld	1:27.503	27	218,173 km/h
14.	O. Panis	1:27.807	35	217,417 km/h
15.	C. Da Matta	1:27.820	41	217,385 km/h
16.	C. Klien	1:27.840	6	217,336 km/h
17.	K. Räikkönen	1:27.936	7	217,098 km/h
18.	G. Pantano	1:28.523	15	215,659 km/h
19.	G. Bruni	1:30.161	10	211,741 km/h
20.	Z. Baumgartner	1:30.621	8	210,666 km/h

Passages aux stands

	Pilote	Temps	Tour	Arrêt n°
1.	G. Fisichella	22.147	8	1
2.	J.P. Montoya	23.044	10	1
3.	R. Barrichello	21.737	11	1
4.	F. Alonso	20.294	11	1
5.	J. Button	21.787	11	1
6.	G. Bruni	23.909	11	1
7.	M. Schumacher	22.930	12	1
8.	Z. Baumgartner	1:09.349	11	1
9.	J. Trulli	22.598	12	1
10.	R. Schumacher	20.509	12	1
11.	T. Sato	21.746	12	1
12.	C. Da Matta	34.030	12	1
13.	M. Webber	23.993	13	1
14.	D. Couthard	24.708	14	1
15.	F. Massa	24.060	14	1
16.	N. Heidfeld	21.737	14	1
17.	O. Panis	23.099	14	1
18.	C. Klien	28.144	16	1
19.	G. Pantano	23.213	18	1
20.	F. Alonso	21.994	24	2
21.	C. Da Matta	21.459	24	2
22.	J. Button	23.459	26	2
23.	J.P. Montoya	22.595	26	2
24.	G. Bruni	25.646	25	2
25.	M. Webber	21.548	27	2
26.	T. Sato	26.120	27	2
27.	R. Schumacher	22.061	28	2
28.	J. Trulli	22.799	28	2
29.	R. Barrichello	20.889	29	2
30.	N. Heidfeld	21.477	28	2
31.	G. Fisichella	22.079	28	2
32.	M. Schumacher	20.919	30	2
33.	D. Coulthard	23.562	36	2
34.	F. Massa	24.053	36	2
35.	G. Bruni	17:36.035	35	3
36.	C. Klien	26.732	37	2
37.	G. Pantano	24.199	37	2
38.	O. Panis	22.972	37	2
39.	F. Alonso	22.194	40	3
40.	J. Trulli	20.426	41	3
41.	J. Button	22.224	42	3
42.	C. Da Matta	21.959	42	3
43.	R. Barrichello	20.958	44	3
44.	J.P. Montoya	24.331	44	3
45.	M. Schumacher	21.321	45	3
46.	N. Heidfeld	1:19.542	43	3
47.	G. Fisichella	21.342	44	3
48.	R. Schumacher	21.729	45	3
49.	T. Sato	21.338	45	3

Tête de la course

Pilote	Tours en tête	Nbre de Tours
M. Schumacher	1 > 58	58

Pilote	Nbre de Tours	Kilomètres
M. Schumacher	58	307,574 km

Tour par tour

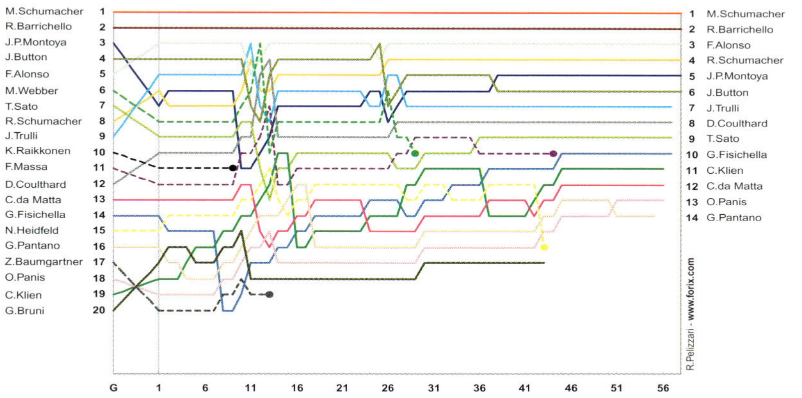

Ecarts en tête de course

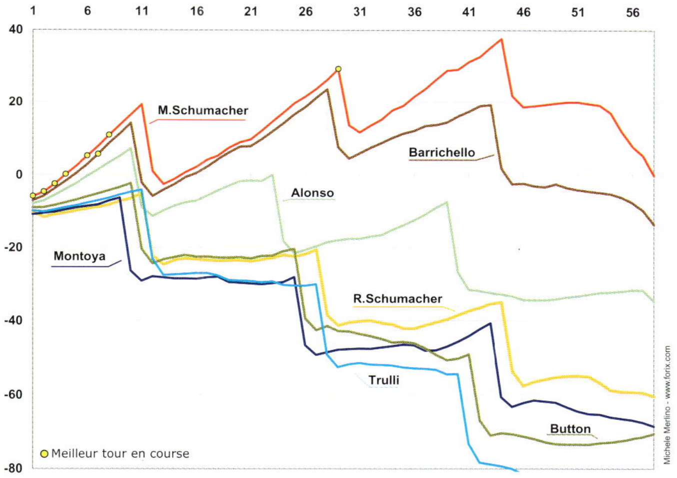

Le tableau des "Ecarts en tête" reprend les mêmes informations que le tour par tour, mais uniquement pour quelques pilotes choisis (pour des raisons de clarté), et en ajoutant les écarts entre ces pilotes. L'horizontale marquée "0" représente la vitesse moyenne du vainqueur. Celui-ci, en général,démarre la course plus lentement que sa future vitesse moyenne en raison de la charge en essence de sa monoplace. Par la suite, il remonte au-dessus de cette moyenne avant de retomber au-dessous au cours de ses ravitaillements. Ce graphique permet donc de mesurer à tout instant le nombre de secondes (verticalement) séparant ces pilotes à chaque tour (horizontalement).

Championnats après une manche

Conducteurs

1. M. Schumacher ....(1 victoire)............10
2. R. Barrichello..8
3. F. Alonso..6
4. R. Schumacher 5
5. J.P. Montoya 4
6. J. Button..3
7. J. Trulli 2
8. D. Coulthard 1
9. T. Sato...0
10. G. Fisichella..0
11. C. Klien 0
12. C. Da Matta...0
13. O. Panis..0
14. G. Pantano..0

F. Massa ....-
N. Heidffeld ....-
G. Bruni ....-
M. Webber ....-
Z. Baumgartner.......................................-
K. Räikkönen ....-

Constructeurs

1. Scuderia Ferrari Marlboro......(1 victoire) ...18
2. BMW WilliamsF1 Team 9
3. Mild Seven Renault F1 Team.......................8
4. Lucky Strike B.A.R Honda 3
5. West McLaren Mercedes.............................1
6. Sauber Petronas 0
7. Jaguar Racing...0
8. Panasonic Toyota Racing 0
9. Jordan Ford...0

Minardi Cosworth ....-

Le circuit

Nom	Albert Park, Melbourne
Longueur	5303 mètres
Distance	58 tours, soit 307,574 km
Date	7 mars 2004
Conditions climatiques	nuageux, 19-18°c
Température de la piste	24-23°c

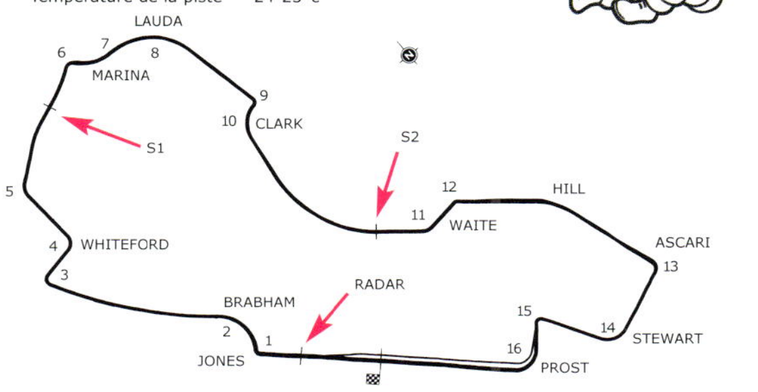

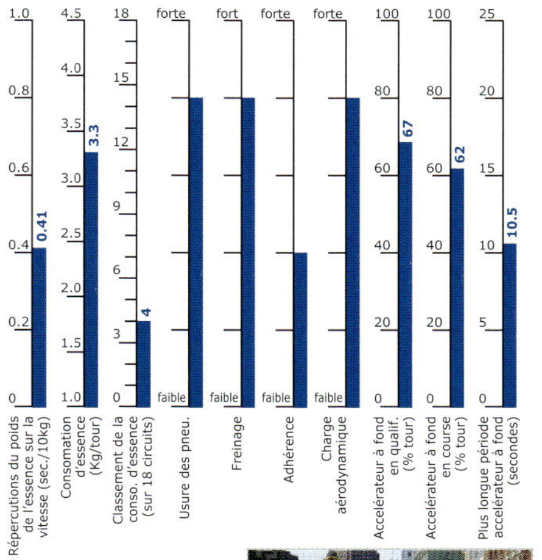

MICHELIN

21 MARS 2004
GRAND PRIX DE MALAISIE
SEPANG

LA VICTOIRE DE LA VÉRITÉ

Cette deuxième victoire en deux courses, dans des conditions opposées à celles de Melbourne, semblait indiquer que la Ferrari F2004 était en forme sur tous les types de circuits.
Dans ces conditions, Michael Schumacher se posait déjà comme le grand favori à sa propre succession au titre de champion du monde.
De son côté, Jenson Button a enfin signé son premier podium en Formule 1, après 68 Grands Prix. Une forte émotion pour le pilote BAR. « *Ce n'est pas le sommet de ma carrière, mais c'est un excellent début pour la saison*, se réjouissait le Britannique. *Au départ, nous nous sommes touchés avec Jarno Trulli, et j'ai eu peur que ma voiture ait subi des dégâts. Mais finalement, tout a bien fonctionné.* »

La saison se jouera ce week-end

\> Michael Schumacher débarque dans le paddock de Kuala Lumpur en tenue légère. Comme tout le petit monde de la Formule 1, l'Allemand venait de passer une semaine de vacances tranquille depuis le Grand Prix d'Australie.

Au cours de l'hiver, au moment de présenter leur nouvelle voiture, les écuries faisaient généralement preuve d'optimisme. Chez Williams, l'écurie affichait la confiance des gagnants. La saison 2003, après tout, avait failli lui apporter le titre mondial des constructeurs, décroché par Ferrari lors du tout dernier Grand Prix de la saison.
Chez McLaren, même ambiance. 2003 s'était conclu par l'échec de Kimi Räikkönen face à Michael Schumacher lors de la dernière course, à Suzuka. L'écurie argent en déduisait qu'avec la nouvelle MP4-19, Kimi Räikkönen pourrait faire la différence.
Tant chez Williams que chez McLaren,la saison 2004 s'annonçait en rose. Pourtant, après une épreuve seulement, le rose virait déjà au rouge. Les Ferrari avaient humilié leurs adversaires à Melbourne.
Seul note d'espoir : le temps frais qui régnait en Australie. Le restant de la saison se jouant essentiellement par de fortes températures, il était possible que les pneus Bridgestone, mal à l'aise par temps chaud, ne permettent plus aux Ferrari de prendre le dessus.
C'était sur ce point, apparemment de détail, que tout risquait de se jouer. Du moins était-ce l'opinion répandue dans le paddock de Kuala Lumpur. Le manufacturier japonais avait travaillé sur les hautes chaleurs, mais cela allait-il s'avérer suffisant ? De cette question dépendait l'intérêt de la suite de la saison. Et de ce point de vue, Sepang, le circuit le plus chaud du championnat, constituait un excellent baromètre.
Le samedi, première déception. Au cours des qualifications, les Ferrari se sont très bien comportées alors que la température de la piste accusait un solide 50 degrés. Michael Schumacher a signé la pole position alors que Rubens Barrichello s'est qualifié en troisième place. Les deux pilotes eux-mêmes en étaient tout surpris.
«On ne se voyait pas aussi distancés derrière les Ferrari, et surtout pas derrière les Renault, regrettait Ralf Schumacher. *On est loin d'où on voulait se trouver, mais j'espère que l'écurie retournera la situation».*
Du côté des écuries chaussées en Michelin, c'était Mark Webber, sur la Jaguar, qui était le mieux placé, en première ligne. Les Williams et les McLaren étaient situées derrière. Pas un très bon signe. Seule la longévité des pneus français pouvait désormais faire la différence. A Kuala Lumpur, si les Ferrari réussissaient à nouveau à s'imposer, c'est que Bridgestone avait réussi à combler son handicap par temps chaud. Et c'était dire aussi que la saison pouvait être encore dominée par les rouges.

Quelle chaleur. Assister à des journées d'essais dans ces conditions de fournaise demandait beaucoup de courage. En Malaisie, les résidants sont habitués au chaud, et ils se sont débrouillés tant bien que mal pour se protéger du soleil. >

Les Minardi se sont qualifiées en 16e et 17e place à Sepang. Pas terrible, mais pourtant leurs meilleures places de la saison sur la grille de départ... v

En bref

\> Après un Grand Prix à peine, il semblait un peu tôt pour s'occuper des transferts. A Sepang, pourtant, l'avenir de Ralf Schumacher était de toutes les conversations – certains affirmaient même que le petit frère du champion du monde risquait de quitter l'écurie Williams dès le dimanche soir ! Il pourrait ainsi se retrouver chez Toyota en 2005, comme l'a confirmé l'un des membres de l'écurie japonaise. *«J'ai parlé avec Frank Williams. J'aimerais rester dans son équipe la saison prochaine, mais pour l'instant je ne peux rien dire»*, commentait simplement le pilote allemand.

\> Les deux pilotes Renault étant en vacances aux Maldives entre le Grand Prix d'Australie et celui de Malaisie, et c'est au téléphone avec ses parents que Fernando Alonso a appris les attenats terroristes de Madrid. *«Nous vivons vraiment une époque difficile, qui n'épargne pas les gens simples, comme vous et moi, a commenté le pilote espagnol. Je suis consterné par ce qui est arrivé et je présente toutes mes condoléances aux familles des victimes. »*

\> Après le demi-fiasco du Grand Prix d'Australie, où le nouveau format des qualifications a été unanimement critiqué, Bernie Ecclestone a demandé à ce que ces essais se déroulent en deux temps distincts, la première séance à 13 h 00 et la deuxième à 14 h 00. Afin de permettre aux chaînes télévisées de ne retransmettre que la deuxième moitié de la séance.

Inversion de grille

Fernando Alonso avait signé le meilleur chrono de la séance de préqualification, et tout le monde l'attendait en première ligne. Malheureusement, le jeune Espagnol ne s'est retrouvé que 19e sur la grille de départ après n'avoir pas réussi à boucler son tour qualificatif. « *C'est de ma faute*, avouait le jeune Espagnol. *La voiture a glissé de l'arrière au virage 14. Mais je reste confiant. Même en partant dernier, je sais que je peux me battre pour les points.* »
Autre singularité: la position de Mark Webber, deuxième sur la grille de départ. L'intéressé lui-même ne s'y attendait pas. « *Franchement, nous sommes vraiment très surpris de nous retrouver là* », admet l'Australien. « *Hier, la voiture fonctionnait déjà bien. Du coup, nous n'avons touché à rien, nous avons juste attendu que les qualifications arrivent.* »

\> Mark Webber en première ligne de la grille de départ. Une bonne surprise. Qu'il en profite: c'est la première et la dernière fois de la saison!

La grille de départ

1	M. SCHUMACHER	1:33.074 (214,397 km/h)
2	M. WEBBER	1:33.715
3	R. BARRICHELLO	1:33.756
4	J.P. MONTOYA	1:34.054
5	K. RÄIKKÖNEN	1:34.164
6	J. BUTTON	1:34.221
7	R. SCHUMACHER	1:34.235
8	J. TRULLI	1:34.413
9	D. COULTHARD	1:34.602
10	C. DA MATTA	1:34.917
11	F. MASSA	1:35.039
12	G. FISICHELLA	1:35.061
13	C. KLIEN	1:35.158
14	O. PANIS	1:35.617
15	N. HEIDFELD	1:36.569
16	G. BRUNI	1:38.577
17	Z. BAUMGARTNER	1:39.272
18	G. PANTANO*	1:39.902
19	F. ALONSO	-
20	T. SATO	-

*G. PANTANO prend le départ depuis l'allée des stands.

Quatre gouttes, trois arrêts et une victoire

Michael Schumacher n'avait alors remporté qu'une seule course, et il n'était pas encore évident qu'il allait finalement en rafler 13 sur 18. Les espoirs de voir une course disputée étaient encore bien réels.
Au départ, malheureusement, les espoirs portés sur la Jaguar de Mark Webber, qualifiée en première ligne, se sont rapidement évanouis. A l'extinction des feux rouges, l'Australien manque totalement son envol. Du coup, les deux Ferrari prennent le large, Michael Schumacher devançant Rubens Barrichello.
Ce dernier, toutefois, est victime de l'averse qui mouille légèrement certaines portions du circuit en début de course. Il manque un freinage, ce qui permet à Juan Pablo Montoya et Kimi Räikkönen de le doubler.
En tête, s'engage alors une course-poursuite entre la Ferrari de Michael Schumacher et la Williams de Juan Pablo Montoya. Au fil des ravitaillements, l'écart entre les deux pilotes descend même jusqu'à 3.3 secondes. «*Lors de la dernière phase de la course, je pense que j'aurais pu aller chercher Michael*, racontait même le Colombien. *Mais j'ai été gêné par Rubens Barrichello, et j'ai finalement préféré assurer et empocher huit points. C'était ce que je pouvais faire de mieux pour mon équipe et pour moi. Je dois dire que ma voiture fonctionnait très bien ici, nettement mieux qu'en Australie.* » Juan Pablo Montoya a d'ailleurs été l'auteur du meilleur tour absolu en course, un chrono de 1:34.223 signé au 28e tour.
Ralf Schumacher, sur la deuxième Williams, a été, lui, contraint à l'abandon au 28e tour suite à l'explosion de son moteur – survenue alors qu'il roulait en quatrième position. Troisième, Jenson Button monte sur le podium pour la première fois de sa carrière sur sa BAR Honda. «*Ce n'est pas le sommet de ma carrière, mais c'est un excellent début pour la saison*, se réjouit le Britannique. *Au départ, nous nous sommes touchés avec la voiture de Jarno Trulli, ce qui m'a causé quelques soucis. Mais finalement, tout a bien fonctionné.* »
Takuma Sato, son coéquipier, a connu une course mouvementée, marquée par une sortie de route et une explosion de moteur au 53e tour - la première d'une longue série. Le Japonais a tout de même été classé, en 15e position, ayant couvert la distance requise pour figurer au palmarès.
Ce Grand Prix réputé difficile en raison de la forte chaleur ambiante (piste à 45 degrés et air à 35 degrés) se caractérisait cette année par son faible nombre d'abandons : 16 pilotes étaient classés sur 20 partants.

<
«Prends ça!» Michael Schumacher fait profiter Jenson Button des joies de son premier podium.

<
Un premier podium, ça se fête! Toute l'écurie BAR est allé sous le podium célébrer Jenson Button, monté sur les marches pour la première fois de sa carrière. Ce ne sera pas la dernière en cette saison 2004, puisqu'il terminera encore sur le podium à neuf reprises.

Michael aux anges

On s'en doute, Michael Schumacher était aux anges après cette nouvelle victoire. Remportée dans des conditions totalement différentes de celles qui prévalaient en Australie, ce deuxième succès de la saison permettait à l'Allemand d'envisager sereinement la suite des opérations. «*Après la façon dont se sont déroulés les essais, j'espérais bien cette victoire*, commentait-il. *Mais c'est magnifique. Le début de course a été difficile, avec la pluie qui tombait en deux endroits du circuit. Comme j'étais devant, je devais me montrer particulièrement prudent. Mais ensuite, la voiture a été rapide quand il le fallait – c'est-à-dire juste avant et juste après avoir changé de pneus.*»
Une victoire d'autant plus surprenante qu'à priori le circuit ne convenait pas bien aux monoplaces rouges. «*Si*, contre-attaque le vainqueur du jour. *Nous n'avons plus connu cette année les difficultés qui étaient les nôtres sur ce circuit. Bridgestone a fourni un excellent travail, ils sont parvenus à résoudre leurs problèmes par temps chaud. Et si nous sommes bien placés ici, nous devrions aussi l'être sur les autres circuits de la saison où la température est très élevée. Je préfère avoir deux victoires en poche après deux courses que zéro comme l'an dernier. Cela dit, il reste encore 16 Grands Prix à jouer, et l'on sait nos adversaires capables de réagir très rapidement. Franchement, je pense que ce sera une année difficile, avec notamment une course à Barhein, dans deux semaines, où personne ne sait ce qui nous attend et quelles voitures y seront bien placées.*»

<
A chacun sa méthode pour lutter contre le chaud. Sur la grille de départ, Rubens Barrichello s'humecte une dernière fois avant de grimper dans le cockpit surchauffé de sa Ferrari.

Marlboro

Le plein s'il vous plaît

Michael Schumacher à la pompe. A Kuala Lumpur, l'Allemand s'est arrêté trois fois à son stand avant de remporter sa deuxième victoire en deux courses. Le meilleur était encore à venir.

>
Juan Pablo Montoya avec Juan Montoya père et son épouse Connie, qui avaient tous fait le déplacement de la Malaisie. En course, le Colombien a été le pilote le plus menaçant pour Michael Schumacher, terminant deuxième et signant au passage le meilleur tour en course.

Désastre pour les verts

La course de Mark Webber, qualifié en première ligne, a viré au cauchemar avant de finir dans l'herbe au 24e tour. « *C'est une journée très décevante*, regrettait-il, effondré. *J'ai pris un mauvais départ, j'ai perdu sept places. Ensuite, j'ai doublé Ralf Schumacher. Il m'a alors heurté par derrière, ce qui a causé une crevaison. J'ai dû m'arrêter, et j'ai reçu une pénalité pour excès de vitesse dans les stands. Après ça, je suis sorti de route plusieurs fois, et finalement je suis parti en tête-à-queue dans un freinage.* » Mais à part ça, Madame la Marquise...

Exploit de Fernando

Fernando Alonso a été l'auteur d'une magnifique remontée. Parti avant-dernier, le jeune Espagnol pointait déjà... dixième à l'issue d'un premier tour d'anthologie ! Il buta ensuite sur David Coulthard et termina septième, derrière son adversaire d'une course. « *Je suis content d'avoir marqué deux points après les incidents d'hier*, conclut-il. *Cependant, notre stratégie n'a pas vraiment payé, et je pense que j'aurais pu terminer mieux placé encore.* »

>
Qualifié cinquième, Kimi Räikkönen dut abandonner en course sur problème de transmission. Le vice-champion du monde 2003 déplorait ainsi son deuxième abandon en deux courses.

Pas de repos en vue pour les ingénieurs de l'écurie Williams

C'était le Grand Prix de la vérité. Avant la course, de l'avis de nombreux ingénieurs et de l'aveu de Michael Schumacher lui-même, le résultat du Grand Prix de Malaisie devait nous éclairer sur la physionomie du championnat 2004 : une nouvelle victoire du duo Ferrari-Bridgestone sur le circuit de Sepang et l'on pouvait déjà clore les paris. Un échec des rouges, et tout restait possible.
Finalement, Michael Schumacher a remporté sa deuxième victoire en deux courses. La première le fut sur circuit en ville et par temps frais, la seconde sur piste rapide et par température de fournaise. « *Ils ont une machine qui semble s'adapter à toutes les conditions* », soupirait avec réalisme Frank Dernie, l'un des concepteurs de la Williams FW26. «*Nous ne pourrons rien contre eux cette année.* »
Des propos que ne confirmait toutefois pas Jean Todt, le patron de la Scuderia : « *Nous avons démontré aujourd'hui que les Ferrari sont compétitives même dans une configuration diamétralement opposée à celle de Melbourne*, commentait le Français. *Mais nous ne devons rien laisser au hasard. Le championnat sera très serré.* »
Serré ? Après deux manches, Michael Schumacher comptait déjà huit points d'avance sur Juan Pablo Montoya, son plus dangereux rival.
A Kuala Lumpur, après son premier ravitaillement, le pilote Williams est bien parvenu à se rapprocher à près de trois secondes de la Ferrari de tête. Mais cette dernière l'a alors distancé sans problème. Dans ces conditions, comment le Colombien pourrait-il la menacer ? « *C'est un peu tôt pour parler du championnat*, tempérait Juan Pablo Montoya. *Notre voiture doit pouvoir être devant, tout le temps et partout. C'est le cas de la Ferrari. On n'en est pas loin, mais on doit travailler dur pour la battre.* »
En course, le Colombien a été gêné par Rubens Barrichello, mais aussi par Felipe Massa - alors qu'il prenait un tour au Brésilien. « *C'est une honte,le comportement de cette Ferrari bleue !* », se plaignait-il après l'arrivée. La « Ferrari bleue » était une allusion au fait que l'écurie suisse reçoit une aide considérable de la part de la Scuderia italienne – moteurs, boîte de vitesses, boîtiers électroniques et autres.
La saison était mal partie. L'aérodynamique de la Williams FW26 n'était pas encore en cause, ce n'est que beaucoup plus tard dans la saison qu'elle fut revue avant de conduire au licenciement de sa conceptrice, Antonia Terzi.
Cette dernière, tout comme les autres ingénieurs de Williams, n'était pas prêts d'aller se coucher de bonne heure dans les semaines qui ont suivi ce Grand Prix de Malaisie. Il y avait beaucoup de pain sur la planche.

Olivier Panis termine modeste douzième à Sepang. Le Français s'est arrêté à son stand à cinq reprises, ce qui n'a rien arrangé. Mais après sa 13e place de Melbourne, la saison commençait bien mal pour l'équipe japonaise.
v

Essais

Toutes les séances d'essais

N°	Pilote	N° Châssis - Moteur	Libres 1 vendredi	Pos.	Libres 2 vendredi	Pos.	Libres 3 samedi	Pos.	Libres 4 samedi	Pos.	Pre-qual. samedi	Pos.	Qualifs samedi	Pos.
1.	Michael Schumacher	Ferrari F2004 234	1:34.437	1	1:35.094	4	1:33.391	1	1:33.526	1	1:33.865	4	1:33.074	1
2.	Rubens Barrichello	Ferrari F2004 236	1:35.380	2	1:35.373	10	1:34.362	4	1:34.061	5	1:34.132	6	1:33.756	3
3.	Juan Pablo Montoya	Williams FW26 05 - BMW	1:36.606	8	1:35.100	5	1:34.547	7	1:33.563	2	1:34.941	11	1:34.054	4
4.	Ralf Schumacher	Williams FW26 03 - BMW	1:36.229	5	1:34.693	2	1:34.239	3	1:33.973	3	1:34.777	9	1:34.235	7
5.	David Coulthard	McLaren MP4-19 03 - Mercedes	1:37.438	11	1:35.301	9	1:34.415	5	1:34.181	8	1:34.321	7	1:34.602	9
6.	Kimi Räikkönen	McLaren MP4-19 04 - Mercedes	1:36.314	6	1:34.395	1		20	1:34.163	7	1:33.452	3	1:34.164	5
7.	Jarno Trulli	Renault R24-03	1:37.816	13	1:35.115	6	1:34.482	6	1:34.041	4	1:33.264	2	1:34.413	8
8.	Fernando Alonso	Renault R24-02	1:37.119	10	1:35.300	8	1:34.175	2	1:34.194	9	1.33.193	1		19
9.	Jenson Button	B.A.R 006-03 - Honda	1:37.018	9	1:35.407	11	1:34.839	9	1:34.128	6	1:34.528	8	1:34.221	6
10.	Takuma Sato	B.A.R 006-01 - Honda	1:38.023	15	1:36.292	15	1:35.697	12	1:35.144	15	1:34.971	12		20
11.	Giancarlo Fisichella	Sauber C23-02 - Petronas	1:37.995	14	1:36.353	16	1:35.516	10	1:35.036	14	1:34.877	10	1:35.061	12
12.	Felipe Massa	Sauber C23-03 - Petronas	1:42.718	24	1:35.288	7	1:35.813	14	1:34.943	12	1:35.132	13	1:35.039	11
14.	Mark Webber	Jaguar R5-03	1:36.478	7	1:35.054	3	1:34.770	8	1:34.381	10	1:34.016	5	1:33.715	2
15.	Christian Klien	Jaguar R5-01	1:38.554	17	1:35.996	14	1:36.106	15	1:34.953	13	1:35.618	15	1:35.158	13
16.	Cristiano da Matta	Toyota TF104/02	1:38.734	18	1:36.907	19	1:35.678	11	1:35.441	16	1:35.684	16	1:34.917	10
17.	Olivier Panis	Toyota TF104/03	1:37.590	12	1:35.524	12	1:35.697	13	1:34.929	11	1:35.247	14	1:35.617	14
18.	Nick Heidfeld	Jordan EJ14/03 - Ford	1:38.831	20	1:37.725	20	1:37.194	16	1:36.607	17	1:36.769	17	1:36.569	15
19.	Giorgio Pantano	Jordan EJ14/02 - Ford	1:39.860	21	1:39.324	24	1:38.302	17	1:38.059	18		20	1:39.902	18
20.	Gianmaria Bruni	Minardi PS04B/02 - Cosworth	1:41.149	22	1:37.818	21	1:39.209	19	1:38.554	19	1:38.729	18	1:38.557	16
21.	Zsolt Baumgartner	Minardi PS04B/01 - Cosworth	1:42.556	23	1:38.588	22	1:39.013	18	1:39.893	20	1:34.321	19	1:39.272	17
35.	Anthony Davidson	B.A.R 006-02 - Honda	1:35.970	3	1:36.708	17								
37.	Björn Wirdheim	Jaguar R5-02	1:38.086	16	1:36.883	18								
38.	Ricardo Zonta	Toyota TF104/04	1:36.147	4	1:35.850	13								
39.	Timo Glock	Jordan EJ14/01 - Ford	1:38.788	19	1:38.796	23								
40.	Bas Leinders	Minardi PS04B/04 - Cosworth	1:43.424	25	1:41.485	25								

Vitesses de pointe

N°	Pilote	P1 Qualifs	Pos.	P1 Course	Pos.	P2 Qualifs	Pos.	P2 Course	Pos.	Finish Qualifs	Pos.	Finish Course	Pos.	Radar Qualifs	Pos.	Radar Course	Pos.
1.	M. Schumacher	302,6	2	308,3	2	154,6	7	155,1	5	276,2	1	276,4	6	309,9	1	315,7	5
2.	R. Barrichello	301,2	3	308,3	3	154,5	8	154,2	10	276,1	2	276,8	4	309,8	2	317,8	3
3.	J.P. Montoya	301,1	4	306,2	4	155,8	5	256,2	2	276,0	3	277,0	2	308,1	4	319,1	2
4.	R. Schumacher	300,9	6	309,1	1	152,5	11	153,5	11	275,9	4	277,2	1	309,1	3	320,9	1
5.	D. Coulthard	298,5	10	304,8	5	153,0	9	153,4	12	271,4	6	273,0	9	305,2	9	312,5	13
6.	K. Räikkönen	299,0	8	301,9	10	157,4	1	154,7	9	271,2	10	272,1	10	304,4	11	313,4	11
7.	J. Trulli	296,2	15	303,7	7	156,4	2	155,9	3	269,8	13	271,4	15	303,8	12	309,9	15
8.	F. Alonso	295,8	16	301,6	14	156,4	3	157,0	1	268,2	16	276,9	3	294,8	20	309,7	16
9.	J. Button	297,4	12	301,7	13	152,7	10	154,9	7	270,3	12	271,1	17	303,6	15	312,6	12
10.	T. Sato	299,1	7	303,2	8	155,1	6	155,6	4	269,0	15	271,9	12	300,2	19	314,3	9
11.	G. Fisichella	301,0	5	301,9	11	156,0	4	154,8	8	271,3	8	275,5	7	304,7	10	315,4	6
12.	F. Massa	303,3	1	303,7	6	150,1	14	154,9	6	272,6	5	276,5	5	307,5	5	317,3	4
14.	M. Webber	298,9	9	301,5	15	150,1	13	149,9	16	271,3	9	273,4	8	305,8	8	314,5	7
15.	C. Klien	297,2	13	300,0	17	151,8	12	150,9	15	271,3	7	271,1	16	306,6	6	312,2	14
16.	C. Da Matta	297,8	11	301,7	12	146,2	18	151,6	14	271,0	11	271,9	13	306,2	7	313,7	10
17.	O. Panis	297,1	14	302,9	9	149,6	16	149,7	17	269,3	14	271,5	14	303,7	13	314,4	8
18.	N. Heidfeld	292,3	19	299,2	18	149,7	15	149,4	18	267,5	17	271,9	11	300,2	18	309,3	17
19.	G. Pantano	291,2	20	300,1	16	144,2	19	148,5	20	264,6	20	268,1	18	300,6	17	308,0	18
20.	G. Bruni	293,7	18	297,6	19	148,2	17	151,7	13	267,2	19	267,3	20	301,2	16	307,2	20
21.	Z. Baumgartner	293,8	17	295,2	20	142,6	20	148,7	19	267,2	18	267,7	19	303,6	14	307,6	19

Course

Classement & abandons

Pos.	Pilote	Equipe	Tour	Temps	Moyenne	
1.	M. Schumacher	Ferrari	56	1:31:07.490	204,384 km/h	
2.	J.P. Montoya	Williams BMW	56	+ 5.022	204,196 km/h	
3.	J. Button	B.A.R Honda	56	+ 11.568	203,952 km/h	
4.	R. Barrichello	Ferrari	56	+ 13.616	203,876 km/h	
5.	J. Trulli	Renault	56	+ 37.360	202,997 km/h	
6.	D. Coulthard	McLaren Mercedes	56	+ 53.098	202,418 km/h	
7.	F. Alonso	Renault	56	+ 1:07.877	201,877 km/h	
8.	F. Massa	Sauber Petronas	55	1 tour	200,013 km/h	
9.	C. Da Matta	Toyota	55	1 tour	199,780 km/h	
10.	C. Klien	Jaguar	55	1 tour	198,572 km/h	
11.	G. Fisichella	Sauber Petronas	55	1 tour	197,941 km/h	
12.	O. Panis	Toyota	55	1 tour	197,464 km/h	
13.	G. Pantano	Jordan Ford	54	2 tours	194,395 km/h	
14.	G. Bruni	Minardi Cosworth	53	3 tours	192,656 km/h	
15.	T. Sato	B.A.R Honda	52	4 tours	201,319 km/h	Casse moteur
16.	Z. Baumgartner	Minardi Cosworth	52	4 tours	189,658 km/h	

Pilote	Equipe		Motif d'abandon
K. Räikkönen	McLaren Mercedes	41	Problème de transmission / Casse moteur
N. Heidfeld	Jordan Ford	35	Boîte de vitesses bloquée en 5e
R. Schumacher	Williams BMW	28	Casse moteur
M. Webber	Jaguar	24	Tête-à-queue

Meilleurs tours

	Pilote	Temps	Tour	Moyenne
1.	J.P. Montoya	1:34.223	28	211,782 km/h
2.	M. Schumacher	1:34.819	6	210,451 km/h
3.	J. Button	1:34.967	28	210,123 km/h
4.	J. Trulli	1:35.039	12	209,964 km/h
5.	K. Räikkönen	1:35.156	12	209,706 km/h
6.	R. Barrichello	1:35.350	7	209,279 km/h
7.	R. Schumacher	1:35.607	10	208,716 km/h
8.	T. Sato	1:35.679	13	208,559 km/h
9.	D. Coulthard	1:35.852	26	208,183 km/h
10.	F. Alonso	1:35.888	7	208,105 km/h
11.	O. Panis	1:35.951	23	207,968 km/h
12.	C. Da Matta	1:36.544	22	206,691 km/h
13.	F. Massa	1:36.570	7	206,635 km/h
14.	G. Fisichella	1:36.675	54	206,411 km/h
15.	M. Webber	1:36.922	9	205,885 km/h
16.	C. Klien	1:37.031	12	205,653 km/h
17.	N. Heidfeld	1:37.433	15	204,805 km/h
18.	G. Pantano	1:39.527	41	200,496 km/h
19.	G. Bruni	1:39.911	11	199,725 km/h
20.	Z. Baumgartner	1:40.123	12	199,302 km/h

Passages aux stands

	Pilote	Temps	Tour	Arrêt n°
1.	M. Webber	30.778	5	1
2.	G. Fisichella	26.795	8	1
3.	M. Schumacher	26.339	9	1
4.	D. Coulthard	25.062	9	1
5.	F. Alonso	25.760	9	1
6.	F. Massa	27.579	9	1
7.	C. Klien	26.585	9	1
8.	G. Bruni	27.415	9	1
9.	K. Räikkönen	25.956	10	1
10.	R. Barrichello	28.085	10	1
11.	J. Trulli	24.763	10	1
12.	C. Da Matta	26.836	10	1
13.	Z. Baumgartner	27.598	10	1
14.	M. Webber	15.220	10	2
15.	R. Schumacher	26.445	11	1
16.	O. Panis	25.555	11	1
17.	J.P. Montoya	24.883	12	1
18.	J. Button	25.899	12	1
19.	N. Heidfeld	29.045	12	1
20.	N. Heidfeld	27.307	13	2
21.	T. Sato	29.002	14	1
22.	J. Trulli	26.344	20	2
23.	C. Da Matta	26.140	20	2
24.	O. Panis	25.498	21	2
25.	G. Pantano	27.937	22	1
26.	C. Klien	27.292	23	2
27.	F. Alonso	31.468	24	2
28.	D. Coulthard	25.447	24	2
29.	K. Räikkönen	27.709	25	2
30.	G. Bruni	28.013	24	2
31.	F. Massa	27.847	25	2
32.	M. Schumacher	26.214	26	2
33.	J.P. Montoya	25.619	26	2
34.	J. Button	25.882	26	2
35.	G. Fisichella	49.145	26	2
36.	Z. Baumgartner	27.678	26	2
37.	R. Barrichello	26.011	28	2
38.	N. Heidfeld	26.709	27	3
39.	T. Sato	29.320	35	2
40.	C. Da Matta	26.053	36	3
41.	C. Klien	45.845	36	3
42.	D. Coulthard	27.120	38	3
43.	Z. Baumgartner	31.839	36	3
44.	O. Panis	25.946	38	3
45.	J.P. Montoya	26.062	39	3
46.	M. Schumacher	25.532	40	3
47.	J. Button	26.338	40	3
48.	K. Räikkönen	28.470	40	3
49.	G. Bruni	27.715	38	3
50.	J. Trulli	25.777	40	3
51.	F. Massa	30.300	40	3
52.	G. Pantano	26.639	39	2
53.	G. Fisichella	1:03.895	41	3
54.	R. Barrichello	24.921	44	3
55.	O. Panis	15.893	45	4
56.	O. Panis	15.372	48	5

Tête de la course

Pilote	Tours en tête	Nbre de Tours
M. Schumacher	1 > 9	9
J.P. Montoya	10 > 12	3
M. Schumacher	13 > 26	14
R. Barrichello	27	1
M. Schumacher	28 > 56	29

Pilote	Nbre de Tours	Kilomètres
M. Schumacher	52	288,236 km
J.P. Montoya	3	16,629 km
R. Barrichello	1	5,543 km

Ecarts en tête de course

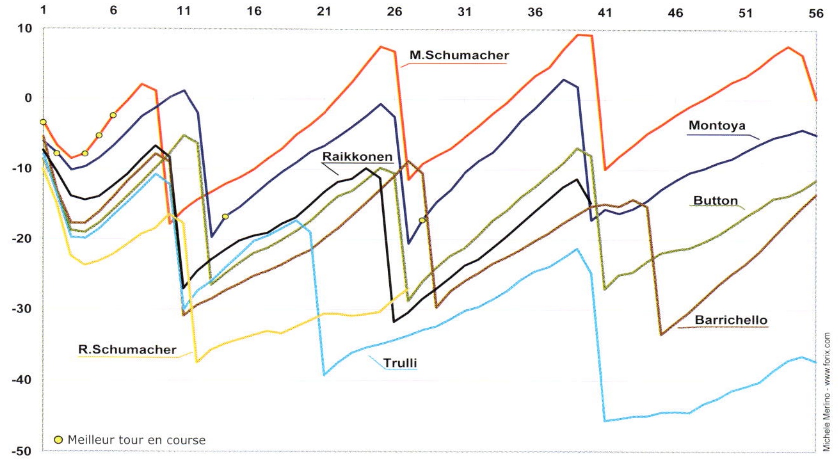

Tour par tour

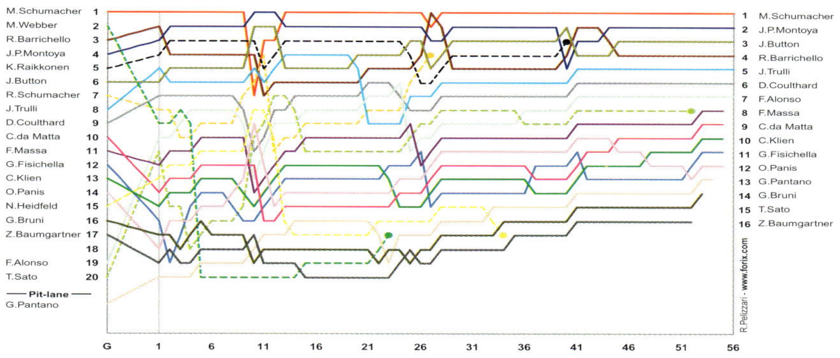

Championnats après deux manches

Conducteurs

1. M. Schumacher ....(2 victoires) 20
2. R. Barrichello 13
3. J.P. Montoya 12
4. J. Button 9
5. F. Alonso 8
6. J. Trulli 6
7. R. Schumacher 5
8. D. Coulthard 4
9. F. Massa 1
10. C. Da Matta 0
11. T. Sato 0
12. G. Fisichella 0
13. C. Klien 0
14. O. Panis 0
15. G. Pantano 0
16. G. Bruni 0
17. Z. Baumgartner 0

N. Heidffeld ....-
M. Webber ....-
K. Räikkönen ....-

Constructeurs

1. Scuderia Ferrari Marlboro ......(2 victoires)..33
2. BMW WilliamsF1 Team 17
3. Mild Seven Renault F1 Team 14
4. Lucky Strike B.A.R Honda 9
5. West McLaren Mercedes.............................4
6. Sauber Petronas 1
7. Panasonic Toyota Racing 0
8. Jaguar Racing..0
9. Jordan Ford...0
10. Minardi Cosworth.......................................0

Le circuit

Nom	Sepang, Kuala Lumpur
Longueur	5543 mètres
Distance	56 tours, soit 310,408 km
Date	21 mars 2004
Conditions climatiques	bruine au départ, chaud et humide 34-35°c
Température de la piste	40-42°c

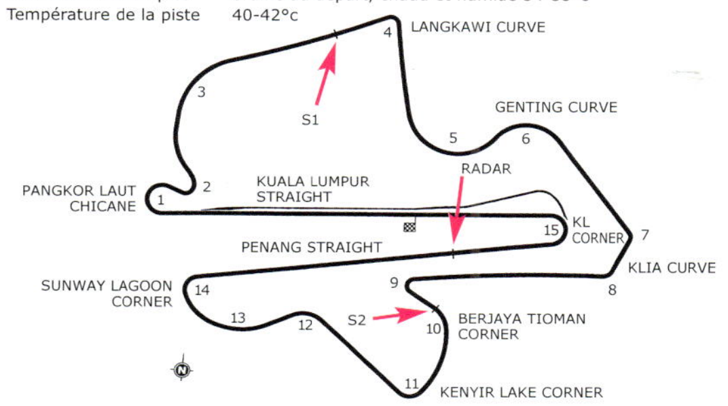

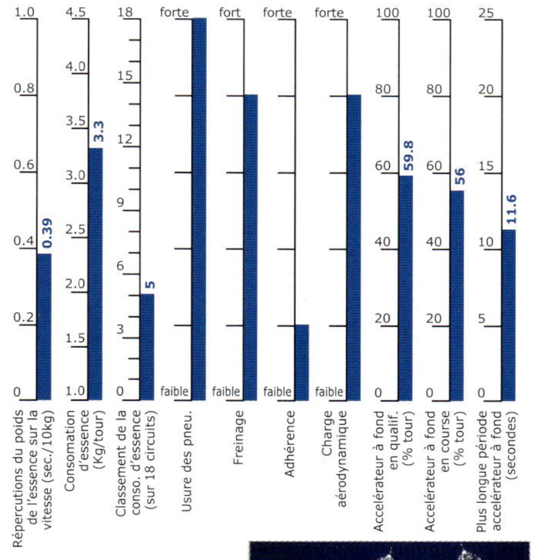

4 AVRIL 2004
GRAND PRIX DE BAHREIN
MANAMA

UN OASIS DANS LE DÉSERT

A Bahrein, on a bientôt plus de pétrole, mais on a des idées. Le Royaume a ainsi convaincu (moyennant finances) le cirque de la Formule 1 de venir dresser son chapiteau au Moyen-Orient. Une opération qui s'est avérée très rentable.
Côté piste, Michael Schumacher y a remporté sa troisième victoire consécutive en trois courses. Le Grand Prix de Barheïn a confirmé la déconfiture des Williams et des McLaren.
Dans ces conditions, on ne voyait déjà pas qui pourrait empêcher Michael Schumacher de décrocher son septième titre de champion du monde.

les essais

>
Michael Schumacher devant Juan Pablo Montoya dans le décor spectaculaire du circuit de Bahrein. Le premier se qualifiera en pole-position, et le second se placera comme le meilleur des non-Ferrari.

>
Juan Pablo Montoya était enthousiaste à propos du circuit, et ne se priva pas pour en faire part à ses hôtes.

Première ligne toute rouge

Les Ferrari sont restées devant, mais elles ont eu chaud. Samedi matin, au cours des essais libres, elles furent devancées par la BAR de Jenson Button et par les Williams-BMW. Lors des préqualifications, qui décident de l'ordre d'apparition de l'ultime séance, les deux Williams étaient à nouveau devant.
Pourtant, au terme de la seule qualification qui compte, Michael Schumacher a réussi sa troisième pole-position consécutive. «*Ce n'était pas mon meilleur tour, j'ai commis quelques erreurs, mais cela a suffi pour être devant* », racontait-il. « *Ce circuit est très piégeux, très exigeant techniquement. Il est vraiment difficile. Notez que je ne me plains pas, nous ne sommes pas ici pour nous la couler douce...* »
Serein, Michael Schumacher semblait réellement plâner sur les difficultés, cette saison. Avec trois pole-positions en trois courses, l'Allemand s'est lancé dans un cercle vertueux qui ne s'arrêtera qu'avec son septième titre mondial. « *Cette année, je suis plus constant, que l'an dernier, c'est vrai*, concèdait-il. *Mais je pense que ce phénomène dépend de la voiture. Je me sens à l'aise avec la F2004, elle est facile à piloter, répond mieux aux changements de réglages que la F2003. Cela dit, je ne sais pas si le fait qu'elle soit plus agréable me fait avancer plus vite.* »
« *Nous nous sommes faits prendre la pole, mais je pense que nous serons en forme en course* », rétorquait pour sa part Pierre Dupasquier, le patron de la compétition de Michelin, qui plaçait huit pilotes dans les dix premiers, derrière les deux Ferrari.
Juan Pablo Montoya, troisième à quatre dixièmes, se tenait ainsi à l'affût derrière les Rouges : « *Mon tour était très bon, mais malheureusement j'ai tout perdu dans le dernier virage*, lâcha-t-il. *J'ai un peu trop attaqué. Je suis déçu, mais je pense que le premier virage, après le départ, sera assez intéressant !* »

>
Des villas de luxe sur la route menant du centre de Manama au circuit.
L'une des inconnues à Bahrein: les tempêtes de sable, susceptibles de recouvrir la piste en quelques minutes.
Bahrein est une île, mais le circuit est entouré de désert. Chaque matin, des balayeuses parcouraient le circuit et aucune tempête de sable n'eut lieu ce week-end là.

La grille de départ

1	M. SCHUMACHER	1:30.139 (216,345 km/h)
2	R. BARRICHELLO	1:30.530
3	J.P. MONTOYA	1:30.581
4	R. SCHUMACHER	1:30.633
5	T. SATO	1:30.827
6	J. BUTTON	1:30.856
7	J. TRULLI	1:30.971
8	O. PANIS	1:31.686
9	C. DA MATTA	1:31.717
10	D. COULTHARD	1:31.719
11	G. FISICHELLA	1:31.731
12	C. KLIEN	1:32.332
13	F. MASSA	1:32.536
14	M. WEBBER	1:32.625
15	G. PANTANO	1:34.105
16	F. ALONSO	1:34.130
17	G. BRUNI	1:34.584
18	N. HEIDFELD*	1:33.506
19	K. RÄIKKÖNEN*	-
20	Z. BAUMGARTNER*	1:35.787

* **N. HEIDFELD, K. RÄIKKÖNEN et Z. BAUMGARTNER** Pénalité pour avoir changé de moteur.

Z. BAUMGARTNER prend le départ depuis l'allée des stands.

Schumi en route vers le septième ciel

Pole-position, victoire et meilleur tour en course. Du bord de la piste, il semblait que Michael Schumacher a eu la vie facile pour remporter le 73e Grand Prix de sa carrière.
L'intéressé, pourtant, niait s'être promené : «*C'était dur, en fait, parce que nos freins étaient constamment à la limite, et qu'il fallait aussi garder un œil sur les pneus, commente-t-il. Il fallait rester très prudent pour ne pas s'écarter de la bonne trajectoire. En fait, j'ai piloté légèrement en-dessous de ma limite, tout en douceur.* »
Seule frayeur du sextuple champion du monde : le bloquage de sa roue avant droite au premier freinage. « *Les pneus étaient encore froids, mais comme j'avais freiné très tard, je ne pouvais pas me permettre de relâcher la pédale pour libérer la roue. Ça a créé un plat et des vibrations, mais heureusement, je n'avais que neuf tours à faire avant de ravitailler.* »
En fait, le cercle des rivaux de Michael Schumacher, à Barheïn, s'est limité à son seul coéquipier, Rubens Barrichello, qui s'est tenu toute la course durant à une dizaine de secondes du vainqueur. Le Brésilien espérait pourtant mieux : « *Au départ, la pluie a un peu trop refroidi mes freins, et j'ai failli percuter Michael au premier virage,* se souvient-il. *Juste après, il a roulé très vite, et il m'a pris deux secondes en quelques courbes ! Jusqu'aux premier ravitaillements, je n'étais pas loin, mais j'ai eu un problème au moment du changement de pneus, j'ai perdu cinq secondes, et tout était fini. Quand un pilote du calibre de Michael a dix secondes d'avance sur vous, il n'y a plus rien à tenter...* »
Sur le podium, afin de respecter les traditions musulmanes, le traditionnel champagne a été remplacé par le Warrd, une boisson à base de jus de fruit spécialement concoctée pour l'occasion. « *Ce n'est pas si mal,* plaisantait Michael Schumacher lors de sa conférence de presse. *Au moins, nos combinaisons ne sentent pas mauvais après le podium !* »
A Imola, trois semaines plus tard, Ferrari allait jouer dans son jardin. L'occasion pour Michael Schumacher de creuser encore davantage une avance qui ressemblait déjà à un gouffre.

^
Pays musulman oblige, pas de champagne sur le podium, mais une boisson spécialement étudiée pour l'occasion à base de jus de fruits, le Warrd.

<
Et c'est gagné! Troisième victoire en trois Grands Prix pour Michael Schumacher.

La Williams à l'agonie

Juan Pablo Montoya est resté en troisième place pratiquement toute la course durant. Une position qu'il occupait encore à neuf tours du drapeau à damier, et qui l'aurait mené sur le podium sans un problème de boîte de vitesses qui l'a obligé à ralentir le rythme en toute fin d'épreuve. « *J'ai d'abord perdu le septième rapport, puis quelques autres et finalement toutes !* » Le Colombien n'a franchi la ligne d'arrivée qu'en 13e place, à un tour du vainqueur.
Ralf Schumacher, son coéquipier, se classait de son côté septième après une course difficile, marquée par un accrochage avec le Japonais Takuma Sato au septième tour.

Jenson y prend goût

Après son podium de Malaisie – le premier de sa carrière –, Jenson Button semblait y prendre goût puisqu'il terminait une nouvelle fois sur la troisième marche. «*C'est vraiment fantastique ! Ce podium-là était en fait bien plus difficile à décrocher que le premier. Partir sixième, ce n'était déjà pas génial, mais j'ai pu remonter les places, je me suis bien amusé. La voiture était vraiment très bonne, très stable. Et l'équipe a aussi été formidable, sa stratégie m'a permis de passer Trulli dans les stands.*»
Une place pour laquelle il revient de loin, surtout après un départ mouvementé: «*C'était un peu confus. En fait, je n'ai pas pris un très bon départ. Je suis resté coincé derrière Ralf, qui n'a pas pris un bon départ non plus, et j'ai perdu deux places de plus. Ensuite, je me suis rendu compte que la voiture était sous-vireuse, et nous avons augmenté l'appui de l'aileron avant pendant le premier ravitaillement. C'était une bonne chose, la voiture était parfaite après ça.*»
Pour le Britannique, les progrès enregistrés depuis la saison dernière s'expliquaient très bien: «*Nous avons travaillé très durement cet hiver, et je pense qu'en fait nous bénéficions de l'expérience accumulée la saison dernière. Nous avons fait des progrès dans tous les domaines. Cela dit, nous avons encore beaucoup à faire pour comprendre la voiture.*»

«Forza Ferrari!» La Scuderia compte décidément des supporters dans tous les pays...
<

Troisième place pour Jenson Button dans le désert. La saison démarrait bien pour l'écurie BAR, et ce n'était pas fini...
v

> Léger mieux pour les Toyota. Huitième place aux essais, neuvième en course pour Olivier Panis.

Sortie de route de David Coulthard suite à la crevaison de son pneu arrière gauche. Ils furent trois à subir le même sort au cours des essais du vendredi, c'était beaucoup pour une journée. Le soir, le mystère était éclairci: les organisateurs ont découvert deux grilles d'évacuation d'eau mal fixées, situées au milieu des vibreurs, et qui ont perforé les gommes.
V

Contre la montre

Bahrein a remporté sa course contre la montre: le week-end du Grand Prix s'est soldé par un succès, aucun problème ne venant entacher son déroulement. Dans le paddock, Philippe Gurdjian et Martin Whitaker ont pu respirer. Envoyés en catastrophe début janvier par Bernie Ecclestone pour remettre sur rails la construction de la piste, les deux mercenaires de l'organisation ont gagné leur pari. Il s'en est fallu de peu, puisque plus de 3000 personnes durent travailler 24 heures sur 24 au cours des derniers mois pour rattraper le retard accumulé. « *C'était fou*, confirmait Philippe Gurdjian. *Il y a trois semaines encore, j'ai cru que nous n'y arriverions pas.* »
Pourtant, du chronométrage aux commissaires de piste en passant par le service de sécurité et la décoration, tout était impeccable. Du beau travail.

Les échos du week-end

> Ce n'était plus qu'un secret de polichinelle : Ralf Schumacher avait signé un contrat de cinq ans avec Toyota, à partir de la saison prochaine, pour 85 millions d'Euros. Ce qui en faisait le pilote le mieux payé du plateau derrière son frère Michael. Officiellement, toutefois, l'intéressé continuait de nier, se contentant de confirmer que des «tractations étaient en cours » avec l'écurie japonaise.

> Juan Pablo Montoya ayant déjà décidé son départ pour McLaren en 2005, l'écurie Williams se retrouvait avec deux volants à pourvoir. Jenson Button, qui avait débuté sa carrière au sein de l'écurie anglo-allemande en 2000, et qui était toujours sous contrat avec elle, figurait comme l'un des papables. Le jeune Britannique, pourtant, déclinait l'offre en ce début avril. « *Je me sens bien chez BAR, l'équipe n'a rien à envier à Williams, et je n'ai pas l'intention de la quitter la saison prochaine.* »

> Ferrari comptait un avantage sur ce circuit : son revêtement avait été conçu par Shell, et il s'agissait d'un asphalte aux caractéristiques identiques à celles de la piste d'essai de Ferrari, à Fiorano. Ses ingénieurs en connaissaient donc bien les réactions, et les techniciens des pneus Bridgestone ont ainsi pu s'adapter aisément à son revêtement.

Très international, le royaume de Bahrein mélange toutes les cultures. Dans les rues, on croise des hommes d'affaires aussi bien que de femmes voilées de la tête aux pieds. Ici, les hommes peuvent avoir jusqu'à quatre épouses à la fois, à condition de les traiter à égalité. Une bague pour l'une, et c'est trois autres bagues de même valeur qui doivent être offertes aux autres. Peut-être l'un des sujets de conversation du bar (à droite), réservé aux hommes.
V

Un Grand Prix pour séduire

«*Que ceux qui n'ont rien à faire autour du circuit dégagent les routes. Oeuvrons tous main dans la main pour assurer le succès du Grand Prix*». Martelé toutes les heures à la radio, le message était clair : le petit royaume de Bahrain devait tout faire pour gagner le pari du premier Grand Prix de l'histoire à se dérouler au Moyen-Orient.
Partout en ville de Manama, des dizaines de panneaux routiers indiquaient le chemin du circuit. L'île de Bahrain ne mesurant que quelques dizaines de kilomètres, il n'y avait pourtant pas moyen de s'y perdre. Le long des avenues, sur les affiches publicitaires, des F1, rien que des F1 : vente de billets, annonces de Toyota ou BMW, messages de bienvenue ou pubs bancaires, tout tournait autour du Grand Prix.
Le pari de la Formule 1, Bahrein l'a pris en 1999, lorsque le Prince Shaikh Salman bin Hamad bin Isa Al Khalifa a rencontré Bernie Ecclestone, à Monza. Il venait de commissionner une étude économique, menée par un bureau de consultants britanniques, qui avait conclu que le meilleur moyen de centrer l'intérêt du monde et d'attirer des investisseurs à Bahrein passait par un Grand Prix de Formule 1.
L'idée du prince était de positionner son royaume sur la carte, et de diversifier l'économie de son pays, encore dépendante à 61% du pétrole. Un pétrole qui commence à se raréfier dans les sous-sols (Bahrein a été le premier pays arabe à l'extraire, en 1932) et qui pousse l'état à se lancer dans le tertiaire – banques, sociétés off-shore, et autres assurances.
Dessiné dans le désert, le circuit a été construit en 16 mois, par 3000 personnes se relayant au chevet des installations. Un investissement de 130 millions d'Euros qui devrait s'avérer plus que rentable.
«*Depuis que nous avons décidé d'accueillir le Grand Prix, plusieurs projets immobiliers se sont concrétisés à Bahrein* », confirmait Shaikh Fawaz bin Mohammed Al Khalifa, le président de la société du circuit.
Le tracé lui-même n'enthousiasmait guère les pilotes. « *Cette piste a l'air plutôt ennuyeuse*, remarquait Rubens Barrichello. *Il y a de longs enchaînement en première vitesse, c'est nul. J'espère que les longues lignes droites permettront au moins quelques dépassements.* » Conçu par l'inévitable Hermann Tilke, l'Allemand qui était l'auteur de tous les circuits de ces dernières années, le tracé, avec ses 15 virages, semblait un peu tourmenté pour engendrer une course réellement animée. Ce que l'épreuve du dimanche a bien confirmé.

Essais

Toutes les séances d'essais

N°	Pilote	N° Châssis - Moteur	Libres 1 vendredi	Pos.	Libres 2 vendredi	Pos.	Libres 3 samedi	Pos.	Libres 4 samedi	Pos.	Pre-qual. samedi	Pos.	Qualifs samedi	Pos.
1.	Michael Schumacher	Ferrari F2004 234	1:32.158	1	1:31.732	4	1:30.545	3	1:30.407	5	1:30.751	4	1:30.139	1
2.	Rubens Barrichello	Ferrari F2004 236	1:32.651	2	1:31.450	1	1:30.616	4	1:30.513	8	1:31.283	11	1:30.530	2
3.	Juan Pablo Montoya	Williams FW26 05 - BMW	1:33.027	4	1:31.451	2	1:30.121	2	1:29.696	3	1:30.247	2	1:30.581	3
4.	Ralf Schumacher	Williams FW26 03 - BMW	1:34.619	11	1:31.842	6	1:30.651	5	1:29.690	2	1:29.968	1	1:30.633	4
5.	David Coulthard	McLaren MP4-19 03 - Mercedes	1:34.023	6	1:32.495	11	1:31.341	8			1:31.364	13	1:31.719	10
6.	Kimi Räikkönen	McLaren MP4-19 04 - Mercedes	1:34.603	9			1:31.003	6	1:31.320	11	1:30.353	3		
7.	Jarno Trulli	Renault R24-03	1:34.796	12	1:33.437	18	1:31.644	10	1:30.472	6	1:31.103	7	1:30.971	7
8.	Fernando Alonso	Renault R24-02	1:34.810	13	1:32.234	9	1:31.485	9	1:30.774	9	1.31.040	6	1:34.130	17
9.	Jenson Button	B.A.R 006-03 - Honda	1:33.898	5	1:31.879	7	1:30.062	1	1:29.552	1	1:31.131	8	1:30.856	6
10.	Takuma Sato	B.A.R 006-01 - Honda	1:34.610	10	1:32.680	12	1:31.090	7	1:30.239	4	1:31.135	9	1:30.827	5
11.	Giancarlo Fisichella	Sauber C23-04 - Petronas	1:35.388	16	1:33.061	17	1:32.210	14	1:32.433	14	1:31.203	10	1:31.731	11
12.	Felipe Massa	Sauber C23-03 - Petronas	1:34.488	8	1:33.031	15			1:32.557	15	1:32.152	16	1:32.536	13
14.	Mark Webber	Jaguar R5-03	1:35.905	18	1:32.041	8	1:32.276	15	1:31.384	13	1:31.945	15	1:32.625	14
15.	Christian Klien	Jaguar R5-01	1:36.645	21	1:31.789	5	1:31.692	11	1:31.331	12	1:31.868	14	1:32.332	12
16.	Cristiano da Matta	Toyota TF104/02	1:36.359	20	1:32.761	14	1:32.183	13	1:30.499	7	1:31.329	12	1:31.717	9
17.	Olivier Panis	Toyota TF104/03	1:35.981	19	1:33.049	16	1:31.962	12	1:30.934	10	1:31.001	5	1:31.686	8
18.	Nick Heidfeld	Jordan EJ14/03 - Ford	1:34.872	14	1:40.573	24	1:33.404	16	1:32.816	16	1:32.640	17	1:33.506	15
19.	Giorgio Pantano	Jordan EJ14/02 - Ford	1:34.967	15	1:32.708	13	1:33.474	17	1:33.342	17	1:33.598	18	1:34.105	16
20.	Gianmaria Bruni	Minardi PS04B/02 - Cosworth	1:37.347	23	1:34.791	22	1:33.863	18	1:34.590	18	1:34.879	19	1:34.584	18
21.	Zsolt Baumgartner	Minardi PS04B/01 - Cosworth	1:37.049	22	1:34.054	20	1:35.696	19	1:35.901	19	1:35.632	20	1:35.787	19
35.	Anthony Davidson	B.A.R 006-02 - Honda	1:32.958	3	1:31.488	3								
37.	Björn Wirdheim	Jaguar R5-02	1:37.443	24	1:34.317	21								
38.	Ricardo Zonta	Toyota TF104/04	1:34.289	7	1:32.335	10								
39.	Timo Glock	Jordan EJ14/01 - Ford	1:35.760	17	1:33.695	19								
40.	Bas Leinders	Minardi PS04B/04 - Cosworth	1:37.792	25	1:36.248	23								

Vitesses de pointe

N°	Pilote	P1 Qualifs	Pos.	P1 Course	Pos.	P2 Qualifs	Pos.	P2 Course	Pos.	Finish Qualifs	Pos.	Finish Course	Pos.	Radar Qualifs	Pos.	Radar Course	Pos.
1.	M. Schumacher	252,2	3	254,1	3	280,8	2	282,2	4	300,7	1	300,7	2	322,5	3	326,4	8
2.	R. Barrichello	250,8	5	255,6	2	277,6	7	283,7	1	297,4	4	301,4	1	319,5	5	330,1	2
3.	J.P. Montoya	252,9	2	253,7	4	276,5	10	282,9	2	298,0	3	298,0	6	323,7	1	323,0	16
4.	R. Schumacher	255,1	1	255,8	1	270,8	13	281,6	5	299,0	2	300,6	3	322,7	2	332,4	1
5.	D. Coulthard	246,1	13	248,9	14	277,0	8	279,1	10	291,1	17	293,7	16	315,2	15	322,9	17
6.	K. Räikkönen	235,0	20	247,9	17	192,3	20	274,2	16			294,9	13	194,3	20	324,0	12
7.	J. Trulli	249,3	7	251,0	9	267,9	16	271,9	17	292,2	14	295,6	11	318,3	9	323,7	14
8.	F. Alonso	246,9	10	251,5	6	271,4	11	282,7	3	291,4	16	294,7	15	318,6	7	323,8	13
9.	J. Button	246,6	11	248,5	16	279,5	4	281,3	7	293,7	9	294,7	14	317,7	10	324,8	11
10.	T. Sato	244,2	15	250,5	10	279,2	5	275,7	14	293,0	10	297,7	8	318,5	8	328,6	5
11.	G. Fisichella	248,7	8	249,8	13	278,1	6	277,5	13	294,5	7	296,5	10	319,8	4	328,5	6
12.	F. Massa	243,9	16	248,7	15	276,9	9	278,7	11	295,5	5	297,8	7	319,0	6	328,8	4
14.	M. Webber	242,2	17	249,9	11	280,0	3	281,5	6	292,5	12	298,9	4	317,0	13	326,4	7
15.	C. Klien	246,9	9	251,1	8	262,8	17	279,7	9	292,2	13	298,9	5	316,0	14	329,2	3
16.	C. Da Matta	249,4	6	251,9	5	281,4	1	280,6	8	294,1	8	295,6	12	317,5	11	325,2	9
17.	O. Panis	251,1	4	251,1	7	270,2	14	274,3	15	294,9	6	297,1	9	314,5	17	325,0	10
18.	N. Heidfeld	241,5	19	247,3	18	271,3	12	277,8	12	292,5	11	292,9	17	314,9	16	322,7	18
19.	G. Pantano	241,8	18	246,9	19	270,0	15	271,9	18	290,8	18	291,6	18	311,3	19	318,5	19
20.	G. Bruni	244,5	14	245,8	20	258,1	19	259,6	20	291,8	15	289,4	20	317,1	12	317,8	20
21.	Z. Baumgartner	246,2	12	249,8	12	260,9	18	267,8	19	290,7	19	291,2	19	313,4	18	323,0	15

Course

Classement & abandons

Pos.	Pilote	Equipe	Tour	Temps	Moyenne
1.	M. Schumacher	Ferrari	57	1:28:34.875	208,976 km/h
2.	R. Barrichello	Ferrari	57	+ 1.367	208,922 km/h
3.	J. Button	B.A.R Honda	57	+ 26.687	207,932 km/h
4.	J. Trulli	Renault	57	+ 32.214	207,717 km/h
5.	T. Sato	B.A.R Honda	57	+ 52.460	206,933 km/h
6.	F. Alonso	Renault	57	+ 53.156	206,906 km/h
7.	R. Schumacher	Williams BMW	57	+ 58.155	206,714 km/h
8.	M. Webber	Jaguar	56	1 tour	205,138 km/h
9.	O. Panis	Toyota	56	1 tour	205,061 km/h
10.	C. Da Matta	Toyota	56	1 tour	204,589 km/h
11.	G. Fisichella	Sauber Petronas	56	1 tour	204,551 km/h
12.	F. Massa	Sauber Petronas	56	1 tour	204,373 km/h
13.	J.P. Montoya	Williams BMW	56	1 tour	203,984 km/h
14.	C. Klien	Jaguar	56	1 tour	203,402 km/h
15.	N. Heidfeld	Jordan Ford	56	1 tour	202,619 km/h
16.	G. Pantano	Jordan Ford	55	2 tours	201,044 km/h
17.	G. Bruni	Minardi Cosworth	52	5 tours	187,620 km/h

Pilote	Equipe		Motif d'abandon
D. Coulthard	McLaren Mercedes	51	Fuite d'air dans le système de rappel pneumatique du moteur
Z. Baumgartner	Minardi Cosworth	45	Problème moteur
K. Räikkönen	McLaren Mercedes	8	Moteur explosé

Meilleurs tours

	Pilote	Temps	Tour	Moyenne
1.	M. Schumacher	1:30.252	7	216,074 km/h
2.	F. Alonso	1:30.654	39	215,116 km/h
3.	R. Schumacher	1:30.781	56	214,815 km/h
4.	R. Barrichello	1:30.876	29	214,591 km/h
5.	J. Button	1:30.960	24	214,393 km/h
6.	J.P. Montoya	1:30.977	28	214,353 km/h
7.	T. Sato	1:31.101	55	214,061 km/h
8.	J. Trulli	1:31.421	24	213,312 km/h
9.	D. Coulthard	1:31.861	19	212,290 km/h
10.	M. Webber	1:32.277	19	211,333 km/h
11.	C. Da Matta	1:32.319	23	211,237 km/h
12.	G. Fisichella	1:32.329	40	211,214 km/h
13.	O. Panis	1:32.401	22	211,049 km/h
14.	C. Klien	1:32.533	38	210,748 km/h
15.	F. Massa	1:32.690	44	210,391 km/h
16.	N. Heidfeld	1:33.284	56	209,051 km/h
17.	K. Räikkönen	1:33.527	7	208,508 km/h
18.	G. Pantano	1:34.032	9	207,388 km/h
19.	Z. Baumgartner	1:34.555	24	206,241 km/h
20.	G. Bruni	1:35.130	40	204,995 km/h

Passages aux stands

	Pilote	Temps	Tour	Arrêt n°
1.	F. Alonso	35.766	1	1
2.	O. Panis	25.888	6	1
3.	C. Da Matta	25.483	7	1
4.	R. Schumacher	28.602	7	1
5.	M. Schumacher	26.629	9	1
6.	M. Webber	27.336	9	1
7.	D. Coulthard	26.476	9	1
8.	F. Massa	27.416	9	1
9.	Z. Baumgartner	26.632	9	1
10.	R. Barrichello	32.668	10	1
11.	J.P. Montoya	27.921	10	1
12.	J. Trulli	25.386	10	1
13.	G. Fisichella	26.866	10	1
14.	C. Klien	27.086	10	1
15.	T. Sato	26.619	11	1
16.	G. Pantano	27.648	11	1
17.	J. Button	30.593	12	1
18.	N. Heidfeld	28.982	13	1
19.	T. Sato	29.505	18	2
20.	C. Klien	26.876	19	2
21.	O. Panis	26.312	20	2
22.	C. Da Matta	26.027	21	2
23.	Z. Baumgartner	27.771	22	2
24.	D. Coulthard	26.425	23	2
25.	M. Webber	26.852	23	2
26.	M. Schumacher	27.443	24	2
27.	R. Schumacher	29.726	24	2
28.	J. Trulli	25.803	25	2
29.	F. Massa	27.293	25	2
30.	G. Pantano	28.400	25	2
31.	J.P. Montoya	26.753	26	2
32.	J. Button	28.672	26	2
33.	G. Fisichella	28.788	26	2
34.	F. Alonso	25.234	26	2
35.	R. Barrichello	26.482	27	2
36.	G. Bruni	37.593	24	1
37.	N. Heidfeld	31.937	34	2
38.	T. Sato	29.039	37	3
39.	O. Panis	27.505	37	3
40.	J. Trulli	27.047	38	3
41.	D. Coulthard	27.879	38	3
42.	M. Webber	30.821	38	3
43.	Z. Baumgartner	30.153	37	3
44.	C. Da Matta	27.544	38	3
45.	J.P. Montoya	26.175	39	3
46.	C. Klien	28.669	39	3
47.	J. Button	27.310	40	3
48.	F. Alonso	26.329	40	3
49.	M. Schumacher	26.862	41	3
50.	G. Pantano	28.002	41	3
51.	R. Barrichello	25.977	43	3
52.	F. Massa	26.263	42	3
53.	G. Bruni	37.611	38	2
54.	G. Fisichella	27.444	43	3
55.	R. Schumacher	25.424	45	3

Tête de la course

Pilote	Tours en tête	Nbre de Tours
M. Schumacher	1 > 9	9
R. Barrichello	10	1
J. Button	11	1
M. Schumacher	12 > 24	13
R. Barrichello	25 > 27	3
M. Schumacher	28 > 41	14
R. Barrichello	42 > 43	2
M. Schumacher	44 > 57	14

Pilote	Nbre de Tours	Kilomètres
M. Schumacher	50	270,604 km
R. Barrichello	6	32,502 km
J. Button	1	5,417 km

Ecarts en tête de course

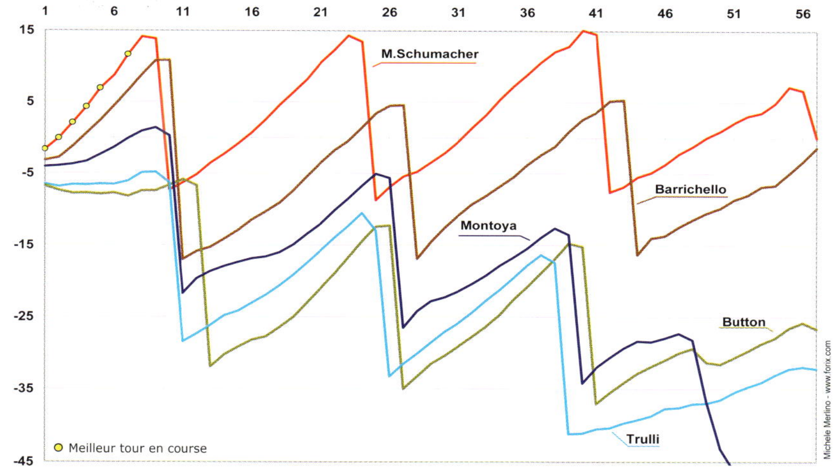

Tour par tour

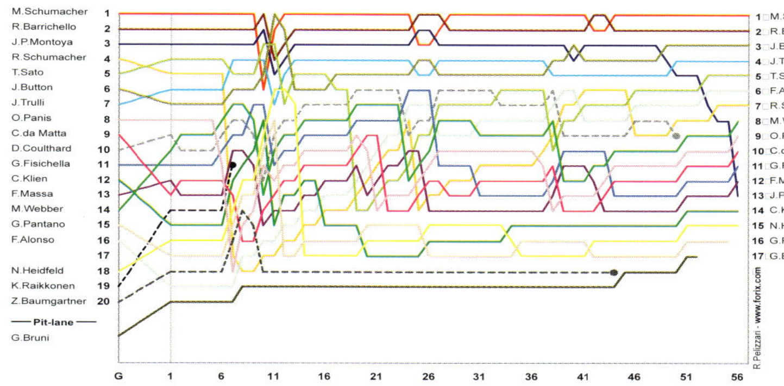

Championnats après trois manches

Conducteurs

1. M. Schumacher ....(3 victoires) 30
2. R. Barrichello 21
3. J. Button 15
4. J.P. Montoya 12
5. F. Alonso 11
6. J. Trulli 11
7. R. Schumacher 7
8. T. Sato 4
9. D. Coulthard 4
10. F. Massa 1
11. M. Webber 1
12. C. Da Matta 0
13. O. Panis 0
14. G. Fisichella 0
15. C. Klien 0
16. G. Pantano 0
17. G. Bruni 0
18. N. Heidfeld 0
19. Z. Baumgartner 0

K. Räikkönen ....-

Constructeurs

1. Scuderia Ferrari Marlboro ......(3 victoires)..51
2. Mild Seven Renault F1 Team 22
3. BMW WilliamsF1 Team 19
4. Lucky Strike B.A.R Honda 19
5. West McLaren Mercedes 4
6. Sauber Petronas 1
7. Jaguar Racing 1
8. Panasonic Toyota Racing 0
9. Jordan Ford 0
10. Minardi Cosworth 0

Le circuit

Nom	Sakhir, Manama
Longueur	5417 mètres
Distance	57 tours, soit 308,523 km
Date	4 avril 2004
Conditions climatiques	nuageux et chaud, 30-31°c
Température de la piste	31-33°c

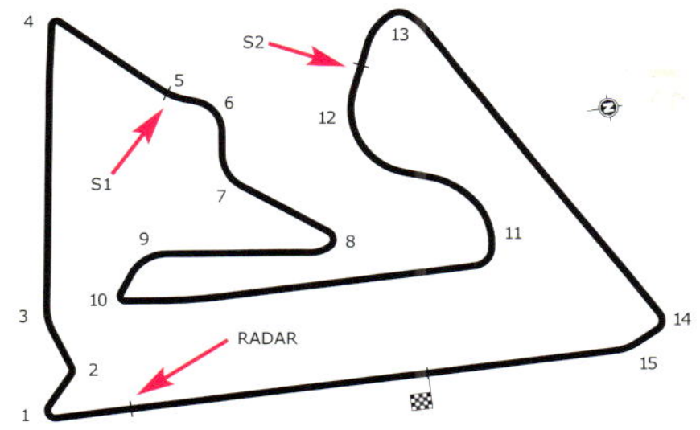

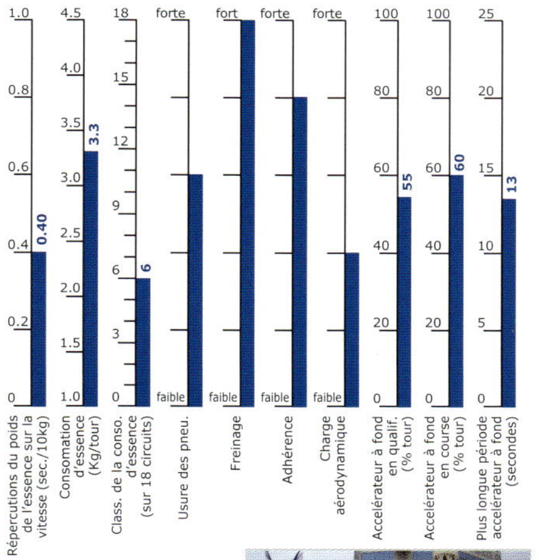

Shell
Marlboro

FERRARI À DOMICILE

A Imola, le champion du monde en titre a poursuivi sa série de victoires en remportant son quatrième Grand Prix consécutif. La tâche de l'Allemand ne fut toutefois pas aisée en début de course : qualifié en pole-position, Jenson Button s'est immédiatement envolé en tête pour s'octroyer une avance de 2.7 secondes à l'issue du premier tour. Michael Schumacher est alors parvenu à s'en rapprocher au fil des tours pour le doubler à l'occasion de la première série de ravitaillements. Derrière le vainqueur, Jenson Button s'est retrouvé deuxième, le meilleur résultat de sa carrière en Formule 1 et son troisième podium consécutif.

La première pole de Jenson

> La pole, et la célébrité pour Jenson Button, assailli de questions de la part des journalistes anglais après les essais.

Tout sourire, Jenson Button. Bousculé, applaudi, mitraillé par des dizaines de photographes, le jeune Britannique a été accueilli en héros dans son stand, à son retour de la conférence de presse. Il y avait de quoi. A 24 ans, il a décroché à Imola la première pole-position de sa carrière en Formule 1, après 69 Grands Prix. Et il a en même temps signé la première pole de l'écurie BAR depuis sa fondation, en 1999.

« *C'est un sentiment fantastique de réussir la pole sur les terres de Ferrari, je suis très heureux*, confirmait-il. *C'était un tour génial, j'ai adoré. On a réglé la voiture pour la course, comme d'habitude, mais elle fonctionne beaucoup mieux que pendant les trois premiers Grands Prix, je ne sais franchement pas pourquoi !* »

Les mauvaises langues eurent tôt fait de remarquer que l'écurie se portait nettement mieux depuis que Jacques Villeneuve en avait été écarté. Une conclusion légèrement hâtive, même s'il était sans doute vrai que les quelque 20 millions de dollars de salaire qui revenaient au pilote québécois étaient sans doute mieux investis dans le développement de la voiture. Il était aussi vrai que l'équipe était passée des pneus Bridgestone aux gommes Michelin pendant l'hiver, ce qui lui avait peut-être permis de gagner quelques dixièmes.

Michael Schumacher, pour sa part, se qualifiait deuxième sur un circuit que la Scuderia Ferrari connaît d'autant mieux qu'il est situé à moins de cent kilomètres de sa base de Maranello.

Une petite erreur à la chicane Alta lui a peut-être coûté le meilleur temps : « *J'en ai fait juste un peu trop, mais j'ai surtout eu de la chance de garder la voiture sur la piste. En fait, je ne pense pas que cela ait changé quoi que ce soit, je n'aurais pas eu la pole de toute façon, Jenson a vraiment réussi un super-tour. Cela dit, la course risque de s'avérer intéressante, il y a quelques candidats sérieux sur cette grille de départ.* » C'était la première fois de la saison que Michael Schumacher n'était pas en pole.

Voilà dix ans ce week-end, le Grand Prix de Saint-Marin était marqué par la disparition de Roland Ratzenberger le samedi et d'Ayrton Senna le dimanche. Pour marquer ce sinistre anniversaire, diverses cérémonies ont eu lieu sur le circuit italien : samedi, la tribune principale fut renommée « Ayrton Senna » et un défilé des voitures pilotées par les deux pilotes disparus fut organisée. v

En bref

> 4: c'est le nombre d'excès de vitesse commis par Takuma Sato dans la voie des stands le vendredi. Le Japonais a ainsi totalisé 3500 dollars d'amende.

> La FIA a émis le vendredi un communiqué décrivant de nombreuses propositions pour réduire la vitesse des monoplaces à partir de… 2008 ! Une toute nouvelle Formule 1, pour succéder aux Accords Concorde actuels, qui devrait redonner son importance au pilote et améliorer le spectacle. Notamment en réduisant la puissance des moteurs, qui se verraient réduits à 2.4 litres, et en imposant des changements de vitesses manuels. Les écuries devaient désormais donner leur avis sur ces propositions. Malheureusement, c'est bien avant 2008 que l'on souhaitait bénéficier d'un spectacle amélioré…

> Encore raté pour Kimi Räikkönen, qui s'est retrouvé sur la dernière ligne de la grille de départ pour le deuxième Grand Prix consécutif pour changement de moteur. Chez McLaren, la saison tournait à la catastrophe. Dans l'incapacité de résoudre les problèmes de la MP4-19, l'écurie a ainsi décidé de produire un nouveau châssis, espéré pour le Grand Prix d'Allemagne.

> Revoilà le GPWC. L'association regroupant BMW, DaimlerChrysler, Ferrari, Ford et Renault menaçait à nouveau de créer son championnat dès 2008. Un communiqué annonçait que les négociations avec Bernie Ecclestone avaient échoué. Ron Dennis a expliqué que la FIA, en cherchant à réduire les coûts de la F1, visait à côté. « *Le vrai problème, c'est la qualité du spectacle, pas les coûts.* »

> Juan Pablo Montoya à l'attaque du circuit Enzo & Dino Ferrari d'Imola. Qualifié troisième, le Colombien réussit pour la quatrième fois consécutive à se qualifier sur la deuxièème ligne de la grille.

La grille de départ

1	J. BUTTON	1:19.753 (222.672 km/h)	
2	M. SCHUMACHER	1:20.011	
3	J.P. MONTOYA	1:20.212	
4	R. BARRICHELLO	1:20.451	
5	R. SCHUMACHER	1:20.538	
6	F. ALONSO	1:20.895	
7	T. SATO	1:20.913	
8	M. WEBBER	1:20.921	
9	J. TRULLI	1:21.034	
10	C. DA MATTA	1:21.087	
11	D. COULTHARD	1:21.091	
12	F. MASSA	1:21.532	
13	O. PANIS	1:21.558	
14	C. KLIEN	1:21.949	
15	G. PANTANO	1:23.352	
16	N. HEIDFELD	1:23.488	
17	G. BRUNI	1:26.899	
18	G. FISICHELLA	-	
19	Z. BAUMGARTNER*	1:46.299	
20	K. RÄIKKÖNEN*	-	

* K. RÄIKKÖNEN et Z. BAUMGARTNER Pénalité pour avoir changé de moteur.

Juan - Michael: la guerre est rallumée

Départ. De sa troisième place de grille, Juan Pablo Montoya ne réussit pas le meilleur envol de sa carrière, mais il parvient néanmoins à contenir ceux qui le suivent et à rester en contact avec Michael Schumacher, juste devant lui.
Il sait qu'il doit passer à l'action au premier tour, pendant que ses pneus Michelin lui procurent encore un avantage momentané. A l'épingle de Tosa, il porte son attaque par l'extérieur. Michael Schumacher est surpris, les deux voitures se touchent et la Williams termine le virage dans le gazon. « *J'ai bien vu Juan arriver sur ma droite*, raconta le pilote Ferrari. *Mais ensuite, je ne l'ai plus vu, et je ne m'attendais pas du tout à ce qu'il reste à ma hauteur.* »
La version du Colombien diffère légèrement : « *On s'est touché, et il m'a jeté dans l'herbe, c'est franchement décevant quoique pas surprenant de sa part*, lâchait le pilote Williams. *La voiture n'était pas trop endommagée. Je sais que c'était une attaque osée, mais j'ai déjà fait des choses de ce genre, et je ne pensais pas qu'il me pousserait.* »
En fait, Juan Pablo Montoya était surtout déçu que les commissaires de course n'infligent aucune pénalité au pilote allemand. « *L'an dernier, j'ai reçu une pénalité qui m'a coûté le championnat pour avoir agi de la même manière à Indianapolis* », tonnait-il. « *Il faudrait une fois pour toutes définir ce qui est autorisé et ce qui ne l'est pas, et que le règlement soit le même pour tout le monde, qu'on s'appelle Michael Schumacher ou pas.* »
La dernière chicane, entre les deux hommes, remontait au Grand Prix d'Italie, lorsqu'une même manœuvre du Colombien avait échoué face à l'Allemand. Mais ils comptent bien d'autres accrochages à leur palmarès.
Débarassé de Juan Pablo Montoya, Michael Schumacher s'est alors rapproché de Jenson Button, et c'est au cours de son premier ravitaillement qu'il l'a passé. « *Je savais que notre voiture irait plus vite après quelques tours, après que les pneus soient montés en température*, racontait Michael Schumacher. *Je ne me suis pas énervé au début de la course, mais je tenais tout de même à garder le contact avec Jenson. Après, je n'ai eu qu'à gérer, je n'ai pas eu de problème particulier.* »
Deuxième, Jenson Button réussit le meilleur classement de sa carrière et son troisième podium consécutif. L'écurie BAR se posait ainsi comme la rivale la plus sérieuse des Ferrari, avec un budget nettement inférieur à celui de Williams ou de McLaren. Après quatre ans de galère, l'écurie sait enfin que les victoires seront au bout de sa route...

^
Quatrième victoire pour Michael Schumacher, troisième podium consécutif pour Jenson Button: tout le monde était content sur le podium.

<
Premier virage: Jenson Button a réussi à prendre la tête sans problème en partant de la pole-position.

Le meilleur résultat de sa carrière

Au départ, Jenson Button a commencé par faire très fort, se creusant une avance de 2.7 secondes sur ses poursuivants à l'issue du premier tour. «*Les tout premiers tours, c'était vraiment génial*, confirmait-il. *Je voulais creuser l'écart au tout début, et ça a bien marché. Après, mon rythme s'est un peu tassé mais j'étais tout de même satisfait. Par contre, je n'ai pas compris comment Michael a fait au premier ravitaillement. Quand il a repris la piste, il était loin devant moi. J'ai eu un choc !*»
Quand à l'étape ultime, la victoire, Jenson Button sait qu'elle reste, pour l'instant, hors de portée. «*Je n'avais pas vraiment la voiture pour gagner. Elle était loin d'être parfaite, elle était même un peu traître à conduire, un peu nerveuse. En course, les Ferrari restent intouchables, je ne pouvais vraiment pas espérer battre Michael. Cela dit, je suis vraiment très heureux de cette deuxième place. Pour nous, la saison démarre vraiment très fort.*»
Le prochain Grand Prix, à Barcelone, s'annonçait très bien: les BAR y avaient explosé les chronos des essais privés. «*Il est vrai que nous y avons été très rapides en essais privés, mais ça ne veut pas dire grand'chose. On ne sait jamais ce que les gens essaient, quelle est la configuration de leur voiture. Mais je dois reconnaître que nous y avons été rapides à la fois sur un tour et sur l'ensemble de la course, et il se pourrait que nous y soyons plus proches encore des Ferrari. Les battre, par contre, c'est une autre histoire.*»

Un seul point pour les McLaren

Ralf Schumacher, sur la deuxième BMW Williams termine septième après avoir perdu deux places en toute fin de course, lorsqu'il s'accrocha avec la RenaultF1 de Fernando Alonso. Ce dernier décroche pour sa part la quatrième place.
Au 50e tour, les deux pilotes se sont accrochés, chacun en reportant sur l'autre la responsabilité. Après la course, tous deux furent convoqués par la direction de course, qui conclut à un simple incident.
Au sein de l'écurie McLaren Mercedes, David Coulthard termine douzième seulement après qu'un accrochage au premier virage lui ait coûté un arrêt aux stands pour faire poser un nouvel aileron avant - le sien ayant été arraché dans l'accident.
Pour Kimi Räikkönen, au contraire, le Grand Prix se termine par un point, son premier de sa saison. Le Finlandais était parti de la dernière ligne de la grille de départ après que son moteur ait dû être changé la veille.

Princier à Bahrein, royal à Saint-Marin: Michael Schumacher n'a laissé à personne le soin de remporter la course dans le fief de Ferrari.
v

Marlboro

Souriez, vous êtes filmé

A Imola, Michael Schumacher fêtait sa quatrième victoire en quatre courses. De quoi afficher sa joie au moment de sabler le Champagne.

^
Les Grands Prix se suivent et se ressemblent pour les Jordan. A Imola, Nick Heidfeld s'est qualifié 16e, avant d'abandonner sur problème de transmission

>
La pole le samedi, la deuxième place le dimanche: un week-end presque parfait pour Jenson Button, même sur trois roues (en bas)

La dernière à Imola?

Jusqu'ici, grâce à l'argent qui rentrait, tout le monde était content de voir deux Grands Prix sur territoire italien. Mais ce n'était apparemment plus le cas.
Initialement, le contrat liant la Sagis, la société gérant le circuit, et la FOM, la société de Bernie Ecclestone, courait jusqu'en 2006. Son président a alors accepté de réduire sa durée en « échangeant » les courses de 2005 et 2006 contre une réduction du prix à verser pour les épreuves 2002 et 2003.
Une réduction qui n'a d'ailleurs pas suffi, puisque les organisateurs devaient encore quelque 5 millions de dollars à la la FOM suite au Grand Prix 200, une dette qui envenimait les relations entre les deux parties.
La volonté de Bernie Ecclestone étant par ailleurs de favoriser les épreuves situées hors de l'Union Européenne, prochaines lois anti-tabac obligent, bien peu d'éléments penchaient en faveur d'Imola dans le dossier : avec des candidatures de la Turquie, de l'Inde, du Mexique et de la Russie, les chances de maintenir Imola au calendrier semblaient plutôt faibles, à moins que la volonté de Bernie Ecclestone de passer à un championnat de vingt Grands Prix ne se confirme. « *Notre priorité est de rétablir un rapport de confiance avec Monsieur Ecclestone*, expliquait Federico Bendinelli, le Président de la Sagis. *Si nous voulons le convaincre de resigner avec nous, nous devons investir environ 20 millions d'euros pour adapter le paddock et les stands à son nouveau cahier des charges. Si l'Etat et la ville d'Imola ne nous aident pas, nous n'y arriverons pas, et nous avons du mal à les convaincre. Cette année, l'objectif est d'atteindre les 100 000 spectateurs pendant le week-end. Sinon, nous bouclerons les compte sur un déficit.* »
Un objectif qui n'allait pas se révéler aisé à réaliser, même si le prix des billets avait été réduit de 10 à 40% pour attirer le chaland. Sous perfusion, le Grand Prix de Saint-Marin vivait peut-être sa dernière édition.

Giancarlo Fisichella manque les points de justesse à Imola, puisqu'il termine à moins d'une seconde de la huitième place de Kimi Räikkönen. « Dommage que j'aie été gêné par une Minardi et que Kimi m'ait passé, parce que j'étais bien plus rapide que lui. Nous avions un très bon rythme aujourd'hui », commente l'Italien. Felipe Massa (photo) termine dixième.
v

Valentino Rossi étonnant sur Ferrari

Luca di Montezemolo, le Président de Ferrari, lui avait promis l'essai d'une F1.
Le mercredi précédent le Grand Prix de Saint-Marin, Valentino Rossi est ainsi arrivé à Maranello vers 9 heures du matin. Quelques tours de piste, une visite de l'usine, puis à nouveau quelques tours. Au total, le champion moto a couvert 35 boucles du circuit de Fiorano, avec un meilleur temps de 59.590. Soit un peu plus de trois secondes et demi derrière le record absolu de la piste, détenu par Michael Schumacher en 55.999.
Pour quelqu'un qui n'avait jamais conduit de Formule 1, la performance est littéralement époustouflante. En général, un pilote habitué à d'autres monoplaces a besoin d'une journée complète pour se familiariser avec le freinage et l'accélération des F1.
Mercredi, Luca Badoer, le pilote-essayeur de Ferrari, a tourné pour sa part en 58.433, soit à peine une seconde de moins que Rossi, ce qui souligne davantage l'exploit de l'Italien. Michael Schumacher l'a d'ailleurs félicité et lui a offert son casque dédicacé.
Dans le passé, d'autres champions moto s'étaient frottés aux F1. Il y a cinq ans, Max Biaggi avait tourné à Fiorano en 1'06.580, au moment où Michael Schumacher détenait le record en 1'00.700. Biaggi était à six secondes du record, Rossi n'en est qu'à 3.6 secondes.
Tout Imola ne parlait que de cette performance. La question de la reconversion de Valentino Rossi était posée. «*C'était une journée d'émotion, une expérience extraordinaire*», a commenté le pilote Yamaha au terme de ces essais

Essais

Toutes les séances d'essais

N°	Pilote	N° Châssis - Moteur	Libres 1 vendredi	Pos.	Libres 2 vendredi	Pos.	Libres 3 samedi	Pos.	Libres 4 samedi	Pos.	Pre-qual. samedi	Pos.	Qualifs samedi	Pos.
1.	Michael Schumacher	Ferrari F2004 234	1:20.084	1	1:21.164	3	1:20.856	1	1:20.125	1	1:20.440	3	1:20.011	2
2.	Rubens Barrichello	Ferrari F2004 236	1:21.443	2	1:22.096	11	1:21.583	3	1:20.996	6	1:20.927	7	1:20.451	4
3.	Juan Pablo Montoya	Williams FW26 05 - BMW	1:22.796	6	1:21.661	7	1:21.764	4	1:20.975	5	1:19.805	1	1:20.212	3
4.	Ralf Schumacher	Williams FW26 07 - BMW	1:22.250	3	1:22.057	10	1:21.864	5	1:21.271	11	1:20.423	2	1:20.538	5
5.	David Coulthard	McLaren MP4-19 03 - Mercedes	1:23.197	11	1:21.795	9	1:22.051	8	1:20.844	4	1:20.566	4	1:21.091	11
6.	Kimi Räikkönen	McLaren MP4-19 04 - Mercedes	1:23.054	8	1:21.586	4	1:22.164	9	1:21.199	9	1:21.181	9		
7.	Jarno Trulli	Renault R24-03	1:22.927	7	1:21.604	5	1:22.462	10	1:21.198	8	1:21.669	12	1:21.034	9
8.	Fernando Alonso	Renault R24-02	1:23.083	9	1:21.788	8	1:21.954	6	1:20.844	3	1.21.799	14	1:20.895	6
9.	Jenson Button	B.A.R 006-05 - Honda	1:22.448	5	1:20.966	1	1:21.165	2	1:20.150	2	1:20.632	5	1:19.753	1
10.	Takuma Sato	B.A.R 006-03 - Honda	1:24.061	16	1:21.159	2	1:22.013	7	1:21.159	7	1:20.984	8	1:20.913	7
11.	Giancarlo Fisichella	Sauber C23-04 - Petronas	1:23.528	13	1:23.335	17	1:22.991	13	1:22.022	14	1:20.716	6		
12.	Felipe Massa	Sauber C23-03 - Petronas	1:23.562	14	1:23.043	15	1:23.105	14	1:22.077	15	1:22.154	15	1:21.532	12
14.	Mark Webber	Jaguar R5-03	1:23.417	12	1:22.167	12	1:22.707	11	1:21.393	13	1:21.458	11	1:20.921	8
15.	Christian Klien	Jaguar R5-01	1:25.679	21	1:23.211	16			1:23.222	16	1:22.246	16	1:21.949	14
16.	Cristiano da Matta	Toyota TF104/04	1:24.752	18	1:22.780	14	1:23.482	15	1:21.257	10	1:21.737	13	1:21.087	10
17.	Olivier Panis	Toyota TF104/03	1:23.790	15	1:22.768	13	1:22.885	12	1:21.296	12	1:21.231	10	1:24.558	13
18.	Nick Heidfeld	Jordan EJ14/03 - Ford	1:24.955	19	1:23.866	20	1:24.907	17	1:23.551	17	1:23.055	17	1:23.488	16
19.	Giorgio Pantano	Jordan EJ14/02 - Ford	1:25.375	20	1:24.091	21	1:24.255	16	1:24.736	18	1:24.643	18	1:23.352	15
20.	Gianmaria Bruni	Minardi PS04B/02 - Cosworth	1:27.933	23	1:25.653	22	1:26.783	18	1:26.199	19	1:26.463	19	1:26.899	17
21.	Zsolt Baumgartner	Minardi PS04B/01 - Cosworth	1:29.312	24	1:25.760	23	1:27.539	19	1:27.451	20	1:27.319	20	1:46.299	18
35.	Anthony Davidson	B.A.R 006-02 - Honda	1:22.398	4	1:21.643	6								
37.	Björn Wirdheim	Jaguar R5-02	1:24.152	17	1:23.470	18								
38.	Ricardo Zonta	Toyota TF104/06	1:23.161	10	1:23.500	19								
39.	Timo Glock	Jordan EJ14/01 - Ford	1:26.254	22										
40.	Bas Leinders	Minardi PS04B/04 - Cosworth	1:29.414	25	1:27.025	24								

Vitesses de pointe

N°	Pilote	P1 Qualifs	Pos.	P1 Course	Pos.	P2 Qualifs	Pos.	P2 Course	Pos.	Finish Qualifs	Pos.	Finish Course	Pos.	Radar Qualifs	Pos.	Radar Course	Pos.
1.	M. Schumacher	234,9	1	230,4	2	270,6	4	273,9	2	188,7	2	178,9	5	309,8	5	314,6	3
2.	R. Barrichello	231,0	5	230,3	3	271,9	2	276,7	1	187.6	3	180,7	3	313,3	1	318,5	1
3.	J.P. Montoya	233,2	2	229,0	5	271,2	3	271,2	4	187,5	4	178,1	6	309,0	6	312,0	9
4.	R. Schumacher	228,6	7	228,8	6	272,0	1	271,5	3	178,6	16	176,4	7	310,4	3	315,0	2
5.	D. Coulthard	233,0	3	227,2	9	270,5	5	271,0	6	186,2	6	171,8	17	308,8	7	313,8	5
6.	K. Räikkönen	188,3	19	225,6	12	236,4	19	269,3	9			173,9	14	255,0	19	313,1	7
7.	J. Trulli	223,5	12	227,5	8	264,8	14	266,4	15	185,3	7	180,0	4	302,2	14	305,6	17
8.	F. Alonso	228,0	8	230,1	4	266,2	10	269,5	8	188,9	1	181,7	1	303,2	13	309,4	12
9.	J. Button	232,2	4	232,7	1	269,7	6	270,6	7	186,7	5	181,2	2	310,1	4	313,7	6
10.	T. Sato	223,0	13	228,5	7	269,6	7	266,7	14	184,5	8	175,7	9	312,3	2	311,6	10
11.	G. Fisichella			226,0	10			268,5	10			172,9	15			312,8	8
12.	F. Massa	222,5	14	224,8	14	269,5	8	271,0	5	182,1	13	172,3	16	307,5	8	314,5	4
14.	M. Webber	229,2	6	224,2	15	265,6	11	268,1	11	182,9	12	174,5	13	303,4	12	308,7	13
15.	C. Klien	226,1	10	225,3	13	266,6	9	266,8	13	183,1	9	175,5	11	301,5	15	306,4	15
16.	C. Da Matta	225,4	11	224,0	16	265,2	12	265,2	17	183,0	11	176,3	8	305,0	9	307,7	14
17.	O. Panis	227,3	9	225,7	11	263,2	16	266,1	16	183,1	10	175,5	10	300,8	17	306,4	16
18.	N. Heidfeld	220,8	16	223,7	17	263,5	15	267,7	12	182,1	14	175,3	12	304,4	11	310,7	11
19.	G. Pantano	221,3	15	220,0	18	264,8	13	264,5	18	176,0	17	168,0	20	304,4	10	304,3	18
20.	G. Bruni	212,5	17	216,0	20	257,5	18	257,5	20	180,2	15	170,1	19	296,7	18	298,5	20
21.	Z. Baumgartner	209,9	18	217,7	19	262,7	17	263,0	19	173,9	18	170,8	18	301,0	16	303,9	19

Course

Classement & abandons

Pos.	Pilote	Equipe	Tour	Temps	Moyenne
1.	M. Schumacher	Ferrari	62	1:26:19.670	212,405 km/h
2.	J. Button	B.A.R Honda	62	+ 9.702	212,008 km/h
3.	J.P. Montoya	Williams BMW	62	+ 21.617	211,523 km/h
4.	F. Alonso	Renault	62	+ 23.654	211,440 km/h
5.	J. Trulli	Renault	62	+ 36.216	210,931 km/h
6.	R. Barrichello	Ferrari	62	+ 36.683	210,912 km/h
7.	R. Schumacher	Williams BMW	62	+ 55.730	210,144 km/h
8.	K. Räikkönen	McLaren Mercedes	61	1 tour	208,952 km/h
9.	G. Fisichella	Sauber Petronas	61	1 tour	208,913 km/h
10.	F. Massa	Sauber Petronas	61	1 tour	208,406 km/h
11.	O. Panis	Toyota	61	1 tour	207,422 km/h
12.	D. Coulthard	McLaren Mercedes	61	1 tour	207,388 km/h
13.	M. Webber	Jaguar	61	1 tour	207,028 km/h
14.	C. Klien	Jaguar	60	2 tours	204,160 km/h
15.	Z. Baumgartner	Minardi Cosworth	58	4 tours	197,911 km/h
16.	T. Sato	B.A.R Honda	56	6 tours	209,173 km/h Casse moteur

Pilote	Equipe		Motif d'abandon
N. Heidfeld	Jordan Ford	49	Arbre de transmission cassé
C. Da Matta	Toyota	33	Sortie de piste (oubli de reconnecter l'antipatinage)
G. Bruni	Minardi Cosworth	23	Déséquilibre avec la balance des freins
G. Pantano	Jordan Ford	7	Fuite hydraulique affectant la direction

Meilleurs tours

	Pilote	Temps	Tour	Moyenne
1.	M. Schumacher	1:20.411	10	220,850 km/h
2.	J. Button	1:21.201	28	218,701 km/h
3.	F. Alonso	1:21.650	59	217,499 km/h
4.	J. Trulli	1:21.666	11	217,456 km/h
5.	R. Schumacher	1:21.689	30	217,395 km/h
6.	J.P. Montoya	1:21.870	27	216,914 km/h
7.	R. Barrichello	1:21.873	31	216,906 km/h
8.	T. Sato	1:21.929	44	216,758 km/h
9.	K. Räikkönen	1:22.500	39	215,258 km/h
10.	G. Fisichella	1:22.654	60	214,857 km/h
11.	O. Panis	1:22.861	59	214,320 km/h
12.	F. Massa	1:22.895	36	214,232 km/h
13.	M. Webber	1:22.931	55	214,139 km/h
14.	D. Coulthard	1:22.951	42	214,087 km/h
15.	C. Da Matta	1:23.108	25	213,683 km/h
16.	N. Heidfeld	1:23.381	44	212,983 km/h
17.	C. Klien	1:23.647	27	212,306 km/h
18.	G. Pantano	1:25.457	6	207,809 km/h
19.	Z. Baumgartner	1:26.075	58	206,317 km/h
20.	G. Bruni	1:26.857	11	204,460 km/h

Passages aux stands

	Pilote	Temps	Tour	Arrêt n°
1.	D. Coulthard	31.224	1	1
2.	C. Da Matta	26.714	7	1
3.	F. Massa	25.142	7	1
4.	J.P. Montoya	24.127	8	1
5.	M. Webber	25.885	8	1
6.	J. Button	26.571	9	1
7.	R. Schumacher	24.360	9	1
8.	O. Panis	24.586	9	1
9.	C. Klien	28.386	9	1
10.	T. Sato	26.016	10	1
11.	R. Barrichello	24.230	10	1
12.	M. Schumacher	24.371	11	1
13.	F. Alonso	25.084	11	1
14.	J. Trulli	24.760	12	1
15.	G. Bruni	26.800	12	1
16.	N. Heidfeld	24.947	14	1
17.	Z. Baumgartner	24.868	14	1
18.	D. Coulthard	25.734	19	2
19.	G. Fisichella	25.982	20	1
20.	K. Räikkönen	26.180	21	1
21.	C. Da Matta	24.022	23	2
22.	F. Massa	24.578	24	2
23.	M. Webber	25.698	24	2
24.	J.P. Montoya	24.946	25	2
25.	J. Button	25.118	26	2
26.	C. Klien	26.058	25	2
27.	O. Panis	23.538	26	2
28.	M. Schumacher	24.402	27	2
29.	R. Schumacher	24.118	28	2
30.	R. Barrichello	23.933	28	2
31.	F. Alonso	23.617	30	2
32.	Z. Baumgartner	35.378	29	2
33.	J. Trulli	23.685	31	2
34.	C. Da Matta	14.380	32	3
35.	N. Heidfeld	24.042	32	2
36.	F. Massa	26.931	38	3
37.	G. Fisichella	26.222	39	2
38.	D. Coulthard	27.053	40	3
39.	K. Räikkönen	26.692	41	2
40.	M. Webber	30.939	41	3
41.	O. Panis	24.990	42	3
42.	J.P. Montoya	25.137	43	3
43.	R. Barrichello	24.872	43	3
44.	C. Klien	25.270	42	3
45.	J. Button	24.993	44	3
46.	R. Schumacher	23.728	44	3
47.	M. Schumacher	23.946	46	3
48.	J. Trulli	23.019	46	3
49.	Z. Baumgartner	25.062	44	3
50.	F. Alonso	22.619	48	3
51.	N. Heidfeld	25.056	47	3

Tête de la course

Pilote	Tours en tête	Nbre de Tours
J. Button	1 > 8	8
M. Schumacher	9 > 62	54

Pilote	Nbre de Tours	Kilomètres
M. Schumacher	54	266,382 km
J. Button	8	39,227 km

Ecarts en tête de course

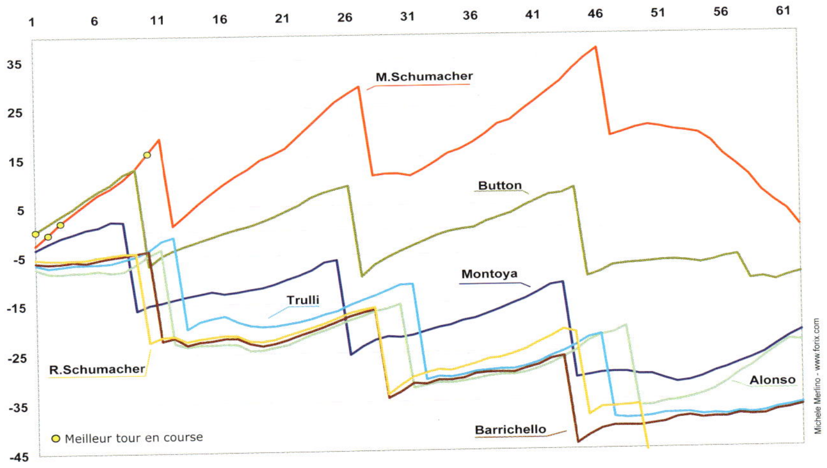

Tour par tour

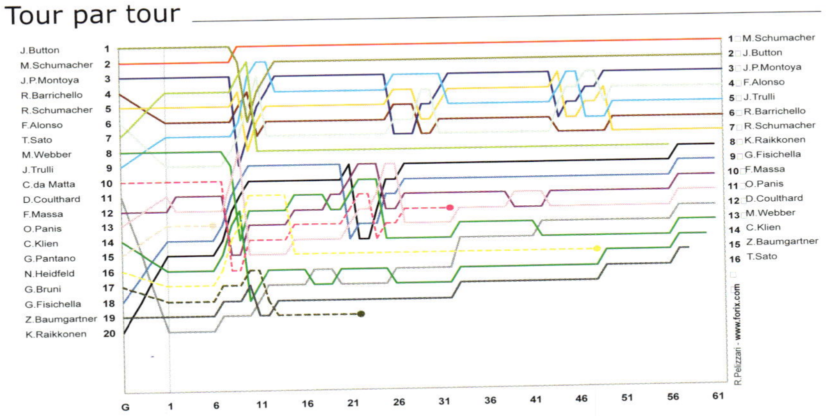

Championnats après quatre manches

Conducteurs

1. M. Schumacher ....(4 victoires) 40
2. R. Barrichello 24
3. J. Button 23
4. J.P. Montoya 18
5. F. Alonso 16
6. J. Trulli 15
7. R. Schumacher 9
8. T. Sato 4
9. D. Coulthard 4
10. F. Massa 1
11. M. Webber 1
12. K. Räikkönen 1
13. G. Fisichella 0
14. C. Da Matta 0
15. O. Panis 0
16. C. Klien 0
17. G. Pantano 0
18. G. Bruni 0
19. Z. Baumgartner 0
20. N. Heidfeld 0

Constructeurs

1. Scuderia Ferrari Marlboro ......(4 victoires)..64
2. Mild Seven Renault F1 Team 31
3. Lucky Strike B.A.R Honda.........................27
4. BMW WilliamsF1 Team 27
5. West McLaren Mercedes.............................5
6. Sauber Petronas 1
7. Jaguar Racing..1
8. Panasonic Toyota Racing 0
9. Jordan Ford...0
10. Minardi Cosworth......................................0

Le circuit

Nom	Autodromo Enzo & Dino Ferrari, Imola
Longueur	4933 mètres
Distance	62 tours, soit 305,609 km
Date	25 avril 2004
Conditions climatiques	ensoleillé, 20-22°c
Température de la piste	31-35°c

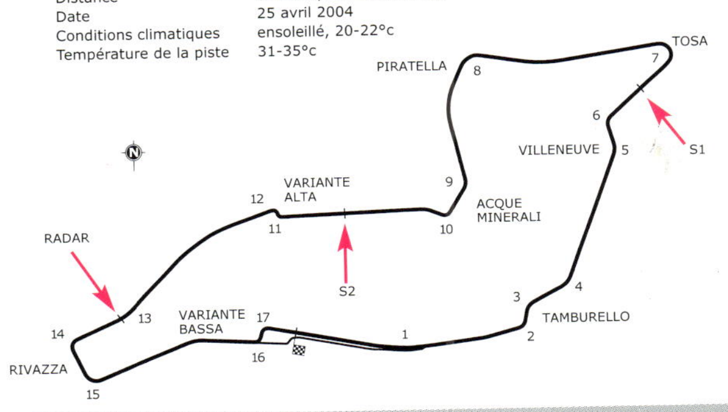

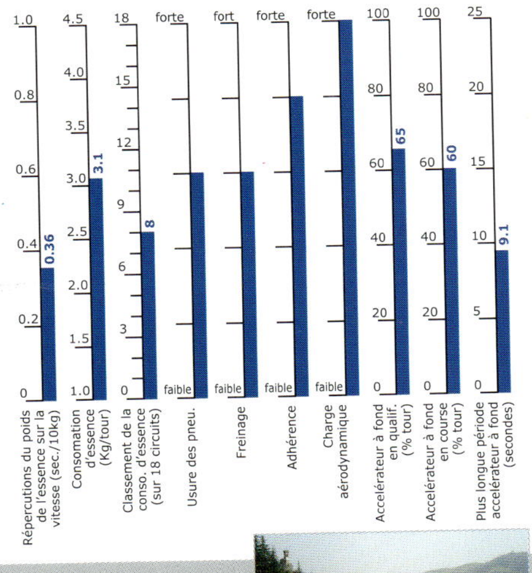

AMD

9 MAI 2004
GRAND PRIX D'ESPAGNE
BARCELONE

VICTOIRE A L'AGONIE

Peu de temps après le début de la course, la voiture de Michael Schumacher a commencé à émettre un ratatouillement dû à un problème d'échappement. Normalement, ce genre de tuile ne pardonne pas. Le champion du monde a bien ralenti son rythme, mais il était encore largement assez rapide pour gagner!
Voilà qui en dit long sur la supériorité des Ferrari, et voilà de quoi écœurer les adversaires de la Scuderia. A Barcelone, Michael Schumacher signait sa cinquième victoire en cinq courses.

^
En 2003, Fernando Alonso avait réussi le troisième temps des essais. Cette fois-ci, l'Espagnol fut moins heureux puisqu'il dut se contenter du 8e chrono.

Jenson ne répète pas

Pas de problème pour Michael Schumacher sur le circuit de Barcelone : c'est sans souci que le sextuple champion du monde a décroché la 59e pole-position de sa carrière.
L'intéressé, pourtant, s'avouait étonné d'être si bien placé. « *Le problème, c'est que je n'étais que neuvième de la préqualification*, racontait-il. *Du coup, j'étais en piste bien trop tôt pour les qualifs, alors que le tracé était nettement plus rapide sur la fin. Ce n'était pas idéal, mais j'ai bien passé les deux premiers secteurs, et j'ai pu assuré sur la fin du tour.* »
A ses côtés sur la première ligne, Michael Schumacher retrouve son rival préféré, Juan Pablo Montoya. Deuxième, le Colombien rend déjà plus d'une demi-seconde à la Ferrari, ce qui ne laisse que peu de doutes quant à l'issue finale de la course. « *C'est le moment que je sois à nouveau en première ligne*, lâchait le pilote Williams. *Ma voiture fonctionne bien, je pense que nous avons de bonnes chances ici.* »
La surprise de ces essais est à nouveau venue de l'écurie BAR-Honda. Jenson Button n'est pas parvenu à renouveler son exploit d'Imola, où il s'était qualifié en pole-position : en pleine attaque, la télémétrie montrait que le Britannique pouvait se qualifier deuxième lorsqu'il est parti dans l'herbe au 7e virage. «*J'ai dû lever le pied, et je me retrouve 14e*, racontait-il. *C'est dommage, mais ce genre de choses arrivent. Ça s'est mis à souffler très fort, et j'ai pris un coup de vent latéral qui m'a surpris.* »
Troisième des essais, son coéquipier Takuma Sato a étonné tout le monde, lui compris. C'était la première fois qu'un Japonais se qualifiait aussi bien en F1.

>
Les années se suivent et se ressemblent pour les Minardi. A Barcelone, les deux monoplaces italiennes se sont qualifiées 18e et 20e, avant d'abandonner toutes deux en course.

En bref

> Avec David Coulthard 10e et Kimi Räikkönen 13e - les deux pilotes se plaignant d'une voiture instable -, l'écurie McLaren-Mercedes n'a pas vraiment progressé. Elle connaissait son pire début de saison depuis 1981. Le mercredi suivant, McLaren s'apprêtait à inaugurer sa nouvelle usine, Parragon, en présence de la Reine Elisabeth. Le principal problème de Ron Dennis, le patron de l'écurie, en vue de cette journée mémorable, courait sur quatre pattes : en face des baies vitrées du bâtiment, un magnifique gazon était envahi par des dizaines de lapins. En cette saison, ces petits animaux se livrent en couple à des activités que la morale humaine réprouve en public, et Ron Dennis ne tenait pas à ce que sa Gracieuse Majesté soit bouleversée par pareil spectacle. Du coup, la chasse aux lapins était ouverte autour de l'usine. Les problèmes de la monoplace, on y penserait plus tard…

> Bridgestone a construit pour 2004 un nouveau motorhome à deux étages, histoire de faire comme toutes les écuries. Le hic, c'est que les manufacturiers de pneus, suite à une vieille entente, n'ont pas droit à une structure à deux niveaux. Bridgestone aurait dû demander une autorisation avant de fabriquer ce nouveau joujou, mais les Japonais ont omis cette politesse. Du coup, à Imola, Bridgestone a dû monter son motorhome à l'extérieur du paddock, avant que Pierre Dupasquier n'accepte de leur permettre un montage à l'intérieur.

La grille de départ

^ Les deux bras en signe de victoire pour Michael Schumacher. L'Allemand remportait là sa cinquième victoire en cinq courses.

Michael Schumacher reçu 5 sur 5 malgré des problèmes

Il n'y a rien de tel pour assommer ses adversaires qu'un pilote d'une voiture à l'agonie qui remporte la course de main de maître.
A Barcelone, c'est dès le 11e tour que tous ceux qui étaient au bord de la piste de Barcelone ont pu entendre que le moteur de Michael Schumacher ne tournait plus rond. Un problème d'échappement, dont l'origine n'a pas été élucidée. « *C'est l'écurie qui m'a signalé en premier que j'avais un souci. Ross* (Brawn, le directeur technique de Ferrari, ndlr) *m'a demandé par radio si je sentais quelque chose. Au début, non, puis le problème est devenu de plus en plus important et je l'ai senti. J'ai ralenti un peu le rythme, j'ai moins tiré sur le moteur, mais je ne pouvais fondamentalement pas faire grand'chose.* »
Même après avoir ralenti sa cadence, Michael Schumacher tournait plus vite que ses adversaires, son coéquipier Rubens Barrichello exclu. Et c'est sans coup férir que la Scuderia a signé un nouveau doublé, son troisième de la saison. En fait, l'Allemand a mené la course de la tête et des épaules, puisqu'il ne fut mené qu'au cours des huit premiers tours par un Jarno Trulli qui avait bondi de la quatrième place de la grille pour le devancer au premier virage. « *C'est le genre de départ qu'on ne réussit qu'une seule fois dans sa vie,* avouait l'Italien après la course. *J'ai relâché l'embrayage quand c'était encore rouge, et la voiture a démarré au moment précis où les feux se sont éteints. J'ai eu beaucoup de chance.* »
La bonne surprise de la journée est en effet venue des deux Renault, Jarno Trulli terminant sur la troisième marche du podium et Fernando Alonso finissant quatrième, juste derrière lui. C'est le premier podium de la saison pour l'Italien, dont on disait la place sérieusement menacée chez Renault pour 2005.
Son podium, en tout cas, lui faisait vraiment plaisir: *«Oui, parce que l'équipe et moi, on a vraiment beaucoup travaillé ces dernières semaines. A plusieurs reprises, nous avons été proches de monter sur les marches du podium, et le fait d'y arriver enfin, c'est vraiment génial.* » Manifestement ému, Jarno Trulli a dédié cette place à Dino, un aérodynamicien de l'écurie, grand ami du pilote, auquel on vient juste de déceler un cancer en phase terminale. Les pilotes de F1, parfois, savent montrer un visage humain.

Un illuminé sur la grille

Après l'employé licencié de Mercedes au Grand Prix d'Allemagne 2000, et le prêtre voulant passer un message biblique au Grand Prix d'Angleterre 2003, un nouvel illuminé a franchi les barrières pour courir sur la grille de départ pendant le tour de chauffe.
Il brandissait une banderole qu'il tenait malheureusement à l'envers et que personne n'a réussi à lire. Rapidement maîtrisé par les commissaires de piste, il a terminé sa journée au poste de police de Montmélo. Un communiqué émis par le circuit a expliqué ensuite que l'homme se considérait comme un « professionnel » et était habitué à ce genre d'apparition dans des endroits publics. Il s'était caché au cours de la matinée et avait sauté par-dessus un grillage au moment du départ du tour de chauffe.

^ Deuxième place pour Rubens Barrichello, parti 5e sur la grille. *«Pour moi, le truc, c'était de m'extraire du trafic. A Imola, je suis devenu fou à rester coincé derrière les autres. Ma voiture était parfaite, mais je ne pouvais rien faire. Ici, j'avais le choix. Soit je montais des pneus tendres le samedi et je tentais la pole, soit je chaussais des pneus durs et je visais un arrêt de moins en course. J'ai choisi la deuxième option, et j'en suis très heureux.»*

< Début de saison difficile pour Christian Klien. Après quatre arrivées au-delà de la dixième place, il a abandonné sur sortie de route à Barcelone.

Tout est beau vu d'avion

Parkings, tribunes, piste, paddock: tout a l'air parfaitement ordré vu d'en haut. Un magnifique circuit situé non loin d'une ville qui ne l'est pas moins.

> Une seule Williams en sixième place et aucune McLaren dans les points : nouvel échec des deux écuries autrefois qualifiées « d'équipes de pointe ». Chez les premiers, Ralf Schumacher est le seul à terminer, en sixième place. Juan Pablo Montoya, de son côté, a abandonné au 47e tour sur problème de freins. Les McLaren connurent elles-aussi des difficultés. David Coulthard franchit la ligne en 10e place, et Kimi Räikkönen en 11e. Les deux pilotes admirent qu'ils ne pouvaient faire mieux en ce moment.

Fernando Alonso: un phénomène en marche

Fernando Alonso a commencé sa carrière en Formule 1 sans tambours ni trompettes. C'était au volant d'une Minardi, au Grand Prix d'Australie 2001. A l'époque, seule son incroyable jeunesse – il avait 18 ans – avait marqué les esprits.
Fernando Alonso est issu d'une famille modeste de la petite ville d'Oviedo, dans le nord de l'Espagne. Ingénieur spécialisé dans les explosifs, son père ne dispose d'aucune fortune, et c'est avec les moyens du bord que le petit Fernando gravit les échelons du sport automobile. En F1, au cours de son année d'apprentissage chez Minardi, il est repéré par Flavio Briatore, le patron de RenaultF1, qui le prend sous son aile. Avisé, ce dernier contraint le jeune Fernando à effectuer une saison complète dans le rôle de pilote-essayeur de Renault. Bien lui en prend. De retour à la lumière des Grands Prix, Fernando Alonso fait d'entrée éclater son talent. En pole-position de la seconde épreuve de la saison, il remporte plus tard le Grand Prix de Hongrie 2003 pour devenir le plus jeune vainqueur de l'histoire de la Formule 1.
Les Espagnols ne s'y sont pas trompés. Alors qu'au terme de la saison 1995, plus aucune chaîne de télévision nationale ne retransmettait les Grands Prix, la Formule 1 est désormais de retour en grâce dans la péninsule ibérique.
Deux semaines plus tôt, le Grand Prix de Saint-Marin établissait ainsi un nouveau record, avec 3 600 000 téléspectateurs. Le samedi, des embouteillages de plusieurs kilomètres se sont formés à l'entrée du circuit, et les organisateurs ont dénombré pas moins de 93 000 spectateurs. Un record pour une journée d'essais. Dimanche, pour la course, il ne leur restait que 750 places à vendre, ce qui les inquiétait beaucoup : traditionnellement, ici, de nombreuses personnes viennent sans billet, acheter leur place aux portes du circuit. La météo magnifique qui régnait sur la Catalogne, combinée avec le phénomène Alonso risquait ainsi de drainer la grande foule sans qu'il ne reste de place à vendre. Mais personne ne s'en plaint: à l'heure où la F1 est victime d'un certain désamour, la passion des espagnols faisait plaisir à voir.

Max Mosley s'attaque aux coûts de la Formule 1

Max Mosley, le président de la FIA, a décidé d'empoigner le taureau par les cornes. Comme il le constatait lui-même, l'intérêt pour la Formule 1 était à nouveau en nette baisse cette saison, en raison de la domination outrancière de Michael Schumacher.
Les sponsors, qui engloutissent des fortunes dans la discipline, ne peuvent accepter que leur investissement soit moins rentable que prévu. Du coup, les écuries, qui dépendent de leurs sponsors, partagent cet avis. Il fallait agir, et vite.
Le mardi, à Monaco, les patrons des écuries se sont réunis sous la direction de Max Mosley pour examiner les mesures proposées par ce dernier pour 2008.
« *Nous sommes tous tombés d'accord. Pour une fois, ce fut une excellente réunion* », commente Max Mosley. « *Je tiens à réduire fortement les coûts en Formule 1. Les motoristes nous ont expliqué qu'entre eux, ils dépensent chaque année un milliard de dollars pour développer les moteurs de Formule 1. Un tel montant n'est pas supportable, et je tiens à réduire cette somme d'au moins 50%* »
Du coup, Max Mosley voulait imposer un moteur de huit cylindres et de 2.4 litres. « *J'aimerais introduire cette mesure avant 2008, sans doute déjà en 2006* », a-t-il indiqué. D'autre part, les aides électroniques telles que les boîtes de vitesses automatiques et les aides au démarrage devaient disparaitre, redonnant plus d'importance au pilote. Max Mosley a aussi annoncé vouloir limiter les pneus à un manufacturier, histoire là encore de diminuer les coûts des essais.

> Fernando Alonso n'est pas venu tout seul à Barcelone! Des tribunes entières étaient à ses couleurs, une foule venue pour applaudir son champion. Le dimanche, 108 300 personnes ont franchi les grilles du circuit de Catalunya. Un nombre record qui entraîne un total de 277 300 personnes tout au long du week-end.

Essais

Toutes les séances d'essais

N°	Pilote	N° Châssis - Moteur	Libres 1 vendredi	Pos.	Libres 2 vendredi	Pos.	Libres 3 samedi	Pos.	Libres 4 samedi	Pos.	Pre-qual. samedi	Pos.	Qualifs samedi	Pos.
1.	Michael Schumacher	Ferrari F2004 234	1:15.658	1	1:16.729	7	1:16.519	5	1:15.025	2	1:16.320	9	1:15.022	1
2.	Rubens Barrichello	Ferrari F2004 236	1:16.033	2	1:16.698	6	1:16.795	8	1:15.540	5	1:16.655	13	1:16.272	5
3.	Juan Pablo Montoya	Williams FW26 06 - BMW	1:17.635	11	1:17.067	12	1:16.048	3	1:15.232	3	1:15.574	1	1:15.639	2
4.	Ralf Schumacher	Williams FW26 07 - BMW	1:17.165	6	1:16.433	4	1:16.233	4	1:16.308	12	1:16.040	4	1:16.293	6
5.	David Coulthard	McLaren MP4-19 03 - Mercedes	1:17.973	13	1:17.069	13	1:17.106	9	1:15.768	7	1:16.465	12	1:16.636	10
6.	Kimi Räikkönen	McLaren MP4-19 04 - Mercedes	1:17.563	10	1:16.798	9	1:17.428	13	1:15.983	11	1:16.240	8	1:17.445	13
7.	Jarno Trulli	Renault R24-03	1:18.341	14	1:16.734	8	1:16.015	2	1:15.457	4	1:16.156	5	1:16.144	4
8.	Fernando Alonso	Renault R24-02	1:17.429	7	1:16.534	5	1:17.294	12	1:15.874	8	1.17.011	15	1:16.422	8
9.	Jenson Button	B.A.R 006-05 - Honda	1:17.060	5	1:15.935	1	1:15.984	1	1:15.627	6	1:16.462	11	1:17.575	14
10.	Takuma Sato	B.A.R 006-03 - Honda	1:17.481	8	1:17.970	18	1:16.685	6	1:14.836	1	1:16.434	10	1:15.809	3
11.	Giancarlo Fisichella	Sauber C23-04 - Petronas	1:18.886	20	1:18.001	19	1:17.277	11	1:17.145	15	1:15.746	2	1:17.444	12
12.	Felipe Massa	Sauber C23-06 - Petronas	1:18.760	19	1:17.906	17	1:17.860	14	1:17.282	16	1:15.771	3	1:17.866	17
14.	Mark Webber	Jaguar R5-03	1:17.763	12	1:17.178	14			1:15.895	9	1:16.212	7	1:16.514	9
15.	Christian Klien	Jaguar R5-01	1:18.615	17			1:19.851	17	1:16.648	13	1:17.863	17	1:17.812	16
16.	Cristiano da Matta	Toyota TF104/04	1:18.362	15	1:16.833	10	1:17.252	10	1:15.895	10	1:16.758	14	1:17.038	11
17.	Olivier Panis	Toyota TF104/03	1:17.489	9	1:16.925	11	1:16.721	7	1:18.392	18	1:16.168	6	1:16.313	7
18.	Nick Heidfeld	Jordan EJ14/03 - Ford	1:19.198	21	1:18.117	20	1:18.643	15	1:16.746	14	1:17.043	16	1:17.802	15
19.	Giorgio Pantano	Jordan EJ14/02 - Ford	1:19.925	22	1:18.726	21	1:19.146	16	1:17.665	17	1:17.965	18	1:20.607	19
20.	Gianmaria Bruni	Minardi PS04B/02 - Cosworth	1:20.858	23	1:19.149	22			1:21.005	20	1:20.372	19	1:19.817	18
21.	Zsolt Baumgartner	Minardi PS04B/01 - Cosworth	1:21.535	25	1:20.313	23	1:19.949	18	1:20.449	19	1:21.620	20	1:21.470	20
35.	Anthony Davidson	B.A.R 006-01 - Honda	1:16.616	3	1:16.188	2								
37.	Björn Wirdheim	Jaguar R5-02	1:18.603	16	1:17.676	16								
38.	Ricardo Zonta	Toyota TF104/06	1:16.639	4	1:16.360	3								
39.	Timo Glock	Jordan EJ14/01 - Ford	1:18.655	18	1:17.608	15								
40.	Bas Leinders	Minardi PS04B/04 - Cosworth	1:21.053	24	1:22.189	24								

Vitesses de pointe

N°	Pilote	P1 Qualifs	Pos.	P1 Course	Pos.	P2 Qualifs	Pos.	P2 Course	Pos.	Finish Qualifs	Pos.	Finish Course	Pos.	Radar Qualifs	Pos.	Radar Course	Pos.
1.	M. Schumacher	305,2	1	303,2	1	263,9	13	272,3	12	296,8	1	292,5	5	323,0	3	328,9	7
2.	R. Barrichello	291,8	16	291,4	10	269,2	11	271,3	13	291,1	8	291,5	6	317,9	10	330,3	5
3.	J.P. Montoya	301,3	4	289,0	14	287,0	2	273,5	10	294,1	2	295,4	1	321,7	4	333,6	3
4.	R. Schumacher	301,3	3	295,8	3	273,4	7	275,0	7	291,2	7	294,8	2	318,9	8	331,5	4
5.	D. Coulthard	300,8	6	293,0	6	279,4	4	282,9	2	291,8	6	288,3	15	316,3	12	323,7	15
6.	K. Räikkönen	294,1	12	292,4	9	288,5	1	274,8	9	292,7	5	290,3	9	319,2	7	328,0	10
7.	J. Trulli	299,4	7	294,7	4	280,8	3	284,2	1	289,0	13	288,0	16	312,5	16	319,8	19
8.	F. Alonso	296,0	10	292,6	8	276,7	6	282,0	3	288,5	14	290,7	8	311,2	19	323,0	16
9.	J. Button	303,4	2	290,1	13	251,7	20	275,2	6	293,6	4	292,8	4	324,1	2	334,1	1
10.	T. Sato	301,1	5	296,0	2	264,9	12	280,2	4	293,7	3	293,2	3	325,6	1	333,8	2
11.	G. Fisichella	293,9	13	293,4	5	259,1	17	274,9	8	287,8	17	291,0	7	318,7	9	329,0	6
12.	F. Massa	293,6	14	292,6	7	254,8	18	263,1	17	287,9	16	289,0	14	321,6	5	328,9	8
14.	M. Webber	297,4	8	291,3	11	269,7	10	272,5	11	290,4	9	290,2	10	312,4	17	328,5	9
15.	C. Klien	293,5	15	288,0	15	272,7	8	278,2	5	285,6	19	287,9	17	310,2	20	322,4	17
16.	C. Da Matta	295,6	11	286,0	16	277,9	5	268,7	15	289,8	11	289,6	12	313,4	13	325,3	14
17.	O. Panis	296,7	9	284,8	17	261,0	16	269,4	14	290,0	10	289,7	11	312,3	18	325,5	13
18.	N. Heidfeld	291,5	17	282,0	18	271,0	9	256,1	20	289,5	12	289,3	13	321,1	6	327,6	11
19.	G. Pantano	291,2	18	291,1	12	261,2	15	264,9	16	288,0	15	286,7	18	317,8	11	327,2	12
20.	G. Bruni	284,7	19	281,1	19	252,9	19	259,8	19	286,2	18	281,9	19	312,9	15	321,0	18
21.	Z. Baumgartner	268,6	20	277,2	20	263,3	14	260,9	18	280,8	20	278,9	20	312,9	14	314,9	20

Course

Classement & abandons

Pos.	Pilote	Equipe	Tour	Temps	Moyenne
1.	M. Schumacher	Ferrari	66	1:27:32.841	209,205 km/h
2.	R. Barrichello	Ferrari	66	+ 13.290	208,677 km/h
3.	J. Trulli	Renault	66	+ 32.294	207,926 km/h
4.	F. Alonso	Renault	66	+ 32.952	207,900 km/h
5.	T. Sato	B.A.R Honda	66	+ 42.327	207,532 km/h
6.	R. Schumacher	Williams BMW	66	+ 1:13.804	206,306 km/h
7.	G. Fisichella	Sauber Petronas	66	+ 1:17.108	206,178 km/h
8.	J. Button	B.A.R Honda	65	1 tour	205,732 km/h
9.	F. Massa	Sauber Petronas	65	1 tour	205,082 km/h
10.	D. Coulthard	McLaren Mercedes	65	1 tour	204,416 km/h
11.	K. Räikkönen	McLaren Mercedes	65	1 tour	204,306 km/h
12.	M. Webber	Jaguar	65	1 tour	204,295 km/h
13.	C. Da Matta	Toyota	65	1 tour	204,075 km/h

Pilote	Equipe		Motif d'abandon
G. Pantano	Jordan Ford	52	Problèmes de pression hydraulique affectant la direction assistée
J.P. Montoya	Williams BMW	47	Problème de refroidissement des freins
C. Klien	Jaguar	44	Perte du contrôle de la pédale d'accélérateur
O. Panis	Toyota	34	Perte de pression hydraulique générale
N. Heidfeld	Jordan Ford	34	Perte de pression hydraulique de la boîte de vitesses
G. Bruni	Minardi Cosworth	32	Tête-à-queue dû à des problèmes de freins
Z. Baumgartner	Minardi Cosworth	18	Tête-à-queue après avoir sali ses pneus pour laisser passer une Sauber

Meilleurs tours

	Pilote	Temps	Tour	Moyenne
1.	M. Schumacher	1:17.450	12	215,070 km/h
2.	J. Button	1:17.495	46	214,945 km/h
3.	F. Alonso	1:17.556	27	214,776 km/h
4.	T. Sato	1:17.678	47	214,439 km/h
5.	R. Barrichello	1:17.887	16	213,863 km/h
6.	J. Trulli	1:18.178	12	213,067 km/h
7.	J.P. Montoya	1:18.262	28	212,838 km/h
8.	R. Schumacher	1:18.548	27	212,063 km/h
9.	M. Webber	1:18.617	11	211,877 km/h
10.	F. Massa	1:18.819	43	211,334 km/h
11.	K. Räikkönen	1:18.842	48	211,273 km/h
12.	N. Heidfeld	1:18.971	25	210,928 km/h
13.	G. Fisichella	1:19.062	37	210,685 km/h
14.	C. Da Matta	1:19.112	29	210,552 km/h
15.	C. Klien	1:19.142	18	210,472 km/h
16.	D. Coulthard	1:19.175	38	210,384 km/h
17.	O. Panis	1:19.199	10	210,320 km/h
18.	G. Pantano	1:19.896	27	208,486 km/h
19.	G. Bruni	1:22.323	3	202,339 km/h
20.	Z. Baumgartner	1:23.390	8	199,750 km/h

Passages aux stands

	Pilote	Temps	Tour	Arrêt n°
1.	G. Bruni	25.024	4	1
2.	F. Alonso	21.427	8	1
3.	O. Panis	22.322	8	1
4.	J. Trulli	20.997	9	1
5.	J.P. Montoya	22.742	9	1
6.	K. Räikkönen	23.659	9	1
7.	M. Webber	29.193	9	1
8.	C. Da Matta	28.750	9	1
9.	N. Heidfeld	22.122	9	1
10.	M. Schumacher	22.068	10	1
11.	D. Coulthard	25.497	10	1
12.	R. Schumacher	21.879	10	1
13.	J. Button	24.792	10	1
14.	G. Pantano	23.013	10	1
15.	T. Sato	23.555	11	1
16.	Z. Baumgartner	23.934	12	1
17.	C. Klien	23.237	16	1
18.	R. Barrichello	24.755	17	1
19.	G. Fisichella	24.624	17	1
20.	F. Massa	24.687	18	1
21.	J. Trulli	21.900	23	2
22.	N. Heidfeld	23.017	23	2
23.	M. Schumacher	23.141	25	2
24.	F. Alonso	21.816	25	2
25.	R. Schumacher	25.277	25	2
26.	G. Bruni	25.974	24	2
27.	G. Pantano	23.840	25	2
28.	T. Sato	23.597	26	2
29.	J.P. Montoya	22.687	26	2
30.	O. Panis	24.003	26	2
31.	M. Webber	24.781	26	2
32.	D. Coulthard	24.063	27	2
33.	C. Da Matta	23.026	27	2
34.	J. Button	22.781	28	3
35.	K. Räikkönen	24.370	29	2
36.	O. Panis	12.377	29	3
37.	C. Klien	22.991	32	2
38.	G. Fisichella	25.879	40	2
39.	J. Trulli	24.338	41	3
40.	F. Massa	24.980	41	2
41.	F. Alonso	23.465	42	3
42.	R. Barrichello	27.180	43	2
43.	J.P. Montoya	24.378	43	3
44.	D. Coulthard	25.112	43	3
45.	J. Button	24.109	44	3
46.	M. Schumacher	23.870	45	3
47.	T. Sato	24.238	45	3
48.	R. Schumacher	24.049	45	3
49.	G. Pantano	26.622	44	3
50.	K. Räikkönen	31.696	46	3
51.	C. Da Matta	22.699	46	3
52.	M. Webber	22.028	50	3

Tête de la course

Pilote	Tours en tête	Nbre de Tours
J. Trulli	1 > 8	8
M. Schumacher	9 > 10	2
R. Barrichello	11 > 17	7
M. Schumacher	18 > 66	49

Pilote	Nbre de Tours	Kilomètres
M. Schumacher	51	235,977 km
J. Trulli	8	36,890 km
R. Barrichello	7	32,389 km

Tour par tour

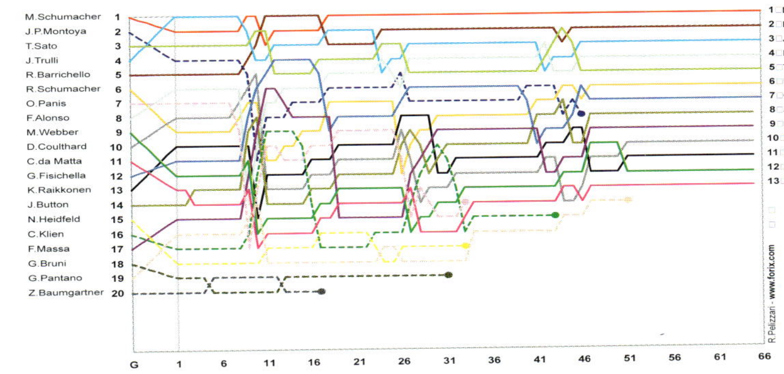

Ecarts en tête de course

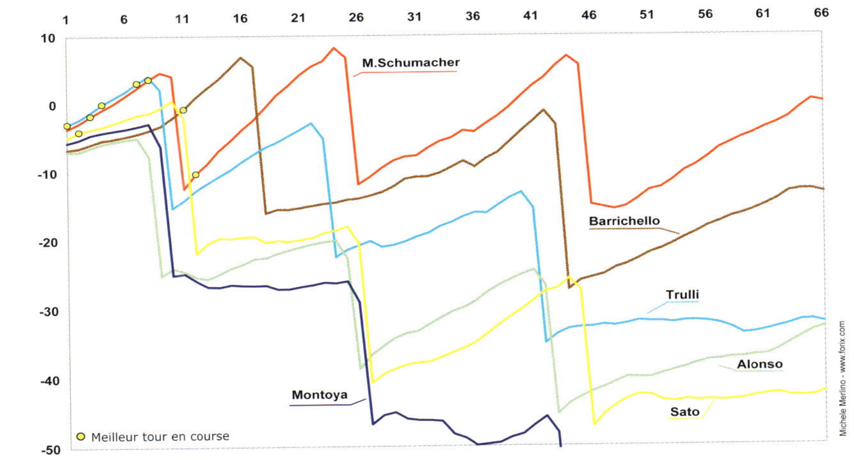

Championnats après cinq manches

Conducteurs

1. M. Schumacher ....(5 victoires) 50
2. R. Barrichello 32
3. J. Button 24
4. F. Alonso 21
5. J. Trulli..21
6. J.P. Montoya 18
7. R. Schumacher 12
8. T. Sato 8
9. D. Coulthard.......................................4
10. G. Fisichella.......................................2
11. F. Massa 1
12. K. Räikkönen.......................................1
13. M. Webber 1
14. C. Da Matta..0
15. O. Panis..0
16. C. Klien 0
17. G. Pantano...0
18. G. Bruni..0
19. Z. Baumgartner 0
20. N. Heidfeld...0

Constructeurs

1. Scuderia Ferrari Marlboro ......(5 victoires)..82
2. Mild Seven Renault F1 Team 42
3. Lucky Strike B.A.R Honda.........................32
4. BMW WilliamsF1 Team 30
5. West McLaren Mercedes...........................5
6. Sauber Petronas 3
7. Jaguar Racing.......................................1
8. Panasonic Toyota Racing 0
9. Jordan Ford..0
10. Minardi Cosworth...................................0

Le circuit

Nom	Circuit de Catalunya, Montmelo, Barcelone
Longueur	4627 mètres
Distance	66 tours, soit 305,256 km
Date	9 mai 2004
Conditions climatiques	ensoleillé et chaud, vent, 21-23°c
Température de la piste	28-33°c

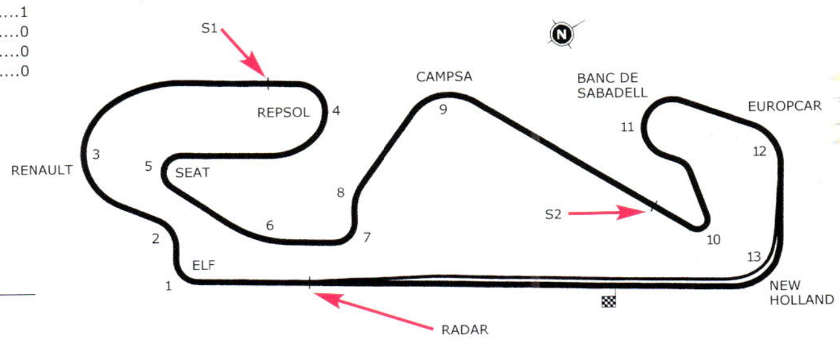

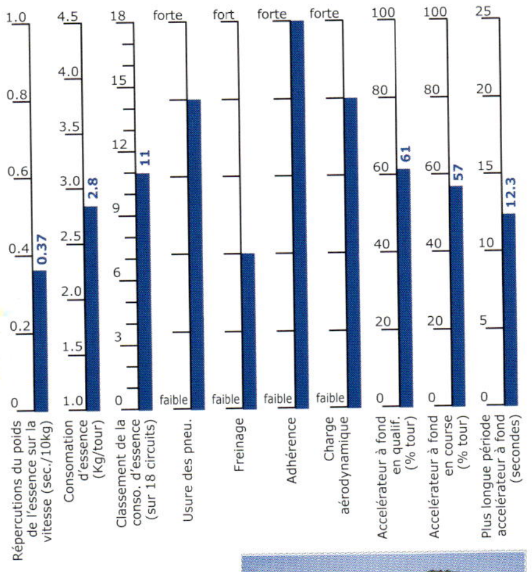

MILD SEVEN
RENAULT

23 MAI 2004
GRAND PRIX DE MONACO
MONTE CARLO

C'ÉTAIT SUPER JARNO!

Magnifique Jarno! A Monaco, Jarno Trulli a remporté la première victoire de sa carrière. C'était aussi la première victoire de la saison de l'écurie Renault (et la seule!), qui s'installait du coup solidement à la deuxième place au classement des constructeurs.
De nombreux accrochages ont marqué cette course folle. Giancarlo Fisichella a mis sa Sauber sur le toit, Fernando Alonso et Mark Webber ont tapé le rail, tandis que Juan Pablo Montoya a embouti Michael Schumacher dans le tunnel derrière le Safety Car. Du jamais vu! Il fallait avoir les nerfs solides pour tenir les 78 tours de course. Parti de la pole-position, en tête pratiquement de bout en bout, Jarno Trulli a surmonté avec brio ce Grand Prix de tous les écueils.

> C'est la première pole-position de Jarno Trulli en 118 Grands Prix. Mais c'est aussi la première pole-position réussie par un pilote italien à Monaco depuis les débuts du championnat du monde, en 1950 !

Monaco, c'était son rêve

« C'est l'endroit parfait pour décrocher la première pole-position de sa carrière. Tous les pilotes rêveraient qu'une telle chose leur arrive ! » Jarno Trulli, en descendant de sa monoplace, ne boudait pas son plaisir. L'Italien était visiblement très heureux d'avoir soufflé la pole-position à Monaco, en se payant même le luxe de compter près de quatre dixièmes d'avance sur le deuxième. Un gouffre à l'échelle du tourniquet monégasque.
« J'ai attendu cette pole longtemps, et je suis vraiment content qu'elle soit enfin là. Maintenant, je vise ma première victoire, et je compte bien la décrocher dimanche. La voiture est très performante en configuration de course, et je sais que j'ai la bonne stratégie. Je suis très optimiste. » Deuxième chrono samedi, Ralf Schumacher ne partira pourtant que depuis la douzième place de la grille, en raison du changement de son moteur jeudi matin. Un changement qui le fait reculer de dix positions au départ, conformément au nouveau règlement 2004. Ici, à Monaco, avec la totale impossibilité de doubler en course, une telle punition fait particulièrement mal: *« Evidemment, de la 12e place, ce ne sera pas simple,* reconnaissait-il. *Mais je ne me fais pas trop de soucis. L'important, c'est que notre voiture soit enfin un peu compétitive. C'est bon pour le moral. »*
Avec quatre pilotes équipés de pneus Michelin aux quatre premières places, il était évident que les gommes françaises détenaient l'avantage sur le tourniquet monégasque. Comme ce fut le cas ces trois dernières années. *« Je dois reconnaître que les pneus nous ont bien aidés, ils fonctionnent très bien ici,* concédait Ralf Schumacher. *Chez Ferrari, par contre, il semble qu'ils n'ont pas trouvé le bon rythme. Cela dit, il faudra voir en course. »*
Au sein de la Scuderia, en effet, les sourires n'étaient pas aussi marqués qu'à l'accoutumée. Cinquième chrono samedi, le vainqueur des cinq premiers Grands Prix de l'année, Michael Schumacher, allait partir finalement de la deuxième ligne après le déclassement de son frère cadet.
Le pilote Ferrari comptait sans doute passer quelques adversaires au cours des trois ravitaillements attendus en course. Mais sur ce circuit, comme à la roulette, rien n'est jamais acquis ou perdu d'avance.

> Michael Schumacher ne se retrouve pas en pole pour la deuxième fois en six Grands Prix: *« Ce résultat est très décevant,* admettait-il. *La piste était bien plus glissante que prévu, et le fait de partir premier de la séance de préqualifications a été très pénalisant. Maintenant, on va devoir faire de notre mieux. »*

En bref

> La FIA est revenue sur sa décision d'interdire toute publicité pour le tabac sur les F1 à partir de 2006. *« Tout était réglé dans ce sens,* regrettait Max Mosley. *Et c'est le ministère européen de la santé qui a mis la pagaille dans ce dossier en avançant sa propre interdiction à la mi-2005. Tous les contrats s'en sont trouvés bouleversés, et notre décision d'interdire les pubs tabac en F1 est devenue vide de sens.»* Du coup, Ferrari a prolongé son accord avec Philip Morris au-delà de 2006.

> *«En 1994, on a dit aux écuries que nous n'organiserions plus le championnat de F1 en 1995 si elles ne nous suivaient pas»*, de Max Mosley, pour expliquer comment, suite au décès d'Ayrton Senna et de Roland Ratzenberger, à Imola, il a réussi à convaincre toutes les écuries à réduire la puissance des moteurs en quelques semaines. Une unanimité qu'il n'arrive plus à obtenir aujourd'hui pour 2006.

> L'avenir de David Coulthard devait se préciser sous peu. Pour l'heure, remercié de l'équipe McLaren, l'Ecossais n'avait pas de contrat pour 2005. Dans le paddock de Monaco, la rumeur voulait qu'il soit en passe de signer un contrat avec l'écurie Jaguar, aux côtés de Mark Webber.

> Autre nouvelle semblant se préciser : Jacques Villeneuve pourrait revenir à la Formule 1 en 2005, au sein de l'écurie Williams-BMW. Le Québécois a répété à plusieurs reprises que son seul souhait était de revenir à la F1, et il a eu un contact avec Frank Williams.

^
Le plus rapide le jeudi, Michael Schumacher dut finalement se contenter de la quatrième place sur la grille de départ.

Max attaque!

Le vendredi, jour de repos à Monaco, l'air posé et réfléchi, Max Mosley a fait l'une de ses rares apparitions dans une salle de presse afin d'expliquer ses propositions destinées à rendre la Formule 1 plus intéressante dès 2006 – pour l'an prochain, il est déjà trop tard, la plupart des écuries travaillant déjà sur leur future monoplace.

En 2006, les moteurs seront limités à un huit cylindres (au lieu de 10 actuellement) d'une cylindrée de 2.4 litres (au lieu de 3 litres). De même, la FIA compte imposer un boîtier électronique unique pour contrôler les moteurs. Un boîtier qui permettra aussi de limiter les essais privés à un certain nombre de kilomètres fixé par avance, et donc de réduire les coûts de tels essais.

Max Mosley tenait également à rendre les dépassements à nouveau possibles en course, et allait sans doute imposer des limitations aérodynamiques aux voitures. Il va encore favoriser l'arrivée de petites écuries en obligeant les grands constructeurs à vendre leurs châssis à des équipes privées et à des tarifs raisonnables.

Autre point très discuté à Monaco : la limitation à un seul manufacturier de pneus à partir de 2006. La FIA jugeait que les gommes ont pris trop d'importance en F1, que leurs progrès font désormais rouler les voitures trop vite, et que leur développement coûte des fortunes en essais privés. Du coup, après appel d'offre, une seule marque sera choisie, cette année encore, pour équiper l'ensemble du plateau dès 2006. « *A part les manufacturiers eux-mêmes, tout le monde est d'accord sur une telle mesure*, d'insister Max Mosley. *Pour moi, elle est fondamentale et n'appelle aucune discussion.* »

Ces dernières semaines, la Scuderia Ferrari a menacé de se retirer de la Formule 1 à partir de 2008 si elle estimait que les nouveaux règlements ne permettraient plus une bataille sportive équilibrée. Pour Max Mosley, une telle décision serait catastrophique pour la Formule 1 : « *Un tel retrait constituerait une authentique tragédie*, confirmait-il hier. *Il y a deux éléments de la F1 reconnus du monde entier et que nous devons à tout prix conserver : Ferrari et le Grand Prix de Monaco. Cela dit, je ne pense pas que Ferrari se retirera si nous lui proposons une compétition honnête.* » Des propos qui confirmaient, si besoin, la propension naturelle de la FIA à favoriser la Scuderia malgré son outrageante domination de ces dernières années...

<<
Depuis sa qualification en première ligne du Grand Prix de Malaisie, Mark Webber n'avait plus réussi à toucher au bonheur d'aussi près. A Monaco, l'Australien ne s'est qualifié qu'à la 11e place.

<
Max Mosley n'était pas venu à Monaco qu'en touriste. Le vendredi, il a justifié ses prises de position quant aux futurs règlements de Formule 1.

La grille de départ

*R. SCHUMACHER Pénalité pour avoir changé de moteur.

**O. PANIS éprouve des difficultés à démarrer, il s'élance depuis l'allée des stands au 2e départ.

1	J. TRULLI	1:13.985 (162,519 km/h)
2	J. BUTTON	1:14.396
3	F. ALONSO	1:14.408
4	M. SCHUMACHER	1:14.516
5	K. RÄIKKÖNEN	1:14.592
6	R. BARRICHELLO	1:14.716
7	T. SATO	1:14.827
8	D. COULTHARD	1:14.951
9	J.P. MONTOYA	1:15.039
10	G. FISICHELLA	1:15.352
11	M. WEBBER	1:15.725
12	R. SCHUMACHER*	1:14.345
13	O. PANIS**	1:15.859
14	C. KLIEN	1:15.919
15	C. DA MATTA	1:16.169
16	F. MASSA	1:16.248
17	N. HEIDFELD	1:16.488
18	G. PANTANO	1:17.443
19	Z. BAUMGARTNER	1:20.060
20	G. BRUNI	1:20.115

Jarno et Renault sortent leurs griffes au terme d'une course mouvementée

C'est la bonne surprise de ce début de saison. Alors que l'écurie Renault n'avait jamais prétendu viser les premières places en 2004, ses pilotes progressaient de course en course et faisaient mieux que des Williams ou des McLaren qui ne cessaient de décevoir.
Jarno Trulli a ainsi terminé toutes les courses de la saison dans les points, avant de remporter une première victoire, à Monaco, que personne n'aurait pu lui contester. Même pas Michael Schumacher, quand bien même ce dernier n'aurait pas été victime d'un accrochage rocambolesque.
Sa première place héritée de sa pole-position, l'Italien ne l'a cédée que quelques tours durant, au fil des ravitaillements. Récit: au 42e tour, la voiture de sécurité neutralise la course après la sortie de route de Fernando Alonso.
Un tour plus tard, Jarno Trulli en profite pour ravitailler, et cède sa première position à Michael Schumacher. C'est au moment où la voiture de sécurité va se retirer,au 46e tour, que se produit l'improbable: alors que Michael Schumacher chauffe ses freins et ses pneus en vue de la relance de la course, Juan Pablo Montoya ne parvient pas à l'éviter, le percute par l'arrière et l'envoie dans le rail dans le tunnel. Aileron et suspension avant cassées, l'Allemand abandonne, furieux. « *J'étais en tête, et je me suis fait sortir par un attardé*, tonnait-il de retour à son stand. *J'accélérais et je freinais comme nous le faisons toujours derrière la voiture de sécurité, et comme je l'avais déjà fait plus tôt dans le même tour.* »
Pour Juan Pablo Montoya, il s'agissait d'un banal incident de course. « *J'ai essayé d'éviter Michael par la droite, mais ça s'est serré et on s'est touché.* » La direction de course, après délibération, a d'ailleurs décidé de classer l'affaire.
Devant, Jarno Trulli n'avait plus qu'à rester concentré pour rouler jusqu'à sa première victoire en Grand Prix. Deuxième, Jenson Button, juste derrière, était proche mais sans espoir de passer à moins d'une erreur du pilote Renault. « *Je pense que c'était vraiment un week-end sans faute* », se réjouissait l'Italien après la course. Manifestement fou de joie – il y avait de quoi -, Jarno Trulli avait du mal à articuler ses phrases devant lors de la conférence de presse. «*Je savais que je pouvais y arriver, parce que je savais que j'avais la voiture pour gagner. J'y croyais parce qu'il faut toujours y croire, mais on ne sait jamais vraiment avant le drapeau à damier.* »
Jarno Trulli en a bavé avant cette première victoire. Une carrière déjà longue, démarrée chez Minardi en 1997 et pleine de déboires pour un garçon qui fêta ses 30 ans en juillet. « *Quand les choses se passent mal, il faut rester concentré, se montrer borné, et croire en soi. C'est ce que j'ai fait*, poursuivait-il. *Jeme sens sur un nuage. Ça n'a pas été facile aujourd'hui, parce qu'à chaque fois que je creusais l'écart, la voiture de sécurité a neutralisé la course. Mais je suis resté calme, et voilà.* »
L'Italien eut peu de temps pour savourer son succès : le week-end suivant, c'était déjà le Grand Prix d'Europe sur le circuit du Nürburgring. L'exploit de Monaco n'allait pas être facile à renouveler.

> Départ. Jarno Trulli s'impose au premier virage. Pole-position et victoire sans discussion : c'était vraiment le jour de Jarno à Monaco. Réussissant à déjouer tous les pièges du Grand Prix le plus mouvementé de la saison, l'Italien remporte la première victoire de sa carrière, après 119 participations.

Les échos du week-end

> Michael Schumacher a terminé 18 Grands Prix consécutivement dans les points. Une série qui s'est arrêtée à Monaco en raison de sa sortie de route. Sa dernière casse mécanique, remontait au Grand Prix d'Allemagne 2001 !

> «Ralf a ralenti pour me laisser passer à l'entrée du tunnel, puis il a accéléré et il m'a poussé en-dehors de la trajectoire. Là, il n'y a pas d'adhérence, et j'ai perdu le contrôle de la voiture ! », expliquait Fernando Alonso pour justifier sa sortie de route, au 42e tour.

> Les McLaren ne placent aucune voiture à l'arrivée. David Coulthard a été éliminé dans l'accident de Giancarlo Fisichella au troisième tour, et Kimi Räikkönen a abandonné au 28e tour sur problème pneumatique dans son moteur Mercedes. «*Quand j'ai vu la fumée de Sato, j'ai ralenti*, explique David Coulthard. *Fisichella roulait sans doute trop vite vu les circonstances.* »

Vivent les circuits en ville

C'est l'une de ces courses dont on se souviendra avec émotion. Le Grand Prix de Monaco 2004, avec ses 78 tours endiablés, a réveillé une passion pour la Formule 1 qui s'était quelque peu émoussée en raison de la domination insatiable de Michael Schumacher et sa Ferrari.
Avec ses cinq victoires en cinq Grands Prix, le sextuple champion du monde avait à ce point écrasé le début de saison 2004 que l'intérêt se limitait désormais à connaître le nom du deuxième classé. Quel que soit le tracé, la Ferrari F2004 associée au pilote allemand s'est montrée intraitable, ne laissant que les miettes à ses adversaires.
Heureusement, le Grand Prix de Monaco a retourné la situation. Mal qualifiée, la flèche rouge a dû se battre pour arriver en tête juste avant de se faire sortir. La faute à pas de chance.
Ce Grand Prix a ainsi tout de même prouvé que le système Ferrari comporte une faille. Qui s'ouvre toute grande sur les circuits urbains.
Beaucoup prétendent que ces derniers sont inadaptés à la Formule 1 moderne. Que ces tourniquets ne conviennent plus à des monoplaces de 900 chevaux réglées pour prendre des courbes à 250 km/h.
Pourtant, la course de Monaco rappelle que les circuits en ville s'avèrent au contraire indispensables pour générer des courses passionnantes. Dans le passé, les Grands Prix de Monaco ont parfois été assommants, mais ont aussi engendré des batailles mémorables, des petits bijoux de douce folie que seules les difficultés d'un tel tracé peuvent engendrer.
Autrefois, la Formule 1 courait en ville à Long Beach, Detroit, Phoenix ou Dallas. Des circuits qui ont été abandonnés au profit de tracés aseptisés. Merci pour la sécurité, qui y a sans doute gagné, mais dommage pour l'intérêt des courses.
Le Grand Prix de Monaco 2004 et ses multiples rebondissements invite au retour de tels tracés. On comprend pourquoi, en tout cas, les pilotes le considèrent comme le joyau de la saison.

L'accident le plus bizarre de la saison: Juan Pablo Montoya heurte l'arrière de la Ferrari de Michael Schumacher alors que ce dernier roulait derrière le Safety Car. Si le Colombien a pu continuer, l'Allemand a dû abandonner à son stand, train avant ouvert. >V

<
Magnifique Jenson Button! Deuxième sur la grille de départ, le Britannique termine sur la deuxième marche du podium pour la deuxième fois de la saison.

Au classement des constructeurs, Sauber mieux que McLaren!

Avec la dixième place de Giancarlo Fisichella sur la grille de départ du Grand Prix de Monaco, l'écurie Sauber comptait bien marquer des points. Elle en revint effectivement avec quatre points de plus au compteur, mais c'est le Brésilien Felipe Massa qui les a marqué !

Les Sauber auraient pu en fait tirer encore mieux leur épingle du jeu des accidents de Monaco si Giancarlo Fisichella n'en avait pas été lui-même victime. Au troisième tour, l'Italien s'est retrouvé gêné par la fumée dégagée par le moteur Honda explosé de Takuma Sato. « *Je ne voyais rien*, expliquait l'Italien. *Barrichello et Montoya étaient devant moi, mais tout d'un coup, il y avait une McLaren* (celle de Coulthard, ndlr), *je ne sais pas ce qu'elle faisait là, mais j'ai alors entendu un grand « bang » et je me suis retrouvé la tête en bas. J'ai attendu qu'il n'y ait plus de bruit, au cas où l'accident n'était pas encore fini, et je suis sorti de la voiture.* »

Sans cet accrochage, l'Italien assurait qu'il aurait terminé à la quatrième place du Grand Prix. Felipe Massa, lui, partait de très loin puisqu'il n'était pointé qu'à la 16e place sur la grille. C'était donc un exploit de le retrouver cinquième au moment de franchir le drapeau à damier. Cette position et ses quatre points permettaient à l'écurie Sauber de grimper à la cinquième place du classement des constructeurs, c'est-à-dire entre Williams et McLaren. Excusez du peu. « *C'est une course incroyable pour nous*, admettait Peter Sauber. *Mais c'est un mélange de doux-amer que je conserverai de ce week-end. Je suis très heureux que Giancarlo soit sorti indemne de son accident, mais je suis désolé pour lui. Il a fait un superbe travail ce week-end, il était qualifié avec beaucoup d'essence, ce qui permettait d'espérer un bon résultat.* »

<
Felipe Massa dans le tunnel de Monaco. Le Brésilien terminera cinquième, permettant à son écurie de marquer quatre points supplémentaires.

FedEx

Jubilatoire

Pour les photographes, il n'est pas de plus beau circuit que le tourniquet monégasque. Un tracé jubilatoire, qui permet de cotoyer les monoplaces au point de les toucher, qui les fait évoluer dans un décor de rêve et sous des angles à nuls autres pareils. Vive le Grand Prix de Monaco.

^
Juan Pablo Montoya, vainqueur ici-même l'an dernier, n'a pas pu renouveler l'exploit en 2004. Il termine quatrième, juste pas sur le podium, après être parti de la neuvième place sur la grille.

Monaco se dote enfin de stands dignes de ce nom

Jusqu'ici, au cours des 61 éditions précédentes, les stands, à Monaco, étaient synonymes de vraie galère pour les mécaniciens. Réparations à ciel ouvert – même sous la pluie -, entassement du matériel sur une surface ridicule, bousculade des photographes, va-et-vient des châssis entre le paddock et les stands avant et après chaque journée d'essais... si le public massé dans les tribunes de la Rascasse appréciait de voir passer pilotes et leurs bolides plusieurs fois par jour, ce cirque ne correspondait plus au standard moderne de la Formule 1.
En 2003, la Principauté avait donc gagné 5000 mètres carrés sur la mer, après la chicane de la piscine. Un remblais qui avait permis de reculer le circuit d'une dizaine de mètres vers le port.
Cette année, profitant de l'espace ainsi gagné, l'Automobile-Club a construit de nouveaux stands, des bâtiments qui mesurent 15 mètres sur 10 et qui permettent enfin aux mécaniciens de travailler dans des conditions décentes. Chacun de ces stands comporte deux étages, de quoi stocker le matériel au premier et de parquer les voitures en bas. « *C'est dommage pour le public, qui ne vera plus les monoplaces passer* », admettait David Coulthard. «*Mais c'est tellement plus pratique pour nous.* »
Au niveau de la piste, l'Automobile Club a aussi resurfacé trois portions du tracé, réputé pour ses bosses, tandis que de nouvelles tribunes ont été érigées avant le virage de la Rascasse. Des efforts permanents qui démontrent la volonté de la Principauté de conserver son Grand Prix. Chaque année, plusieurs pilotes et ingénieurs se plaignent de l'anachronsime de cette course. Et chaque année, il est réinscrit au calendrier. Sorte de « joyau de la couronne » du championnat, la FIA n'oserait jamais annuler l'épreuve la plus médiatisée de la saison. Les courses y sont souvent ennuyeuses, mais le cadre somptueux de Monaco mérite bien tous les sacrifices.

>
A Monaco, certains pourraient vite devenir fan des fans de Ferrari... il faut dire que certaines d'entre elles avaient visiblement envie de passer dans l'Année Formule 1... ou alors de se faire remarquer par George Clooney, Brad Pitt et Matt Damon, les acteurs du film "Ocean 12" dont l'écurie Jaguar a fait la promotion dans son stand.

Essais

Toutes les séances d'essais

N°	Pilote	N° Châssis - Moteur	Libres 1 jeudi	Pos.	Libres 2 jeudi	Pos.	Libres 3 samedi	Pos.	Libres 4 samedi	Pos.	Pre-qual. samedi	Pos.	Qualifs samedi	Pos.
1.	Michael Schumacher	Ferrari F2004 234	1:16.502	1	1:14.471	1	1:15.751	1	1:14.014	1	1:15.927	14	1:14.516	5
2.	Rubens Barrichello	Ferrari F2004 235	1:18.621	14	1:15.319	3	1:15.770	2	1:15.174	10	1:15.329	11	1:14.716	7
3.	Juan Pablo Montoya	Williams FW26 06 - BMW	1:17.937	9	1:16.097	10	1:16.559	9	1:14.212	5	1:15.029	9	1:15.039	10
4.	Ralf Schumacher	Williams FW26 07 - BMW		25	1:16.556	12	1:16.863	11	1:14.752	8	1:14.483	1	1:14.345	2
5.	David Coulthard	McLaren MP4-19 03 - Mercedes	1:17.524	5	1:16.229	11	1:16.756	10	1:14.670	7	1:14.728	3	1:14.951	9
6.	Kimi Räikkönen	McLaren MP4-19 04 - Mercedes	1:17.952	10	1:15.479	5	1:16.400	7	1:15.034	9	1:14.659	2	1:14.592	6
7.	Jarno Trulli	Renault R24-03	1:17.856	8	1:15.472	4	1:16.374	5	1:14.016	2	1:14.993	8	1:13.985	1
8.	Fernando Alonso	Renault R24-06	1:17.686	6	1:15.701	9	1:16.386	6	1:14.138	4	1.14.816	6	1:14.408	4
9.	Jenson Button	B.A.R 006-05 - Honda	1:17.339	3	1:15.520	6	1:16.358	4	1:14.646	6	1:14.799	4	1:14.396	3
10.	Takuma Sato	B.A.R 006-04 - Honda	1:17.279	2	1:15.664	7	1:16.540	8	1:14.020	3	1:14.931	7	1:14.827	8
11.	Giancarlo Fisichella	Sauber C23-04 - Petronas	1:18.338	11	1:16.748	14	1:17.209	12	1:15.709	11	1:14.814	5	1:15.352	11
12.	Felipe Massa	Sauber C23-06 - Petronas	1:19.335	16	1:17.422	17		20	1:16.332	14	1:15.436	12	1:16.248	16
14.	Mark Webber	Jaguar R5-02	1:19.261	15			1:16.273	3	1:17.173	18	1:16.161	15	1:15.725	12
15.	Christian Klien	Jaguar R5-01	1:19.487	17	1:17.988	20	1:18.390	16	1:16.101	13	1:16.379	16	1:15.919	14
16.	Cristiano da Matta	Toyota TF104/04	1:18.889	13	1:16.743	13	1:17.409	13	1:15.861	12	1:15.738	13	1:16.169	15
17.	Olivier Panis	Toyota TF104/07	1:19.218	14	1:17.007	15	1:18.299	15	1:16.431	16	1:15.125	10	1:15.859	13
18.	Nick Heidfeld	Jordan EJ14/03 - Ford	1:21.141	21	1:17.873	19	1:19.221	17	1:16.385	15	1:16.914	17	1:16.488	17
19.	Giorgio Pantano	Jordan EJ14/02 - Ford	1:20.528	18	1:17.309	16	1:18.117	14	1:16.700	17	1:17.674	18	1:17.443	18
20.	Gianmaria Bruni	Minardi PS04B/02 - Cosworth	1:21.201	22	1:18.822	21		19			1:20.740	20	1:20.115	20
21.	Zsolt Baumgartner	Minardi PS04B/01 - Cosworth	1:22.203	23	1:18.829	22	1:23.963	18	1:19.467	19	1:20.468	19	1:20.060	19
35.	Anthony Davidson	B.A.R 006-02 - Honda	1:17.791	7	1:15.141	2								
37.	Björn Wirdheim	Jaguar R5-04	1:20.680	20		24								
38.	Ricardo Zonta	Toyota TF104/03	1:17.426	4	1:15.690	8								
39.	Timo Glock	Jordan EJ14/01 - Ford	1:20.534	19	1:17.756	18								
40.	Bas Leinders	Minardi PS04B/04 - Cosworth	1:23.361	24	1:20.370	23								

Vitesses de pointe

N°	Pilote	P1 Qualifs	Pos.	P1 Course	Pos.	P2 Qualifs	Pos.	P2 Course	Pos.	Finish Qualifs	Pos.	Finish Course	Pos.	Radar Qualifs	Pos.	Radar Course	Pos.
1.	M. Schumacher	213,2	3	211,7	4	230,1	1	232,7	1	269,9	3	274,6	3	295,8	1	303,0	1
2.	R. Barrichello	213,1	4	208,2	8	222,2	5	219,6	5	269,7	4	273,6	4	294,7	4	301,6	2
3.	J.P. Montoya	201,6	18	209,9	6	218,0	8	215,2	7	272,9	2	275,9	1	293,7	5	299,2	7
4.	R. Schumacher	212,4	7	202,1	14	220,4	6	208,5	12	274,1	1	275,2	2	295,1	3	295,0	11
5.	D. Coulthard	212,8	5	191,9	17	218,9	7	203,1	16	268,7	7	268.8	12	292,8	8	294,6	13
6.	K. Räikkönen	206,1	14	204,2	11	222,5	4	220,1	4	269,2	5	271,6	6	293,3	7	299,3	6
7.	J. Trulli	212,0	9	215,0	1	213,1	14	223,6	2	266,9	13	271,3	8	290,4	13	299,5	4
8.	F. Alonso	214,7	2	214,0	2	209,9	16	213,4	8	265,9	15	269,8	11	291,7	11	299,4	5
9.	J. Button	211,8	10	209,6	7	225,0	2	221,3	3	269,1	6	271,6	5	293,3	6	298,5	9
10.	T. Sato	216,6	1	197,3	16	223,4	3	205,5	14	268,7	8	254,4	19	292,6	9	276,9	18
11.	G. Fisichella	212,7	6	187,4	19	214,5	11	195,6	17	267,5	11	268,4	13	291,9	10	290,5	16
12.	F. Massa	210,8	13	210,9	5	217,2	10	218,1	6	268,6	9	270,6	10	295,8	2	300,0	3
14.	M. Webber	212,3	8	204,8	10	213,1	13	204,9	15	264,3	17	266,8	16	288,3	17	294,5	14
15.	C. Klien	205,0	17	153,7	20	217,8	9			263,6	18			285,4	20		
16.	C. Da Matta	210,9	12	212,0	3	205,2	18	211,5	9	267,1	12	270,9	9	291,2	12	298,8	8
17.	O. Panis	211,6	11	207,0	9	210,3	15	211,3	10	267,8	10	271,5	7	289,1	14	286,0	17
18.	N. Heidfeld	205,7	15	203,0	12	209,6	17	207,2	13	265,9	14	267,7	15	288,6	15	295,1	10
19.	G. Pantano	205,6	16	202,3	13	213,9	12	210,7	11	265,0	16	268,1	14	288,5	16	294,9	12
20.	G. Bruni	188,8	20	189,6	18	186,1	20	181,8	19	262,4	20	254,5	18	285,7	19	276,9	19
21.	Z. Baumgartner	198,3	19	200,1	15	193,4	19	194,7	18	262,9	19	265,0	17	286,3	18	290,7	15

Course

Classement & abandons

Pos.	Pilote	Equipe	Tour	Temps	Moyenne
1.	J. Trulli	Renault	77	1:45:46.601	145,880 km/h
2.	J. Button	B.A.R Honda	77	+ 0.497	145,869 km/h
3.	R. Barrichello	Ferrari	77	+ 1:15.766	144,159 km/h
4.	J.P. Montoya	Williams BMW	76	1 tour	143,439 km/h
5.	F. Massa	Sauber Petronas	76	1 tour	142,370 km/h
6.	C. Da Matta	Toyota	76	1 tour	142,367 km/h
7.	N. Heidfeld	Jordan Ford	75	2 tours	140,505 km/h
8.	O. Panis	Toyota	74	3 tours	139,196 km/h
9.	Z. Baumgartner	Minardi Cosworth	71	6 tours	134,411 km/h
10.	R. Schumacher	Williams BMW	69	8 tours	138,674 km/h Boîte ne disposant plus que de la 4e vitesse

Pilote	Equipe		Motif d'abandon
M. Schumacher	Ferrari	46	Percuté à l'arrière par Montoya, heurte les rails sous le tunnel
F. Alonso	Renault	42	Heurte les rails sous le tunnel
K. Räikkönen	McLaren Mercedes	28	Système pneumatique du moteur
G. Bruni	Minardi Cosworth	16	Problème de boîte de vitesses
G. Pantano	Jordan Ford	13	Boîte de vitesses bloquée en 4e
M. Webber	Jaguar	12	Casse moteur
T. Sato	B.A.R Honda	3	Moteur explosé
D. Coulthard	McLaren Mercedes	3	Percuté à l'arrière par Fisichella
G. Fisichella	Sauber Petronas	3	Aveuglé par la fumée du moteur de Sato, percute Coulthard à l'arrière et part en tonneau
C. Klien	Jaguar	1	Sans aileron avant, tire tout droit dans les pneus au Loews

Meilleurs tours

	Pilote	Temps	Tour	Moyenne
1.	M. Schumacher	1:14.439	23	161,528km/h
2.	J. Trulli	1:14.870	22	160,598 km/h
3.	J. Button	1:15.220	40	159,851 km/h
4.	F. Alonso	1:15.226	23	159,838 km/h
5.	J.P. Montoya	1:15.395	41	159,480 km/h
6.	R. Barrichello	1:15.763	16	158,705 km/h
7.	K. Räikkönen	1:16.203	15	157,789 km/h
8.	C. Da Matta	1:16.232	22	157,729 km/h
9.	O. Panis	1:16.494	57	157,188 km/h
10.	F. Massa	1:17.151	23	155,850 km/h
11.	M. Webber	1:17.466	11	155,216 km/h
12.	R. Schumacher	1:17.588	18	154,972 km/h
13.	N. Heidfeld	1:18.262	35	153,637 km/h
14.	G. Pantano	1:19.415	10	151,407 km/h
15.	D. Coulthard	1:20.560	2	149,255 km/h
16.	G. Fisichella	1:20.804	2	148,804 km/h
17.	T. Sato	1:21.368	2	147,773 km/h
18.	G. Bruni	1:21.592	10	147,367 km/h
19.	Z. Baumgartner	1:21.886	2	146,838 km/h

Passages aux stands

	Pilote	Temps	Tour	Arrêt n°
1.	R. Schumacher	36.610	3	1
2.	N. Heidfeld	26.328	4	1
3.	J.P. Montoya	27.591	13	1
4.	J. Button	26.169	18	1
5.	K. Räikkönen	27.122	19	1
6.	R. Barrichello	26.511	20	1
7.	F. Massa	25.615	21	1
8.	C. Da Matta	25.943	23	1
9.	Z. Baumgartner	26.394	22	1
10.	J. Trulli	25.622	24	1
11.	O. Panis	27.335	24	1
12.	F. Alonso	25.287	25	1
13.	M. Schumacher	26.936	26	1
14.	N. Heidfeld	26.549	31	2
15.	R. Schumacher	27.958	37	2
16.	J. Button	26.992	42	2
17.	F. Massa	26.350	41	2
18.	Z. Baumgartner	27.023	39	2
19.	C. Da Matta	47.844	42	2
20.	N. Heidfeld	24.478	41	3
21.	J.P. Montoya	26.146	42	2
22.	J. Trulli	24.131	43	2
23.	C Da Matta	14.836	52	3
24.	R. Barrichello	23.856	55	2
25.	O. Panis	25.026	55	2

Tête de la course

Pilote	Tours en tête	Nbre de Tours
J. Trulli	1 > 23	23
F. Alonso	24	1
M. Schumacher	25	1
J. Trulli	26 > 42	17
M. Schumacher	43 > 45	3
J. Trulli	46 > 77	32

Pilote	Nbre de Tours	Kilomètres
J. Trulli	72	240,480 km
M. Schumacher	4	13,360 km
F. Alonso	1	3,340 km

Tour par tour

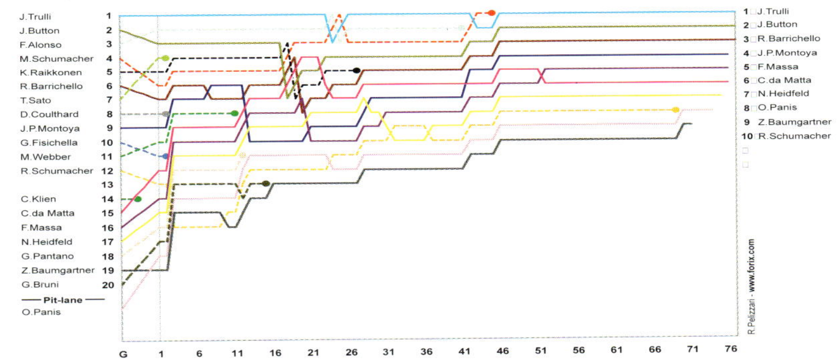

Ecarts en tête de course

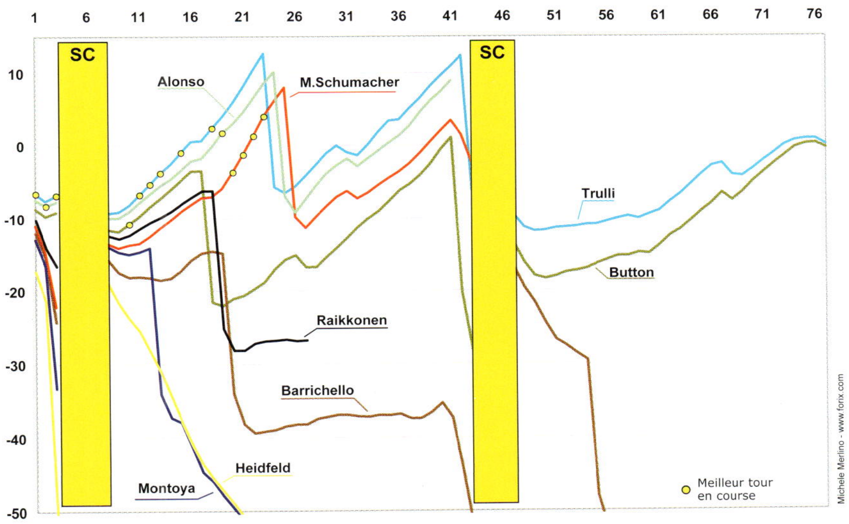

Championnats après six manches

Conducteurs

1. M. Schumacher ....(5 victoires) 50
2. R. Barrichello 38
3. J. Button 32
4. J. Trulli ....(1 victoire) 31
5. J.P. Montoya 23
6. F. Alonso 21
7. R. Schumacher 12
8. T. Sato 8
9. F. Massa 5
10. D. Coulthard 4
11. C. Da Matta 3
12. G. Fisichella 2
13. N. Heidfeld 2
14. O. Panis 1
15. K. Räikkönen 1
16. M. Webber 1
17. Z. Baumgartner 0
18. C. Klien 0
19. G. Pantano 0
20. G. Bruni 0

Constructeurs

1. Scuderia Ferrari Marlboro ......(5 victoires)..88
2. Mild Seven Renault F1 Team ..(1 victoire) ...52
3. Lucky Strike B.A.R Honda.........................40
4. BMW WilliamsF1 Team 35
5. Sauber Petronas 7
6. West McLaren Mercedes..............................5
7. Panasonic Toyota Racing 4
8. Jordan Ford..2
9. Jaguar Racing..1
10. Minardi Cosworth.......................................0

Le circuit

Nom	Monaco, Monte-Carlo
Longueur	3340 mètres
Distance	78 tours prévus, 77 effectués, soit 257,180 km
Date	23 mai 2004
Conditions climatiques	ensoleillé, chaud, 23-25°c
Température de la piste	36-39°c

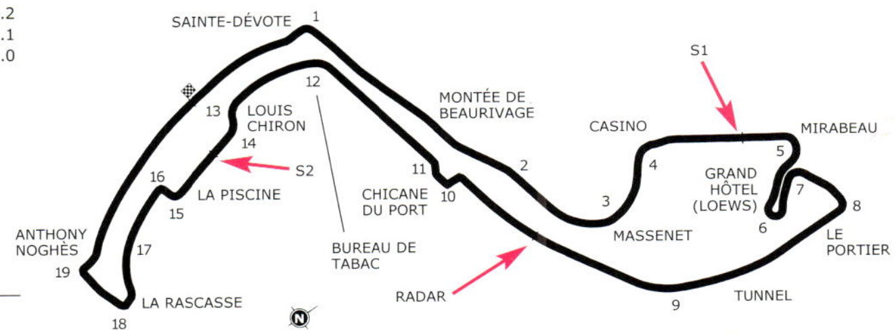

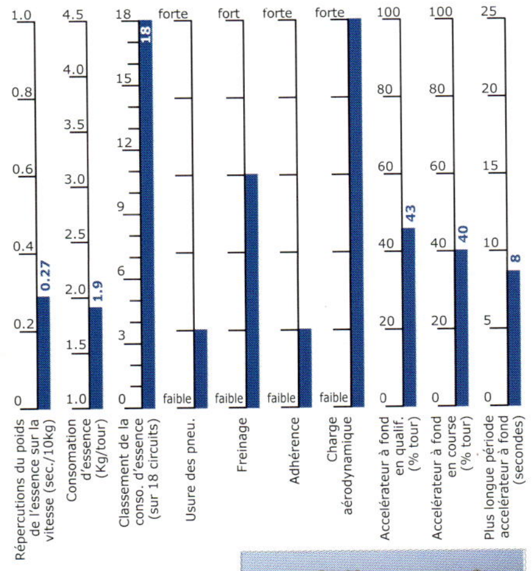

Marlboro

30 MAI 2004
GRAND PRIX D'EUROPE
NÜRBURGRING

C'EST REPARTI POUR LES ROUGES

Le Grand Prix de Monaco n'aura été qu'une pause, qu'une respiration dans la symphonie gagnante de Ferrari. Au Nürburgring, une semaine à peine après l'épreuve monégasque, la Scuderia a signé son quatrième doublé de la saison, tandis que Michael Schumacher remportait son sixième Grand Prix sur sept !

^
Il régnait une température de 2 degrés sur le circuit du Nürburgring, la nuit. En cours de journée, le thermomètre a grimpé jusqu'à… 14 degrés ! C'était le Grand Prix le plus froid de la saison 2004, ce qui n'a rien changé au final: aux essais, Michael Schumacher a signé une nouvelle pole-position qui allait être suivie d'une nouvelle victoire en course.

Banzaï

Michael Schumacher a décroché au Nürburgring sa cinquième pole-position de la saison, qui comptait aussi comme la 60e de sa carrière. Le champion du monde en titre a creusé le gouffre puisqu'il comptait plus de 6 dixièmes d'avance sur son suivant immédiat. « *Je m'attendais bien à ce que nous soyons compétitifs ici, et je ne suis pas surpris d'être en pole,* analysait-il. *Par contre, je ne comprends pas pourquoi les autres sont si loin.* »
«Les autres» étaient emmenés par le Japonais Takuma Sato, qualifié en première ligne aux côtés de Michael Schumacher. C'était la première fois qu'un Japonais se qualifiait aussi bien en Formule 1, et le jeune Takuma Sato en était tout excité : « *C'est vraiment fantastique, j'ai fait un tour parfait. A Monaco, je n'ai pas pu aller très loin puisque mon moteur a cassé en début de course. Ici, j'espère bien tenir plus longtemps.* »
Jarno Trulli, le vainqueur du Grand Prix de Monaco, était troisième sur la grille.
David Coulthard, quant à lui, venait de signer le quatrième chrono de la séance de préqualification lorsqu'il fut contraint de parquer sa McLaren-Mercedes dans l'herbe du circuit. Le moteur venait de lâcher. Son écurie dut le changer, et l'Ecossais ne prit pas part aux qualifications.
Les affaires de l'écurie McLaren ne s'arrangeaient pas, et ce devant le public et les dirigeants de Mercedes. Du coup, de folles rumeurs commencèrent à circuler au sujet du retrait de Ron Dennis et du rachat de l'écurie par la marque allemande. L'avenir allait les démentir.

>
Takuma Sato en première ligne! Les BAR affichaient décidément la grande forme en 2004, et le pilote japonais commençait à prendre de l'assurance.

La grille de départ

*Z. BAUMGARTNER, G. FISICHELLA, G. BRUNI et D. COULTHARD Pénalité pour avoir changé de moteur.

1	M. SCHUMACHER	1:28.351 (209,763 km/h)
2	T. SATO	1:28.986
3	J. TRULLI	1:29.135
4	K. RÄIKKÖNEN	1:29.137
5	J. BUTTON	1:29.245
6	F. ALONSO	1:29.313
7	R. BARRICHELLO	1:29.353
8	J.P. MONTOYA	1:29.354
9	R. SCHUMACHER	1:29.459
10	O. PANIS	1:29.697
11	C. DA MATTA	1:29.706
12	C. KLIEN	1:31.431
13	N. HEIDFELD	1:31.604
14	M. WEBBER	1:31.797
15	G. PANTANO	1:31.979
16	F. MASSA	1:31.982
17	Z. BAUMGARTNER*	1:34.398
18	G. FISICHELLA*	-
19	G. BRUNI*	-
20	D. COULTHARD*	-

Nouveau doublé des Ferrari et nouvelle victoire de Michael Schumacher

Mis à part ses dix derniers tours, le Grand Prix d'Europe s'est révélé relativement animé. Car si la domination de Michael Schumacher n'a souffert d'aucune discussion, la bataille fut âpre pour la deuxième place.

Qualifié sur la première ligne, Takuma Sato s'avéra le grand animateur de ce Grand Prix d'Europe. Au départ, le Japonais se laissa surprendre par Jarno Trulli au premier virage. Dans la confusion qui s'ensuivit, tous deux furent passés par Kimi Räikkönen et Fernando Alonso. Ce qui a finalement coûté cher à Takuma Sato. Car tandis qu'à l'avant, Michael Schumacher creusait son avance tour après tour, ses adversaires étaient retenus par Kimi Räikkönen jusqu'à son premier ravitaillement, au 9e tour.

Au terme de la première série d'arrêts, Rubens Barrichello se retrouva deuxième, une position rapidement menacée par Takuma Sato, le Japonais cravachant pour se forger une avance suffisante pour ravitailler et s'emparer de la deuxième place.

Une tactique qui faillit réussir et qui n'échoua que de justesse : au 44e tour, en reprenant la course après son troisième arrêt, le pilote nippon se retrouva quelques mètres à peine derrière la Ferrari du Brésilien. Tentant alors une manœuvre audacieuse, il l'attaqua au freinage du premier virage. Surpris, Rubens Barrichello s'écarta, mais les deux monoplaces se heurtèrent et la B.A.R.-Honda y laissa son aileron avant.

Après un nouvel arrêt pour le remplacer, Takuma Sato était à peine relancé que son moteur explosa, tout comme il l'avait fait à Monaco une semaine plus tôt.

«C'est vraiment décevant, regrettait le Japonais. *La voiture était vraiment très bonne, et je pense que j'aurais pu doubler Rubens et finir deuxième avant notre accrochage. J'ai vu une opportunité, et je m'y suis enfilé. »*

Au moment de franchir le drapeau à damier, c'est finalement Jenson Button qui terminait troisième après avoir tenté de remonter sur Rubens Barrichello. *«Ma voiture fonctionnait très bien, rien à redire, mais j'ai perdu trop de temps en début de course derrière Kimi pour pouvoir espérer plus»*, commentait le Britannique. *« Sur la fin, j'ai fait de mon mieux pour rattraper Rubens, mais je devais à la fois tenter d'accélérer et de ménager mon moteur, ce qui n'est pas très facile. »*

Avec ce nouveau doublé, Ferrari scellait définitivement le sort de la saison. *« Mis à part Rubens, je ne vois pas très bien qui pourrait battre Michael cette saison »*, d'admettre Jenson Button, troisième du classement du championnat.

L'accrochage

Avec son premier virage serré, le Nürburgring est souvent le théâtre de départs animés. Cette année, c'est au milieu du peloton qu'il ne fallait pas rater l'action. Pris en sandwich entre Ralf Schumacher et la Toyota d'Olivier Panis, Juan Pablo Montoya a dû allumer ses roues avant de percuter son coéquipier. *«J'étais juste derrière Rubens Barrichello, et j'allais tourner quand Olivier Panis m'est arrivé dessus*, expliquait le Colombien. *Il a heurté ma roue avant, ce qui m'a jeté sur Ralf. »* Ce dernier donnait une version légèrement différente. *« Juan Pablo a freiné trop tard pour essayer de gagner des places au bout de la ligne droite»*, accusait Ralf.

^
Pris dans l'accrochage du premier tour, ce qui l'a contraint à faire changer son aileron avant, Juan Pablo Montoya ne marque qu'un seul petit point au terme de ce Grand Prix d'Europe une nouvelle fois remporté par Michael Schumacher.

<
Touché! Au premier virage, un carambolage cause l'abandon de Ralf Schumacher et de Cristiano da Matta.

Cristiano da Matta avait marqué ses premiers points à Monaco, en terminant sixième. Au Nürburgring, pris dans l'accident du départ, il n'a pas pu augmenter son score.

Les échos du week-end_

> Les sourires moqueurs s'allongeaient au sein des écuries adverses et se rétrécissaient chez McLaren-Mercedes ! Ici, sur les terres du constructeur allemand, les deux monoplaces ont souffert d'une casse de leur moteur, problème récurrent depuis le début de la saison. Kimi Räikkönen a abandonné au 10e tour, juste après avoir ravitaillé, et David Coulthard au 26e tour, après une remontée d'anthologie. Les deux pilotes étaient effondrés, mais Ron Dennis justifiait ces problèmes de fiabilité en affirmant qu'ils « *étaient liés aux efforts de l'équipe pour rendre les voitures plus compétitives.* » Et

> Magnifique ! En partant de l'avant-dernière ligne de la grille de départ, Giancarlo Fisichella n'avait pratiquement aucune chance de terminer dans les dix premiers. Pourtant, grâce à une tactique extraordinaire à deux ravitaillements, l'Italien franchit la ligne d'arrivée en sixième place et marqua trois points de plus. Désormais, l'écurie de Hinwil comptait… deux fois plus de points que l'équipe McLaren ! Pas si mal pour une écurie que Ron Dennis, en février, ne considérait pas comme une concurrente.

> La famille Agnelli a déploré le décès d'Umberto Agnelli, le frère de l'emblématique Gianni Agnelli déjà disparu en 2003. « *Cette disparition nous touche profondément*, déclarait Jean Todt, le directeur sportif de Ferrari. *Nous avons essayé de travailler normalement aujourd'hui, mais nos pensées s'envolent naturellement vers la famille Agnelli.* » Du coup, aucun des deux pilotes Ferrari n'a sablé le Champagne sur le podium du Nürburgring. « *Je suis désolé pour les fans, mais je ne tenais pas à faire la fête*, justifiait Michael Schumacher. *J'espère que les gens comprendront que la disparition d'Umberto Agnelli a été un choc pour nous tous. C'était un grand supporter de l'écurie, et je lui dédie cette victoire.* »

> Patrick Head, co-propriétaire de l'écurie depuis sa fondation, en 1977, a décidé de laisser son fauteuil de directeur technique à Sam Michael, le jeune ingénieur (33 ans) jusqu'ici chargé de l'exploitation des voitures sur les Grands Prix. Patrick Head allait s'occuper désormais du personnel et du développement technique à long terme de l'écurie.

> Comme chaque année, Michael Schumacher a invité jeudi tous les membres de l'écurie Ferrari – patrons, ingénieurs, mécaniciens, cuisiniers – sur sa piste de karting de Kerpen, au nord du circuit. C'est là que Michael a grandi et a appris le pilotage. «*Pour moi, Ferrari, c'est comme une seconde famille*, expliquait le champion du monde. *Tous ses membres donnent tout pour moi, il est normal que je leur retourne quelque chose en les invitant ici.* »

> Et Jacques Villeneuve ? Le Québécois était supposé tester prochainement une Williams, suite à une conversation entre le pilote et le directeur d'écurie. Comme Mika Häkkinen avouait lui aussi vouloir revenir au pilotage, on risquait de voir une affiche Jacques Villeneuve et Mika Häkkinen chez Williams en 2005. Juan Pablo Montoya, en l'évoquant, lors d'une conférence de presse au Nürburgring, esquissa un sourire moqueur qui en disait long…

> Des mécaniciens Renault au travail sur les jantes de l'écurie. Au Nürburgring, même si la victoire a échappé à Michelin, le manufacturier français place cinq voitures dans les points, issues de quatres écuries différentes.

Essais

Toutes les séances d'essais

N°	Pilote	N° Châssis - Moteur	Libres 1 vendredi	Pos.	Libres 2 vendredi	Pos.	Libres 3 samedi	Pos.	Libres 4 samedi	Pos.	Pre-qual. samedi	Pos.	Qualifs samedi	Pos.
1.	Michael Schumacher	Ferrari F2004 239	1:29.631	2	1:30.227	9	1:30.418	5	1:29.064	2	1:28.278	2	1:28.351	1
2.	Rubens Barrichello	Ferrari F2004 235	1:29.865	3	1:29.943	6	1:30.681	9	1:29.545	5	1:29.014	7	1:29.353	7
3.	Juan Pablo Montoya	Williams FW26 06 - BMW	1:31.782	11	1:30.337	11	1:30.369	4		20	1:29.092	9	1:29.354	8
4.	Ralf Schumacher	Williams FW26 07 - BMW	1:31.680	8	1:29.677	3	1:30.192	2	1:30.176	8	1:28.655	3	1:29.459	9
5.	David Coulthard	McLaren MP4-19 05 - Mercedes	1:32.301	13	1:29.700	4		20	1:29.955	7	1:28.717	4		
6.	Kimi Räikkönen	McLaren MP4-19 04 - Mercedes	1:31.643	6	1:29.355	1	1:30.532	6	1:29.354	4	1:28.897	6	1:29.137	4
7.	Jarno Trulli	Renault R24-03	1:32.696	15	1:29.919	5	1:30.551	7	1:30.986	13	1:29.905	13	1:29.135	3
8.	Fernando Alonso	Renault R24-06	1:31.768	9	1:30.163	8	1:30.600	8	1:29.555	6	1.29.069	8	1:29.313	6
9.	Jenson Button	B.A.R 006-05 - Honda	1:31.770	10	1:29.618	2	1:29.485	1	1:28.827	1	1:28.816	5	1:29.245	5
10.	Takuma Sato	B.A.R 006-03 - Honda	1:32.500	14	1:30.283	10	1:30.261	3	1:29.127	3	1:27.691	1	1:28.986	2
11.	Giancarlo Fisichella	Sauber C23-03 - Petronas		25	1:30.974	16	1:31.816	12	1:30.519	11	1:29.327	12		
12.	Felipe Massa	Sauber C23-06 - Petronas	1:31.673	7	1:32.310	20	1:32.206	13	1:31.504	15	1:31.879	16	1:31.982	16
14.	Mark Webber	Jaguar R5-04	1:31.448	4	1:30.466	12	1:32.596	14	1:30.867	12	1:30.579	14	1:31.797	14
15.	Christian Klien	Jaguar R5-01	1:34.402	19	1:32.217	19	1:33.917	19	1:31.061	14	1:30.933	15	1:31.431	12
16.	Cristiano da Matta	Toyota TF104/04	1:32.915	16	1:30.531	14	1:31.814	11	1:30.316	10	1:29.272	11	1:29.706	11
17.	Olivier Panis	Toyota TF104/07	1:31.910	12	1:30.497	13	1:31.248	10	1:30.277	9	1:29.243	10	1:29.697	10
18.	Nick Heidfeld	Jordan EJ14/03 - Ford	1:33.971	18	1:33.175	23	1:32.690	15	1:31.956	16	1:32.216	18	1:31.604	13
19.	Giorgio Pantano	Jordan EJ14/02 - Ford	1:34.488	20	1:33.393	24	1:33.226	17	1:33.383	19	1:31.928	17	1:31.979	15
20.	Gianmaria Bruni	Minardi PS04B/02 - Cosworth	1:35.455	23	1:32.643	21	1:33.499	18	1:32.894	18	1:33.077	20		
21.	Zsolt Baumgartner	Minardi PS04B/01 - Cosworth	1:35.186	22	1:32.986	22	1:32.898	16	1:32.753	17	1:33.061	19	1:34.398	17
35.	Anthony Davidson	B.A.R 006-04 - Honda	1:29.447	1	1:30.028	7								
37.	Björn Wirdheim	Jaguar R5-02	1:35.043	21	1:31.780	17								
38.	Ricardo Zonta	Toyota TF104/03	1:31.587	5	1:30.949	15								
39.	Timo Glock	Jordan EJ14/01 - Ford	1:33.925	17	1:32.080	18								
40.	Bas Leinders	Minardi PS04B/04 - Cosworth	1:37.609	24	1:34.538	25								

Vitesses de pointe

N°	Pilote	P1 Qualifs	Pos.	P1 Course	Pos.	P2 Qualifs	Pos.	P2 Course	Pos.	Finish Qualifs	Pos.	Finish Course	Pos.	Radar Qualifs	Pos.	Radar Course	Pos.
1.	M. Schumacher	283,0	1	280,7	2	237,4	1	239,3	1	261,5	1	260,9	2	311,7	1	321,2	1
2.	R. Barrichello	280,8	3	284,0	1	233,8	4	238,2	2	260,8	2	262,0	1	310,0	3	320,7	2
3.	J.P. Montoya	279,2	4	278,2	6	235,6	3	233,8	6	259,0	4	257,6	3	307,6	5	317,6	4
4.	R. Schumacher	281,0	2			232,6	5			258,1	5			306,4	8		
5.	D. Coulthard			278,2	8			229,9	15			256,5	4			316,9	7
6.	K. Räikkönen	274,7	12	279,5	3	230,0	9	233,3	10	260,1	3	255,5	9	309,4	4	314,3	11
7.	J. Trulli	277,4	7	277,4	11	227,4	14	233,7	8	254,5	11	255,2	12	304,3	13	312,5	15
8.	F. Alonso	276,0	9	276,8	14	227,1	15	235,1	5	257,1	7	255,8	8	302,7	16	311,8	17
9.	J. Button	278,2	6	278,4	5	231,2	6	237,7	3	256,1	9	254,1	14	307,6	6	312,7	14
10.	T. Sato	278,5	5	276,9	12	236,2	2	236,8	4	257,5	6	256,1	7	311,3	2	315,5	10
11.	G. Fisichella			278,2	7			233,7	7			256,2	6			316,1	8
12.	F. Massa	274,3	13	276,9	13	230,5	7	233,7	9	253,6	14	254,7	13	305,4	10	315,6	9
14.	M. Webber	272,8	15	277,7	10	227,7	13	233,0	11	251,5	16	253,5	15	302,6	17	317,4	5
15.	C. Klien	271,8	17	273,6	17	226,9	16	231,5	13	251,9	16	253,4	16	305,3	11	314,2	12
16.	C. Da Matta	273,3	14			228,9	11			256,6	8			304,2	15		
17.	O. Panis	275,2	10	275,2	15	230,2	8	230,2	14	255,3	10	255,4	10	304,7	12	312,2	16
18.	N. Heidfeld	275,1	11	278,6	4	229,0	10	232,6	12	254,3	12	256,2	5	306,3	9	317,1	6
19.	G. Pantano	276,2	8	278,1	9	227,7	12	228,9	16	253,8	13	255,3	11	307,2	7	318,4	3
20.	G. Bruni	272,7	16	273,9	16	222,1	18	223,5	18	253,5	15	252,3	18	304,2	14	313,7	13
21.	Z. Baumgartner	269,2	18	272,1	18	223,0	17	227,0	17	251,6	17	252,5	17	299,5	18	309,8	18

Course

Classement & abandons

Pos.	Pilote	Equipe	Tour	Temps	Moyenne
1.	M. Schumacher	Ferrari	60	1:32:35.101	200,159 km/h
2.	R. Barrichello	Ferrari	60	+ 17.989	199,513 km/h
3.	J. Button	B.A.R Honda	60	+ 22.533	199,350 km/h
4.	J. Trulli	Renault	60	+ 53.673	198,244 km/h
5.	F. Alonso	Renault	60	+ 1:00.987	197,985 km/h
6.	G. Fisichella	Sauber Petronas	60	+ 1:13.448	197,547 km/h
7.	M. Webber	Jaguar	60	+ 1:16.206	197,450 km/h
8.	J.P. Montoya	Williams BMW	59	1 tour	196,410 km/h
9.	F. Massa	Sauber Petronas	59	1 tour	195,355 km/h
10.	N. Heidfeld	Jordan Ford	59	1 tour	195,343 km/h
11.	O. Panis	Toyota	59	1 tour	194,421 km/h
12.	C. Klien	Jaguar	59	1 tour	194,167 km/h
13.	G. Pantano	Jordan Ford	58	2 tours	192,416 km/h
14.	G. Bruni	Minardi Cosworth	57	3 tours	188,344 km/h
15.	Z. Baumgartner	Minardi Cosworth	57	3 tours	187,596 km/h

Pilote	Equipe		Motif d'abandon
T. Sato	B.A.R Honda	48	Moteur explosé
D. Coulthard	McLaren Mercedes	26	Moteur explosé
K. Räikkönen	McLaren Mercedes	10	Moteur explosé
R. Schumacher	Williams BMW	1	Contact avec Montoya qui le propulse sur Da Matta
C. Da Matta	Toyota	1	Percuté par Ralf Schumacher

Meilleurs tours

	Pilote	Temps	Tour	Moyenne
1.	M. Schumacher	1:29.468	7	207,144 km/h
2.	T. Sato	1:30.004	11	205,910 km/h
3.	R. Barrichello	1:30.101	14	205,689 km/h
4.	J. Button	1:30.457	13	204,879 km/h
5.	F. Alonso	1:31.065	29	203,511 km/h
6.	J. Trulli	1:31.131	30	203,364 km/h
7.	G. Fisichella	1:31.413	23	202,737 km/h
8.	J.P. Montoya	1:31.424	43	202,712 km/h
9.	K. Räikkönen	1:31.670	2	202,168 km/h
10.	M. Webber	1:31.893	37	201,678 km/h
11.	N. Heidfeld	1:32.121	55	201,178 km/h
12.	D. Coulthard	1:32.337	14	200,708 km/h
13.	O. Panis	1:32.506	12	200,341 km/h
14.	F. Massa	1:32.729	37	199,859 km/h
15.	G. Pantano	1:32.772	27	199,767 km/h
16.	C. Klien	1:32.804	14	199,698 km/h
17.	Z. Baumgartner	1:34.666	46	195,770 km/h
18.	G. Bruni	1:35.555	7	193,949 km/h

Passages aux stands

	Pilote	Temps	Tour	Arrêt n°
1.	J.P. Montoya	30.703	1	1
2.	M. Schumacher	25.178	8	1
3.	K. Räikkönen	24.216	9	1
4.	J. Trulli	24.075	9	1
5.	F. Alonso	24.342	10	1
6.	O. Panis	24.548	10	1
7.	T. Sato	22.866	12	1
8.	G. Pantano	25.153	12	1
9.	G. Bruni	24.946	12	1
10.	N. Heidfeld	24.664	14	1
11.	Z. Baumgartner	25.078	14	1
12.	R. Barrichello	25.067	15	1
13.	C. Klien	25.342	16	1
14.	M. Webber	25.771	18	1
15.	F. Massa	26.318	18	1
16.	D. Coulthard	24.890	20	2
17.	J.P. Montoya	24.500	22	2
18.	O. Panis	24.082	23	1
19.	G. Fisichella	26.917	24	2
20.	G. Pantano	24.338	25	2
21.	T. Sato	24.575	26	2
22.	M. Schumacher	24.870	28	2
23.	J. Trulli	23.403	28	2
24.	G. Bruni	24.593	27	2
25.	F. Alonso	22.962	30	2
26.	N. Heidfeld	24.345	30	2
27.	Z. Baumgartner	24.525	29	2
28.	C. Klien	26.506	36	2
29.	R. Barrichello	26.588	38	2
30.	M. Webber	26.729	38	2
31.	F. Massa	26.826	40	2
32.	J.P. Montoya	25.463	41	3
33.	F. Alonso	22.888	42	3
34.	O. Panis	24.818	42	3
35.	M. Schumacher	24.945	44	3
36.	T. Sato	23.722	44	3
37.	G. Pantano	33.629	43	3
38.	J. Trulli	23.935	44	3
39.	G. Fisichella	25.035	44	2
40.	G. Bruni	24.914	42	3
41.	T. Sato	30.972	46	4
42.	Z. Baumgartner	24.332	44	3
43.	N. Heidfeld	27.798	47	3
44.	G. Pantano	13.885	48	4

Tête de la course

Pilote	Tours en tête	Nbre de Tours
M. Schumacher	1 > 8	8
F. Alonso	9	1
T. Sato	10 > 11	2
R. Barrichello	12 > 15	4
M. Schumacher	16 > 60	45

Pilote	Nbre de Tours	Kilomètres
M. Schumacher	53	272,827 km
R. Barrichello	4	20,592 km
T. Sato	2	10,296 km
F. Alonso	1	5,148 km

Ecarts en tête de course

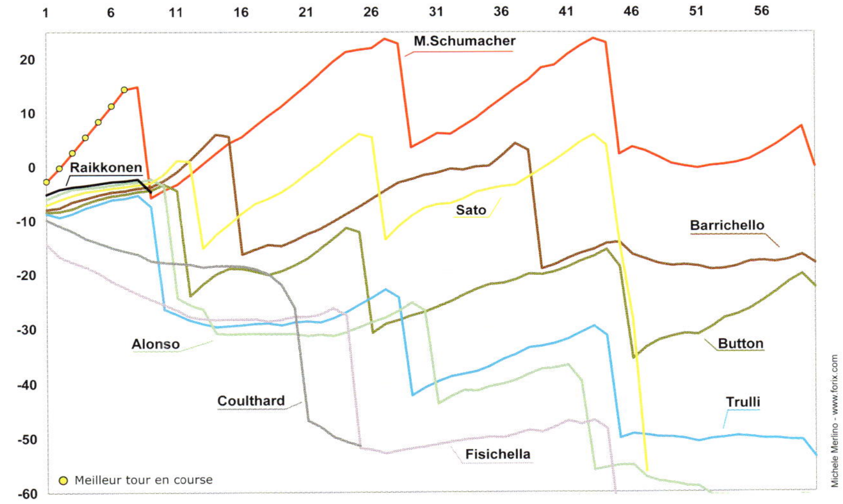

Tour par tour

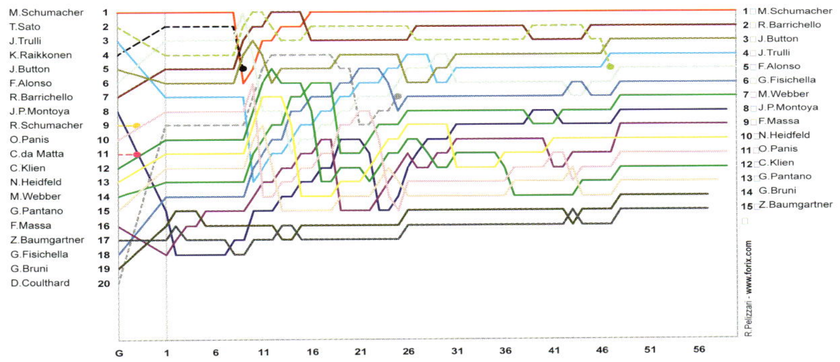

Championnats après sept manches

Conducteurs

1. M. Schumacher ....(6 victoires) 60
2. R. Barrichello 46
3. J. Button 38
4. J. Trulli ....(1 victoire)...........36
5. F. Alonso 25
6. J.P. Montoya 24
7. R. Schumacher 12
8. T. Sato 8
9. F. Massa 5
10. G. Fisichella 5
11. D. Coulthard 4
12. C. Da Matta 3
13. M. Webber 3
14. N. Heidfeld 2
15. O. Panis 1
16. K. Räikkönen 1
17. Z. Baumgartner 0
18. C. Klien 0
19. G. Pantano 0
20. G. Bruni 0

Constructeurs

1. Scuderia Ferrari Marlboro ......(6 victoires) 106
2. Mild Seven Renault F1 Team ..(1 victoire) ...61
3. Lucky Strike B.A.R Honda.........................46
4. BMW WilliamsF1 Team 36
5. Sauber Petronas 10
6. West McLaren Mercedes............................5
7. Panasonic Toyota Racing 4
8. Jaguar Racing..3
9. Jordan Ford...2
10. Minardi Cosworth.......................................0

Le circuit

Nom	Nürburgring
Longueur	5148 mètres
Distance	60 tours, soit 308,863 km
Date	30 mai 2004
Conditions climatiques	ciel légèrement nuageux, 21-22°c
Température de la piste	34-40°c

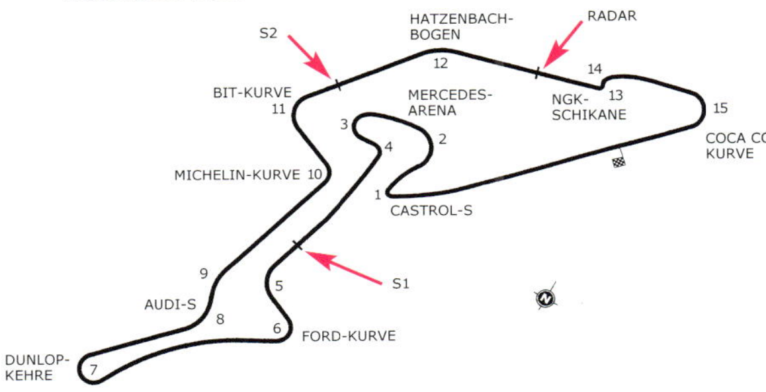

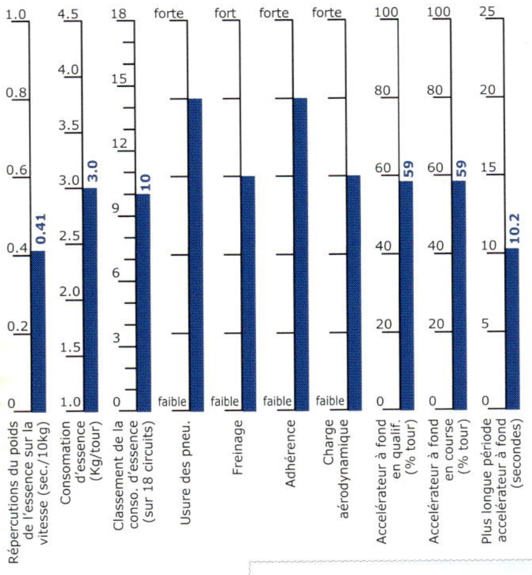

13 JUIN 2004
GRAND PRIX DU CANADA
MONTRÉAL

LE 7 PORTE-BONHEUR DE MICHAEL

Qu'il parte sixième sur la grille de départ ou en pole-position, le résultat reste le même : Michael Schumacher se tire de toutes les situations. Hier, il a remporté le Grand Prix du Canada en adoptant une stratégie audacieuse à deux ravitaillements. Il est décidément imbattable.

> Première (et dernière) pole de la saison pour Ralf Schumacher. Une pole arrachée de justesse et soufflée à Jenson Button.

Ralf Schumacher en pole. Son frère sixième.

Ralf Schumacher s'est montré le plus rapide lors des essais qualificatifs du Grand Prix du Canada. Au volant de sa Williams-BMW, l'Allemand a bouclé le circuit Gilles Villeneuve en 1m12.275, soufflant ainsi à Jenson Button la possibilité de signer une deuxième pole-position après celle de Saint-Marin.
L'écart que s'est forgé Ralf Schumacher sur le Britannique n'était que de 0.066 seconde. Du coup, Ralf Schumacher signait à cette occasion sa première pole de depuis le Grand Prix de France 2003. « *Je suis très surpris*, s'étonnait-il. *Le week-end avait mal démarré, avec des problèmes de freins. L'écurie a beaucoup travaillé, mais je ne m'attendais pas du tout à me retrouver en pole.* »
Le sextuple champion du monde ne s'est qualifié que sixième à Montréal : la température de la piste, relativement élevée (46 degrés) semblait avoir nettement favorisé les pneus Michelin. A moins que Ferrari n'ait décidé d'embarquer beaucoup d'essence pour le début de la course. « *Je ne pense pas que les Ferrari soient d'un coup une seconde derrière nous* », analysait Ralf Schumacher. Ce que son frère Michael confirmait : « *il faudra attendre de voir en course comment nos gommes se comporteront* », lâche ce dernier.

La rue Sainte-Catherine, la rue la plus commerçante de Montréal. Un régal pour les fans de shopping... sans compter qu'on peut y croiser de très très jolies filles. V

Inquiet, Michael Schumacher? A Montréal, le champion du monde s'est qualifié sixième, sa pire position de grille de la saison (ses problèmes de Chine et du Brésil mis à part). Heureusement, en course, tout rentrera dans l'ordre. V

En bref

- « *Jacques l'aura sa chance* », titrait vendredi le quotidien « Le Journal de Montréal » en bon langage québécois. Frank Williams a en effet confirmé qu'il allait permettre au champion du monde 1997 de tester sa voiture début septembre.
- Suite à un problème avec ses sponsors personnels, qui n'auraient pas réglé leur petite note auprès de l'écurie Jordan - selon d'autres sources, il s'agirait plutôt d'un malentendu entre son père et le patron de l'écurie -, l'Italien Giorgio Pantano a été remplacé ce week-end par le pilote-essayeur de l'écurie, Timo Glock. Pantano était venu à Montréal mais il en est reparti avant le début des essais. Il espérait retrouver son volant pour le Grand Prix des Etats-Unis, la semaine suivante.
- 11200 pneus! C'est le nombre record de gommes de compétition que la marque Michelin a produit pour ce week-end chargé du 13 juin. A part le Grand Prix du Canada, 128 employés de la marque s'étaient déployés sur les 24 Heures du Mans, le Grand Prix moto de Catalogne et le motocross d'Italie.
- Eddie Jordan aurait vendu son écurie à un consortium de magnats du pétrole pour la somme (modique) de 35 millions de livres sterling (environ 50 millions d'Euros). L'intéressé nie le fait, mais confirme qu'il négocie avec les émirs du pétrole dans l'espoir que ces derniers investissent dans son équipe noyée dans d'énormes difficultés financières.

La grille de départ

*Z. BAUMGARTNER et G. BRUNI
Pénalité pour avoir changé de moteur.

**G. BRUNI et T. SATO
prennent le départ depuis l'allée des stands.

1	R. SCHUMACHER	1:12.275 (217,220 km/h)
2	J. BUTTON	1:12.341
3	J. TRULLI	1:13.023
4	J.P. MONTOYA	1:13.072
5	F. ALONSO	1:13.308
6	M. SCHUMACHER	1:13.355
7	R. BARRICHELLO	1:13.562
8	K. RÄIKKÖNEN	1:13.595
9	D. COULTHARD	1:13.681
10	C. KLIEN	1:14.532
11	G. FISICHELLA	1:14.674
12	C. DA MATTA	1:14.851
13	O. PANIS	1:14.891
14	M. WEBBER	1:15.148
15	N. HEIDFELD	1:15.321
16	T. GLOCK	1:16.323
17	F. MASSA	-
18	Z. BAUMGARTNER*	1:17.064
19	G. BRUNI**	-
20	T. SATO**	1:17.004

^
Départ. Ralf Schumacher prend le meilleur départ devant Jenson Button, Fernando Alonso et Jarno Trulli.

7e victoire de la saison, 7e victoire à Montréal, 77e victoire de sa carrière

Edouard Michelin en personne avait fait le déplacement de Montréal. Cinq de ses voitures figurant aux cinq premières places de la grille de départ, et Michael Schumacher qualifié sixième seulement, il y avait toutes les chances qu'il assiste à la victoire de ses pneus au Grand Prix du Canada. C'était compter sans la finesse des stratèges de Ferrari. Samedi matin, les responsables de la Scuderia se sont réunis avec les deux pilotes pour décider de la tactique adopter. En l'occurrence, ravitailler deux fois plutôt que trois en sacrifiant les essais.

Un choix d'autant plus risqué que les ravitaillements, sur le circuit de Montréal, ne font pas perdre beaucoup de temps. Mise à part Renault et Sauber, toutes les autres écuries ont ainsi opté pour trois arrêts.
Au départ de la course, Ralf Schumacher s'est envolé en tête, alors que Michael Schumacher, cinquième, attendait son heure. Après la première série d'arrêts, l'Allemand s'est retrouvé troisième, derrière son frère et Jenson Button. Et c'est au 33e tour que Michael Schumacher prenait la tête, pour ne la repasser à son cadet qu'un seul petit tour. A en croire Michael Schumacher, son rival le plus dangereux, ce fut son propre coéquipier, Rubens Barrichello. « *C'était une belle course*, admettait ce dernier. *J'avais un peu moins d'essence que Michael, mes pneus fonctionnaient mieux. Mais ma seule chance, c'était qu'il commette une faute.* » Au final, c'est le Brésilien lui-même qui en a commis une, permettant à Ralf Schumacher de s'assurer la deuxième place sur sa Williams-BMW - avant d'être finalement disqualifié pour voiture non conforme (lire ci-contre).
Une deuxième place dont l'intéressé ne paraissait pas trop satisfait. « *C'est mieux que nous espérions, mais c'est encore décevant,* constatait Ralf Schumacher. *Terminer deuxième, quand on part de la pole-position, ce n'est pas le but ! A un moment, quand j'avais neuf secondes d'avance sur Michael, j'ai pensé que je pouvais gagner. Mais en fait, la stratégie de Ferrari était assez nette. Ils sont une seconde plus rapides que nous en course, nous devons vraiment améliorer notre voiture pour être à leur hauteur.* »
A l'arrivée, cette nouvelle victoire de Michael Schumacher lui permettait de creuser encore l'écart en tête du championnat, tandis que la deuxième place de Rubens Barrichello permettait à Ferrari de compter deux fois plus de points que sa rivale la plus proche, Renault. Pour la victoire de ses pneus, Edouard Michelin va devoir revenir une autre fois...

Williams et Toyota disqualifiées! Doublé Ferrari sur le tapis vert

Près de quatre heures après l'arrivée, on apprenait que les deux Williams et les deux Toyota étaient disqualifiées, la taille de leurs écopes de freins étant apparemment surdimensionnées.
Du coup, Ferrari a siagné un nouveau doublé à Montréal, Rubens Barrichello se hissant à la deuxième place après déclassement de Ralf Schumacher. Les Sauber marquaient elles aussi deux points de plus, Giancarlo Fisichella grimpant à la quatrième place. L'écurie Jordan a elle aussi profité de la situation, ses deux pilotes terminant dès lors dans les points. Excellente affaire pour l'écurie jaune.

Rubens Barrichello content de sa performance. A Montréal, il lui fallut tout de même attendre le déclassement des Williams pour que le Brésilien s'empare de la deuxième place.
v<

Perplexe, Jarno Trulli. Le vainqueur du Grand Prix de Monaco était qualifié en troisième place à Montréal, mais il ne semblait pas convaincu pouvoir terminer sur le podium... il allait en effet abandonner quelques minutes plus tard, au départ, sur problème de transmission.
v

FedEx
invent

Une course pour rien

Juan Pablo Montoya en action sur le circuit Gilles Villeneuve de Montréal. Au moment de franchir le drapeau à damier, le Colombien était classé cinquième avant de se voir disqualifié quatre heures après l'arrivée.

> David Coulthard a retrouvé le sourire. L'Ecossais a terminé sixième à Montréal, ce qui lui permet de marquer des points pour la première fois en six Grands Prix.

A la recherche des millions perdus

Mais où est donc passé l'enthousiasme de Montréal pour son Grand Prix ? D'habitude, toutes les boutiques du centre-ville décoraient leurs vitrines aux couleurs des écuries, autocollants par-ci, drapeaux et pneus slicks par-là.
Cette année, l'engouement semblait s'être essoufflé. Pendant longtemps, au cours de l'été 2003, on a cru le Grand Prix perdu. Il n'a finalement été confirmé, de justesse, qu'en octobre, après que Montréal ait promis aux écuries de rembourser leurs frais pour ce 18e Grand Prix de la saison.
Mais si la course a bien lieu, il y a quelque chose de cassé entre la F1 et Montréal. Les hôtels, qui affichaient traditionnellement complet pendant l'épreuve, n'étaient remplis cette année qu'à 80%. «*C'est tout de même mieux que 0% !* » tempêtait Normand Legault, l'organisateur du Grand Prix. C'est lui, l'homme de l'ombre, qui a bataillé pour sauver l'épreuve.
Fêté mercredi soir pour ce succès dans un restaurant de Montréal, Normand Legault n'en parut pas moins abattu. « *J'ai lutté comme un forcené pour sauver le Grand Prix, mais il y a quelque chose de brisé qui ne se réparera pas* », admet-il.
Sur le plan comptable, le Grand Prix du Canada restait en sursis. Son sponsor principal des dernières années, Air Canada, s'était désisté et aucun remplaçant ne s'était manifesté. Une manne annuelle de quatre millions de dollars canadiens qui allait manquer dans les caisses.
Apparemment, le brasseur belge Interbrew, propriétaire des marques Becks et Labatt, aurait par contre augmenté sa contribution. N'empêche. Le gouvernement canadien, pour sauver la course, a dû verser plusieurs millions de dollars aux écuries. Un geste qu'il espérait se rembourser grâce à la TVA supplémentaire encaissée pendant le week-end. Mais un geste qu'il ne renouvellerait pas chaque année.
Du côté de la billeterie, toutes les places n'étaient pas vendues à l'avance – alors que, traditionnellement, le Grand Prix du Canada se jouait à guichets fermés. Avec un budget difficile à boucler, le Grand Prix du Canada se retrouvait sur la sellette. Il avait vraiment besoin du retour de Jacques Villeneuve, car avec le Québécois, reviendrait aussi l'enthousiasme local, et sans doute des sponsors.
Le dimanche soir venu, tout le monde respirait. La foule avait répondu présent, le succès était là.

"Qui veut de nos T-shirts?" A Montréal, les vendeuses avaient des arguments qui tenaient de la concurrence déloyale...
v

Jacques et les exigeances de Frank Williams

« *Mais où est Jacques ?* » Dans le paddock de l'Ile Notre-Dame, la question revenait de manière lancinante dans toutes les conversations. Selon les uns, il était à Montréal, il aurait même été vu sur un marché aux fruits (une blague du journal "La Presse"). Pour les autres, il s'était retiré à Monaco, ou encore à Villars sur Ollon.
Une chose était certaine : contrairement à ce que les rumeurs avaient laissé entendre, Jacques Villeneuve ne piloterait pas ce week-end, il ne devrait même pas venir faire coucou à ses anciens copains de l'écurie BAR. Et aucune annonce importante concernant son avenir ne devait intervenir avant plusieurs semaines. L'écurie Williams a en effet averti qu'elle attendra sans doute fin juillet avant de dévoiler le nom de ses pilotes 2005. Avec deux baquets à pourvoir, l'équipe de Grove détenait la clé des transferts de la saison. Pour Jacques Villeneuve, elle représentait aussi l'opportunité la plus intéressante pour son grand retour à la F1. Les Williams n'avaient encore remporté aucun Grand Prix cette saison, mais elles comptaient parmi les plus sérieuses concurrentes des Ferrari.
Le problème, c'était que Frank Williams, le patron de l'écurie, a placé la barre très haut : « *Nous recherchons principalement des pilotes d'expérience qui ont déjà remporté des victoires* », expliquait-il. «*Mais l'argent dont nous disposons provenant de nos sponsors, nous recherchons aussi des pilotes qui s'impliqueront beaucoup avec nos commanditaires.* »
Aïe ! Ce n'était pas le point fort de Jacques Villeneuve, réputé pour négocier ses contrats avec un minimum de journées dédiées aux relations publiques.
« *Nous demandons aussi une grande capacité de travail,* poursuivait Frank Williams. *Le pilote doit être prêt à sacrifier ses journées de congé pour aider l'équipe à faire avancer la voiture plus rapidement*».
Re-aïe ! Jacques Villeneuve a toujours avancé à reculons sur la question des essais privés, qu'il préférait laisser aux pilotes-essayeurs.
Le Québécois, deux mois plus tôt, s'est rendu en Angleterre pour rencontrer Frank Williams et tenter de concilier les exigences du patron britannique avec les siennes. Nul ne sait ce qui est ressorti de cette entrevue, mais aucun contrat n'avait été signé.
Jacques Villeneuve s'affirmait prêt à piloter pour Williams, uniquement payé aux points marqués, un argument qui parle en faveur du Canadien. D'autant que, comme Frank Williams l'admet, son ancien pilote n'a jamais été aussi en forme, physiquement parlant.
Jacques Villeneuve s'entraînait plusieurs heures par jour en attendant de décrocher un test sur la Williams. Après, il lui resterait à convaincre l'écurie. Ce qui n'était pas gagné d'avance.

Les échos du week-end

> Felipe Massa, sur la deuxième Sauber, est violemment sorti de route au 63e tour, après avoir perdu sa roue arrière droite suite à une probable rupture de suspension. « *Je n'ai aucune idée de ce qui s'est passé,* commentait le Brésilien. *Je me suis retrouvé en simple passager de la voiture. Je suis juste allé à l'hôpital pour faire contrôler mon coude gauche, mais tout va bien.* »

> 114000: c'est le nombre de spectateurs payants dénombré dimanche sur le circuit Gilles Villeneuve de Montréal. Ce qui fait du Grand Prix du Canada la deuxième épreuve en terme de nombre de spectateurs. Sur les trois jours, le circuit a enregistré 317000 spectateurs.

> Bien placées sur la grille de départ, les deux Renault n'ont pas atteint le drapeau à damier. Pour Jarno Trulli, la course n'a pas duré plus de trois cents mètres. De retour dans le paddock, désespéré, l'Italien expliquait avoir été victime d'un problème de transmission. Son coéquipier Fernando Alonso a subi le même sort au 45e tour, alors qu'il occupait la quatrième position.

> La série « blanche » continuait pour Takuma Sato : à Montréal, son moteur a explosé dans un magnifique panache de fumée pour la troisième course consécutive. Les ingénieurs de Honda se demandent si le Japonais ne force pas trop sur les tours, même si un limitateur de régime l'empêche théoriquement de malmener son V10.

> Plus de peur que de mal chez Jordan. Mick Gomme, le mécanicien préposé au tuyau d'essence tombé dans les stands pendant le ravitaillement de Nick Heidfeld s'est relevé avec de simples contusions. Suite à un malentendu avec son équipe, le pilote allemand avait repris la piste avant que l'embout de ravitaillement ne soit retiré de son réservoir.

> Et c'est encore le doublé! Quand ce n'est pas sur la piste, c'est avec l'aide des commissaires sportifs... certains ne se sont pas privés pour murmurer que FIA signifiait "Ferrari International Assistance"

Essais

Toutes les séances d'essais

N°	Pilote	N° Châssis - Moteur	Libres 1 vendredi	Pos.	Libres 2 vendredi	Pos.	Libres 3 samedi	Pos.	Libres 4 samedi	Pos.	Pre-qual. samedi	Pos.	Qualifs samedi	Pos.
1.	Michael Schumacher	Ferrari F2004 239	1:14.013	1	1:14.535	3	1:13.865	1	1:13.420	6	1:13.463	8	1:13.355	6
2.	Rubens Barrichello	Ferrari F2004 235	1:14.291	2	1:14.705	5	1:14.284	4	1:13.904	9	1:13.782	11	1:13.562	7
3.	Juan Pablo Montoya	Williams FW26 06 - BMW	1:15.928	8	1:16.564	20	1:15.067	8	1:13.320	5	1:12.746	2	1:13.072	4
4.	Ralf Schumacher	Williams FW26 07 - BMW	1:15.948	9	1:15.803	14	1:15.191	9	1:14.697	12	1:12.441	1	1:12.275	1
5.	David Coulthard	McLaren MP4-19 05 - Mercedes	1:16.947	16	1:15.164	9	1:14.747	7	1:13.686	8	1:13.206	6	1:13.681	9
6.	Kimi Räikkönen	McLaren MP4-19 04 - Mercedes	1:16.570	13	1:14.581	4	1:14.584	6	1:13.566	7	1:13.602	9	1:13.595	8
7.	Jarno Trulli	Renault R24-03	1:15.428	5	1:15.492	11	1:14.421	5	1:12.629	1	1:13.149	5	1:13.023	3
8.	Fernando Alonso	Renault R24-02	1:15.606	6	1:14.426	2	1:13.946	2	1:12.901	2	1.12.826	3	1:13.308	5
9.	Jenson Button	B.A.R 006-05 - Honda	1:15.905	7	1:15.152	8	1:14.047	3	1:13.026	3	1:13.333	7	1:12.341	2
10.	Takuma Sato	B.A.R 006-03 - Honda	1:16.655	14	1:14.086	1		20	1:13.235	4	1:12.989	4	1:17.004	17
11.	Giancarlo Fisichella	Sauber C23-04 - Petronas	1:16.240	11	1:15.293	10	1:15.290	10	1:14.902	14	1:13.663	10	1:14.674	11
12.	Felipe Massa	Sauber C23-06 - Petronas	1:17.447	18	1:16.119	16	1:15.764	12	1:15.332	16	1:14.392	14		19
14.	Mark Webber	Jaguar R5-04	1:16.820	15	1:15.926	15	1:15.854	14	1:14.835	13	1:14.715	15	1:15.148	14
15.	Christian Klien	Jaguar R5-01	1:18.463	20	1:16.815	21	1:16.124	15	1:14.340	10	1:14.751	16	1:14.532	10
16.	Cristiano da Matta	Toyota TF104/04	1:16.475	12	1:15.146	14	1:15.573	11	1:14.521	11	1:13.807	12	1:14.851	12
17.	Olivier Panis	Toyota TF104/03	1:15.997	10	1:15.538	13	1:15.843	13	1:14.916	15	1:14.166	13	1:14.891	13
18.	Nick Heidfeld	Jordan EJ14/03 - Ford	1:17.135	17	1:16.508	18	1:16.305	16	1:15.987	17	1:15.657	17	1:15.321	15
39/19.	Timo Glock	Jordan EJ14/02 - Ford	1:17.890	19	1:16.524	19	1:16.928	17	1:16.417	18	1:16.865	18	1:16.323	16
20.	Gianmaria Bruni	Minardi PS04B/02 - Cosworth	1:18.828	21	1:16.235	17	1:18.409	18	1:16.825	20		20		20
21.	Zsolt Baumgartner	Minardi PS04B/01 - Cosworth	1:18.959	22	1:16.981	22	1:18.711	19	1:16.579	19	1:17.903	19	1:17.064	18
35.	Anthony Davidson	B.A.R 006-04 - Honda	1:14.519	3	1:15.513	12								
37.	Björn Wirdheim	Jaguar R5-05		24	1:19.260	24								
38.	Ricardo Zonta	Toyota TF104/07	1:14.952	4	1:14.871	6								
40.	Bas Leinders	Minardi PS04B/03 - Cosworth		23	1:17.697	23								

Vitesses de pointe

N°	Pilote	P1 Qualifs	Pos.	P1 Course	Pos.	P2 Qualifs	Pos.	P2 Course	Pos.	Finish Qualifs	Pos.	Finish Course	Pos.	Radar Qualifs	Pos.	Radar Course	Pos.
1.	M. Schumacher	275,2	6	278,8	2	303,2	4	306,5	4	303,1	6	304,5	4	340,9	1	344,6	3
2.	R. Barrichello	276,8	3	280,0	1	303,3	3	307,9	3	305,4	3	307,1	3	334,4	6	347,9	1
3.	J.P. Montoya	277,8	2	278,4	3	304,3	2	309,8	1	306,3	2	310,5	1	336,9	3	344,0	4
4.	R. Schumacher	275,7	4	275,9	4	306,8	1	308,8	2	306,9	1	307,2	2	337,5	2	341,9	6
5.	D. Coulthard	274,9	7	272,7	8	299,8	8	301,7	10	301,3	9	303,2	7	332,7	8	339,9	7
6.	K. Räikkönen	272,8	8	272,2	10	300,4	6	301,5	11	300,1	11	300,0	12	330,2	12	333,8	11
7.	J. Trulli	271,9	10			299,2	10			302,0	7			329,8	13		
8.	F. Alonso	272,8	9	272,6	9	299,8	9	304,7	5	303,7	4	304,3	5	333,8	7	335,7	8
9.	J. Button	275,5	5	275,0	6	302,8	5	302,7	9	303,3	5	303,1	8	336,4	4	334,7	9
10.	T. Sato	278,2	1	271,4	12	300,4	7	304,0	6	301,8	8	302,0	10	331,6	9	334,6	10
11.	G. Fisichella	270,9	11	275,3	5	299,0	11	303,5	7	300,7	10	303,2	6	334,8	5	342,3	5
12.	F. Massa	240,4	19	271,7	11	293,5	17	302,7	8			302,1	9	186,3	20	344,9	2
14.	M. Webber	267,6	16	263,7	17	290,6	19	293,4	19	293,6	18	291,4	19	321,3	18	324,0	19
15.	C. Klien	268,2	14	270,4	14	294,4	14	297,5	16	295,5	15	297,0	16	326,2	16	331,2	16
16.	C. Da Matta	270,8	12	273,2	7	296,8	12	301,5	12	297,6	12	298,8	14	327,4	14	330,9	17
17.	O. Panis	264,4	18	261,9	18	295,2	13	299,2	15	295,5	16	298,5	15	326,8	15	330,2	18
18.	N. Heidfeld	267,6	15	270,9	13	294,1	15	299,2	14	297,1	13	300,5	11	330,7	10	333,7	12
19.	T. Glock	268,4	13	264,8	15	294,0	16	300,5	13	295,5	14	299,7	13	330,4	11	332,3	14
20.	G. Bruni	193,6	20	258,1	19	226,5	20	294,8	18			294,2	17	217,2	19	332,0	15
21.	Z. Baumgartner	265,1	17	263,9	16	292,3	18	295,0	17	295,4	17	293,7	18	326,1	17	332,3	13

Course

Classement & abandons

Pos.	Pilote	Equipe	Tour	Temps	Moyenne
1.	M. Schumacher	Ferrari	70	1:28:24.803	207,165 km/h
2.	R. Barrichello	Ferrari	70	+ 5.108	206,966 km/h
3.	J. Button	B.A.R Honda	70	+ 20.409	206,371 km/h
4.	G. Fisichella	Sauber Petronas	69	1 tour	203,433 km/h
5.	K. Räikkönen	McLaren Mercedes	69	1 tour	202,663 km/h
6.	D. Coulthard	McLaren Mercedes	69	1 tour	202,418 km/h
7.	T. Glock	Jordan Ford	68	2 tours	199,538 km/h
8.	N. Heidfeld	Jordan Ford	68	2 tours	199,525 km/h
9.	C. Klien	Jaguar	67	3 tours	196,860 km/h
10.	Z. Baumgartner	Minardi Cosworth	66	4 tours	193,104 km/h

	Pilote	Equipe		Motif d'abandon		
	F. Massa	Sauber Petronas	63	Sortie de piste dûe au bris d'une suspension		
	T. Sato	B.A.R Honda	49	Moteur cassé		
	F. Alonso	Renault	45	Arbre de transmission gauche cassé		
	G. Bruni	Minardi Cosworth	31	Problèmes de boîte de vitesses		
	M. Webber	Jaguar	7	Suspension arrière endommagée suite accrochage départ		
	J. Trulli	Renault	1	Arbre de transmission cassé		
(2.)	R. Schumacher	Williams BMW	70	+ 1.062	207,123 km/h	Disqualifié*
(5.)	J.P. Montoya	Williams BMW	70	+ 21.200	206,340 km/h	Disqualifié*
(8.)	C. Da Matta	Toyota	69	1 tour	202,494 km/h	Disqualifié*
(10.)	O. Panis	Toyota	69	1 tour	201,653 km/h	Disqualifié*

(*) Ecopes de freins avant non conformes à l'article 11.4 du réglement technique.

Meilleurs tours

	Pilote	Temps	Tour	Moyenne
1.	R. Barrichello	1:13.622	68	213,246 km/h
2.	M. Schumacher	1:13.630	18	213,222 km/h
3.	R. Schumacher	1:14.040	70	212,042 km/h
4.	F. Alonso	1:14.179	41	211,644 km/h
5.	J. Button	1:14.246	68	211,453 km/h
6.	J.P. Montoya	1:14.295	69	211,314 km/h
7.	K. Räikkönen	1:14.752	44	210,022 km/h
8.	T. Sato	1:15.076	25	209,116 km/h
9.	G. Fisichella	1:15.078	47	209,110 km/h
10.	D. Coulthard	1:15.478	55	208,002 km/h
11.	F. Massa	1:15.560	25	207,776 km/h
12.	C. Da Matta	1:15.652	39	207,523 km/h
13.	C. Klien	1:15.731	45	207,307 km/h
14.	N. Heidfeld	1:15.890	18	206,873 km/h
15.	O. Panis	1:16.045	23	206,451 km/h
16.	T. Glock	1:16.300	42	205,761 km/h
17.	M. Webber	1:16.739	6	204,584 km/h
18.	Z. Baumgartner	1:17.516	64	202,533 km/h
19.	G. Bruni	1:18.025	25	201,212 km/h

Passages aux stands

	Pilote	Temps	Tour	Arrêt n°
1.	M. Webber	40.494	1	1
2.	D. Coulthard	25.908	11	1
3.	K. Räikkönen	25.373	12	1
4.	J. Button	24.416	13	1
5.	J.P. Montoya	26.203	13	1
6.	R. Schumacher	25.521	15	1
7.	F. Alonso	34.123	17	1
8.	C. Da Matta	27.528	17	1
9.	T. Glock	28.974	17	1
10.	C. Klien	28.054	17	1
11.	R. Barrichello	26.946	18	1
12.	Z. Baumgartner	27.948	17	1
13.	M. Schumacher	28.169	19	1
14.	C. Klien	31.728	18	2
15.	K. Räikkönen	14.730	19	2
16.	N. Heidfeld	1:12.616	20	1
17.	C. Klien	30.627	20	3
18.	O. Panis	26.539	21	1
19.	G. Bruni	35.933	22	1
20.	T. Sato	25.696	23	1
21.	G. Fisichella	27.392	25	1
22.	F. Massa	47.746	26	1
23.	F. Massa	26.307	28	2
24.	J.P. Montoya	25.063	30	2
25.	K. Räikkönen	24.878	30	3
26.	J. Button	26.553	31	2
27.	D. Coulthard	25.830	32	2
28.	R. Schumacher	23.941	33	2
29.	N. Heidfeld	30.106	40	2
30.	T. Sato	28.044	42	2
31.	R. Barrichello	27.537	44	2
32.	O. Panis	28.560	43	2
33.	T. Glock	28.336	43	2
34.	C. Da Matta	27.832	44	2
35.	Z. Baumgartner	28.544	42	2
36.	K. Räikkönen	28.691	45	4
37.	M. Schumacher	26.565	47	2
38.	R. Schumacher	27.042	48	3
39.	J. Button	24.904	49	3
40.	J.P. Montoya	26.872	49	3
41.	G. Fisichella	25.882	49	2
42.	C. Klien	27.273	49	4
43.	D. Coulthard	25.388	53	3
44.	F. Massa	27.381	55	3
45.	K. Räikkönen	28.682	60	5

Tête de la course

Pilote	Tours en tête	Nbre de Tours
R. Schumacher	1 > 14	14
F. Alonso	15 > 16	2
M. Schumacher	17 > 18	2
R. Schumacher	19 > 32	14
M. Schumacher	33 > 46	14
R. Schumacher	47	1
M. Schumacher	48 > 70	23

Pilote	Nbre de Tours	Kilomètres
M. Schumacher	39	170,079 km
R. Schumacher	29	126,469 km
F. Alonso	2	8,722 km

Ecarts en tête de course

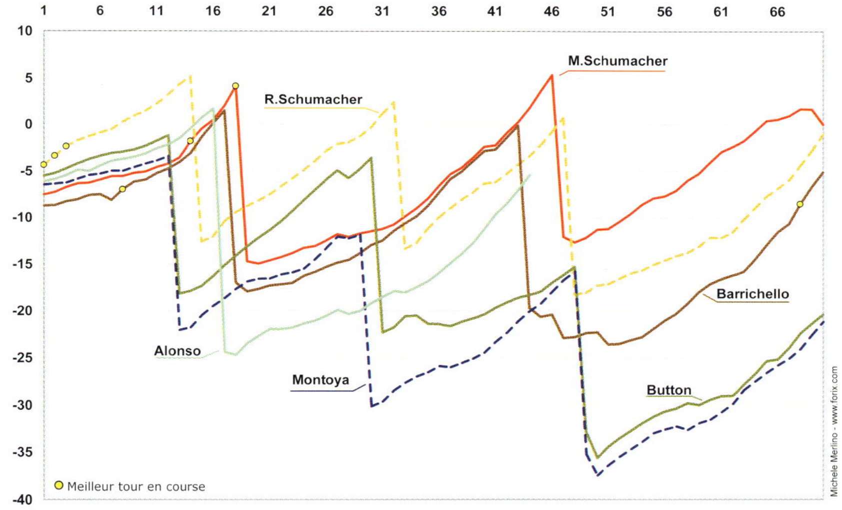

Tour par tour

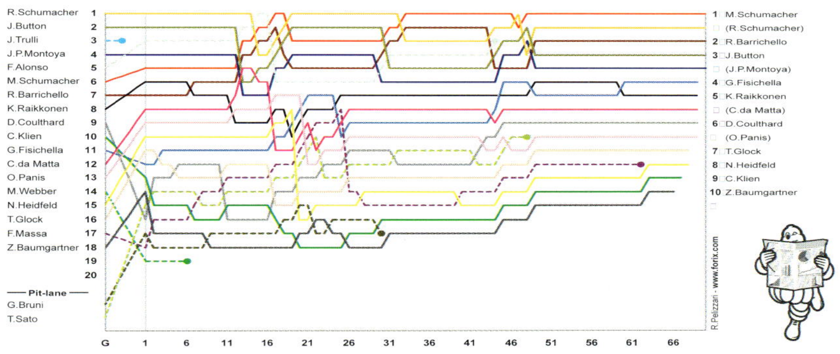

Championnats après huit manches

Conducteurs

1. M. Schumacher ....(7 victoires) 70
2. R. Barrichello 54
3. J. Button 44
4. J. Trulli ....(1 victoire) 36
5. F. Alonso 25
6. J.P. Montoya 24
7. R. Schumacher 12
8. G. Fisichella 10
9. T. Sato 8
10. D. Coulthard 7
11. F. Massa 5
12. K. Räikkönen 5
13. C. Da Matta 3
14. M. Webber 3
15. N. Heidfeld 2
16. T. Glock 2
17. O. Panis 1
18. Z. Baumgartner 0
19. C. Klien 0
20. G. Pantano 0
21. G. Bruni 0

Constructeurs

1. Scuderia Ferrari Marlboro ......(7 victoires)..124
2. Mild Seven Renault F1 Team ..(1 victoire).....61
3. Lucky Strike B.A.R Honda 52
4. BMW WilliamsF1 Team 36
5. Sauber Petronas 15
6. West McLaren Mercedes.............................12
7. Jordan Ford 5
8. Panasonic Toyota Racing 4
9. Jaguar Racing 3
10. Minardi Cosworth...0

Le circuit

Nom	Gilles Villeneuve, Montréal
Longueur	4361 mètres
Distance	70 tours, soit 305,270 km
Date	13 juin 2004
Conditions climatiques	ensoleillé, 25-27°c
Température de la piste	37-41°c

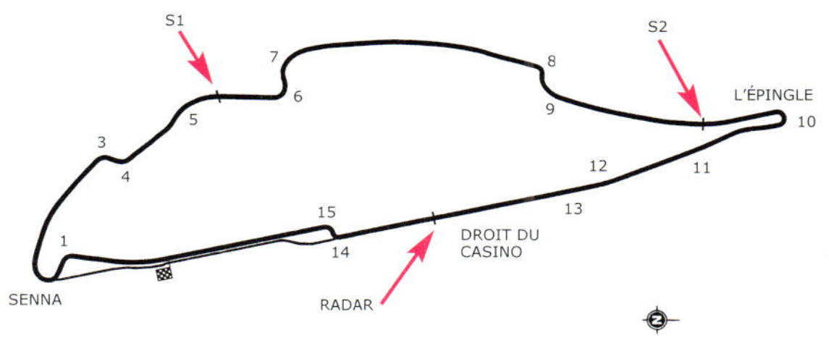

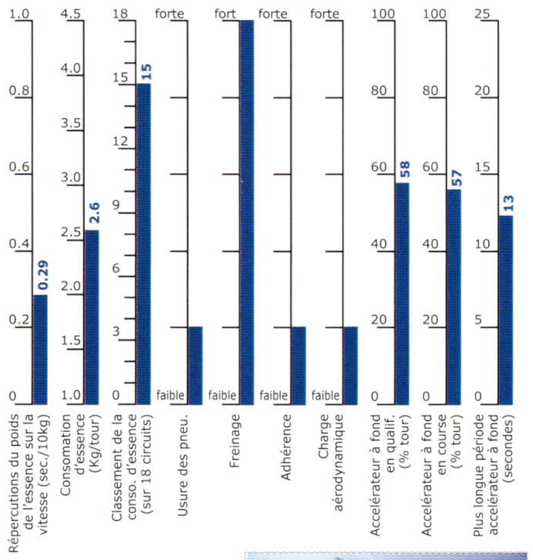

MILD SEVEN
USA308
USA308

30 JUIN 2004
GRAND PRIX DES ETATS-UNIS
INDIANAPOLIS

GRANDE PEUR AU 11^{E} TOUR

Plus de peur que de mal pour Ralf Schumacher. L'Allemand a été victime d'un très sérieux accident au 11e tour, au moment où une crevaison due à des débris a envoyé sa Williams taper violemment le mur de béton.
Resté bloqué dans sa monoplace pendant plusieurs minutes, le pilote a finalement été conduit à l'hôpital d'Indianapolis, où les médecins l'ont examiné pour conclure que l'Allemand était indemne. Ce qui n'était pas le cas: rentré en Europe, il fut à nouveau examiné pour constater une double fracture de la colonne vertebrale. Avec trois mois d'immobilisation à la clé.
Sur la piste, profitant de la confusion sur la ligne droite jonchée de débris, les Ferrari ont ravitaillé pour ressortir de l'accident en tête et dans l'ordre, Michael Schumacher devant Rubens Barrichello.

^
Nouvelle première ligne 100% Ferrari, mais dans le désordre! Rubens Barrichello est parvenu à faire mieux que Michael Schumacher au cours des essais qualificatifs.

Rubens passe au pied gauche. Et s'installe en pole.

Jusqu'ici, Rubens Barrichello freinait à l'ancienne, comme monsieur Tout-le-Monde, avec son pied droit. Une pratique qui n'a plus cours en Formule 1, puisqu'il n'y a plus de pédale d'embrayage et que le freinage du pied gauche permet d'éviter le petit temps mort au moment où le pied droit passe d'une pédale à l'autre.
Désormais, « Rubinho » fait comme les autres pilotes: il freine du pied gauche ! « *Normalement, je freine naturellement du pied droit*, explique-t-il. *Mais je me suis mis à l'autre méthode, et c'est un avantage. C'est un peu comme un footballeur qui peut marquer des deux pieds !* »
Résultat : à Indianapolis, Rubens Barrichello a signé le meilleur chrono des qualifications, juste devant Michael Schumacher à qui il espérait bien mener la vie dure en course. « *Rubens a fait du très bon travail, et franchement je craignais d'être encore moins bien placé.* »
Takuma Sato poursuivait quant à lui son impressionnante série de résultats aux qualifications puisqu'il a décroché la troisième place. Reste à savoir s'il allait pouvoir terminer la course, lui qui a été victime de casses-moteur au cours des trois derniers Grands Prix. « *J'aimerais bien savoir ce qui se passe avec mes moteurs*, admettait le Japonais. *Même s'il n'y a eu que peu de temps depuis le Grand Prix du Canada, les ingénieurs de Honda ont réussi à sortir une nouvelle évolution de leur moteur. J'espère qu'elle va tenir.* »
Derrière les deux Ferrari et les deux BAR-Honda, Juan Pablo Montoya parvint à placer sa Williams-BMW. « *Je suis un peu déçu, parce que notre voiture vaut mieux que cette cinquième place* », remarquait-il. Il n'était pas le seul à se montrer déçu, d'ailleurs : une très importante communauté de Colombiens avait fait le déplacement d'Indianapolis. Comme ils sont d'un naturel bruyant et démonstratif, on ne voyait qu'eux dans les tribunes.
Comme d'habitude, la malchance s'acharnait sur Jarno Trulli : après avoir vu sa monture le lâcher après quelques mètres de course à Montréal, le Romain n'a pu effectuer qu'un tour au ralenti, samedi, avant de rentrer à son stand – même problème de transmission qu'au Canada. De toute façon, les Renault brillaient nettement moins que la semaine dernière, puisque l'autre Renault, celle de Fernando Alonso, se qualifiait en neuvième place seulement.
Chez Sauber, les deux pilotes se retrouvaient 14e et 15e seulement – leur plus mauvaise qualification de la saison – en raison d'un manque d'adhérence du train arrière. « *Nous savons bien que nos voitures et nos pilotes sont meilleurs que leur position de grille ne le suggère*, philosophait Peter Sauber. *Mais le retard que nous avons sur nos concurrents en qualification a quelque chose de vexant* » Au sein de l'écurie suisse, le problème était décidément récurrent : les pilotes avaient beaucoup de mal à faire monter leurs pneus Bridgestone en température. En course, ce problème n'existait pas. Mais en partant de la queue du peloton, fallait-il encore pouvoir doubler...

100 kilomètres/heure dans les stands. A Indianapolis, ceux-ci sont vraiment très larges et justifient une limite élevée.
>

^
Ambiances américaines. Blottie au cœur du Middle-West, Indianapolis, avec son côté cool et ses vastes zones vertes, se présente comme une caricature d'une ville des Etats-Unis.

La grille de départ

1	R. BARRICHELLO	1:10.223 (214,903 km/h)
2	M. SCHUMACHER	1:10.400
3	T. SATO	1:10.601
4	J. BUTTON	1:10.820
5	J.P. MONTOYA*	1:11.062
6	R. SCHUMACHER	1:11.106
7	K. RÄIKKÖNEN	1:11.137
8	O. PANIS	1:11.167
9	F. ALONSO	1:11.185
10	M. WEBBER	1:11.286
11	C. DA MATTA	1:11.691
12	D. COULTHARD	1:12.026
13	C. KLIEN	1:12.170
14	G. FISICHELLA	1:12.470
15	F. MASSA	1:12.721
16	N. HEIDFELD	1:13.147
17	G. PANTANO	1:13.375
18	G. BRUNI	1:14.010
19	Z. BAUMGARTNER	1:14.812
20	J. TRULLI	-

*J.P. MONTOYA prend le départ avec sa voiture de réserve depuis l'allée des stands.

Les Ferrari ont profité de l'accident de Ralf pour ravitailler. Tous les bols!

Décidément, les cieux sont avec la Scuderia cette saison. Ce Grand Prix des Etats-Unis ne s'annonçait pourtant pas comme le plus facile pour les rouges. Toutes deux s'étaient qualifiées en pneus tendres, histoire d'être bien placées sur la grille, mais cette tactique avait l'inconvénient d'exiger un ravitaillement au début de la course. Une stratégie qui forçait les Ferrari à s'échapper rapidement, ce qu'elles n'ont pas pu faire en raison des deux apparitions de la voiture de sécurité.
Une deuxième voiture de sécurité dont elles ont tout de même profité: au moment où la Williams de Ralf Schumacher tapait le mur, les deux Ferrari se sont précipitées dans les stands. « *C'est là que tout s'est joué*, admettait Michael Schumacher. *L'écurie m'a demandé de rentrer tout de suite. C'était le bon choix, parce que la ligne droite était tellement jonchée de débris qu'on ne pouvait y passer qu'au ralenti.* » L'Allemand vit alors que son frère restait coincé dans sa monoplace. « *Quand j'ai vu que c'était Ralf, et quand j'ai compris comment il avait tapé, j'ai vraiment été choqué. Heureusement, l'écurie m'a tenu informé de ce qui lui arrivait, et j'ai vite été rassuré.* » Grâce à cet accident, les Ferrari ont pu effectuer leur premier ravitaillement tôt, et sans perdre de temps sur leurs rivaux. Rubens Barrichello dut attendre que Michael Schumacher ait terminé son plein avant de ravitailler. Il était qualifié en pole, mais du coup il s'est retrouvé deuxième. « *Je suis déçu, parce que j'avais vraiment la voiture pour gagner aujourd'hui*, se lamentait-il. *Mais je n'ai pas été prévenu de la rentrée de la voiture de sécurité, mes pneus n'étaient plus sous pression, et je n'ai rien pu faire pour retenir Michael.* »
Dès lors, l'Allemand n'eut qu'à gérer son avance et à tenir tête aux attaques de Takuma Sato, troisième.

^
Chaud départ. Tout à l'avant, Rubens Barrichello confirme sa pole-position et prend le meilleur sur Michael Schumacher, tandis que Fernando Alonso bondit de sa neuvième place de grille pour s'emparer de la… troisième place au premier virage.

<
Fernando Alonso, malheureusement, ne va pas loin: victime d'une crevaison au pneu arrière droit en pleine ligne droite, il sort de route à l'orée du neuvième tour. Une crevaison qu'il doit sans doute à l'accrochage du premier virage, qui a opposé Cristiano da Matta à Christian Klien, l'Autrichien entrant en collision par l'arrière avec la Toyota du Brésilien (photo sur la grille de départ)

<
Bravo Takuma! A Indianapolis, qualifié troisième, le Japonais termine troisième et monte sur le podium pour la première fois de sa carrière.

>
L'instant-clé du Grand Prix: le ravitaillement de Michael Schumacher pendant l'accident de son frère Ralf. A cet instant, il était plus lent de passer par la piste jonchlée de déchets que par les stands. Du coup, même en s'arrêtant, Michael Schumacher est ressortit devant tout le monde après son plein d'essence. Le tour était joué, et de main de maître. Stupeur au sein des écuries adverses.

>
Le carrefour entre la 16e rue et Georgetown Road, devant l'entrée principale du circuit. C'est le point clé du trafic autour du Speedway pendant un week-end de course, mais les policiers américains ne s'affolent pas pour autant. Et les attentes y sont souvent très longues...

Le potentiel des Renault reste à découvrir

Ils commençaient à s'en remettre. Pendant que l'équipe Renault déballait son matériel sur le Speedway d'Indianapolis, les sourires revenaient petit à petit sur les visages. Mais il allait falloir du temps pour que les membres de l'écurie oublient ce terrible Grand Prix du Canada.
Car avec le recul, il semblait que les deux Renault, sans leur abandon, auraient été en mesure de jouer la gagne face aux Ferrari à Montréal.
Mal qualifié, Michael Schumacher n'y était que sixième sur la grille de départ, et n'a dû sa victoire qu'à une stratégie audacieuse, à deux ravitaillements, qui lui a permis de grignoter ses adversaires. Sauf les Renault, qui, elles aussi, étaient parties pour ne stopper que deux fois.
Qualifiées devant Michael Schumacher, les Renault auraient sans doute – mais on ne le saura jamais - réussi à y rester – sauf peut-être pour Fernando Alonso, qui a perdu du temps lors de son premier ravitaillement – si elles n'avaient pas été toutes deux victimes d'un problème de transmission, dû, apparemment, à une erreur de montage des boîtes de vitesses ! Avec la victoire de Jarno Trulli à Monaco, Renault restait alors la seule écurie a avoir réussi à enrayer la machine à gagner de Ferrari. A Indianapolis, pourtant, elle ne fut jamais vraiment dans le coup. Jarno Trulli termina quatrième.

Noire Amérique pour les Williams-BMW

Cette campagne nord-américaine n'était décidément pas celle de l'écurie Williams. Après la double disqualification du Grand Prix du Canada, Ralf Schumacher a été éliminé ici par son accident, tandis que Juan Pablo Montoya a été disqualifié! Le Colombien dut sauter dans son mulet avant le départ du tour de chauffe, le moteur de sa monture refusant de démarrer sur la grille de départ. Un changement de monoplace qui fut un peu juste : il manqua quelques secondes à l'écurie Williams pour préparer le mulet dans les temps, et le pilote Colombien, une fois parti dernier, fut disqualifié au cours de son 57e tour. D'autant plus regrettable qu'il avait réussi à se hisser à la deuxième place au 25e tour déjà ! Selon le règlement, en effet, un pilote partant des stands a 15 secondes pour rattraper le peloton après le départ, un délai que Montoya n'a pas réussi à respecter dans la panique de la préparation de sa voiture.

>
Cinquième place et quatre points d'un coup pour Olivier Panis. Qui ne le sait pas encore, mais qui réussit là son meilleur résultat de la saison sur sa Toyota.

Essais

Toutes les séances d'essais

N°	Pilote	N° Châssis - Moteur	Libres 1 vendredi	Pos.	Libres 2 vendredi	Pos.	Libres 3 samedi	Pos.	Libres 4 samedi	Pos.	Pre-qual. samedi	Pos.	Qualifs samedi	Pos.
1.	Michael Schumacher	Ferrari F2004 239	1:11.619	2	1:11.036	4	1:11.207	3	1:10.199	2	1:10.129	9	1:10.400	2
2.	Rubens Barrichello	Ferrari F2004 236	1:11.354	1	1:10.365	1	1:10.911	1	1:10.351	4	1:09.454	1	1:10.223	1
3.	Juan Pablo Montoya	Williams FW26 06 - BMW	1:12.008	4	1:10.982	3	1:12.240	12	1.10.708	5	1:09.824	2	1:11.062	5
4.	Ralf Schumacher	Williams FW26 07 - BMW	1:12.850	10	1:11.530	6	1:11.671	5	1:10.820	8	1:10.003	5	1:11.106	6
5.	David Coulthard	McLaren MP4-19 03 - Mercedes	1:13.916	18		25	1.12.584	15	1:11.395	12	1:11.068	12	1.12.026	12
6.	Kimi Räikkönen	McLaren MP4-19 01 - Mercedes	1:13.147	12	1:12.197	10	1:12.015	9	1:11.222	10	1:11.415	14	1:11.137	7
7.	Jarno Trulli	Renault R24-03	1:13.351	13	1:12.441	12	1:11.723	6	1:10.848	9	1:10.559	10		
8.	Fernando Alonso	Renault R24-02	1:12.989	11	1:13.732	20	1:11.509	4	1:10.749	6	1.10.078	6	1:11.185	9
9.	Jenson Button	B.A.R 006-05 - Honda	1:12.553	7	1:11.230	5	1:11.071	2	1:10.056	1	1:10.115	8	1:10.820	4
10.	Takuma Sato	B.A.R 006-03 - Honda	1:13.532	15	1:12.601	14	1:11.989	7	1:10.251	3	1:10.002	4	1:10.601	3
11.	Giancarlo Fisichella	Sauber C23-04 - Petronas	1.12.575	8	1:12.537	13	1:12.405	13	1:12.686	17	1:10.997	11	1.12.470	14
12.	Felipe Massa	Sauber C23-01 - Petronas	1:13.371	14	1:13.196	17	1:12.911	16	1:12.861	18	1:11.315	13	1:12.721	15
14.	Mark Webber	Jaguar R5-04	1:13.762	17	1:12.438	11	1:12.128	10	1:12.590	15	1:11.444	15	1:11.286	10
15.	Christian Klien	Jaguar R5-01	1:14.407	19	1:12.950	16	1:12.147	11	1:11.992	13	1:11.777	16	1:12.170	13
16.	Cristiano da Matta	Toyota TF104/04	1:13.555	16	1:11.893	7	1:12.001	8	1:10.802	7	1:10.108	7	1:11.691	11
17.	Olivier Panis	Toyota TF104/03	1:12.631	9	1:11.994	8	1:12.451	14	1:11.242	11	1:09.923	3	1:11.167	8
18.	Nick Heidfeld	Jordan EJ14/03 - Ford	1:15.020	21	1:13.961	21	1:13.454	19	1:12.524	14	1:12.329	18	1:13.147	16
19.	Giorgio Pantano	Jordan EJ14/02 - Ford	1:15.260	23	1:14.407	22	1:13.761	20	1:12.603	16	1:12.017	17	1:13.375	17
20.	Gianmaria Bruni	Minardi PS04B/02 - Cosworth	1:15.468	24	1:14.428	24	1:12.957	17	1:13.915	20	1:13.776	19	1.14.010	18
21.	Zsolt Baumgartner	Minardi PS04B/01 - Cosworth	1:17.051	25	1:13.384	18	1:13.396	18	1:13.869	19	1:14.396	20	1:14.812	19
35.	Anthony Davidson	B.A.R 006-04 - Honda	1:11.693	3	1:10.967	2								
37.	Björn Wirdheim	Jaguar R5-05	1:12.424	6	1:12.761	15								
38.	Ricardo Zonta	Toyota TF104/07	1:12.366	5	1:12.019	9								
39.	Timo Glock	Jordan EJ14/01 - Ford	1:15.017	20	1:13.446	19								
40.	Bas Leinders	Minardi PS04B/03 - Cosworth	1:15.028	22	1:14.409	23								

Vitesses de pointe

N°	Pilote	P1 Qualifs	Pos.	P1 Course	Pos.	P2 Qualifs	Pos.	P2 Course	Pos.	Finish Qualifs	Pos.	Finish Course	Pos.	Radar Qualifs	Pos.	Radar Course	Pos.
1.	M. Schumacher	270,6	1	269,0	1	173,0	9	178,5	1	332,9	6	340,3	13	335,9	7	348,4	11
2.	R. Barrichello	270,0	2	268,9	2	175,8	3	177,9	3	333,1	4	345,7	8	338,3	4	356,4	2
3.	J.P. Montoya	268,3	4	267,9	3	176,4	2	174,7	8	334,5	2	345,7	7	340,8	2	351,5	8
4.	R. Schumacher	268,5	3	265,1	10	167,2	20	169,6	16	332,0	7	348,0	3	335,2	8	354,7	5
5.	D. Coulthard	265,0	8	266,2	7	172,3	10	177,1	6	330,0	9	347,7	5	332,1	11	354,7	6
6.	K. Räikkönen	264,5	9	263,6	12	174,4	5	173,5	12	332,9	5	350,0	1	336,3	6	355,6	3
7.	J. Trulli	179,6	20	265,5	8	172,1	11	177,6	4	322,3	18	341,5	12	325,0	18	355,3	4
8.	F. Alonso	267,9	5	267,8	4	178,9	1	177,3	5	326,9	14	336,0	15	329,6	14	346,0	13
9.	J. Button	263,2	11	265,2	9	168,9	19	172,2	14	328,6	13	348,0	4	332,0	12	353,6	7
10.	T. Sato	267,1	7	267,6	6	170,8	14	178,5	2	329,5	11	348,9	2	332,9	9	349,9	9
11.	G. Fisichella	260,2	14	263,3	13	170,6	15	173,6	11	334,0	3	347,3	6	336,5	5	356,6	1
12.	F. Massa	258,7	16			174,4	4			336,3	1			341,9	1	319,5	17
14.	M. Webber	262,5	12	264,4	11	172,1	12	174,7	9	329,7	10	344,2	9	331,7	13	349,9	10
15.	C. Klien	264,2	10			171,4	13			328,9	12			332,3	10	308,1	18
16.	C. Da Matta	267,5	6	258,9	15	169,8	17	173,4	13	325,5	15	342,2	11	326,5	17	343,8	15
17.	O. Panis	260,4	13	267,7	5	174,1	7	174,7	7	331,6	8	342,8	10	338,8	3	344,3	14
18.	N. Heidfeld	260,0	15	261,7	14	169,3	18	174,1	10	324,4	16	336,7	14	326,8	16	348,0	12
19.	G. Pantano	258,5	17			169,9	16			320,8	19			324,7	19	304,4	20
20.	G. Bruni	256,7	19			174,2	6			322,8	17			328,8	15	306,6	19
21.	Z. Baumgartner	258,4	18	258,0	16	173,9	8	171,8	15	319,1	20	330.0	16	324,1	20	338,8	16

Course

Classement & abandons

Pos.	Pilote	Equipe	Tour	Temps	Moyenne	
1.	M. Schumacher	Ferrari	73	1:40:29.914	182,698 km/h	
2.	R. Barrichello	Ferrari	73	+ 2.950	182,609 km/h	
3.	T. Sato	B.A.R Honda	73	+ 22.036	182,033 km/h	
4.	J. Trulli	Renault	73	+ 34.544	181,658 km/h	
5.	O. Panis	Toyota	73	+ 37.534	181,568 km/h	
6.	K. Räikkönen	McLaren Mercedes	72	1 tour	179,369 km/h	
7.	D. Coulthard	McLaren Mercedes	72	1 tour	178,578 km/h	
8.	Z. Baumgartner	Minardi Cosworth	70	3 tours	174,757 km/h	
9.	G. Fisichella	Sauber Petronas	65	8 tours	173,919 km/h	Fuite hydraulique

	Pilote	Equipe		Motif d'abandon
	M. Webber	Jaguar	61	Fuite d'huile
	N. Heidfeld	Jordan Ford	44	Problème moteur
	J. Button	B.A.R Honda	27	Chute de pression d'huile de boîte de vitesses
	C. Da Matta	Toyota	18	Boîte de vitesses endommagée suite collision avec Klien
	R. Schumacher	Williams BMW	10	Violente sortie de piste dûe à une crevaison arrière
	F. Alonso	Renault	9	Sortie de piste dûe à une crevaison à l'arrière-droit
	C. Klien	Jaguar	1	Touchette Da Matta, part en tête-à-queue, percute Pantano...
	F. Massa	Sauber Petronas	1	Percute de plein fouet Klien en perdition
	G. Pantano	Jordan Ford	1	Suspension avant gauche détruite suite accrochage avec Klien
	G. Bruni	Minardi Cosworth	1	Accrochage au premier virage
DQ	J.P. Montoya	Williams BMW	58	Drapeau noir pour utilisation du mulet hors du temps réglemantaire

Meilleurs tours

	Pilote	Temps	Tour	Moyenne
1.	R. Barrichello	1:10.399	7	214,366 km/h
2.	M. Schumacher	1:10.412	8	214,327 km/h
3.	T. Sato	1:10.727	47	213,372 km/h
4.	O. Panis	1:10.933	46	212,752 km/h
5.	J. Button	1:11.025	22	212,477 km/h
6.	J. Trulli	1:11.187	45	211,993 km/h
7.	F. Alonso	1:11.236	8	211,847 km/h
8.	K. Räikkönen	1:11.248	59	211,812 km/h
9.	J.P. Montoya	1:11.255	37	211,791 km/h
10.	R. Schumacher	1:11.982	8	209,652 km/h
11.	G. Fisichella	1:12.129	44	209,225 km/h
12.	M. Webber	1:12.140	46	209,193 km/h
13.	D. Coulthard	1:12.155	44	209,149 km/h
14.	C. Da Matta	1:12.872	8	207,091 km/h
15.	N. Heidfeld	1:13.095	37	206,460 km/h
16.	Z. Baumgartner	1:14.097	39	203,668 km/h

Passages aux stands

	Pilote	Temps	Tour	Arrêt n°
1.	C. Da Matta	58.014	1	1
2.	C. Da Matta	33.810	3	2
3.	Z. Baumgartner	24.439	10	1
4.	M. Schumacher	23.774	11	1
5.	R. Barrichello	28.859	11	1
6.	K. Räikkönen	23.908	11	1
7.	O. Panis	26.587	11	1
8.	J. Trulli	23.961	11	1
9.	D. Coulthard	33.681	11	1
10.	N. Heidfeld	23.710	11	1
11.	G. Fisichella	23.729	11	1
12.	M. Webber	29.462	17	1
13.	J. Button	24.755	24	1
14.	T. Sato	23.337	25	1
15.	K. Räikkönen	22.969	29	2
16.	K. Räikkönen	31.193	34	3
17.	J.P. Montoya	24.375	35	1
18.	Z. Baumgartner	23.294	37	2
19.	N. Heidfeld	27.866	38	2
20.	M. Schumacher	26.625	42	2
21.	T. Sato	25.241	45	2
22.	J. Trulli	22.855	46	2
23.	O. Panis	23.893	47	2
24.	D. Coulthard	24.775	47	2
25.	G. Fisichella	26.516	48	2
26.	R. Barrichello	23.856	50	2
27.	M. Webber	23.494	51	2
28.	D. Coulthard	26.015	54	2
29.	Z. Baumgartner	24.834	55	2
30.	J.P. Montoya	23.068	57	2

Tête de la course

Pilote	Tours en tête	Nbre de Tours
R. Barrichello	1 > 5	5
M. Schumacher	6 > 41	36
R. Barrichello	42 > 50	9
M. Schumacher	51 > 73	23

Pilote	Nbre de Tours	Kilomètres
M. Schumacher	59	247,328 km
R. Barrichello	14	58,688 km

Ecarts en tête de course

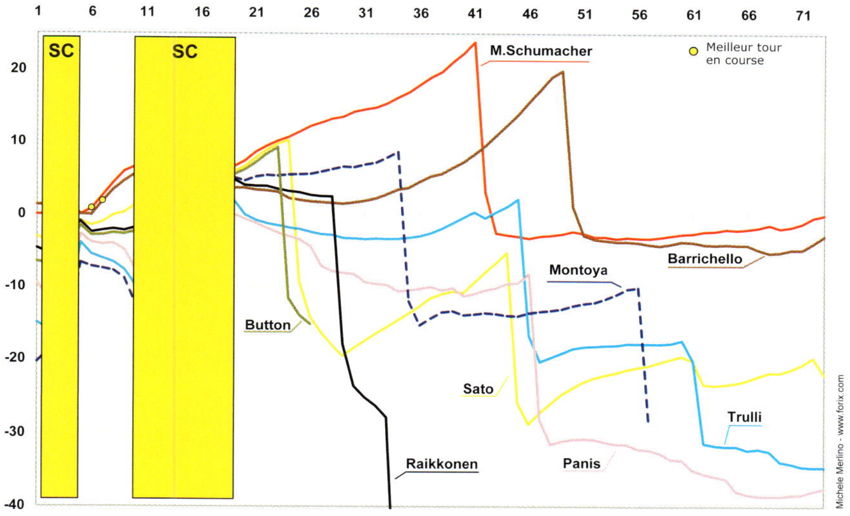

Tour par tour

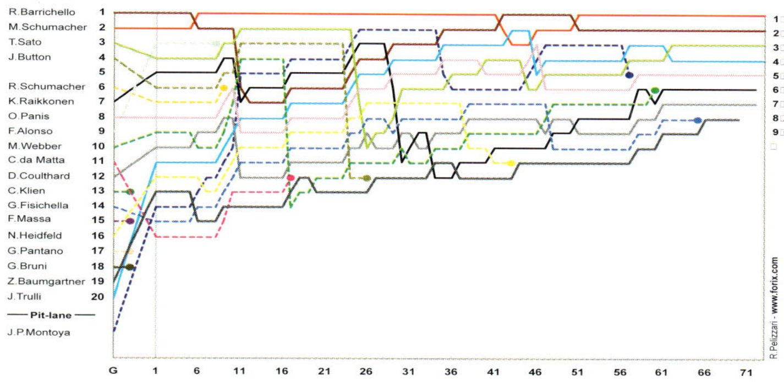

Championnats après neuf manches

Conducteurs

1. M. Schumacher ....(8 victoires) 80
2. R. Barrichello 62
3. J. Button ....(1 victoire)............44
4. J. Trulli...41
5. F. Alonso 25
6. J.P. Montoya 24
7. T. Sato 14
8. R. Schumacher 12
9. G. Fisichella..10
10. D. Coulthard..9
11. K. Räikkönen 8
12. F. Massa 5
13. O. Panis...5
14. C. Da Matta..3
15. N. Heidfeld...3
16. M. Webber 3
17. T. Glock 2
18. Z. Baumgartner 1
19. C. Klien 0
20. G. Pantano...0
21. G. Bruni..0

Constructeurs

1. Scuderia Ferrari Marlboro ......(8 victoires)..142
2. Mild Seven Renault F1 Team ..(1 victoire).....66
3. Lucky Strike B.A.R Honda 58
4. BMW WilliamsF1 Team................................36
5. West McLaren Mercedes...............................17
6. Sauber Petronas 15
7. Panasonic Toyota Racing 8
8. Jordan Ford 5
9. Jaguar Racing 3
10. Minardi Cosworth...1

Le circuit

Nom	Indianapolis
Longueur	4192 mètres
Distance	73 tours, soit 306,016 km
Date	20 juin 2004
Conditions climatiques	ensoleillé, 24-27°c
Température de la piste	43-49°c

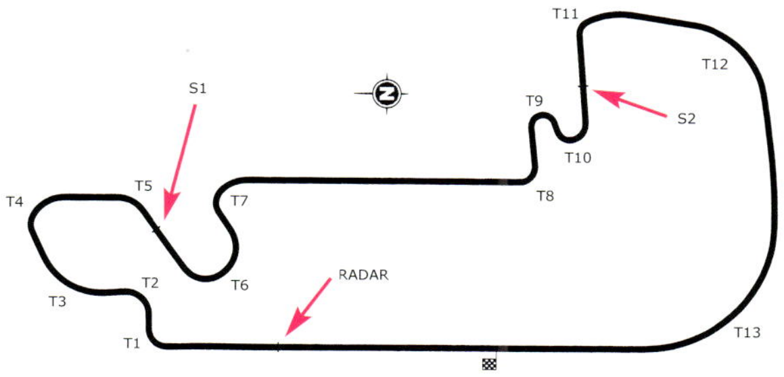

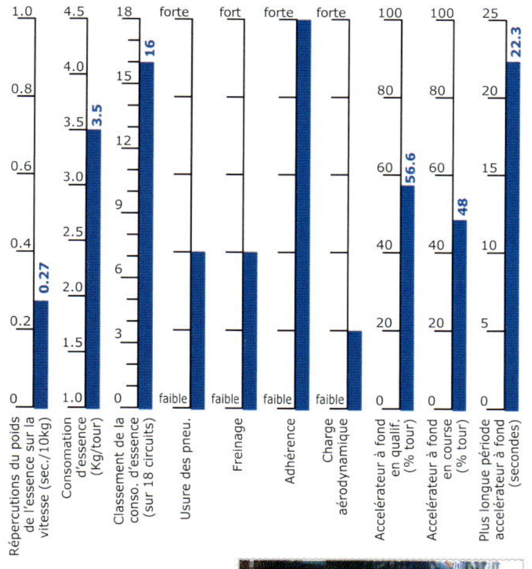

ALONSO 8
HANJIN
elf
elf
8
MAGNETI MARELLI
8

4 JUILLET 2004
GRAND PRIX DE FRANCE
MAGNY-COURS

FERNANDO-LE-MAGNIFIQUE

Fantastique performance de Fernando Alonso à Magny-Cours: aux terme des essais, l'Espagnol de Renault avait hissé sa voiture en pole-position.
En course, alors que tous les autres pilotes ont ravitaillé à trois reprises, comme toujours à Magny-Cours, Michael Schumacher a déjoué ses adversaires en stoppant quatre fois pour faire le plein. Il fallait oser, et il fallait encore gagner. Ce qui fit

^
Quel look d'enfer que celui des pilotes Renault! Fernando Alonso, en pole, et Jarno Trulli, cinquième sur la grille. Ambiance tendue chez les bleus.

Fernando Alonso devant: 6000 admirateurs pour une pole

Les pneus Michelin se sont toujours révélés performants sur le tracé de Magny-Cours. Basé à quelques dizaines de kilomètres du circuit, à Clermont-Ferrand, le manufacturier ne peut pourtant guère profiter de cette proximité puisque les essais privés sont interdits sur le circuit nivernais. «*Mais pour être honnête, il est vrai que nous connaissons parfaitement toutes les subtilités de Magny-Cours*, analysait Pierre Dupasquier. *Magny-Cours, c'est comme avoir trois circuits en un, et l'astuce consiste à trouver le compromis pour maximiser les performances sur un tour entier plutôt que sur l'un des secteurs seulement.* »
Ici, Michelin espérait bien obtenir sa revanche. Tout comme Fernando Alonso. Au cours des deux derniers Grands Prix, au Canada et aux Etats-Unis, le jeune Espagnol s'était vu éliminé par des problèmes mécaniques. «*Depuis Monaco, j'ai été réellement malchanceux*, lâchait-il. *Mais je suis sûr que la poisse va enfin tourner et que je vais réussir à terminer la course ici.*»
Son tour de qualification, Fernando Alonso l'a arraché à la tronçonneuse, sur un circuit à l'asphalte particulier, qui ne pardonne pas. « *Mon tour a été presque parfait*, acquiesçait-il. *Ce matin, j'ai eu des problèmes de réglages, et je devais forcer un peu mon pilotage pour trouver la meilleure ligne. Dans la dernière chicane avant la ligne droite, ce n'est vraiment pas facile et on est souvent en vrac. Bon, je suis arrivé à signer le meilleur chrono, mais c'est une petite surprise. Bien sûr, c'est vraiment bien pour toute l'écurie Renault.* »

La marque française alignait ici une version améliorée de son moteur, qui a peut-être fait la différence. Une pole qui tombait d'autant mieux que plus de 6000 employés de Renault étaient attendus pour le jour de la course. Plusieurs tribunes furent ainsi décorées de bleu et de jaune.

En bref

> Une Renault, une Ferrari, une McLaren et une BAR-Honda aux quatre premières places: un résultat qui montrait que le plateau semblait se resserrer en cette mi-saison. On comptait ainsi non moins de 11 pilotes dans la même seconde.

> L'écurie McLaren-Mercedes alignait ici la version « B » de sa calamiteuse MP4/19. Une voiture qui n'a – et c'est un euphémisme – pas donné satisfaction depuis le début de la saison. Des problèmes de moteur ont mis fin à de nombreuses courses, mais les châssis étaient eux-aussi impossibles à régler. Des problèmes peut-être oubliés avec la nouvelle MP4/19B, entièrement repensée. Une version qui semble tenir ses promesses : vendredi matin, au cours des essais libres, Kimi Räikkönen a signé le meilleur chrono, alors que l'après-midi David Coulthard se qualifiait troisième.

> Juan Pablo Montoya a été victime d'une sévère sortie de route vendredi matin en raison de l'averse qui a rendu la piste très glissante. Sa Williams était sévèrement touchée, et ses 15 mécaniciens se sont affairés pendant deux heures pour remplacer la boîte de vitesse, la carrosserie ainsi que les suspensions de sa FW26.

> Les organisateurs se sont associés à la création de l'ICM, l'Institut pour le Cerveau et la Moelle épinière. Parrain de cet institut, Michael Schumacher a effectué deux tours du circuit à bord d'une Ferrari, avec pour passager un spectateur tiré au sort.

La grille de départ

^
La grille de départ à quelques instants du départ du tour de chauffe. Un moment toujours chargé d'émotion.

Les quatre coups de Michael Schumacher

« Avant la course, je n'étais pas très optimiste. Mais notre stratégie et son exécution par les mécaniciens ont été absolument parfaits aujourd'hui. » Michael Schumacher, tout sourire, n'avait que des compliments à formuler après l'arrivée.
C'est après son second ravitaillement que l'écurie Ferrari a décidé de tenter un quatrième arrêt, une stratégie encore jamais vue cette saison. *« Je n'ai pas eu grand'chose à dire après que l'écurie m'ait prévenu de forcer le rythme. Je n'avais rien à perdre, et c'était un peu « qui ne risque rien n'a rien ». Mais en fait, je n'ai cru à la victoire que cinq tours avant mon dernier arrêt, quand j'ai eu une avance suffisante pour stopper une nouvelle fois. »*
Comme l'a admis le champion du monde, une stratégie à trois arrêts lui aurait peut-être aussi permis de gagner la course. *« Mais alors, j'aurais dû doubler des voitures sur la piste, et c'était plus risqué »*, conclut le pilote allemand. Résultat : une nouvelle victoire de Schumi, sa neuvième en dix Grand Prix.
Au départ, pourtant, c'était Fernando Alonso qui s'était élancé en tête de course. Au premier virage, derrière l'Espagnol, Michael Schumacher précédait le surprenant Jarno Trulli, qui a réussi à bondir de sa cinquième place de grille pour se retrouver troisième. La course a alors filé à un rythme très soutenu lorsque sont intervenus les premiers ravitaillements, au 11e tour déjà.
Si Fernando Alonso parvint à conserver la tête de la course au terme de cette première série d'arrêts, Michael Schumacher profita de son deuxième ravitaillement pour passer l'Espagnol et s'emparer de la tête de la course, juste avant la mi-distance.
Une fois installé en tête, le pilote Ferrari n'a alors cessé de creuser l'écart avant de stopper pour la troisième fois, au 42e tour. Contre toute attente, il força encore la cadence au lieu de gérer son avance, et est rentré au stand une quatrième fois, au 58e tour.
Fernando Alonso s'est finalement classé deuxième et monta sur le podium pour la première fois depuis le Grand Prix d'Australie. « *J'attendais ça depuis longtemps*, confia-t-il. *J'aurais pu finir sur le podium lors des deux dernières courses si ma voiture n'avait pas buté sur des problèmes mécaniques. De toute façon, pas de regret : Michael était plus fort que nous aujourd'hui.* »

A un virage du podium...

Après le quatrième arrêt de Michael Schumacher, la course semblait jouée entre les huit premiers. C'était compter sans une attaque-suicide de Rubens Barrichello. Quatrième, ce dernier titillait Jarno Trulli depuis le 53e tour, mais il a attendu l'avant-dernier virage pour le passer.
Parti dixième sur la grille de départ, le Brésilien termine ainsi miraculeusement sur le podium ! « *J'ai eu beaucoup de plaisir pendant cette course*, expliquait-il. *La voiture était fantastique, tout spécialement juste avant de ravitailler. J'avais du mal avec Jarno, parce qu'il avait beaucoup de traction et qu'il était difficile de le suivre en sortie de virage. Mais au tout dernier tour, il a un peu trop ralenti à la sortie du virage du Château d'Eau, et j'ai pu me porter à sa hauteur. J'ai essayé une attaque à 85%, et quand j'ai vu que j'avais une chance, j'ai ajouté 20% pour être à 105% de mes possibilités. Et ça a passé !* »
Pour le Brésilien, à en juger par les moulinets qu'il faisait avec ses poings après l'arrivée, cette troisième place valait autant qu'une victoire
Tandis que chez Renault, Jarno Trulli était effondré. *« Je suis vraiment navré d'avoir perdu cette place en toute fin de course*, regrettait-il. *Je me suis défendu autant que possible, j'ai essayé de fermer la porte, mais ce n'était pas jouable. Je suis très déçu, mais je vais devoir me remettre d'ici les prochaines courses...»*
Il allait surtout devoir affronter la colère de Flavio Briatore, son patron, visiblement furieux d'avoir perdu l'occasion de faire monter ses deux pilotes sur le podium au moment où toute la direction de Renault, son président Louis Schweitzer en tête, avait fait le déplacement de Magny-Cours.

<
C'était la gaffe de l'année: dans le tout dernier virage du GRand Prix, l'Italien se laisse surprendre par Rubens Barrichello. Flavio Briatore ne le pardonnera jamais à son pilote.

Allianz
MICHELIN
ORIS
PETROBRAS
FedEx
hp

Bienvenue en Formule 1

A Magny-Cours, Marc Gené a pris la place de Ralf Schumacher chez Williams. Qualifié huitième sur la grille, il eut tout le loisir de goûter aux joies et au stress de la Formule 1.

>
Mark Webber a beau utiliser toute la largeur de la piste et même plus, il manque les points de justesse à Magny-Cours puisqu'il termine neuvième. La saison 2004 des Jaguar s'avère décidément très moyenne, mais le pire reste à venir...

Max Mosley précise ses pensées. Et présente sa démission.

Max Mosley a toujours évolué dans le milieu du sport automobile. Co-propriétaire de l'écurie March au début des années '70, il est ensuite devenu l'avocat de Bernie Ecclestone. Lorsqu'il fut élu à la présidence de la FIA, en 1991, la collusion avec ce dernier a laissé supposer que « tonton » Bernie aurait désormais un contrôle total sur la Formule 1.
C'était compter sans la subtilité et l'intelligence de Max Mosley, qui s'est acquitté de son rôle de manière irréprochable. Réélu à plusieurs reprises, il a décidé de démissionner de sa tâche – non rémunérée – pour s'octroyer une retraite bien méritée.
« *Il n'y a aucun motif spécial à mon retrait*, a-t-il souligné à Magny-Cours lors d'une conférence de presse. *Je suis toujours en bonne santé, et on ne m'a pas proposé de boulot très bien payé ! Simplement, je ne trouve plus satisfaisant de passer des heures en réunion avec des patrons d'écurie qui se mettent d'accord sur quelque chose et qui changent d'avis à peine rentrés chez eux. C'est frustrant et fatiguant. A un certain moment, vous êtes lassé de telles attitudes. Et il ne faut pas faire ce travail s'il ne vous enthousiasme pas. J'ai atteint tous les buts que je m'étais fixé quand j'ai été élu, je crois désormais que je serais mieux sur une plage, à lire un bon livre, qu'à participer à des réunions avec les directeurs d'équipe. Ce travail est très lourd, il occupe du matin au soir, et j'en ai assez.* »
Aussi convaincantes soient-elles, les explications du Britannique laissaient un petit goût de suspicion : pourquoi Max Mosley baisse-t-il les bras avec une telle précipitation, alors que le terme normal de son engagement, en 2005, n'était pas très loin ?
L'explication avancée sur la mauvaise foi des patrons d'écurie était d'autant plus surprenante que Max Mosley fréquentait ces derniers depuis des années, et que leur attitude n'était donc pas une surprise. « *Je ne suis pas un directeur d'écurie. Je ne change pas d'avis toutes les deux minutes* », a-t-il même ajouté lorsqu'il lui fut demandé s'il était possible qu'il revienne sur sa décision de se retirer en octobre... une phrase qui ne manque pas de piquant vu la suite de l'histoire...
Au cours de ses explications, Max Mosley a encore précisé les décisions prises au début de la semaine par le conseil mondial de la FIA : les écuries avaient désormais deux mois pour proposer des mesures propres à réduire la vitesse des monoplaces de F1 dès la saison 2005. Si elles ne parvenaient pas à se mettre d'accord sur un ensemble de mesures – ce qui semblait probable -, ce serait alors la FIA qui déciderait du nouveau règlement appliqué en 2005.

Ralf hors-course pour 11 semaines

11e tour du Grand Prix des Etats-Unis. Suite à une crevaison, la Williams de Ralf Schumacher sort de piste et s'en va taper le mur de béton à très haute vitesse. Le choc est terriblement violent (les capteurs de la voiture mesurent un impact de 78 G!), mais la monoplace résiste et termine sa course au milieu de la ligne droite. Le pilote semble d'abord inconscient et reste bloqué dans sa machine plusieurs minutes, le temps que les voitures de sécurité arrivent.
Conduit à l'hôpital d'Indianapolis, les médecins ne décèlent que quelques contusions. Des douleurs du dos le conduisent toutefois à consulter des spécialistes à son retour en Europe. Se révèle alors une double fracture de la colonne, qui exclut totalement le retour au volant du petit frère du champion du monde avant trois mois au moins, si ce n'est pour le restant de la saison. La signature de son contrat avec Toyota risquait même d'en être compromise.

>
Départ. Derrière les deux Renault, David Coulthard et Michael Schumacher (déjà passés), Juan Pablo Montoya emmène le restant du peloton.

Essais

Toutes les séances d'essais

N°	Pilote	N° Châssis - Moteur	Libres 1 vendredi	Pos.	Libres 2 vendredi	Pos.	Libres 3 samedi	Pos.	Libres 4 samedi	Pos.	Pre-qual. samedi	Pos.	Qualifs samedi	Pos.
1.	Michael Schumacher	Ferrari F2004 239	1:15.713	2	1:16.397	5	1:14.944	1	1:14.571	3	1:13.541	2	1:13.971	2
2.	Rubens Barrichello	Ferrari F2004 240	1:15.487	1	1:17.094	10	1:15.500	6	1:14.817	5			1:14.478	10
3.	Juan Pablo Montoya	Williams FW26 06 - BMW		23	1:17.556	13	1:15.529	7	1.21.458	20	1:13.377	1	1:14.172	6
4.	Marc Gené	Williams FW26 05 - BMW	1:19.348	3	1:17.688	14	1:16.608	13	1:15.179	11	1:14.133	9	1:14.275	8
5.	David Coulthard	McLaren MP4-19B 02 - Mercedes		22	1:16.464	7	1.15.402	2	1:14.977	8	1:13.649	3	1.13.987	3
6.	Kimi Räikkönen	McLaren MP4-19B 01 - Mercedes		24	1:16.794	9		20	1:14.513	1	1:13.736	4	1:14.346	9
7.	Jarno Trulli	Renault R24-03	1:39.392	18	1:16.206	2	1:15.423	3	1:15.033	9	1:13.949	7	1:14.070	5
8.	Fernando Alonso	Renault R24-02		20	1:16.454	6	1:15.434	4	1:15.096	10	1.13.750	5	1:13.698	1
9.	Jenson Button	B.A.R 006-05 - Honda	1:28.317	12	1:16.397	4	1:16.304	10	1:14.568	2	1:13.772	6	1:13.995	4
10.	Takuma Sato	B.A.R 006-03 - Honda	1:30.092	16	1:17.967	17	1:16.569	12	1:14.711	4	1:14.130	8	1:14.240	7
11.	Giancarlo Fisichella	Sauber C23-04 - Petronas		21	1:17.324	12	1:15.910	9	1:16.161	15	1:15.793	15	1.16.177	15
12.	Felipe Massa	Sauber C23-01 - Petronas		19	1:18.614	18	1:16.619	14	1:16.062	14	1:14.627	12	1:16.200	16
14.	Mark Webber	Jaguar R5-05		25	1:16.745	8	1:15.907	8	1:15.350	12	1:15.332	14	1:14.798	12
15.	Christian Klien	Jaguar R5-01	1:29.626	14	1:17.936	16	1:16.669	15	1:15.449	13	1:15.205	13	1:15.065	13
16.	Cristiano da Matta	Toyota TF104/04	1:26.757	10	1:15.518	1	1:16.384	11	1:14.885	7	1:14.245	10	1:14.553	11
17.	Olivier Panis	Toyota TF104/03	1:27.449	11	1:17.303	11	1:15.478	5	1:14.883	6	1:14.540	11	1:15.130	14
18.	Nick Heidfeld	Jordan EJ14/03 - Ford	1:20.531	6	1:19.270	21	1:17.846	19	1:17.162	18	1:16.366	17	1:16.807	17
19.	Giorgio Pantano	Jordan EJ14/02 - Ford	1:19.466	5	1:18.711	19	1:17.399	17	1:17.104	17	1:15.913	16	1:17.462	18
20.	Gianmaria Bruni	Minardi PS04B/02 - Cosworth	1:21.203	7	1:19.349	22	1:17.174	16	1:19.401	19	1:18.070	18	1.17.913	19
21.	Zsolt Baumgartner	Minardi PS04B/01 - Cosworth	1:29.877	15	1:19.636	24	1:17.731	18	1:16.861	16	1:18.108	19	1:18.247	20
35.	Anthony Davidson	B.A.R 006-04 - Honda	1:26.552	9	1:16.231	3								
37.	Björn Wirdheim	Jaguar R5-02	1:30.204	17	1:19.179	20								
38.	Ricardo Zonta	Toyota TF104/07	1:29.085	13	1:17.735	15								
39.	Timo Glock	Jordan EJ14/01 - Ford	1:19.428	4	1:19.490	23								
40.	Bas Leinders	Minardi PS04B/03 - Cosworth	1:22.267	8	1:19.914	25								

Vitesses de pointe

N°	Pilote	P1 Qualifs	Pos.	P1 Course	Pos.	P2 Qualifs	Pos.	P2 Course	Pos.	Finish Qualifs	Pos.	Finish Course	Pos.	Radar Qualifs	Pos.	Radar Course	Pos.
1.	M. Schumacher	172,1	11	180,7	12	291,4	3	294,6	1	155,2	13	158,6	3	318,8	2	323,7	2
2.	R. Barrichello	170,4	14	174,8	18	290,0	4	293,8	3	159,1	6	157,2	6	316,0	5	324,4	1
3.	J.P. Montoya	181,6	3	182,8	6	292,0	2	291,7	5	157,4	9	154,7	14	317,4	3	320,6	8
4.	M. Gené	169,8	16	186,5	4	292,9	1	294,4	2	151,4	19	156,0	11	320,3	1	321,4	6
5.	D. Coulthard	186,0	1	182,3	8	289,9	5	291,0	7	164,6	2	157,8	4	316,0	6	322,9	3
6.	K. Räikkönen	175,9	6	179,9	14	288,2	8	291,1	6	161,3	4	157,1	8	314,1	9	319,9	11
7.	J. Trulli	184,1	2	181,3	11	289,1	7	290,1	8	157,5	8	160,5	2	314,2	7	315,6	17
8.	F. Alonso	180,3	4	195,7	1	289,6	6	288,9	12	165,6	1	161,3	1	314,1	8	314,6	18
9.	J. Button	172,3	10	184,1	5	284,2	18	287,6	15	162,3	3	157,7	5	310,8	14	317,5	14
10.	T. Sato	173,2	8	177,2	17	286,0	13	286,8	18	156,4	11	152,8	18	316,6	4	316,0	16
11.	G. Fisichella	178,2	5	194,6	2	287,0	11	292,4	4	156,6	10	157,2	7	312,0	13	322,1	5
12.	F. Massa	170,9	12	181,6	10	286,6	12	287,3	16	159,5	5	154,8	12	313,3	10	316,7	15
14.	M. Webber	175,4	7	182,5	7	287,3	10	289,9	9	152,3	17	156,7	10	312,1	12	322,2	4
15.	C. Klien	161,1	20	189,8	3	287,7	9	289,1	11	155,0	15	154,5	16	312,5	11	321,2	7
16.	C. Da Matta	170,9	13	179,9	15	285,9	14	288,7	13	158,6	7	156,9	9	309,5	17	319,7	12
17.	O. Panis	172,4	9	182,2	9	285,6	16	288,6	14	154,7	16	154,6	15	310,3	15	318,4	13
18.	N. Heidfeld	164,8	19	174,7	19	285,5	17	289,4	10	155,1	14	153,5	17	309,5	16	320,0	10
19.	G. Pantano	169,5	17	180,5	13	285,6	15	286,8	17	156,3	12	154,8	13	308,2	19	320,2	9
20.	G. Bruni	169,8	15	179,3	16	283,1	20	283,1	20	151,4	18	148,0	20	309,3	18	311,3	20
21.	Z. Baumgartner	169,4	18	173,8	20	283,2	19	283,6	19	149,5	20	149,1	19	306,0	20	312,8	19

Course

Classement & abandons

Pos.	Pilote	Equipe	Tour	Temps	Moyenne	
1.	M. Schumacher	Ferrari	70	1:30:18.133	205,035 km/h	
2.	F. Alonso	Renault	70	+ 8.329	204,720 km/h	
3.	R. Barrichello	Ferrari	70	+ 31.622	203,845 km/h	
4.	J. Trulli	Renault	70	+ 32.082	203,828 km/h	
5.	J. Button	B.A.R Honda	70	+ 32.484	203,813 km/h	
6.	D. Coulthard	McLaren Mercedes	70	+ 35.520	203,700 km/h	
7.	K. Räikkönen	McLaren Mercedes	70	+ 36.230	203,673 km/h	
8.	J.P. Montoya	Williams BMW	70	+ 43.419	203,405 km/h	
9.	M. Webber	Jaguar	70	+ 52.394	203,071 km/h	
10.	M. Gené	Williams BMW	70	+ 58.166	202,857 km/h	
11.	C. Klien	Jaguar	69	1 tour	201,728 km/h	
12.	G. Fisichella	Sauber Petronas	69	1 tour	200,690 km/h	
13.	F. Massa	Sauber Petronas	69	1 tour	200,182 km/h	
14.	C. Da Matta	Toyota	69	1 tour	199,833 km/h	
15.	O. Panis	Toyota	68	2 tours	198,423 km/h	
16.	N. Heidfeld	Jordan Ford	68	2 tours	196,849 km/h	
17.	G. Pantano	Jordan Ford	67	3 tours	195,529 km/h	
18.	G. Bruni	Minardi Cosworth	65	5 tours	192,569 km/h	Fuite d'huile boîte de vitesses

Pilote	Equipe		Motif d'abandon
Z. Baumgartner	Minardi Cosworth	32	Sortie de piste, coincé dans le bac à gravier
T. Sato	B.A.R Honda	16	Moteur cassé

Meilleurs tours

	Pilote	Temps	Tour	Moyenne
1.	M. Schumacher	1:15.377	32	210,669 km/h
2.	F. Alonso	1:15.551	34	210,183 km/h
3.	K. Räikkönen	1:15.791	30	209,518 km/h
4.	M. Webber	1:15.956	53	209,063 km/h
5.	J. Button	1:15.971	50	209,021 km/h
6.	R. Barrichello	1:16.035	50	208,845 km/h
7.	M. Gené	1:16.070	56	208,749 km/h
8.	J.P. Montoya	1:16.140	48	208,557 km/h
9.	J. Trulli	1:16.248	15	208,262 km/h
10.	D. Coulthard	1:16.303	11	208,112 km/h
11.	G. Fisichella	1:16.699	22	207,037 km/h
12.	T. Sato	1:16.809	14	206,741 km/h
13.	C. Klien	1:16.852	37	206,625 km/h
14.	C. Da Matta	1:16.937	49	206,397 km/h
15.	O. Panis	1:17.069	53	206,043 km/h
16.	F. Massa	1:17.388	23	205,194 km/h
17.	G. Pantano	1:17.641	15	204,525 km/h
18.	N. Heidfeld	1:18.627	26	201,961 km/h
19.	G. Bruni	1:18.932	52	201,180 km/h
20.	Z. Baumgartner	1:19.659	13	199,344 km/h

Passages aux stands

	Pilote	Temps	Tour	Arrêt n°
1.	M. Schumacher	20.443	11	1
2.	K. Räikkönen	20.516	11	1
3.	M. Gené	22.405	11	1
4.	C. Da Matta	21.341	11	1
5.	Z. Baumgartner	21.728	11	1
6.	D. Coulthard	21.175	12	1
7.	R. Barrichello	20.675	12	1
8.	J. Trulli	20.891	13	1
9.	J.P. Montoya	20.964	13	1
10.	G. Pantano	23.123	13	1
11.	O. Panis	24.668	13	1
12.	G. Bruni	21.956	13	1
13.	F. Alonso	21.305	14	1
14.	J. Button	21.313	14	1
15.	T. Sato	20.746	15	1
16.	M. Webber	21.049	15	1
17.	C. Klien	21.121	16	1
18.	N. Heidfeld	21.230	18	1
19.	G. Fisichella	20.593	20	1
20.	F. Massa	23.124	21	1
21.	K. Räikkönen	21.838	28	1
22.	M. Schumacher	19.425	29	2
23.	D. Coulthard	22.150	29	2
24.	J. Button	20.958	30	2
25.	C. da Matta	20.463	30	2
26.	J. Trulli	19.951	31	2
27.	R. Barrichello	20.179	31	2
28.	J.P. Montoya	21.458	31	2
29.	Z. Baumgartner	25.702	30	2
30.	F. Alonso	19.791	32	2
31.	G. Pantano	22.546	31	2
32.	O. Panis	21.806	32	2
33.	M. Webber	20.643	33	2
34.	M. Gené	21.270	33	2
35.	G. Bruni	21.656	32	2
36.	C. Klien	21.747	35	2
37.	N.Heidfeld	11.042	35	2
38.	N.Heidfeld	21.622	36	3
39.	G. Fisichella	21.063	37	2
40.	M. Schumacher	19.641	42	3
41.	F. Alonso	22.102	46	3
42.	F. Massa	22.805	45	2
43.	K. Räikkönen	22.382	47	3
44.	C. da Matta	20.897	47	3
45.	D. Coulthard	21.514	48	3
46.	J. Trulli	20.667	49	3
47.	G. Pantano	22.691	48	3
48.	J.P. Montoya	21.498	50	3
49.	R. Barrichello	20.529	51	3
50.	M. Webber	20.891	51	3
51.	N.Heidfeld	21.661	50	4
52.	J. Button	21.861	52	3
53.	O. Panis	25.822	51	3
54.	G. Fisichella	20.392	52	3
55.	G. Bruni	21.334	50	3
56.	C. Klien	21.263	53	3
57.	G. Pantano	11.084	52	4
58.	M. Gené	20.517	54	3
59.	M. Schumacher	19.036	58	4

Tête de la course

Pilote	Tours en tête	Nbre de Tours
F. Alonso	1 > 32	32
M. Schumacher	33 > 42	10
F. Alonso	43 > 46	4
M. Schumacher	47 > 70	24

Pilote	Nbre de Tours	Kilomètres
F. Alonso	36	158,612 km
M. Schumacher	34	149,974 km

Ecarts en tête de course

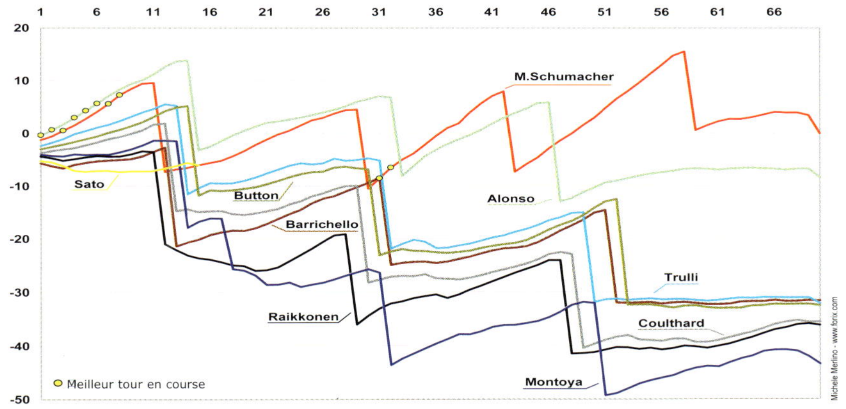

Tour par tour

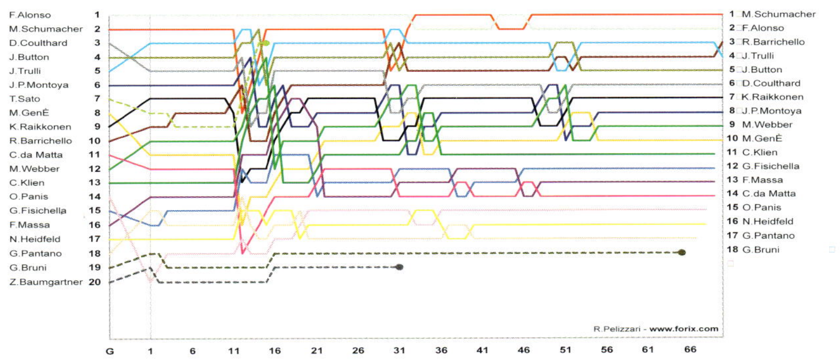

Championnats après dix manches

Conducteurs

1. M. Schumacher ....(9 victoires) 90
2. R. Barrichello 68
3. J. Button 48
4. J. Trulli ....(1 victoire)............46
5. F. Alonso 33
6. J.P. Montoya 25
7. T. Sato 14
8. R. Schumacher 12
9. D. Coulthard 12
10. G. Fisichella 10
11. K. Räikkönen 10
12. F. Massa 5
13. O. Panis 5
14. C. Da Matta 3
15. M. Webber 3
16. N. Heidfeld 3
17. T. Glock 2
18. Z. Baumgartner 1
19. C. Klien 0
20. M. Gené 0
21. G. Pantano 0
22. G. Bruni 0

Constructeurs

1. Scuderia Ferrari Marlboro ......(9 victoires)..158
2. Mild Seven Renault F1 Team ..(1 victoire).....79
3. Lucky Strike B.A.R Honda 62
4. BMW WilliamsF1 Team 37
5. West McLaren Mercedes.............................22
6. Sauber Petronas 15
7. Panasonic Toyota Racing 8
8. Jordan Ford 5
9. Jaguar Racing 3
10. Minardi Cosworth..1

Le circuit

Nom	Magny-Cours, Nevers
Longueur	4411 mètres
Distance	70 tours, soit 308,586 km
Date	4 juillet 2004
Conditions climatiques	ensoleillé et chaud, 27-31°c
Température de la piste	38-43°c

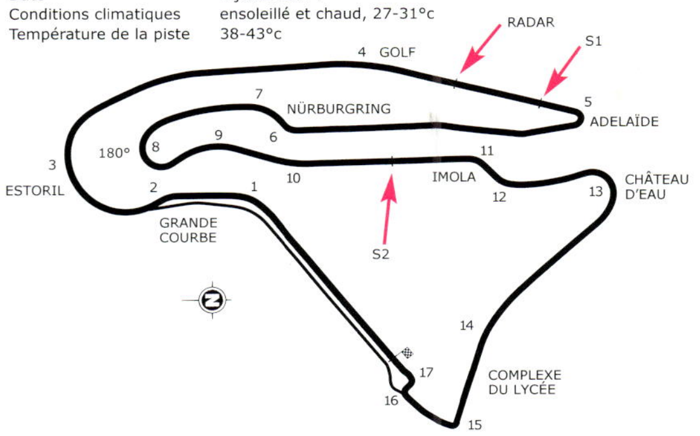

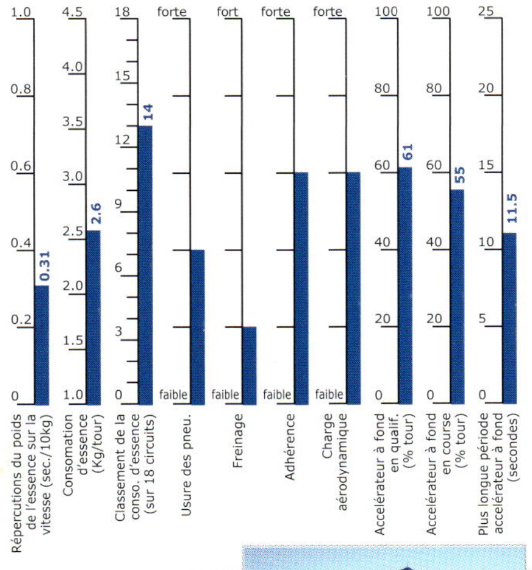

Mobil 1
BOSS
Kimi
Sun

11 JUILLET 2004
GRAND PRIX D'ANGLETERRE
SILVERSTONE

KIMI SE REPREND

En 2003, Kimi Räikkönen avait joué le titre mondial jusqu'à la dernière épreuve. Cette année, c'était le calvaire. A l'orée de ce Grand Prix d'Angleterre, il ne figurait qu'en onzième place du championnat, et a été définitivement exclu de la lutte pour le titre à Magny-Cours.
A Silverstone, l'écurie McLaren s'est pourtant un peu reprise sur ses terres: Kimi Räikkönen a signé la pole-position avant de terminer deuxième de la course.
La première marche du podium était à nouveau occupée par Michael Schumacher. Sa dixième victoire en onze courses.

Une comédie de préqualifications!

> Première pole de la saison pour Kimi Räikkönen. La MP4-19 version «B» semblait faire merveille.

Tout a commencé avec le tête-à-queue de Michael Schumacher. Le champion du monde ne nous avait pas habitué à pareilles erreurs. Soit. Quelques instants plus tard, la pseudo sortie de route de Rubens Barrichello a soulevé les sourcils dans la salle de presse. Mais c'est avec le passage au grand ralenti des voitures qui ont suivi que la séance préqualificative a tourné à la farce.

Au sein des écuries, tout le monde pensait que la pluie allait tôt ou tard inonder la piste, et chacun a donc tout fait pour partir au tout début de la deuxième séance – en se classant donc en queue de la première. « *Nos prévisions annonçaient la pluie pour la deuxième moitié des qualifs, on ne voulait donc pas tourner à ce moment-là*, expliquait Ross Brawn, le stratège de la Scuderia Ferrari. *Nous avons essayé d'y arriver sans que les autres ne comprennent nos intentions, mais ils ont eut la même idée...* »

Chez McLaren, scénario identique et voitures au ralenti. « *Bien sûr, les spectateurs présents ici n'ont pas compris ce qui se passait, mais il ne s'agissait après tout que des préqualifications*, justifiait David Coulthard. *Pendant les courses, avec les incessants ravitaillements, ils ne doivent pas comprendre davantage ce qui se déroule en piste !* »

Pour Ron Dennis, le patron de l'écurie anglo-allemande, il n'y avait pas le choix : « *Nous suivions précisément l'arrivée de la pluie sur nos radars météo, et nous savions que les averses allaient tomber pendant la séance qualificative. Il était donc normal de tenter d'y tourner les premiers. C'est le jeu. En fait, il a plu au moment prévu, mais à 8 kilomètres du circuit, et très violemment. Notre tactique était donc tout à fait légitime. Et nous avons préféré la pratiquer au grand jour plutôt que de faire semblant de sortir de route, comme certains !* »

Contre toute attente, la pluie n'est finalement jamais tombée sur Silverstone. Et pour Kimi Räikkönen, la journée s'est terminée avec la première pole-position de la saison. Décidément, la version « B » de la McLaren MP4-19, apparue la semaine précédente à Magny-Cours, faisait merveille. « *Oui, elle est nettement plus stable*, acquiescait le Finlandais. *Depuis qu'on l'a posée sur la piste, ici même il y a six semaines, elle fonctionne vraiment bien.* »

Solitude de Silverstone. Tradition du calendrier, le circuit anglais risquait d'être rattrapé par son archaïsme. Le Grand Prix d'Angleterre semblait sur le point de se déplacer vers des cieux plus modernes, comme le centre-ville de Londres.
v

Londres veut son Grand Prix

En arrivant au rond-point d'accès de Silverstone, le panneau « Home of Motor Racing » (le foyer du sport automobile) s'étale à la vue des spectateurs. Le circuit du Northamptonshire, à une centaine de kilomètres au nord de Londres, a accueilli le Grand Prix d'Angleterre à 37 reprises depuis 1950. Le voir perdre son épreuve-phare semblait impensable.

Silverstone, pourtant, était l'objet de sévères critiques par Bernie Ecclestone, le détenteur des droits commerciaux de la F1. La semaine de la course, ce dernier a même envoyé un ultimatum au circuit, lui laissant jusqu'au 30 septembre pour signer le contrat des Grands Prix 2005 et 2006, à un tarif qu'il a nettement revu à la hausse.

C'est dans cette brèche que Londres comptait bien se faufiler. Le mardi, la capitale a organisé une démonstration de huit F1 au ralenti – dont une Ferrari pilotée par Luca Badoer, une McLaren, une Williams, une BAR et... une Jordan conduite par Nigel Mansell ! Des F1 qui ont défilé sur Regent Street, entre Oxford Circus et Piccadilly Circus, et qui ont attiré une foule estimée à 300 000 personnes. Du coup, Ken Livingstone, le maire de Londres, pensait tenir l'événement recherché pour promouvoir sa capitale. «*Un Grand Prix à Londres serait extraordinaire, c'est exactement ce qu'un maire recherche pour faire parler de sa ville*, expliquait-il. *J'ai contacté Buckingham Palace et les services de la Reine. Ils soutiennent le projet.* » Un sondage a démontré que 80% des Londoniens sont pour le Grand Prix, soit nettement plus que les 67% en faveur des Jeux Olympiques.

Le jeudi, dans la presse anglaise, on dénombrait pas moins de cinq circuit possibles, dont trois centrés autour de Hyde Park, où les stands et le paddock seraient dressés. Les travaux nécessaires pour refaire l'asphalte, pour monter les tribunes ou pour construire le paddock sont estimés à 13 millions d'Euros, somme à ajouter aux 21 millions à verser à Bernie Ecclestone pour la venue du plateau – montant redistribué aux écuries. « *L'argent que nous dépenserons pour organiser la course sera remboursé plusieurs fois par les spectateurs qui rempliront nos chambres d'hôtel et nos restaurants*, poursuivait Ken Livingstone. *J'estime à deux millions le nombre de personnes attendues pour un tel événement.* »

Silverstone, avec ses stands d'un autre âge, son accès chaotique et ses parkings boueux ne semblait pas faire le poids face au dynamisme de l'offre londonienne.

La grille de départ

1	K. RÄIKKÖNEN	1:18.233 (236,570 km/h)
2	R. BARRICHELLO	1:18.305
3	J. BUTTON	1:18.580
4	M. SCHUMACHER	1:18.710
5	J. TRULLI	1:18.715
6	D. COULTHARD	1:19.148
7	J.P. MONTOYA	1:19.378
8	T. SATO	1:19.688
9	M. WEBBER	1:20.004
10	F. MASSA	1:20.202
11	M. GENÉ	1:20.335
12	C. DA MATTA	1:20.545
13	C. KLIEN	1:21.559
14	G. PANTANO	1:22.458
15	N. HEIDFELD	1:22.677
16	F. ALONSO*	1:18.811
17	O. PANIS**	- (1:20.335)
18	G. BRUNI*	1:23.437
19	Z. BAUMGARTNER*	1:24.117
20	G. FISICHELLA*	-

*F. ALONSO, G. BRUNI, Z. BAUMGARTNER et G. FISICHELLA
Pénalité pour avoir changé de moteur.

**O. PANIS
Temps annulé pour avoir gêné F. Massa dans son tour de qualification.

Quatre ou deux arrêts: Michael reste le roi

Décidément, il n'y avait rien à tenter contre la supériorité de Michael Schumacher. Quatrième sur la grille de départ, derrière son coéquipier Rubens Barrichello, le champion du monde savait qu'il devait jouer tactique pour espérer décrocher sa dixième victoire de la saison. « *Michael n'était pas très content du comportement de sa voiture avant les qualifications*, expliquait Ross Brawn dimanche soir. *Nous avons donc opté pour une stratégie un peu plus conservatrice pour lui. On a voulu se montrer plus aggressifs avec Rubens* (Barrichello), *mais en fait, la course nous a montré que c'est l'inverse de nos prévisions qui s'est produit.* »
Avec trois ravitaillements, le Brésilien terminait en effet troisième, derrière l'Allemand. « *Si j'avais su. Avec le recul, j'aurais mieux fait de choisir l'autre tactique !* », confirmait hier Rubens Barrichello avec le sourire.
Parti avec davantage d'essence que la plupart de ses adversaires, Michael Schumacher a confortablement attendu que tout le monde ravitaille avant d'accélérer le rythme et se forger une avance suffisante pour ressortir en tête après son arrêt. « *Je suis épaté de voir comment les choses se sont déroulées*, confessait-il. *Je pensais que nous avions une bonne stratégie, en sacrifiant les essais pour la course, mais je ne m'attendais pas à la voir payer si facilement. La voiture était parfaite.* »
Seul problème, pour le sextuple champion du monde : l'apparition de la voiture de sécurité, au 40e tour, qui a permis à ses rivaux de stopper une troisième fois sans perdre de temps. « *Elle a réduit mon avantage à zéro*, confirmait-il. *En plus, le Safety Car roulait si lentement que mes pneus se sont refroidis. Malgré tous mes efforts, il m'a fallu trois tours pour les réchauffer.* »
Une fois la course repartie, Michael Schumacher ne fut plus réellement menacé. Au moment de franchir le drapeau à damier, pourtant, son avance n'était que de deux secondes sur Kimi Räikkönen, alors que douze pilotes terminaient dans le même tour. « *Il est évident que notre supériorité du début de saison n'est plus d'actualité*, reconnaissait-il. *A Melbourne, nous faisions ce que nous voulions. Aujourd'hui, nous devons déployer des trésors de stratégie pour nous imposer.* » Avec 26 points d'avance sur Rubens Barrichello et presque le double de points de Jenson Button, Michael Schumacher n'avait pourtant rien à craindre. Ce n'était plus qu'une question de semaines avant de le voir décrocher son septième titre de champion du monde.

^
«Je suis heureux que tu sois de retour!" Sur le podium, Michael Schumacher félicite Kimi Räikkönen, son premier podium de la saison.

^
Départ. Le Finlandais volant prend la tête, mais ne pourra rien contre la stratégie des Ferrari.

Jarno Trulli se tire indemne d'une terrible sortie de route

40e tour : la course file bon train lorsqu'une terrible sortie de route de la Renault de Jarno Trulli contraint les organisateurs à neutraliser l'épreuve derrière le Safety Car. Conduit à l'hôpital du circuit, l'Italien se tire finalement indemne d'un choc qui le vit percuter les pneus à plus de 250 km/h, effectuer plusieurs toupies et un tonneau. « *Tout s'est passé très vite*, racontait-il. *C'était un gros accident, mais j'ai tout de suite montré aux commissaires que j'allais bien. Je pense que c'était une rupture de suspension, mais nous ne pourrons le confirmer que lorsque nous serons de retour à l'usine. De toute façon, même avant le choc, les choses n'allaient pas fort. La voiture était vicieuse à piloter, et je devais me battre pour garder ma place.* »

Bud
Allianz
hp
BR
PETROBRAS

La solitude du pilote de F1

Juan Pablo Montoya et Ralf Schumacher n'ont jamais été boire un verre ensemble, mais tous deux travaillaient ensemble à la mise au point de la Williams. Le second absent, cette lourde tâche reposait entièrement sur les épaules de Juan Pablo Montoya alors même que l'écurie anglaise vivait une saison en demi-teinte. A Silverstone, Marc Gené, 12e en course, n'a pas pu beaucoup l'aider…

> Giancarlo Fisichella, parti dernier sur la grille de départ: son moteur ayant été changé le samedi matin, le Romain a préféré ne pas tourner du tout au cours des qualifications. En course, il effectue une magnifique remontée et termine sixième. Le tout en grande partie grâce à la nouvelle aérodynamique de la C23.

Les Sauber à fond le capot

La nouvelle soufflerie de Hinwil fonctionne plutôt bien, merci pour elle. Depuis sa mise en service, en mars dernier, elle ne cessait d'étonner les ingénieurs de l'écurie. « *Nous sommes surpris de voir que nous pouvons exploiter notre soufflerie aussi vite* », confirmait Willy Rampf, le directeur technique de Sauber.
Au Canada, un mois plus tôt, c'étaient de nouvelles écopes de freins qui faisaient leur apparition. A Magny-Cours, la semaine d'avant, c'était le tour d'un nouvel aileron avant. Et ici, d'un capot moteur, davantage collé au châssis, plus arrondi, aux échappements surélevés d'une dizaine de centimètres et doté d'un petit aileron central.
Des modifications apparemment mineures, mais qui fonctionnaient à merveille. Vendredi, ce nouveau capot était monté pour la première fois sur le châssis. Felipe Massa fut le premier à effectuer trois tours avec lui, avant de rentrer aux stands, enthousiaste. « *Felipe a tout de suite dit que c'était un progrès énorme* », expliquait Hanspeter Brack, le porte-parole de l'écurie.
Montée sur la voiture de Giancarlo Fisichella, et combinée avec la version « B » du moteur Ferrari (dont les Sauber bénéficiaient pour la première fois ici), cette nouveauté a permis au Romain de signer le deuxième chrono du vendredi. « *C'est vraiment un grand pas en avant*, confirmait-il. *Franchement, les progrès qui ont été faits depuis le premier Grand Prix sont incroyables, mais cette étape, aujourd'hui, c'est certainement la plus importante.* »
Selon les deux pilotes, la C23 était désormais plus stable dans les virages rapides et nettement mieux équilibrée.
Malheureusement, un problème de moteur a contraint l'écurie a changer le V10 de Giancarlo Fisichella le samedi. Il allait partir dernier, mais il en fallait davantage pour entamer son bel optimisme : « *Le même problème était apparu au Nürburgring, et j'ai tout de même marqué des points. Je reste optimiste !* »
En effet. En course, parti dernier, le Romain est parvenu à effectuer une remontée d'anthologie pour terminer sixième – à douze secondes seulement du vainqueur - et marquer trois points. Le tout malgré un problème de pression d'air dans son moteur, que ses mécanos ont tenté de soulager pendant son deuxième et dernier ravitaillement. « *J'avais une vraie confiance dans ma voiture*, s'exclamait l'Italien. *Je savais qu'elle était très rapide, et j'ai pu doubler beaucoup de monde avant de m'arrêter pour la première fois. Sans mon problème de moteur, je finissais devant Montoya.* »
Peter Sauber, pour sa part, nourissait des sentiments mitigés après la course : « *Tout s'est ligué contre nous ce week-end : le problème moteur de Giancarlo, celui de Felipe avec Panis pendant les qualifs, le problème moteur pendant la course... que nous marquions trois points dans ces conditions prouve que nous avons désormais un excellent ensemble, voiture, pilotes et pneus.* »

Kimi remonte la pente

A Silverstone, Kimi Räikkönen a terminé sur le podium pour la première fois depuis le Grand Prix du Japon 2003. Enfin! «*D'habitude, je ne suis pas très heureux de finir deuxième, mais aujourd'hui, je ne suis pas loin de l'être !*, s'amusait-il. *Nous vivons vraiment une saison difficile, tout l'équipe travaille très dur pour y remédier, et là, avec la MP4-19B, on commence enfin à avancer dans la bonne direction. Deuxième, c'est mieux que de se battre pour la 7e ou la 8e place, mais je serais encore plus heureux de jouer la victoire. Bon, on ne peut pas y arriver d'un coup, nous devons encore travailler.*»
Au premier tour, le Finlandais s'est creusé 3.5 secondes d'avance avant de voir les Ferrari revenir. L'espace d'un temps, il a cru à la victoire: «*Bien sûr, j'ai toujours cru que je pouvais gagner, jusqu'au dernier mètre. Au départ, j'ai foncé aussi vite que je le pouvais, parce que nous pensions que Michael seraiteffectivement plus rapide sur la durée de la course, j'ai donc essayé de creuser le trou au début. Ça n'a malheureusement pas suffi.*»

Les échos du week-end

> Ce n'était pas le jour d'Olivier Panis. Le samedi, il a été déclassé pour avoir bloqué Felipe Massa pendant son tour de qualification. Parti 17e sur la grille, Olivier Panis fut le premier à abandonner, au 17e tour, après qu'un extincteur ait explosé dans son cockpit juste après son ravitaillement. Un problème très rare! « *Le spray s'est répandu partout, sur les roues et sur mon viseur. Je ne voyais plus rien, et j'ai terminé dans le gravier...* »

> Jackie Stewart, le président du BRDC, le club propriétaire du circuit de Silverstone, a déclaré jeudi que Bernie Ecclestone était revenu sur sa promesse d'organiser le Grand Prix d'Angleterre sur son circuit en 2005 et 2006. « *Revenir sur mes propos ne fait pas partie de ma manière de procéder*, a tempêté Bernie Ecclestone. *Si je croise Jackie Stewart dans le paddock, je vais l'étrangler avec son kilt.*» Prudent, l'ex-pilote écossais a du coup porté le pantalon.

> C'est fait : Mark Webber a signé son contrat 2005 avec l'écurie Williams, pour 11 millions de livres (16 millions d'Euros). Il a ainsi rejeté l'offre de Toyota, pourtant plus juteuse encore.

> « *Jarno a commis une erreur de débutant, le genre de celles qu'on ne commet plus avec son expérience* », lâchait Pat Symonds, le directeur de l'écurie Renault, à propos de la gaffe de Jarno Trulli à Magny-Cours.

> « Ces voitures ne sont pas assez puissantes!» a commenté Nigel Mansell après avoir roulé à Londres dans la Jordan. « Avec l'électronique de ces voitures, n'importe qui peut prendre un départ. Il suffit de lâcher l'embrayage. »

> C'est confirmé : Ralf Schumacher a signé chez Toyota pour les saisons 2005 à 2007, pour un montant de 80 millions d'Euros.

> Décidément, les Ferrari, cette saison, étaient bien les meilleures. Même question gridgirls!

>> *"Et tu rentres ce soir après le travail?"* Eddie Jordan embrasse sa fille, qui était gridgirl à Silverstone.

Essais

Toutes les séances d'essais

N°	Pilote	N° Châssis - Moteur	Libres 1 vendredi	Pos.	Libres 2 vendredi	Pos.	Libres 3 samedi	Pos.	Libres 4 samedi	Pos.	Pre-qual. samedi	Pos.	Qualifs samedi	Pos.
1.	Michael Schumacher	Ferrari F2004 239	1:19.214	2	1:19.162	3	1:19.571	3	1:18.951	8	1:30.293	14	1:18.710	4
2.	Rubens Barrichello	Ferrari F2004 240	1:19.138	1	1:19.473	6	1:19.585	4	1:18.623	3	1:24.817	12	1:18.305	2
3.	Juan Pablo Montoya	Williams FW26 06 - BMW	1:19.502	3	1:19.746	11	1:19.699	5	1.18.912	6	1:34.386	15	1:19.378	8
4.	Marc Gené	Williams FW26 07 - BMW	1:19.687	4	1:19.540	7	1:20.552	10	1:18.832	5	1:34.981	16	1:20.335	13
5.	David Coulthard	McLaren MP4-19B 02 - Mercedes	1:20.021	6	1:19.287	4	1.19.979	7	1:18.919	7	1:23.521	11	1.19.148	7
6.	Kimi Räikkönen	McLaren MP4-19B 01 - Mercedes	1:20.633	9	1:18.655	1	1:19.315	1	1:18.280	1	1:21.639	6	1:18.233	1
7.	Jarno Trulli	Renault R24-03	1:21.792	15	1:19.601	8	1:19.966	6	1:18.694	4	1:21.496	5	1:18.715	5
8.	Fernando Alonso	Renault R24-02	1:22.003	16	1:19.874	12	1:20.482	9	1:19.169	9	1.21.923	7	1:18.811	6
9.	Jenson Button	B.A.R 006-05 - Honda	1:20.866	10	1:19.401	5	1:19.468	2	1:18.414	2	1:18.872	1	1:18.580	3
10.	Takuma Sato	B.A.R 006-04 - Honda	1:21.285	13	1:19.611	9	1:20.177	8	1:20.837	16	1:28.910	13	1:19.688	9
11.	Giancarlo Fisichella	Sauber C23-03 - Petronas	1.20.446	8	1:18.660	2	1:20.759	12	1:19.895	10		19		20
12.	Felipe Massa	Sauber C23-01 - Petronas	1:20.430	7	1:19.676	10	1:20.685	11	1:20.281	12	1:19.317	2	1:20.202	11
14.	Mark Webber	Jaguar R5-05	1:21.520	14	1:21.352	18	1:21.295	14	1:20.310	13	1:35.853	17	1:20.004	10
15.	Christian Klien	Jaguar R5-01	1:22.279	17	1:21.073	17	1:21.706	16	1:20.913	17	1:38.648	18	1:21.559	15
16.	Cristiano da Matta	Toyota TF104/04	1:22.466	18	1:20.829	15	1:21.017	13	1:20.183	11	1:22.507	8	1:20.545	14
17.	Olivier Panis	Toyota TF104/03	1:22.520	19	1:20.489	14	1:21.416	15	1:20.531	14	1:19.697	3	1:20.335	12
18.	Nick Heidfeld	Jordan EJ14/03 - Ford	1:22.716	21	1:22.365	20	1:22.503	18	1:20.726	15		20	1:22.677	17
19.	Giorgio Pantano	Jordan EJ14/02 - Ford	1:22.664	20	1:22.586	23	1:21.984	17	1:22.014	19	1:21.350	4	1:22.458	16
20.	Gianmaria Bruni	Minardi PS04B/02 - Cosworth	1:23.663	23	1:22.516	22			1:23.941	20	1:22.529	9	1.23.437	18
21.	Zsolt Baumgartner	Minardi PS04B/01 - Cosworth	1:23.715	24	1:23.436	25			1:21.980	18	1:23.116	10	1:24.117	19
35.	Anthony Davidson	B.A.R 006-03 - Honda	1:19.748	5	1:20.861	16								
37.	Björn Wirdheim	Jaguar R5-05	1:21.277	12	1:21.353	19								
38.	Ricardo Zonta	Toyota TF104/07	1:21.095	11	1:20.095	13								
39.	Timo Glock	Jordan EJ14/01 - Ford	1:23.149	22	1:22.500	21								
40.	Bas Leinders	Minardi PS04B/03 - Cosworth	1:24.887	25	1:22.792	24								

Vitesses de pointe

N°	Pilote	P1 Qualifs	Pos.	P1 Course	Pos.	P2 Qualifs	Pos.	P2 Course	Pos.	Finish Qualifs	Pos.	Finish Course	Pos.	Radar Qualifs	Pos.	Radar Course	Pos.
1.	M. Schumacher	309,8	4	319,2	7	274,3	6	276,0	6	304,3	1	303,5	4	275,0	10	289,5	1
2.	R. Barrichello	311,2	2	323,6	1	273,9	8	273,1	11	304,3	2	306,0	2	278,9	2	283,7	7
3.	J.P. Montoya	307,2	11	320,4	5	277,9	2	279,0	4	301,9	4	301,0	10	278,7	3	287,7	2
4.	M. Gené	307,6	10	319,1	8	281,3	1	281,9	1	302,9	3	303,2	5	280,0	1	282,7	8
5.	D. Coulthard	307,9	7	321,8	3	272,0	11	275,2	8	300,3	6	301,7	8	271,6	12	286,0	4
6.	K. Räikkönen	309,3	5	316,5	11	275,7	4	270,7	14	300,5	5	306,0	1	265,8	14	284,1	6
7.	J. Trulli	309,1	6	312,4	19	277,7	3	274,3	10	295,3	14	299,3	13	277,8	5	282,3	9
8.	F. Alonso	302,6	16	321,5	4	274,8	5	275,7	7	296,7	11	301,0	11	278,6	4	285,4	5
9.	J. Button	312,2	1	315,1	14	271,1	14	268,7	17	296,8	10	298,5	15	275,9	9	279,2	12
10.	T. Sato	306,6	12	315,7	13	273,9	7	271,5	13	296,3	12	297,4	16	276,6	8	279,8	10
11.	G. Fisichella			323,7	1			272,3	12			301,8	7			272,5	15
12.	F. Massa	310,7	3	320,0	6	271,8	12	276,6	5	297,8	9	304,5	3	266,3	13	277,4	13
14.	M. Webber	307,6	9	318,8	9	270,6	15	280,5	2	298,6	7	303,1	6	276,9	7	279,8	11
15.	C. Klien	305,4	13	318,2	10	272,8	10	274,9	9	296,2	13	299,1	14	277,2	6	286,7	3
16.	C. Da Matta	298,4	19	312,6	18	271,6	13	279,2	3	293,8	17	297,0	17	265,2	15	276,9	14
17.	O. Panis	304,4	14	313,2	16	273,0	9	260,3	18	291,8	19	296,2	18	272,5	11	266,4	19
18.	N. Heidfeld	303,9	15	316,1	12	262,2	17	270,0	16	298,5	8	301,4	9	257,2	17	268,2	16
19.	G. Pantano	307,9	8	314,7	15	263,0	16	270,0	15	295,3	15	299,9	12	255,9	18	266,9	17
20.	G. Bruni	299,4	17	307,3	20	249,8	19	252,5	20	294,0	16	294,0	20	258,6	16	266,6	18
21.	Z. Baumgartner	299,2	18	312,7	17	250,1	18	256,0	19	293,1	18	294,9	19	247,1	19	258,3	20

Course

Classement & abandons

Pos.	Pilote	Equipe	Tour	Temps	Moyenne
1.	M. Schumacher	Ferrari	60	1:24:42.700	218,403 km/h
2.	K. Räikkönen	McLaren Mercedes	60	+ 2.130	218,311 km/h
3.	R. Barrichello	Ferrari	60	+ 3.114	218,269 km/h
4.	J. Button	B.A.R Honda	60	+ 10.683	217,945 km/h
5.	J.P. Montoya	Williams BMW	60	+ 12.173	217,881 km/h
6.	G. Fisichella	Sauber Petronas	60	+ 12.888	217,850 km/h
7.	D. Coulthard	McLaren Mercedes	60	+ 19.668	217,561 km/h
8.	M. Webber	Jaguar	60	+ 23.701	217,389 km/h
9.	F. Massa	Sauber Petronas	60	+ 24.023	217,375 km/h
10.	F. Alonso	Renault	60	+ 24.835	217,341 km/h
11.	T. Sato	B.A.R Honda	60	+ 33.736	216,963 km/h
12.	M. Gené	Williams BMW	60	+ 34.303	216,939 km/h
13.	C. Da Matta	Toyota	59	1 tour	213,201 km/h
14.	C. Klien	Jaguar	59	1 tour	213,156 km/h
15.	N. Heidfeld	Jordan Ford	59	1 tour	212,792 km/h
16.	G. Bruni	Minardi Cosworth	56	4 tours	202,652 km/h

Pilote	Equipe		Motif d'abandon
G. Pantano	Jordan Ford	48	Tête-à-queue
J. Trulli	Renault	40	Violente sortie de piste après rupture suspension ARG
Z. Baumgartner	Minardi Cosworth	30	Problème moteur
O. Panis	Toyota	17	Explosion de l'extincteur dans l'habitacle

Meilleurs tours

	Pilote	Temps	Tour	Moyenne
1.	M. Schumacher	1:18.739	14	235,049 km/h
2.	R. Barrichello	1:19.296	8	233,398 km/h
3.	J. Button	1:19.488	10	232,835 km/h
4.	K. Räikkönen	1:19.554	10	232,641 km/h
5.	G. Fisichella	1:19.813	22	231,887 km/h
6.	J.P. Montoya	1:19.968	26	231,437 km/h
7.	M. Gené	1:20.434	58	230,096 km/h
8.	F. Alonso	1:20.442	39	230,073 km/h
9.	F. Massa	1:20.484	58	229,953 km/h
10.	D. Coulthard	1:20.547	25	229,773 km/h
11.	J. Trulli	1:20.655	34	229,466 km/h
12.	M. Webber	1:20.768	11	229,145 km/h
13.	C. Da Matta	1:20.768	35	229,145 km/h
14.	T. Sato	1:20.790	12	229,082 km/h
15.	C. Klien	1:20.956	10	228,613 km/h
16.	N. Heidfeld	1:21.720	17	226,475 km/h
17.	G. Pantano	1:22.146	13	225,301 km/h
18.	O. Panis	1:23.131	4	222,631 km/h
19.	G. Bruni	1:24.296	33	219,554 km/h
20.	Z. Baumgartner	1:24.317	12	219,500 km/h

Passages aux stands

	Pilote	Temps	Tour	Arrêt n°
1.	F. Alonso	22.597	8	1
2.	R. Barrichello	23.380	9	1
3.	M. Gené	22.260	9	1
4.	D. Coulthard	23.634	10	1
5.	K. Räikkönen	22.474	11	1
6.	J. Button	21.972	11	1
7.	J.P. Montoya	22.191	11	1
8.	G. Bruni	23.853	11	1
9.	J. Trulli	22.512	13	1
10.	Z. Baumgartner	23.221	13	1
11.	G. Pantano	25.495	14	1
12.	M. Schumacher	24.277	15	1
13.	T. Sato	23.314	15	1
14.	C. Da Matta	24.836	15	1
15.	K. Klien	24.540	15	1
16.	M. Webber	24.183	16	1
17.	F. Massa	24.940	16	1
18.	O. Panis	25.011	16	1
19.	N. Heidfeld	23.686	18	1
20.	G. Fisichella	23.599	23	1
21.	F. Alonso	21.228	25	2
22.	M. Gené	22.243	25	2
23.	G. Bruni	12.429	25	2
24.	J. Button	21.968	27	2
25.	K. Räikkönen	21.710	28	2
26.	R. Barrichello	21.489	28	2
27.	Z. Baumgartner	23.075	27	2
28.	J.P. Montoya	21.908	29	2
29.	D. Coulthard	22.410	30	2
30.	G. Bruni	1:11.727	29	3
31.	J. Trulli	20.997	32	2
32.	T. Sato	25.357	35	2
33.	M. Schumacher	24.692	37	2
34.	K. Klien	24.542	36	2
35.	G. Pantano	25.120	36	2
36.	M. Webber	24.664	37	2
37.	C. Da Matta	25.025	37	2
38.	N. Heidfeld	25.601	37	2
39.	F. Massa	26.633	38	2
40.	K. Räikkönen	23.013	41	3
41.	R. Barrichello	22.884	41	3
42.	J. Button	23.724	41	3
43.	G. Fisichella	26.554	41	2
44.	J.P. Montoya	22.754	41	3
45.	D. Coulthard	22.130	41	3
46.	G. Bruni	24.024	38	4
47.	F. Alonso	21.604	41	3
48.	M. Gené	24.352	41	3

Tête de la course

Pilote	Tours en tête	Nbre de Tours
K. Räikkönen	1 > 11	11
M. Schumacher	12 > 60	49

Pilote	Nbre de Tours	Kilomètres
M. Schumacher	49	251,909 km
K. Räikkönen	11	56,446 km

Tour par tour

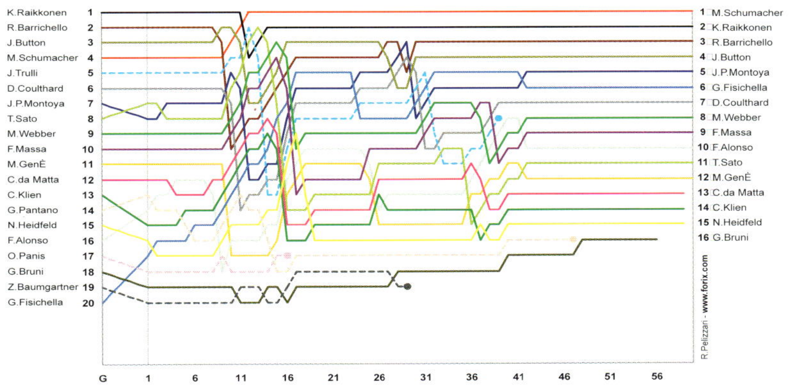

Ecarts en tête de course

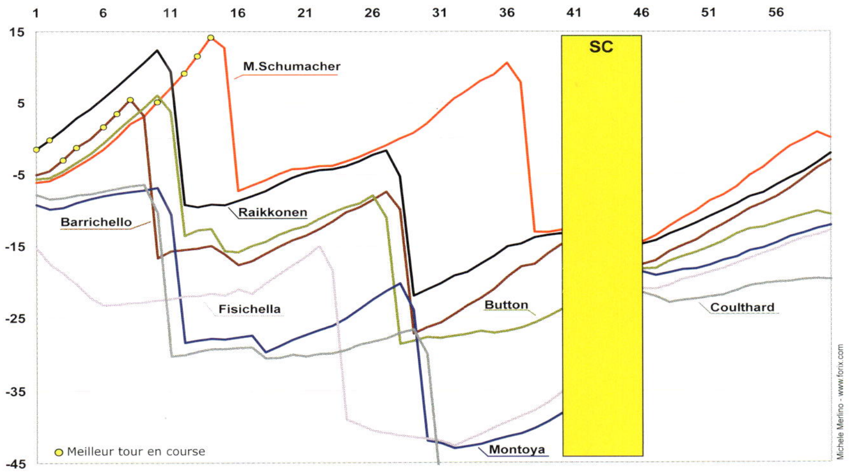

Championnats après onze manches

Conducteurs

1. M. Schumacher ....(10 victoires).......100
2. R. Barrichello 74
3. J. Button 53
4. J. Trulli.....................(1 victoire)............46
5. F. Alonso 33
6. J.P. Montoya 29
7. K. Räikkönen 18
8. T. Sato..14
9. D. Coulthard 14
10. G. Fisichella 13
11. R. Schumacher 12
12. F. Massa 5
13. O. Panis...5
14. M. Webber 4
15. C. Da Matta..3
16. N. Heidfeld...3
17. T. Glock 2
18. Z. Baumgartner 1
19. C. Klien 0
20. M. Gené...0
21. G. Pantano...0
22. G. Bruni...0

Constructeurs

1. Scuderia Ferrari Marlboro......(10 victoires)..174
2. Mild Seven Renault F1 Team ..(1 victoire).......79
3. Lucky Strike B.A.R Honda 67
4. BMW WilliamsF1 Team................................41
5. West McLaren Mercedes 32
6. Sauber Petronas..18
7. Panasonic Toyota Racing 8
8. Jordan Ford 5
9. Jaguar Racing 4
10. Minardi Cosworth 1

Le circuit

Nom	Silverstone
Longueur	5141 mètres
Distance	60 tours, soit 308,355 km
Date	11 juillet 2004
Conditions climatiques	ciel couvert, 17-18°c
Température de la piste	27-30°c

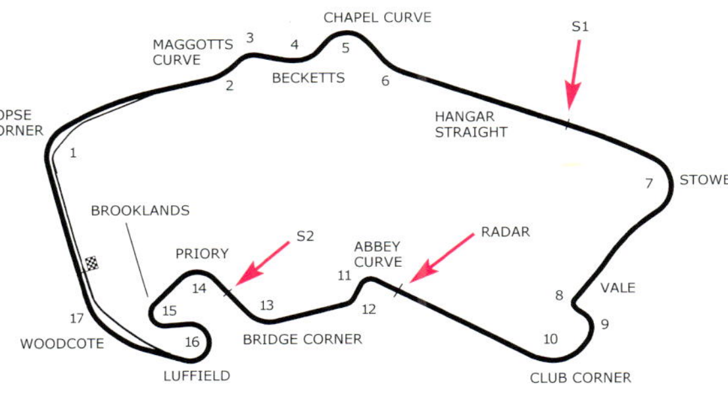

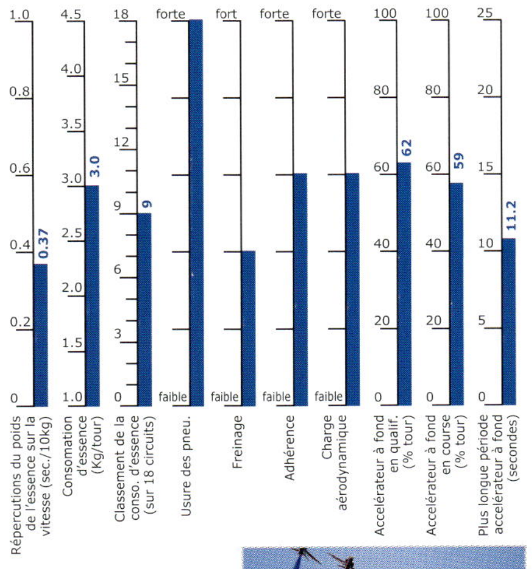

AMD

LA VICTOIRE A DOMICILE

Grosse émotion dans les tribunes du circuit d'Hockenheim à l'arrivée du Grand Prix d'Allemagne. Michael Schumacher y a remporté son onzième Grand Prix de la saison devant son public, et sans jamais être directement menacé. Pourtant, la bataille a fait rage juste derrière lui.

> Première ligne pour Juan Pablo Montoya, vainqueur sur ce circuit en 2003.

Michael en pole et en préservant ses gommes

Pour la première fois depuis le Grand Prix d'Europe, en mai, Michael Schumacher a signé la pole-position. Devant son public en délire, le champion du monde devançait la Williams de Juan Pablo Montoya de près de 4 dixièmes de seconde. Une performance stupéfiante, qui fit dire à ses adversaires que sa Ferrari devait être très légère, et qui leur faisait espérer que ses pneus tendres se dégradent vite. Pour son tour rapide, en tout cas, le pilote allemand a déjà dû épargner ses gommes pendant le premier secteur de son tour rapide afin de les préserver pour les deux derniers!

> Chez Minardi, ce n'est pas parce que les voitures se qualifient généralement en dernière ligne qu'il n'y a pas le feu...

Samedi matin. Rubens Barrichello examine sa voiture après avoir été victime d'une crevaison. En course, il va s'accrocher avec David Coulthard et perdra beaucoup de temps avant de terminer modeste 12e. >V

B.A.R.-Honda prolongé

L'écurie BAR a tenu une conférence de presse à Hockenheim pour annoncer que son partenariat avec le motoriste Honda était prolongé « au moins jusqu'à la fin de la saison 2007 ». « *Voilà maintenant cinq ans que Honda est présent à la Formule 1 pour la troisième période de son histoire* », a commenté Takanobu Ito, le directeur général de Honda. « *Nous commençons à décrocher des résultats concrets, et nous visons désormais notre première victoire. Ce nouveau contrat avec l'écurie BAR prévoit que nous fournirons non seulement le moteur, mais que nous collaborerons également à la conception du châssis.* » Plusieurs ingénieurs japonais étaient ainsi attendus prochainement à l'usine de BAR, à Brackley.

En bref

> 360 000 Euros, c'est le montant, par course, qu'Eddie Jordan avait demandé à Frank Williams pour lui « prêter » Nick Heidfeld au cours des derniers Grands Prix de la saison. Insatisfait de la performance de Marc Gené, Frank Williams a trouvé l'addition trop salée et a finalement aligné Antonio Pizzonia.

> Contrairement à ce qu'il avait annoncé avec fracas à Magny-Cours, trois semaines plus tôt, Max Mosley ne prendra finalement pas sa retraite en octobre 2004. Il a décidé de reporter son départ d'un an.

> 46664 : c'était le nombre affiché sur le flanc des deux Jordan à Hockenheim. Dans le cadre de son contrat avec le circuit de Barhein, Eddie Jordan avait prévenu que les messages publicitaires changeraient souvent. Ici, c'est le numéro de la cellule de Nelson Mandela pendant ses 18 ans d'emprisonnement en Afrique du Sud. Le mois dernier, l'ex-président avait lancé une campagne anti-sida baptisée « 46664 : le message », qu'Eddie Jordan soutenait ainsi.

> Michael Schumacher avait perdu son pendentif porte-bonheur à Silverstone – un petit carré gravé des initiales de sa femme et de ses deux enfants. Le tabloïde britannique « The Sun » a alors lancé une campagne dans ses pages pour retrouver le bijou égaré. Et le lendemain, un caméraman anglais annonçait avoir trouvé le pendentif dans le paddock de Silverstone, sans savoir à qui il appartenait. Vendredi, un représentant du journal a donc rendu son collier au champion du monde, plus heureux que s'il avait remporté la course...

> Shell, fournisseur de l'essence et des lubrifiants de Ferrari, a produit un nouveau carburant pour ce Grand Prix d'Allemagne. «*Cela devrait nous permettre de tirer davantage de puissance du moteur* », expliquait Jean Todt.

Jenson Button était troisième au chronomètre, mais un changement de moteur le relègue 13e sur la grille de départ. Heureusement, finalement, car sa remontée va engendrer l'une des plus belles courses de la saison. V

La grille de départ

1	M. SCHUMACHER	1:13.306 (224,625 km/h)
2	J.P. MONTOYA	1:13.668
3	K. RÄIKKÖNEN	1:13.690
4	D. COULTHARD	1:13.821
5	F. ALONSO	1:13.874
6	J. TRULLI	1:14.134
7	R. BARRICHELLO	1:14.278
8	T. SATO	1:14.287
9	O. PANIS**	1:14.368
10	A. PIZZONIA	1:14.556
11	M. WEBBER	1:14.802
12	C. KLIEN	1:15.011
13	J. BUTTON*	1:13.674
14	G. FISICHELLA	1:15.395
15	C. DA MATTA	1:15.454
16	F. MASSA	1:15.616
17	G. PANTANO	1:16.192
18	N. HEIDFELD	1:16.310
19	G. BRUNI	1:18.055
20	Z. BAUMGARTNER	1:18.400

* J. BUTTON Pénalité pour avoir changé de moteur.

** O. PANIS éprouve des difficultés à démarrer, il s'élance depuis l'allée des stands au 2e départ.

<
Michael Schumacher passe Juan Pablo Montoya. La course s'est soldée par une nouvelle victoire du premier, et une modeste cinquième place pour le deuxième, alors que le Colombien était pourtant qualifié en première ligne.

Onzième victoire: un week-end de rêve pour Michael Schumacher

« *C'était un week-end parfait. La pole-position hier, la victoire aujourd'hui, c'est un rêve. Il n'y a pas de mots pour décrire de telles émotions.* » En effet. Michael Schumacher a l'habitude de la plus haute marche du podium – c'était sa 81e victoire -, mais ce jour-là, il avait l'air ému comme au premier jour. « *Je n'ai pas connu tellement de succès sur ce circuit dans le passé* (il n'avait gagné que deux fois ici, ndlr), *et c'est fantastique. Je pouvais ressentir l'émotion des fans jusque dans mon cockpit, ils couvraient le bruit du moteur quand j'ai franchi la ligne d'arrivée...* » Une émotion sans doute aussi due à la tension engendrée par cette course. Car si le « Kaiser » est resté en tête pratiquement toute la course – mis à part lors des ravitaillements -, il dut faire face à une opposition musclée. « *Ce fut une course très dure,* confirmait-il. *Je suis resté constamment sous pression de la part de Kimi, de Jenson ou de Fernando.* »
Cette sixième victoire d'affilée célèbre aussi le troisième anniversaire de sa dernière casse mécanique, survenue ici-même en 2001 ! « *C'est vrai,* conclut-il. *Je viens de courir 50 Grands Prix sans problème, ce qui en dit long sur la force de l'écurie.* »
A fond de bout en bout, Michael Schumacher n'aurait peut-être pas remporté cette course si Kimi Räikkönen avait pu atteindre l'arrivée ou si Jenson Button n'était pas parti 13e.
Car mis à part la première place, ce Grand Prix d'Allemagne s'est révélé plutôt disputé, avec de nombreux dépassements et surtout un duel d'anthologie entre Fernando Alonso et Jenson Button pour la deuxième place. Après plusieurs tentatives, ce dernier a fini par prendre le dessus, l'Espagnol étant victime d'un problème: « *A 16 tours de la fin, la voiture refusait d'entrer dans les virages,* racontait Fernando Alonso. *J'ai pensé que j'avais perdu mon aileron avant. J'ai appelé le stand pour les prévenir que j'allais m'arrêter. Ils m'ont dit de rester en piste pour ne pas perdre de points. Et après trois tours, je suis passé sur un vibreur, et tout est rentré dans l'ordre. Il devait y avoir une pièce coincée sous mon fond plat.* »
Pour Michael Schumacher, le titre mondial était en vue. Il pouvait le décrocher en Belgique déjà, un mois plus tard, alors que Ferrari devait se voir couronnée championne du monde des constructeurs trois semaines plus tard à Budapest.

13 à 2 pour Jenson Button. Et d'une seule main !

Quelle remontée. Parti 13e seulement sur la grille (en raison d'un changement de moteur), Jenson Button a réussi à se hisser jusqu'à la deuxième marche du podium. Un exploit incroyable. «*Oui, c'était sans nul doute la meilleure course de ma carrière en Formule 1,* admettait-il. *Ce n'était pas facile de remonter le peloton. Avant le départ, je savais que notre voiture serait en forme, mais je pensais pouvoir terminer cinquième, au mieux. En fait, je suis tout à la fois heureux et déçu. Si j'étais parti troisième, là où je m'étais qualifié, l'histoire aurait été différente. J'aurais pu mettre beaucoup plus de pression sur Michael, et qui sait ce que cela aurait donné. Bon, je suis sûr qu'une telle occasion se présentera à nouveau d'ici la fin de la saison.*»
Le plus difficile, de l'extérieur, semblait avoir été constitué par son duel avec Fernando Alonso, les deux hommes se doublant et se redoublant à plusieurs reprises. «*Oui, Fernando avait une traction incroyable à la sortie de l'épingle. Il me déposait à chaque fois, avant que je puisse le rattraper dans la ligne droite suivante. J'ai essayé de le passer à plusieurs reprises, et il semblait qu'il n'y avait pas moyen. Et finalement, j'ai plongé à l'intérieur, je m'y suis tenu, et c'est passé.*»
Sur la fin de la course, le Britannique semblait à l'agonie. Il tenait même son casque dans les lignes droites, comme si sa tête était prête à tomber. «*En fait, la sangle de mon casque avait du jeu. Dans ce genre de cas, le casque a tendance à être aspiré vers le haut dans les lignes droites, et je devais le retenir parce que ça me coupait la respiration. J'ai dû conduire d'une seule main la plupart du temps !*»
Un exploit de plus. Pas étonnant que le Britannique soit convoité par BAR et par Williams pour 2005.

Kimi perd son aileron arrière

14e tour. Kimi Räikkönen vient de signer le record du tour – qui ne sera pas battu – et il roule juste derrière Michael Schumacher lorsqu'il sort brutalement de route après avoir perdu d'un seul coup son aileron arrière sur la ligne droite des stands. « *Je me suis retrouvé comme un passager de la voiture* », commentait le Finlandais. Qui était très déçu, prétendant qu'il était en mesure de remporter la course. « *J'étais plus rapide que Michael après mon premier ravitaillement, et il ne m'aurait fallu que quelques tours de plus pour tenter de le passer. C'est toujours décevant d'abandonner, mais au moins nous sommes maintenant convaincus que nous avons le rythme nécessaire pour gagner.* »

Jenson Button a été le grand animateur de ce Grand Prix d'Allemagne, notamment au moment de s'attaquer à Fernando Alonso. Le Britannique termine magnifique deuxième.
v

Marlboro
BRIDGESTONE

1ST
Marlboro

Mobil
BRIDGESTONE
Marlboro

Formula
BRIDGESTONE
MUMM

Dans la joie et la bonne humeur

Michael Schumacher fait souvent preuve d'une bonne humeur de collégien sur les podiums. Les victoires lui font toujours visiblement plaisir, mais celle-ci revêtait un goût particulier: le champion du monde la remportait devant son public chéri d'Hockenheim, ce qui ne lui était pas arrivé souvent jusque-là.

> Antonio Pizzonia ne s'est pas trop mal débrouillé à l'occasion de son premier Grand Prix sur une Williams. Qualifié dixième, il termine septième et marque deux points.

L'écurie Williams à la recherche de sa gloire perdue

Six points au cours des cinq dernières courses ! C'est la misérable moisson accumulée par l'écurie Williams à la veille du Grand Prix d'Allemagne. Une équipe qui n'était plus que l'ombre de celle qui malmena Michael Schumacher en 2003.

Plusieurs facteurs se sont combinés pour engendrer ce désastre. Le châssis FW26 était loin d'être une réussite. Sa suspension avant à double quille empêchait ses ingénieurs de placer davantage de ballast sur l'avant, gênant l'équilibre de la voiture. De plus, son nez en forme de requin offrait davantage de prise au vent latéral, d'où une monoplace instable sur certains circuits. « *Nous souffrons à la fois de sous-virage en entrée de courbe et de survirage dès le point de corde* », déplorait Juan Pablo Montoya.

Ces dernières années, les carences du châssis étaient compensées par la puissance du moteur BMW. Le V10 munichois était alors le plus puissant du plateau, ce qui n'était plus le cas en 2004.

Face à des problèmes similaires, l'écurie McLaren a sorti un châssis « B » il y a trois semaines. Chez Williams, on a aussi revu sa copie, notamment au niveau du fond plat. Mais alors que les McLaren ont enregistré un bond en avant, le chronomètre ne sanctionne pas le moindre progrès du côté des FW26. Ses concepteurs ont bien pensé changer le nez en cours de saison, mais l'opération, jugée trop risquée, a été reportée.

L'écurie ne demeurait toutefois pas les bras croisés. Un nouveau directeur technique, Sam Michael, a été nommé en mai pour succéder à Patrick Head, qui occupait ce poste depuis 1977. L'écurie venait aussi de se doter d'une nouvelle soufflerie valant 35 millions d'Euros, dont le financement a contraint Frank Williams à vendre son jet privé. Au niveau technique, l'écurie pèchait sans doute par excès de classicisme. Alors que les équipes concurrentes jouaient avec le règlement, en usant d'ailerons flexibles ou de voitures en-dessous du poids entre les ravitaillements, rien de tel chez Williams. « *Il est vrai que nous n'avons jamais été bons pour exploiter les zones grises du règlement* », admettait Frank Williams.

Ce dernier n'a jamais excellé non plus dans l'art de gérer ses pilotes. Ses deux baquets étaient ainsi encore libres pour la saison prochaine, alors que Giancarlo Fisichella venait de lui passer sous le nez (lire ci-dessous). Sur la piste, Ralf Schumacher étant toujours absent, le soin de régler la FW26 revenait à un Juan Pablo Montoya dont ce n'était pas le point fort et qui n'attendait plus que son transfert chez McLaren en 2005.

Châssis, règlement, pilotes, direction: beaucoup de chantiers étaient ouverts au sein de l'écurie Williams-BMW.

Un retour au sommet, en 2005, passait d'abord par un excellent pilote. On ne voyait pas très bien qui au cours de cet été 2004. Frank Williams n'a pas su retenir ses deux pilotes du moment, et il ne savait pas davantage leur trouver un remplaçant. Dommage que le patron britannique n'ait jamais appris de ses erreurs passées...

Pizzonia remplace Gené

Antonio Pizzonia n'a pas démérité pour son premier Grand Prix au volant de la Williams-BMW.

Le vendredi, alors que Juan Pablo Montoya se classait troisième, le jeune Brésilien décrochait le cinquième temps. Aux qualifications, il signait le 10e chrono. «*C'est la première fois que je pilote une F1 sur ce circuit, et j'ai passé le plus clair de la journée à en apprendre les secrets et à comprendre comment la FW26 s'y comporte* », racontait-il. « *Mais c'est génial de piloter à nouveau, je remercie l'écurie de m'avoir laissé cette opportunité.* »

> Blessé à Indianapolis et absent des grilles de départ depuis, Ralf Schumacher a fait une première apparition dans le paddock d'Hockenheim, où il s'est notamment entretenu longuement avec Mario Theissen, le directeur technique de BMW. Ralf pensait pouvoir reprendre du service dès le prochain Grand Prix de Hongrie.

Trulli, c'est fini

Le divorce est consommé entre Jarno Trulli et Flavio Briatore. Le second n'étant plus manager du premier depuis la fin de la saison 2004 (le pilote n'a pas voulu continuer), il n'y a plus de raisons qu'il le garde au sein de son écurie. D'autant que le bouillant patron n'a toujours pas digéré la manière dont son pilote s'est laissé doubler dans les deux derniers virages du Grand Prix de France. Viré de l'écurie dont il faisait partie depuis 2002, Jarno Trulli allait sans doute se tourner vers Toyota.

Sans plus attendre, Renault a signé avec Giancarlo Fisichella. Le Romain a donc préféré cette option plutôt que d'attendre une éventuelle proposition de Frank Williams. « Fisico » avait d'ailleurs déjà piloté pour l'écurie Renault (alors dénommée Benetton) entre 1998 et 2001.

> Echec de la stratégie des Sauber, qui devait amener au moins l'une des deux monoplaces dans les points : Giancarlo Fisichella terminait neuvième et Felipe Massa 13e. « *D'habitude, nos pneus Bridgestone nous offrent l'avantage en course, mais ce ne fut pas le cas aujourd'hui*, commentait sèchement «Fisico ». *J'ai été bloqué au départ par d'autres voitures, ce qui m'a empêché de bénéficier de notre stratégie à deux arrêts. En plus, mon pneu arrière s'est grippé au deuxième stop.* »

Essais

Toutes les séances d'essais

N°	Pilote	N° Châssis - Moteur	Libres 1 vendredi	Pos.	Libres 2 vendredi	Pos.	Libres 3 samedi	Pos.	Libres 4 samedi	Pos.	Pre-qual. samedi	Pos.	Qualifs samedi	Pos.
1.	Michael Schumacher	Ferrari F2004 239	1:15.864	2	1:15.001	1	1:15.066	1	1:14.459	7	1:14.042	11	1:13.306	1
2.	Rubens Barrichello	Ferrari F2004 240	1:16.493	7	1:15.738	9	1:15.354	3	1:14.393	6	1:14.111	12	1:14.278	8
3.	Juan Pablo Montoya	Williams FW26 06 - BMW	1:16.795	9	1:15.167	3	1:15.277	2	1.13.976	2	1:13.391	1	1:13.668	2
4.	Antonio Pizzonia	Williams FW26 07 - BMW	1:16.845	10	1:15.470	5	1:16.151	8	1:14.766	9	1:13.422	2	1:14.556	11
5.	David Coulthard	McLaren MP4-19B 03 - Mercedes	1:16.916	11	1:16.265	11	1.15.919	7	1:14.064	3	1:13.640	5	1.13.821	5
6.	Kimi Räikkönen	McLaren MP4-19B 01 - Mercedes	1:16.318	3	1:15.045	2	1:15.626	4	1:14.100	4	1:13.842	8	1:13.690	4
7.	Jarno Trulli	Renault R24-04	1:17.487	15	1:16.660	14	1:16.334	10	1:14.468	8	1:13.737	7	1:14.134	7
8.	Fernando Alonso	Renault R24-02	1:17.142	13	1:15.677	8	1:16.462	12	1:14.320	5	1.13.582	4	1:13.874	6
9.	Jenson Button	B.A.R 006-05 - Honda	1:16.544	8	1:15.379	4	1:15.839	5	1:13.676	1	1:13.535	3	1:13.674	3
10.	Takuma Sato	B.A.R 006-04 - Honda	1:17.526	16	1:15.657	7		20			1:14.465	13	1:14.287	9
11.	Giancarlo Fisichella	Sauber C23-04 - Petronas	1.16.451	5	1:17.026	17	1:16.232	9	1:15.572	14	1:13.914	10	1.15.395	14
12.	Felipe Massa	Sauber C23-01 - Petronas	1:17.361	14	1:16.865	16	1:16.532	13	1:15.588	15	1:13.899	9	1:15.616	16
14.	Mark Webber	Jaguar R5-05		25	1:16.514	13	1:16.961	15	1:15.000	12	1:15.093	15	1:14.802	12
15.	Christian Klien	Jaguar R5-01	1:18.810	20	1:16.854	15	1:16.650	14	1:15.481	13	1:15.090	14	1:15.011	13
16.	Cristiano da Matta	Toyota TF104/10B	1:17.111	12	1:17.300	18	1:16.457	11	1:14.791	10	1:15.119	16	1:15.454	15
17.	Olivier Panis	Toyota TF104/09B	1:16.484	6	1:17.419	19	1:15.882	6	1:14.953	11	1:13.641	6	1:14.368	10
18.	Nick Heidfeld	Jordan EJ14/03 - Ford	1:18.257	18	1:18.243	24	1:17.369	16	1:16.832	16	1:16.538	18	1:16.310	18
19.	Giorgio Pantano	Jordan EJ14/02 - Ford	1:20.029	24	1:17.869	21	1:18.914	18			1:16.167	17	1:16.192	17
20.	Gianmaria Bruni	Minardi PS04B/02 - Cosworth	1:19.088	21	1:18.309	25	1:18.198	17	1:18.227	17	1:17.283	19	1.18.055	19
21.	Zsolt Baumgartner	Minardi PS04B/01 - Cosworth	1:19.959	23	1:18.098	22	1:21.288	19	1:18.691	18	1:17.515	20	1:18.400	20
35.	Anthony Davidson	B.A.R 006-03 - Honda	1:15.756	1	1:15.576	6								
37.	Björn Wirdheim	Jaguar R5-02	1:17.714	17	1:16.342	12								
38.	Ricardo Zonta	Toyota TF104/03	1:16.340	4	1:16.200	10								
39.	Timo Glock	Jordan EJ14/01 - Ford	1:18.768	19	1:17.724	20								
40.	Bas Leinders	Minardi PS04B/03 - Cosworth	1:19.270	22	1:18.224	23								

Vitesses de pointe

N°	Pilote	P1 Qualifs	Pos.	P1 Course	Pos.	P2 Qualifs	Pos.	P2 Course	Pos.	Finish Qualifs	Pos.	Finish Course	Pos.	Radar Qualifs	Pos.	Radar Course	Pos.
1.	M. Schumacher	222,3	3	224,0	3	274,1	2	276,2	3	277,7	1	281,5	5	331,7	1	332,0	14
2.	R. Barrichello	219,5	12	224,1	1	271,3	4	276,3	2	277,2	3	281,3	6	325,5	4	337,1	6
3.	J.P. Montoya	222,3	4	223,8	4	267,9	8	273,3	6	277,2	2	281,5	4	326,5	3	336,2	7
4.	A. Pizzonia	222,5	2	223,2	5	269,1	5	273,3	8	275,1	8	282,2	1	324,9	7	335,7	9
5.	D. Coulthard	223,6	1	222,6	7	268,3	7	273,9	4	277,2	4	281,9	3	325,1	6	338,0	5
6.	K. Räikkönen	221,3	6	222,2	10	269,0	6	273,6	5	275,6	7	280,2	9	321,5	13	329,8	16
7.	J. Trulli	220,6	7	222,1	11	266,7	13	270,2	16	271,4	16	277,6	18	321,5	14	332,1	13
8.	F. Alonso	219,7	11	222,3	9	267,8	9	271,5	12	274,1	10	279,9	11	323,8	10	330,4	15
9.	J. Button	220,0	10	221,6	13	274,3	1	278,1	1	276,8	5	281,9	2	329,2	2	339,0	4
10.	T. Sato	219,3	13	221,4	14	273,0	3	273,3	7	276,3	6	279,7	12	324,3	8	339,9	3
11.	G. Fisichella	215,7	18	222,8	6	266,3	14	272,8	9	274,1	9	281,3	7	324,0	9	340,5	1
12.	F. Massa	218,7	14	218,5	18	264,3	17	269,6	17	272,4	13	277,9	16	321,5	12	340,3	2
14.	M. Webber	218,4	16	218,9	17	267,0	11	272,7	10	273,9	11	280,0	10	320,0	15	334,8	10
15.	C. Klien	220,3	9	220,9	15	267,0	12	272,7	11	271,3	17	278,7	13	318,3	16	333,4	12
16.	C. Da Matta	220,3	8	221,6	12	265,0	16	270,8	15	269,2	18	277,8	17	312,5	19	328,7	18
17.	O. Panis	221,4	5	224,0	2	267,3	10	270,9	14	273,4	12	281,1	8	316,6	17	328,8	17
18.	N. Heidfeld	218,4	15	219,2	16	262,3	18	267,5	18	272,3	14	277,9	15	325,2	5	333,9	11
19.	G. Pantano	217,6	17	222,4	8	265,3	15	271,3	13	271,7	15	278,4	14	322,6	11	336,0	8
20.	G. Bruni	213,1	20	214,0	20	257,4	19	260,3	19	264,8	19	267,4	20	313,5	18	321,8	20
21.	Z. Baumgartner	213,3	19	216,6	19	255,3	20	259,9	20	264,7	20	269,3	19	310,6	20	327,1	19

Course

Classement & abandons

Pos.	Pilote	Equipe	Tour	Temps	Moyenne
1.	M. Schumacher	Ferrari	66	1:23.54.848	215,852 km/h
2.	J. Button	B.A.R Honda	66	+ 8.388	215,493 km/h
3.	F. Alonso	Renault	66	+ 16.351	215,153 km/h
4.	D. Coulthard	McLaren Mercedes	66	+ 19.231	215,030 km/h
5.	J.P. Montoya	Williams BMW	66	+ 23.055	214,868 km/h
6.	M. Webber	Jaguar	66	+ 41.108	214,103 km/h
7.	A. Pizzonia	Williams BMW	66	+ 41.956	214,068 km/h
8.	T. Sato	B.A.R Honda	66	+ 46.842	213,842 km/h
9.	G. Fisichella	Sauber Petronas	66	+ 1:07.102	213,013 km/h
10.	C. Klien	Jaguar	66	+ 1:08.578	212,951 km/h
11.	J. Trulli	Renault	66	+ 1:10.258	212,881 km/h
12.	R. Barrichello	Ferrari	66	+ 1:13.252	212,756 km/h
13.	F. Massa	Sauber Petronas	65	1 tour	211,734 km/h
14.	O. Panis	Toyota	65	1 tour	211,134 km/h
15.	G. Pantano	Jordan Ford	63	3 tours	205,888 km/h
16.	Z. Baumgartner	Minardi Cosworth	62	4 tours	202,278 km/h
17.	G. Bruni	Minardi Cosworth	62	4 tours	199,821 km/h

Pilote	Equipe		Motif d'abandon
N. Heidfeld	Jordan Ford	43	Voiture inconduisible, problèmes d'équilibre
C. Da Matta	Toyota	39	Eclatement du pneu arrière droit, sortie de piste
K. Räikkönen	McLaren Mercedes	14	Flap de l'aileron arrière arraché, sortie de piste

Meilleurs tours

	Pilote	Temps	Tour	Moyenne
1.	K. Räikkönen	1:13.780	10	223,182 km/h
2.	M. Schumacher	1:13.783	5	223,173 km/h
3.	J. Button	1:14.117	11	222,167 km/h
4.	O. Panis	1:14.247	59	221,778 km/h
5.	F. Alonso	1:14.265	8	221,724 km/h
6.	J. Trulli	1:14.386	9	221,364 km/h
7.	J.P. Montoya	1:14.446	10	221,185 km/h
8.	D. Coulthard	1:14.558	8	220,853 km/h
9.	T. Sato	1:14.585	29	220,773 km/h
10.	A. Pizzonia	1:14.586	65	220,770 km/h
11.	M. Webber	1:14.883	65	219,895 km/h
12.	R. Barrichello	1:14.963	59	219,660 km/h
13.	C. Klien	1:15.045	33	219,420 km/h
14.	C. Da Matta	1:15.145	20	219,128 km/h
15.	G. Fisichella	1:15.635	39	217,708 km/h
16.	G. Pantano	1:16.058	63	216,497 km/h
17.	F. Massa	1:16.248	61	215,958 km/h
18.	N. Heidfeld	1:16.903	20	214,119 km/h
19.	G. Bruni	1:18.372	52	210,105 km/h
20.	Z. Baumgartner	1:18.760	18	209,070 km/h

Passages aux stands

	Pilote	Temps	Tour	Arrêt n°
1.	R. Barrichello	25.075	1	1
2.	F. Alonso	21.514	9	2
3.	A. Pizzonia	21.090	9	1
4.	M. Schumacher	23.811	10	1
5.	J. Trulli	21.552	10	1
6.	D. Coulthard	21.693	10	1
7.	T. Sato	21.676	10	1
8.	C. Da Matta	20.981	10	1
9.	K. Räikkönen	23.225	11	1
10.	J.P. Montoya	21.886	11	1
11.	O. Panis	21.985	11	1
12.	M. Webber	21.433	12	1
13.	G. Pantano	23.490	12	1
14.	C. Klien	22.013	13	1
15.	J. Button	21.768	14	1
16.	Z. Baumgartner	23.690	15	1
17.	G. Bruni	1:14.061	16	1
18.	N. Heidfeld	23.180	18	1
19.	G. Fisichella	22.658	21	1
20.	C. Da Matta	21.655	22	2
21.	F. Massa	23.278	23	1
22.	R. Barrichello	22.751	23	2
23.	J.P. Montoya	21.335	27	2
24.	T. Sato	22.077	27	2
25.	M. Schumacher	22.015	28	2
26.	D. Coulthard	21.429	28	2
27.	J. Trulli	28.281	28	2
28.	A. Pizzonia	21.558	28	2
29.	F. Alonso	21.585	29	2
30.	M. Webber	20.860	29	2
31.	O. Panis	21.623	29	2
32.	G. Pantano	23.462	29	2
33.	K. Klien	21.456	31	2
34.	Z. Baumgartner	22.814	30	2
35.	J. Button	20.490	34	2
36.	G. Bruni	23.250	32	2
37.	N. Heidfeld	25.110	38	2
38.	N. Heidfeld	24.164	39	3
39.	G. Fisichella	22.989	44	2
40.	M. Webber	22.563	45	3
41.	J. Trulli	21.286	45	3
42.	F. Massa	22.074	45	2
43.	A. Pizzonia	22.636	46	3
44.	R. Barrichello	22.176	46	3
45.	M. Schumacher	23.665	47	3
46.	F. Alonso	21.197	47	3
47.	D. Coulthard	22.529	47	3
48.	G. Pantano	32.268	46	3
49.	J.P. Montoya	21.813	48	3
50.	T. Sato	22.219	48	3
51.	K. Klien	21.958	48	3
52.	O. Panis	22.348	48	3
53.	Z. Baumgartner	23.261	46	3
54.	J. Button	20.821	50	3
55.	G. Bruni	25.066	49	3
56.	O. Panis	19.895	57	4
57.	G. Pantano	22.790	60	4

Tête de la course

Pilote	Tours en tête	Nbre de Tours
M. Schumacher	1 > 10	10
K. Räikkönen	11	1
J. Button	12 > 14	3
M. Schumacher	15 > 28	14
F. Alonso	29	1
J. Button	30 > 34	5
M. Schumacher	35 > 47	13
J. Button	48 > 50	3
M. Schumacher	51 > 66	16

Pilote	Nbre de Tours	Kilomètres
M. Schumacher	53	242,422 km
J. Button	11	50,314 km
K. Räikkönen	1	4,574 km
F. Alonso	1	4,574 km

Tour par tour

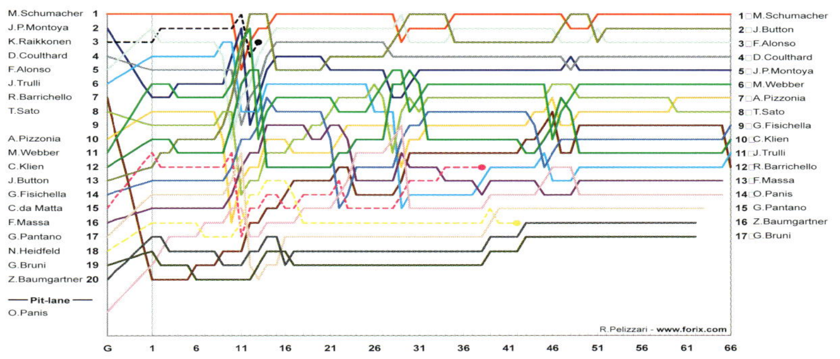

Ecarts en tête de course

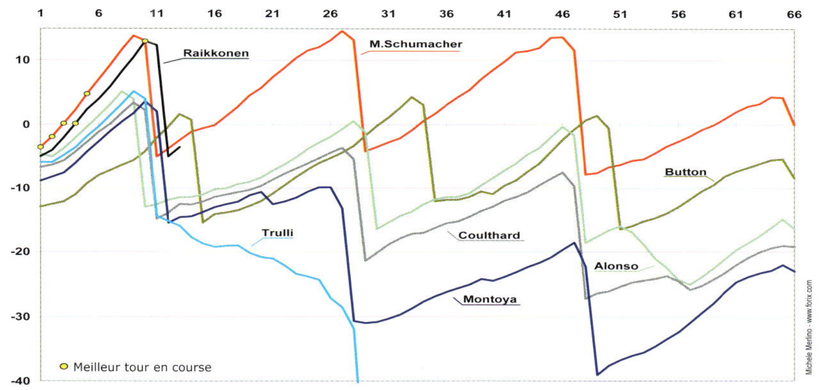

Championnats après douze manches

Conducteurs

1. M. Schumacher ....(11 victoires).......110
2. R. Barrichello 74
3. J. Button 61
4. J. Trulli ....(1 victoire)...........46
5. F. Alonso 39
6. J.P. Montoya 33
7. D. Coulthard 19
8. K. Räikkönen 18
9. T. Sato 15
10. G. Fisichella..13
11. R. Schumacher 12
12. M. Webber 7
13. F. Massa 5
14. O. Panis..5
15. C. Da Matta...3
16. N. Heidfeld..3
17. T. Glock 2
18. A. Pizzonia 2
19. Z. Baumgartner 1
20. C. Klien 0
21. M. Gené...0
22. G. Pantano...0
23. G. Bruni...0

Constructeurs

1. Scuderia Ferrari Marlboro ......(11 victoires)..184
2. Mild Seven Renault F1 Team ..(1 victoire).......85
3. Lucky Strike B.A.R Honda 76
4. BMW WilliamsF1 Team................................47
5. West McLaren Mercedes 37
6. Sauber Petronas...18
7. Panasonic Toyota Racing 8
8. Jaguar Racing 7
9. Jordan Ford 5
10. Minardi Cosworth 1

Le circuit

Nom	Hockenheimring
Longueur	4574 mètres
Distance	67 tours prévus, 66 effectués, soit 301,884 km
Date	25 juillet 2004
Conditions climatiques	ensoleillé et chaud, 27-29°c
Température de la piste	41-46°c

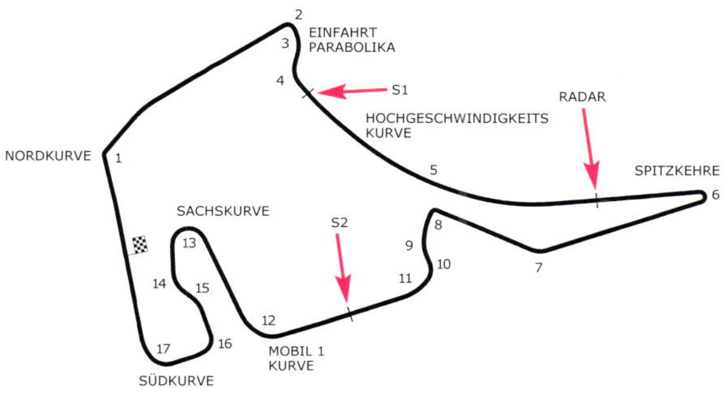

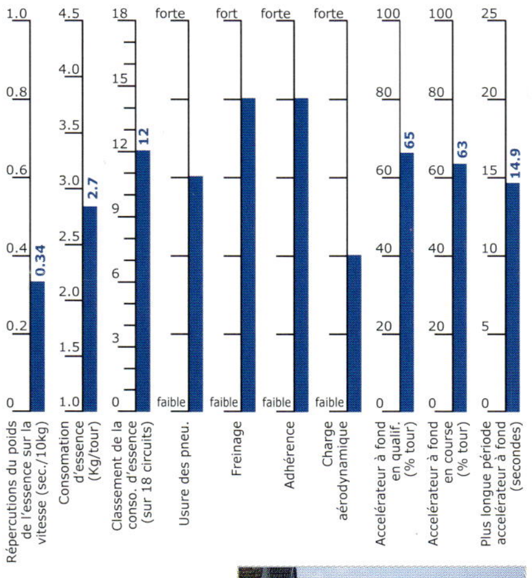

15 AOÛT 2004
GRAND PRIX DE HONGRIE
BUDAPEST

LES MIETTES POUR RENAULT

Imbatttables, les Ferrari. A Budapest, là même où elles avaient connu tant de difficulté en 2003, les monoplaces de la Scucderia ont signé un nouveau doublé indiscutable. Parti de la pole-position, en tête de bout en bout, auteur du meilleur tour : Michael Schumacher n'a pas fait le détail pour remporter son 12e Grand Prix en 13 courses. Rubens Barrichello terminant deuxième, la Scuderia Ferrari s'adjuge le titre mondial des constucteurs 2004.
Son sixième consécutif.
Derrière, il ne restait que les miettes. C'est Fernando Alonso qui a ramassé les plus grosses, en terminant sur la troisième marche du podium.

> Michael Schumacher rentre au stand au terme de son tour rapide. Et c'est une nouvelle pole-position pour le champion du monde.

> Mais après quoi peut bien courir Jarno Trulli? Licencié de l'écurie Renault, le gentil Italien a trouvé une place chez Toyota. Mais il n'en reste pas moins que se faire exclure de son équipe n'est jamais agréable. Victime d'une extinction de voix tout au long de l'été, l'Italien ne retrouva l'usage de la parole qu'une fois sont contrat Toyota signé.

Première ligne rouge à Budapest

L'an dernier, sur ce même circuit, Michael Schumacher n'avait terminé qu'à la huitième place du Grand Prix de Hongrie, à un tour du vainqueur. Un camouflet qui fit l'effet de coup de pied dans la termitière Ferrari. Cette saison, il n'était pas question de répéter le même scénario.
En 2003, c'étaient principalement les pneus Bridgestone qui avaient souffert des fortes températures enregistrées alors à Budapest – avec une piste accusant plus de 50 degrés.
Le manufacturier japonais avait donc travaillé d'arrache-pied sur ses mélanges pour fortes températures. Le temps, d'ailleurs, est resté couvert, samedi, avec un mercure ne dépassant pas les 25 degrés.
Résultat : les deux Ferrari se sont emparées des deux meilleures places de la grille, sans coup férir, avec une demi-seconde d'avance sur leurs adversaires. « *Les nouveaux pneus Bridgestone nous ont vraiment fourni un gros avantage,* confirmait Michael Schumacher, qualifié en pole-position. *Ils étaient vraiment exceptionnels sur un tour.* »
Les deux Sauber ont elles-aussi profité des nouvelles gommes japonaises, puisque Giancarlo Fisichella se retrouvait huitième sur la grille de départ, sa meilleure qualification de la saison. « *Quel changement depuis hier*, s'exclamait le Romain. *Nous avons bien amélioré l'équilibre de la voiture, et j'avais nettement plus confiance pour attaquer. Cela dit, il ne sera pas facile de marquer des points en course.* »
Felipe Massa, sur la deuxième Sauber, était dernier sur la grille de départ pour avoir changé de moteur le samedi matin.

En bref

> Chez Toyota, Cristiano da Matta a été remplacé par le pilote-essayeur de l'écurie, le Brésilien Ricardo Zonta. Du coup, la troisième voiture de l'équipe japonaise était conduite vendredi par Ryan Briscoe, qui disposait lui aussi d'un contrat de pilote-essayeur avec Toyota. Pour sa première journée en F1, le jeune Britannique n'a pas trop forcé et a signé le 21e chrono.
Limogé de Toyota au début de la semaine, le Français Ange Pasquali, l'ancien team-manager, a contre-attaqué, vendredi, par un communiqué de presse distribué sous le manteau : « *J'ai été choqué et surpris d'apprendre que je ne pourrais plus poursuivre mon rôle en tant que team manager de l'écurie Toyota* », y lançait-il. Œuvrant au sein de la formation japonaise depuis sept ans, le Corse avait été remercié avec effet immédiat, et sans explication. Il allait sans doute attaquer son employeur en justice pour licenciement intempestif.

> Quel cachottier ! Kimi Räikkönen et sa fiancée Jenny (ancienne Miss Scandinavie) se sont mariés en secret. Un couple très discret - il n'y a guère que l'énorme alliance de Jenny qui ne l'est pas.

La grille de départ

1	M. SCHUMACHER	1:19.146 (199,272 km/h)
2	R. BARRICHELLO	1:19.323
3	T. SATO	1:19.693
4	J. BUTTON	1:19.700
5	F. ALONSO	1:19.996
6	A. PIZZONIA	1:20.170
7	J.P. MONTOYA	1:20.199
8	G. FISICHELLA	1:20.324
9	J. TRULLI	1:20.411
10	K. RÄIKKÖNEN	1:20.570
11	M. WEBBER	1:20.730
12	D. COULTHARD	1:20.897
13	O. PANIS	1:21.068
14	C. KLIEN	1:21.118
15	R. ZONTA	1:21.135
16	N. HEIDFELD	1:22.180
17	G. PANTANO	1:22.356
18	Z. BAUMGARTNER*	1:24.329
19	G. BRUNI	1:24.679
20	F. MASSA**	-

*Z. BAUGARTNER prend le départ depuis son stand.

**F. MASSA Pénalité pour avoir changé de moteur.

<
Belle arrosée de toute l'équipe Ferrari. Michael Schumacher s'en est donné à cœur joie sur le podium de Budapest.

Pour Michael Schumacher, c'était douze à la treizaine

A Budapest, rien ni personne n'est venu gêner Michael Schumacher dans sa marche triomphale. D'habitude, le leader cède sa première place au moins quelques instants à l'occasion des ravitaillements. Là, ce ne fut même pas le cas.
Ce Grand Prix fut-il vraiment une promenade de santé pour l'Allemand ? « *De l'extérieur, ça a dû paraître facile*, commentait-il. *Mais ce ne le fut pas réellement, parce que ce circuit est terriblement exigeant. Il ne laisse aucun repos. En fait, je n'ai pu réduire la cadence qu'après le dernier ravitaillement.*»
Les deux Ferrari menant sans contestation, la course s'avéra plutôt soporifique. Pourtant, l'atmosphère était terriblement électrique dans le paddock après l'arrivée.
Chez Ferrari et Bridgestone, c'était la joie de ce nouveau titre de champion des constructeurs. Partout ailleurs, c'était la soupe à la grimace. Car ici, la course de 2003 - qui avait relégué les Ferrari à un tour-, laissait espérer que ce circuit était le seul où ses adversaires pourraient battre la Scuderia. Et c'était raté.
Chez Renault, vainqueur en 2003, l'ambiance était pire qu'ailleurs. Flavio Briatore, devant son motorhome, ne décolérait pas : « *Mais comment voulez-vous que l'on gagne avec des pneus pareils ?* », accusait-il, reprenant les propos de son pilote : « *Nous sommes deuxième du championnat, mais nous sommes un peu trop loin en matière de pneus* », avait lâché Fernando Alonso au cours de la conférence de presse.
Du côté des vainqueurs, on confirmait qu'une large part du succès des Ferrari provenait des nouveaux pneus Bridgestone. « *Nous avions eu une séance d'essais très importante à Jerez, qui nous a permis de déterminer de nouveaux mélanges pour l'été*, commentait Michael Schumacher. *Ici, dès vendredi, j'ai su que nous serions compétitifs.*» A cinq Grands Prix de la fin de la saison, l'Allemand comptait 38 points d'avance sur son coéquipier Rubens Barrichello, le seul pilote qui pouvait encore mathématiquement l'empêcher de se voir couronner pour la 7e fois.
Une nouvelle victoire lui assurerait le titre en Belgique, deux semaines plus tard. Sinon, ce serait pour Monza. « *Ces deux circuits revêtent une signification particulière pour moi* », commentait-il. « *Je ferai ce que je peux. Tant que j'aime piloter et gagner, je vais continuer.* »

Troisième place pour Fernando Alonso, qui monte ainsi sur la troisième marche du podium pour le deuxième Grand Prix consécutif.
v

Titre des constructeurs en poche, Jean Todt s'explique

A Budapest, la Scuderia a signé son sixième titre mondial consécutif. Elle n'arrêtait pas de battre ses propres records. « *C'est vrai*, soulignait Jean Todt après la course. *Aujourd'hui, nous avons écrit une nouvelle page extraordinaire de l'histoire de Ferrari : un sixième titre des constructeurs, et la certitude que le titre pilotes reviendra à l'un des nôtres. C'est un triomphe que l'on doit à nos pilotes, mais aussi à toute l'équipe qui a fourni un travail formidable. Sans oublier nos partenaires, et surtout Bridgestone, qui a joué un rôle clé pour nous permettre d'atteindre cet objectif.*»
Selon le patron de la Scuderia, il n'était pas question de se lasser: «*Ferrari est davantage qu'une écurie, c'est une légende qu'Enzo Ferrari a créé. Demain, nous allons fêter ce titre mondial à l'usine, avec toute l'équipe et avec le Président Montezemolo. Remporter un titre, c'est toujours spécial. Le jour où nous nous y habituerons, nous ne serons sans doute plus compétitifs.*» C'est sur le coup des 18 heures que la Scuderia s'est réunie pour fêter ce titre.

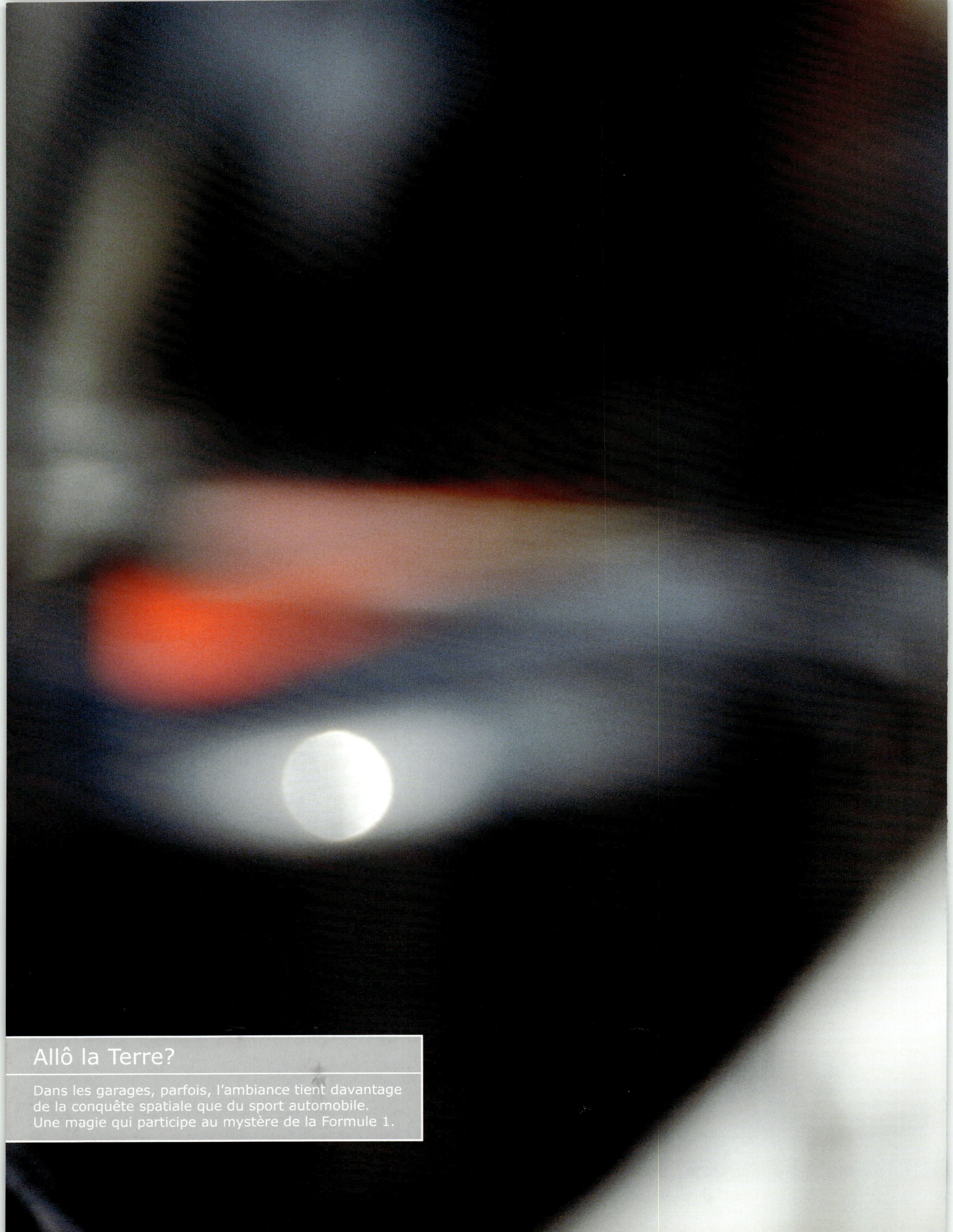

Allô la Terre?

Dans les garages, parfois, l'ambiance tient davantage de la conquête spatiale que du sport automobile. Une magie qui participe au mystère de la Formule 1.

>
Course sans relief pour Olivier Panis: qualifié 13ᵉ, le Grenoblois termine la course en 11ᵉ place.

Huitième sur la grille, huitième à l'arrivée : Giancarlo Fisichella a marqué un bon point pour l'écurie Sauber. « *Un point, ce n'est pas beaucoup, mais je suis très heureux tout de même de l'avoir marqué*, soulignait le Romain. *En fait, la course s'est déroulée exactement comme je l'avais prévu, du départ au drapeau à damier. Je n'ai commis aucune erreur et la voiture était parfaitement bien équilibrée.* »
v

16ᵉ place aux essais, 12ᵉ place en course pour Nick Heidfeld.
v

Une réunion pour rien à Budapest

A la surprise générale, et malgré une saison écrasée par Michael Schumacher, l'audience des Grands Prix de F1 était en légère hausse au cours de l'été – par rapport à l'an 2003. Pourtant, tous les acteurs de la Formule 1 admettaient qu'il fallait trouver un moyen pour pimenter des dimanche après-midi qui ressemblaient souvent à des processions.
Pour ce faire, plusieurs propositions ont été émises, tant par la FIA que par certaines écuries.
Dernière en date, l'idée de Tony Purnell, le patron de l'équipe Jaguar, qui suggérait de remplacer le système de qualification par des mini-courses d'une dizaine de tours. Techniquement, les ingénieurs évoquaient encore la réduction des appuis générés par les ailerons avant et arrière, ce qui permettrait aux voitures de se suivre de plus près en courbe et favoriserait les dépassements.
Pour la FIA, il s'agissait aussi, et surtout, de réduire les budgets des équipes et la vitesse des voitures.
Les temps au tour ayant été abaissés de deux à trois secondes cette saison, la sécurité des pilotes était à nouveau en question, et la Fédération tenait à ramener les performances à des niveaux plus raisonnables.
En Formule 1, tout changement de règlement exigeait l'unanimité des équipes. Une unanimité impossible à obtenir dès lors qu'il s'agissait de concilier les intérêts aussi différents que ceux de Ferrari ou de Minardi, la première disposant d'un budget dix fois supérieur à la seconde (400 millions de dollars contre 43 environ).
Ferrari refusait ainsi de limiter les essais privés entre les courses - d'autant que la Scuderia dispose de deux circuits, Fiorano et le Mugello -, alors que toutes les autres écuries sont en faveur d'une telle limitation.
L'unanimité n'étant pas atteinte, ce changement ne pouvait être appliqué.
Une dernière réunion des équipes s'est tenue dimanche à Budapest, mais s'est à nouveau soldée par un échec - tout comme celle d'Hockenheim. – « *On a progressé sur un point*, a commenté Flavio Briatore. *Avant, pour déboucher sur rien, il nous fallait cinq heures. Cette fois, on s'est contenté de deux!* »
Si aucun accord n'était trouvé avant le 6 septembre, la FIA allait imposer ses idées. Au risque de mécontenter tout le monde. L'intérêt de la F1 était à ce prix.

Jenson Button muet sur son avenir

Jenson Button était convoqué en conférence de presse, jeudi, aux côtés de Mark Webber. Le jeune Britannique a pourtant refusé de lâcher quoi que ce soit sur son avenir, toujours déchiré entre Williams et BAR, deux écuries prétendant détenir un contrat pour ses services en 2005. « *J'ai passé de bons moments avec BAR*, lâcha simplement Jenson Button. *L'ambiance au sein de l'écurie reste bonne, on se parle. Nous sommes tous là pour faire un travail, c'est-à-dire essayer de gagner ce Grand Prix de Hongrie, et nous allons le faire.* »
Au niveau technique, l'écurie Williams alignait ici un nez « traditionnel » sur ses monoplaces, en remplacement du nez de requin utilisé jusqu'ici.

Essais

Toutes les séances d'essais

N°	Pilote	N° Châssis - Moteur	Libres 1 vendredi	Pos.	Libres 2 vendredi	Pos.	Libres 3 samedi	Pos.	Libres 4 samedi	Pos.	Pre-qual. samedi	Pos.	Qualifs samedi	Pos.
1.	Michael Schumacher	Ferrari F2004 239	1:21.552	1	1:21.009	2	1:20.216	1	1:19.747	2	1:19.107	2	1:19.146	1
2.	Rubens Barrichello	Ferrari F2004 240	1:21.938	2	1:21.712	9	1:20.830	5	1:19.768	3	1:18.436	1	1:19.323	2
3.	Juan Pablo Montoya	Williams FW26 06 - BMW	1:23.753	6	1:21.185	3	1:20.696	3	1.20.480	8	1:19.821	6	1:20.199	7
4.	Antonio Pizzonia	Williams FW26 07 - BMW	1:24.381	16	1:21.574	7	1:20.482	2	1:19.913	4	1:20.019	9	1:20.170	6
5.	David Coulthard	McLaren MP4-19B 03 - Mercedes	1:23.100	5	1:21.203	4	1.21.555	8	1:20.914	12	1:21.192	16	1.20.897	12
6.	Kimi Räikkönen	McLaren MP4-19B 01 - Mercedes	1:23.024	4	1:20.884	1	1:21.825	10	1:20.614	10	1:20.066	10	1:20.570	10
7.	Jarno Trulli	Renault R24-05	1:24.124	9	1:22.788	17	1:21.257	6	1:20.130	5	1:19.879	8	1:20.411	9
8.	Fernando Alonso	Renault R24-04	1:24.191	11	1:21.948	10	1:21.392	7	1:20.363	7	1.20.135	11	1:19.996	5
9.	Jenson Button	B.A.R 006-05 - Honda	1:24.140	10	1:21.685	8	1:20.731	4	1:19.556	1	1:19.878	7	1:19.700	4
10.	Takuma Sato	B.A.R 006-06 - Honda	1:25.071	19	1:21.364	6		20	1:20.363	6	1:19.695	5	1:19.693	3
11.	Giancarlo Fisichella	Sauber C23-04 - Petronas	1.24.198	12	1:22.743	16	1:22.013	13	1:21.165	14	1:19.668	4	1.20.324	8
12.	Felipe Massa	Sauber C23-01 - Petronas	1:25.218	20	1:23.188	22	1:21.593	9	1:21.989	17	1:19.658	3		20
14.	Mark Webber	Jaguar R5-05		25	1:21.999	11	1:22.068	14	1:21.112	13	1:21.452	17	1:20.730	11
15.	Christian Klien	Jaguar R5-01	1:25.834	21	1:23.003	20	1:22.421	15	1:21.390	15	1:21.510	18	1:21.118	14
16.	Ricardo Zonta	Toyota TF104/10B	1:24.236	13	1:22.808	18	1:21.927	12	1:20.606	9	1:20.199	12	1:21.135	15
17.	Olivier Panis	Toyota TF104/09B	1:23.827	7	1:21.352	5	1:21.838	11	1:20.689	11	1:20.491	14	1:21.068	13
18.	Nick Heidfeld	Jordan EJ14/03 - Ford	1:24.462	17	1:22.651	14	1:23.242	18	1:21.712	16	1:20.439	13	1:22.180	16
19.	Giorgio Pantano	Jordan EJ14/02 - Ford	1:24.353	15	1:22.937	19	1:22.709	16	1:23.083	18	1:21.187	15	1:22.356	17
20.	Gianmaria Bruni	Minardi PS04B/02 - Cosworth	1:28.893	24	1:26.365	25	1:23.112	17	1:23.979	19	1:23.362	19	1.24.479	19
21.	Zsolt Baumgartner	Minardi PS04B/01 - Cosworth	1:28.296	23	1:25.450	24	1:24.233	19	1:24.522	20	1:24.656	20	1:24.329	18
35.	Anthony Davidson	B.A.R 006-04 - Honda	1:21.951	3	1:22.356	12								
37.	Björn Wirdheim	Jaguar R5-03	1:24.265	14	1:22.559	13								
38.	Ryan Briscoe	Toyota TF104/07	1:24.108	8	1:23.170	21								
39.	Timo Glock	Jordan EJ14/01 - Ford	1:24.843	18	1:22.697	15								
40.	Bas Leinders	Minardi PS04B/03 - Cosworth	1:26.074	22	1:25.339	23								

Vitesses de pointe

N°	Pilote	P1 Qualifs	Pos.	P1 Course	Pos.	P2 Qualifs	Pos.	P2 Course	Pos.	Finish Qualifs	Pos.	Finish Course	Pos.	Radar Qualifs	Pos.	Radar Course	Pos.
1.	M. Schumacher	299,8	1	303,3	2	248,9	4	250,8	4	260,1	1	263,6	2	300,3	1	313,8	1
2.	R. Barrichello	298,9	2	304,1	1	249,3	3	253,2	1	259,8	2	265,0	1	299,1	4	313,6	2
3.	J.P. Montoya	297,8	6	300,8	10	245,1	10	251,1	3	256,8	9	258,9	8	298,7	5	309,0	6
4.	A. Pizzonia	298,0	5	301,5	6	247,1	8	249,3	7	257,0	8	260,0	5	296,9	7	308,3	8
5.	D. Coulthard	298,0	4	301,5	5	244,5	11	245,1	15	257,7	4	261,5	3	299,7	2	306,3	13
6.	K. Räikkönen	297,7	7	301,5	7	244,5	12	249,1	10	257,2	6	257,8	12	298,6	6	307,3	9
7.	J. Trulli	294,9	11	301,8	4	242,0	15	243,6	18	254,9	11	257,2	14	295,0	10	306,2	14
8.	F. Alonso	295,7	10	299,8	12	245,6	9	247,1	13	257,1	7	259,9	6	295,0	9	311,0	4
9.	J. Button	296,0	8	298,9	14	252,1	1	252,3	2	256,7	10	257,4	13	292,6	14	303,7	18
10.	T. Sato	295,8	9	297,7	16	234,7	17	250,6	5	259,7	3	258,3	11	295,8	8	304,2	17
11.	G. Fisichella	298,4	3	302,6	3	250,0	2	249,1	9	257,7	5	260,8	4	299,2	3	309,4	5
12.	F. Massa			301,5	8			248,1	11			259,8	7			312,0	3
14.	M. Webber	293,2	13	299,5	13	248,0	6	249,9	6	253,5	13	258,8	9	294,1	12	308,7	7
15.	C. Klien	291,7	15	300,2	11	240,8	16	247,3	12	252,3	16	254,9	17	294,2	11	306,9	10
16.	F. Zonta	291,5	16	295,0	17	243,4	13	243,8	17	253,5	14	256,2	16	289,0	18	306,9	11
17.	O. Panis	289,6	17	294,0	18	247,2	7	249,2	8	254,6	12	258,6	10	292,1	15	304,6	16
18.	N. Heidfeld	293,1	14	298,4	15	248,4	5	245,8	14	252,9	15	256,4	15	293,6	13	305,1	15
19.	G. Pantano	293,6	12	301,0	9	242,3	14	244,6	16	251,1	17	254,8	18	291,4	16	306,5	12
20.	G. Bruni	283,4	19	286,3	20	233,8	19	234,3	20	246,4	19	248,6	20	288,3	19	296,5	20
21.	Z. Baumgartner	288,1	18	288,2	19	234,0	18	238,4	19	251,0	18	250,0	19	290,7	17	298,0	19

Course

Classement & abandons

Pos.	Pilote	Equipe	Tour	Temps	Moyenne
1.	M. Schumacher	Ferrari	70	1:35.26.131	192,798 km/h
2.	R. Barrichello	Ferrari	70	+ 4.696	192,640 km/h
3.	F. Alonso	Renault	70	+ 44.599	191,307 km/h
4.	J.P. Montoya	Williams BMW	70	+ 1:02.613	190,712 km/h
5.	J. Button	B.A.R Honda	70	+ 1:07.439	190,553 km/h
6.	T. Sato	B.A.R Honda	69	1 tour	190,027 km/h
7.	A. Pizzonia	Williams BMW	69	1 tour	189,990 km/h
8.	G. Fisichella	Sauber Petronas	69	1 tour	189,136 km/h
9.	D. Coulthard	McLaren Mercedes	69	1 tour	189,068 km/h
10.	M. Webber	Jaguar	69	1 tour	188,215 km/h
11.	O. Panis	Toyota	69	1 tour	187,685 km/h
12.	N. Heidfeld	Jordan Ford	68	2 tours	186,220 km/h
13.	C. Klien	Jaguar	68	2 tours	184,979 km/h
14.	G. Bruni	Minardi Cosworth	66	4 tours	179,260 km/h
15.	Z. Baumgartner	Minardi Cosworth	65	5 tours	177,838 km/h

Pilote	Equipe		Motif d'abandon
G. Pantano	Jordan Ford	49	Défaillance de la boîte de vitesses
J. Trulli	Renault	42	Chute de pression d'huile moteur
R. Zonta	Toyota	32	Perte de puissance moteur dûe à des pbs. électronique
F. Massa	Sauber Petronas	22	Problème de freins
K. Räikkönen	McLaren Mercedes	14	Coupures moteur dû à un problème électrique

Meilleurs tours

	Pilote	Temps	Tour	Moyenne
1.	M. Schumacher	1:19.071	29	199,461 km/h
2.	R. Barrichello	1:19.213	29	199,103 km/h
3.	F. Alonso	1:20.275	49	196,469 km/h
4.	J. Button	1:20.425	47	196,103 km/h
5.	A. Pizzonia	1:20.501	48	195,918 km/h
6.	J. Trulli	1:20.705	10	195,422 km/h
7.	J.P. Montoya	1:20.715	49	195,398 km/h
8.	M. Webber	1:20.825	45	195,132 km/h
9.	G. Fisichella	1:21.022	53	194,658 km/h
10.	T. Sato	1:21.030	10	194,639 km/h
11.	D. Coulthard	1:21.134	67	194,389 km/h
12.	O. Panis	1:21.310	50	193,968 km/h
13.	N. Heidfeld	1:21.518	68	193,473 km/h
14.	K. Räikkönen	1:21.678	6	193,094 km/h
15.	F. Massa	1:21.856	14	192,674 km/h
16.	R. Zonta	1:22.525	13	191,112 km/h
17.	C. Klien	1:22.530	45	191,101 km/h
18.	G. Pantano	1:22.927	43	190,186 km/h
19.	G. Bruni	1:24.601	65	186,423 km/h
20.	Z. Baumgartner	1:24.855	63	185,865 km/h

Passages aux stands

	Pilote	Temps	Tour	Arrêt n°
1.	F. Alonso	21.033	1	1
2.	G. Fisichella	21.677	9	1
3.	R. Barrichello	21.330	9	1
4.	J.P. Montoya	21.858	10	1
5.	J. Button	21.464	10	1
6.	J. Trulli	21.008	10	1
7.	D. Coulthard	21.813	10	1
8.	R. Zonta	21.944	10	1
9.	M. Schumacher	20.989	11	1
10.	T. Sato	21.251	11	1
11.	K. Räikkönen	24.834	11	1
12.	O. Panis	21.602	12	1
13.	F. Massa	21.909	12	1
14.	G. Bruni	22.695	13	1
15.	G. Pantano	22.466	14	1
16.	A. Pizzonia	21.211	15	1
17.	N. Heidfeld	22.916	16	1
18.	C. Klien	24.140	18	1
19.	M. Webber	22.260	21	1
20.	Z. Baumgartner	22.166	22	1
21.	F. Massa	41.537	23	2
22.	R. Zonta	21.652	23	2
23.	T. Sato	20.605	27	2
24.	F. Alonso	21.826	27	2
25.	N. Heidfeld	28.684	28	2
26.	J.P. Montoya	21.501	28	2
27.	J. Button	21.044	28	2
28.	G. Fisichella	22.478	28	2
29.	R. Barrichello	21.701	29	2
30.	J. Trulli	21.724	29	2
31.	M. Schumacher	21.805	29	2
32.	M. Webber	21.242	31	2
33.	O. Panis	23.675	30	2
34.	D. Coulthard	21.712	34	2
35.	G. Bruni	22.551	32	2
36.	G. Pantano	22.116	38	2
37.	A. Pizzonia	20.623	39	2
38.	K. Klien	21.774	44	2
39.	Z. Baumgartner	30.540	45	2
40.	J. Trulli	20.694	45	3
41.	M. Webber	22.495	45	3
42.	T. Sato	22.545	46	3
43.	J. Button	23.149	46	3
44.	R. Barrichello	21.365	47	3
45.	G. Pantano	23.476	47	3
46.	A. Pizzonia	24.191	47	3
47.	M. Schumacher	21.983	46	3
48.	N. Heidfeld	21.868	48	3
49.	K. Klien	22.927	48	3
50.	F. Alonso	21.373	48	3
51.	G. Bruni	22.514	48	3
52.	G. Fisichella	21.532	46	3
53.	O. Panis	21.061	50	3
54.	J.P. Montoya	21.809	49	3
55.	D. Coulthard	21.263	57	3
56.	Z. Baumgartner	22.147	60	3

Tête de la course

Pilote	Tours en tête	Nbre de Tours
M. Schumacher	1 > 70	70

Pilote	Nbre de Tours	Kilomètres
M. Schumacher	70	306,663 km

Tour par tour

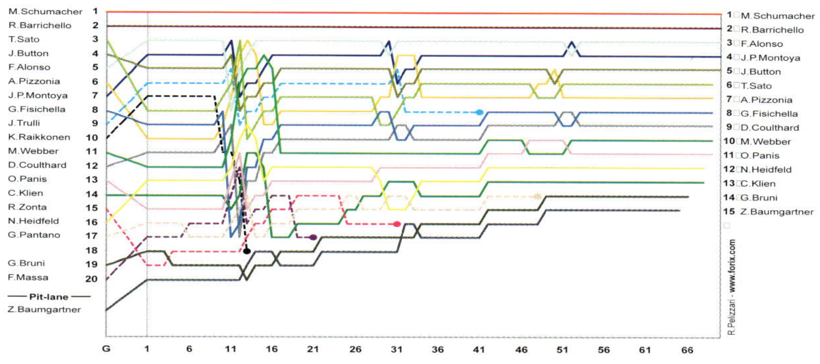

Ecarts en tête de course

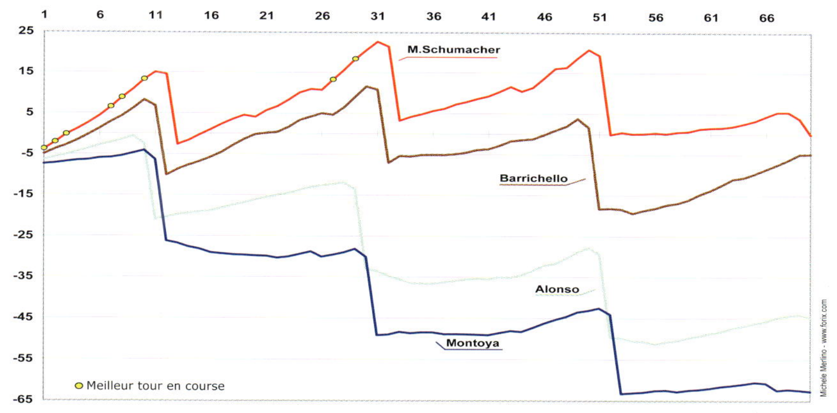

Championnats après treize manches

Conducteurs

1. M. Schumacher ....(12 victoires) 120
2. R. Barrichello 82
3. J. Button 65
4. J. Trulli ....(1 victoire) 46
5. F. Alonso 45
6. J.P. Montoya 38
7. D. Coulthard 19
8. K. Räikkönen 18
9. T. Sato 18
10. G. Fisichella 14
11. R. Schumacher 12
12. M. Webber 7
13. F. Massa 5
14. O. Panis 5
15. A. Pizzonia 4
16. C. Da Matta 3
17. N. Heidfeld 3
18. T. Glock 2
19. Z. Baumgartner 1
20. C. Klien 0
21. M. Gené 0
22. G. Pantano 0
23. G. Bruni 0

Constructeurs

1. **Scuderia Ferrari Marlboro** .(12 victoires)..202
2. Mild Seven Renault F1 Team ..(1 victoire).......91
3. Lucky Strike B.A.R Honda 83
4. BMW WilliamsF1 Team.................................54
5. West McLaren Mercedes 37
6. Sauber Petronas...19
7. Panasonic Toyota Racing 8
8. Jaguar Racing 7
9. Jordan Ford 5
10. Minardi Cosworth 1

Le circuit

Nom	Hungaroring, Budapest
Longueur	4381 mètres
Distance	70 tours, soit 306,663 km
Date	15 août 2004
Conditions climatiques	ensoleillé et chaud, 25-27°c
Température de la piste	37-48°c

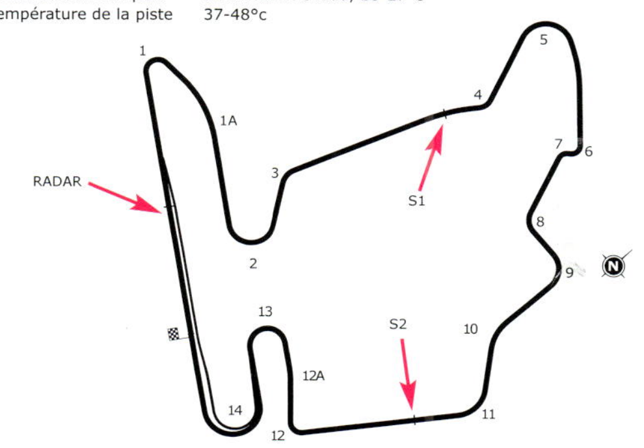

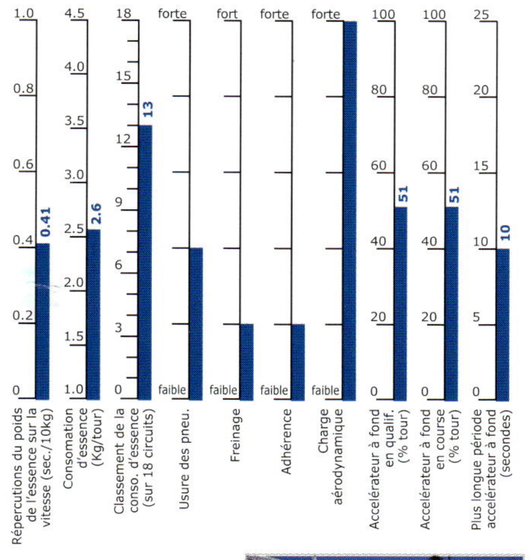

West

29 AOÛT 2004
GRAND PRIX DE BELGIQUE
SPA-FRANCORCHAMPS

KIMI AU SOMMET

Magnifique circuit de Spa-Francorchamps. Trois neutralisations de course par la voiture de sécurité, la moitié des voitures à la casse et un vainqueur parti de la dixième place de la grille de départ: le Grand Prix de Belgique s'est révélé le plus disputé de la saison pour finir par couronner Kimi Räikkönen et Michael Schumacher. Deux vainqueurs pour un Grand Prix d'anthologie.

Le 7 à la loterie de Spa

« *La pluie, c'est toujours une loterie* ». Michael Schumacher, après les essais, préférait se montrer philosophe que de pester contre les éléments. Ces derniers, pourtant, ne l'ont pas aidé. Il a pris la piste tout dernier, alors que l'averse battait son plein. Plus tôt, de nombreux pilotes avaient pu chausser des pneus intermédiaires et profiter d'une accalmie.
En fait, au vu des conditions dantesques dans lesquelles il a tourné, l'Allemand a signé un réel exploit en décrochant un billet de départ en première ligne. « *C'est vrai, dans un certain sens c'est une performance*, admettait-il sans fausse modestie. *Mon tour n'a pourtant pas été fantastique, la voiture a glissé au virage 5... avec les pneus que Jarno* (Trulli) *a utilisé, on bénéficie de meilleure adhérence au freinage et en accélération. Dans un sens, je suis satisfait d'être deuxième vu les conditions. Le hasard a joué un grand rôle, mais je ne me plains pas.* »
Une loterie qui a sorti le numéro 7, celui de Jarno Trulli. Le pilote Renault, évidemment, était ravi de ce qui lui arrivait.
Il venait de réussir un joli pied-de-nez à son écurie, qui venait de le licencier pour le remplacer par Giancarlo Fisichella la saison prochaine. Ne reculant devant aucun ridicule, Flavio Briatore, son patron, l'a pourtant serré contre lui après les qualifications pour fêter cette pole-position. « *En fait, cette pole arrive au bon moment*, admettait le petit Italien tout sourire. *J'aime Monaco, où j'étais en pole en mai dernier, et j'aime Spa, c'est un de mes circuits préférés. Mais je dois dire qu'aujourd'hui, j'ai été un peu gonflé. J'ai décidé à la dernière seconde de monter les pneus pluie intermédiaires, c'était le bon choix, et par chance il a recommencé à pleuvoir juste après mon tour rapide. Ça n'a pas rendu la vie facile à ceux qui sont partis derrière moi...* »
La pluie a surtout commencé à tomber pendant le tour rapide de Juan Pablo Montoya. Ceux qui ont suivi le Colombien, les deux Sauber, les deux Ferrari ainsi que la McLaren de Kimi Räikkönen, ont dû passer aux pneus pluie extrêmes sans aucune chance de pouvoir faire mieux que la Renault.

\> Nouvelle coiffure pour Jarno Trulli, et une pole-position à la clé. Coup de chance, puisque l'Italien était le premier à chausser des pneus slicks sur une piste s'asséchant.

\> Une forte pluie et un brouillard stagnant ont conduit les commissaires à annuler les séances du samedi matin, qui se sont limitées à 15 minutes. Mais ce temps déjà très réduit a été encore raccourci lorsqu'Antonio Pizzonia et Gianmaria Bruni sont sortis de route simultanément, à deux endroits opposés du circuit. Ce fut la fin prématurée de la séance la plus pluvieuse de la saison.

La grille de départ

R. ZONTA 2:03.895 20 — Z. BAUMGARTNER 2:03.303 18 — N. HEIDFELD 2:02.645 16 — A. PIZZONIA 2:01.447 14 — J. BUTTON 2:00.237 12 — K. RÄIKKÖNEN 1:59.635 10 — F. MASSA 1:59.008 8 — R. BARRICHELLO 1:58.175 6 — D. COULTHARD 1:57.990 4 — M. SCHUMACHER 1:56.304 2

G. PANTANO 2:03.833 19 — G. BRUNI 2:02.651 17 — T. SATO 2:01.813 15 — C. KLIEN 2:01.246 13 — J.P. MONTOYA 1:59.681 11 — O. PANIS 1:59.552 9 — M. WEBBER 1:58.729 7 — G. FISICHELLA 1:58.040 5 — F. ALONSO 1:56.686 3 — J. TRULLI 1:56.232 (216,064 km/h) 1

<
10e sur la grille, premier à l'arrivée: très belle course de Kimi Räikkönen à Spa, surtout en tenant compte de ses problèmes de boîte de vitesses.

Grand Prix de folie à Spa. Kimi vainqueur, Michael champion

Tout est terminé. Avec 40 points d'avance sur Rubens Barrichello et quatre Grands Prix restant à disputer, Michael Schumacher ne peut mathématiquement plus être rejoint et a donc décroché ici son septième titre de champion du monde.
Il lui suffisait pour cela de marquer deux points de plus que son coéquipier. Et dès le départ, c'était presque gagné puisque le Brésilien a été emporté dans la tourmente du premier tour.
Au premier virage, un accrochage se produisit entre Kimi Räikkönen et Felipe Massa d'une part, et entre Giancarlo Fisichella et Olivier Panis de l'autre. Un virage plus loin, Takuma Sato partait en vrac et provoquait une réaction en chaîne qui élimina aussi Mark Webber, Gianmaria Bruni et Giorgio Pantano. Touché lui aussi, Rubens Barrichello stoppait à son stand à la fin du premier tour, puis du deuxième pour faire changer ses pneus (il croyait à une crevaison) puis son aileron arrière. « *C'était un moment difficile*, se souvient-il. *Je ne pensais à rien. Mes ingénieurs me parlaient tranquillement pendant ces arrêts, comme si j'étais dans mon salon. Ils me disaient de m'accrocher et de foncer. C'est ce que j'ai fait.* »
Bataillant, le Brésilien est alors revenu de la dernière place pour terminer sur la troisième marche du podium à la faveur des abandons devant lui.
Finalement, c'est donc Kimi Räikkönen, parti en trombe de sa dixième place de grille, qui s'impose. Après avoir grimpé en troisième place dès le sixième tour, il suffit dès lors au Finlandais d'attendre l'élimination des deux Renault : celle de Jarno Trulli après son premier ravitaillement, et celle de Fernando Alonso suite à une fuite d'huile sur ses pneus.
Kimi Räikkönen n'a pas pour autant eu la vie facile : «*Juste après avoir passé Michael, j'ai eu un problème de boîte de vitesse. Chaque fois que je rétrogradais, la voiture accélérait. J'ai dû me battre pendant toute la course. J'étais même très lent par moment.* »
C'était la première victoire de la saison du Finlandais, et la deuxième de sa carrière. Mais au moins les McLaren semblaient-elles dans le coup : « *C'est une excellente journée pour nous*, conclut-il. *Désormais, nos problèmes sont résolus, et j'espère que nous allons pouvoir gagner d'autres courses. Et nous battre contre Michael la saison prochaine.* »

Michael au septième ciel

A Spa, Michael Schumacher a remporté son septième titre mondial. Le record qu'il détenait déjà seul est encore repoussé. «*On ne s'accoutume jamais à ce genre de choses*, commentait-il. *Chaque titre m'a apporté des émotions différentes. Aujourd'hui, c'est vraiment très particulier. Devenir champion ici, à Spa, un circuit qui signifie tant pour moi, et le faire le jour du 700e Grand Prix de Ferrari, c'est très spécial. J'ai commencé en F1 ici, j'ai remporté ma première victoire ici, c'est comme si la boucle était bouclée. J'essaie de rester calme, mais je pense que nous allons faire une grande fête ce soir.*»
C'était paradoxalement la première fois qu'il ne gagnait pas – mis à part l'accrochage de Monaco. «*Ce fut une rude bataille. J'aurais préféré gagner pour mon septième titre, mais aujourd'hui nous n'étions tout simplement pas assez rapides. Nous avons tellement gagné jusqu'ici que cela devait arriver un jour. Kimi était le meilleur ici, mais la course a été un peu compliquée avec ces trois Safety Car.*»

Confusion au premier virage. Takuma Sato provoque un carambolage en chaîne qui élimine Mark Webber, Gianmaria Bruni et Giorgio Pantano
<

Première - et dernière - victoire de la saison pour Kimi Räikkönen. Ça s'arrose!
v

«Evidemment, comme ça elle va marcher beaucoup moins bien.» Juan Pablo Montoya a dû abandonner sur crevaison à Spa.
v<

Les eaux de Spa

Spa, ville d'eau. Son eau minérale, ses pluies continuelles. Il ne se passe guère de jour sans pluie dans ce coin des Ardennes, et 2004 n'a pas fait exception. Le samedi, les essais du matin n'eurent pratiquement pas lieu en raison des conditions dantesques qui baignaient le circuit. Et l'après-midi, c'est Jarno Trulli qui en a profité pour s'installer en pole.

> Felipe Massa à l'attaque du Raidillon. Sur le sec, c'est déjà un virage gonflé. Mais sous la pluie, il faut avoir un cœur gros comme ça pour s'y attaquer.

Neuf points pour Sauber

Felipe Massa quatrième, Giancarlo Fisichella cinquième : l'écurie Sauber rentre de Belgique avec neuf points inespérés.

Les choses avaient pourtant très mal débuté pour Felipe Massa, qui a vu son aileron avant arraché au premier virage lors d'un accrochage avec le futur vainqueur, Kimi Räikkönen. Le Brésilien dut stopper à son stand pour le faire remplacer à la fin du premier tour, mais il dut s'arrêter une nouvelle fois un tour plus tard en raison de terribles vibrations dans le volant. Celui-ci remplacé, il reprit la piste en avant-dernière place.

Heureusement, le Safety Car avait neutralisé l'épreuve. La course repartie, le pilote Sauber put passer à l'attaque et remonter. « *J'étais si déçu après le départ*, expliquait-il. *Je n'avais pas vu Kimi, qui était à l'extérieur, et puis Sato m'a tapé fort de l'arrière! Après ça, la voiture vibrait beaucoup, mais j'ai au moins pu foncer. J'aurais peut-être pu monter sur le podium sans cet accident, mais j'ai tout de même eu de la chance. Ça compense la poisse que j'ai eu ces cinq derniers Grands Prix.* »

Giancarlo Fisichella, pour sa part, terminait cinquième. Lui aussi fut victime d'un accident au premier virage. « *Quelqu'un m'est rentré dedans par derrière* (Olivier Panis, ndlr), *et ma voiture n'avait plus la même adhérence.* » Une brève sortie de piste au 20e tour qui casse un déflecteur d'aileron avant aggrave encore la situation.

Ses deux voitures dans les points, rien n'aurait pu faire davantage plaisir à Peter Sauber : « *On a montré ce qu'on pouvait faire si l'on refuse de baisser les bras* », conclut-il.

Christian Klien a bien profité des innombrables incidents de ce Grand Prix de Belgique pour terminer sixième et marquer trois points. Ses seuls de la saison. v

Les échos du week-end

> Les règlements 2005 étaient au centre de nombreuses conversations. Du point de vue technique, les ingénieurs se plaignaient de ne pas encore connaître quelles seront les spécifications des monoplaces 2005. « *C'est très urgent il y a quatre mois* », plaisantait amèrement Geoff Willis chez BAR. Chez Williams, on accusait même la FIA de collusion avec les équipes Renault et Ferrari, dont les techniciens connaîtraient seuls les caractéristiques des monoplaces 2005.

> C'était peut-être le mariage qui avait donné des ailes à Jarno Trulli aux essais. L'Italien a expliqué qu'il venait de se marier en secret avec Barbara, sa compagne de longue date. « *En fait, rien n'était planifié*, expliquait-il. *Barbara et moi, on a pensé que c'était le bon moment pour un mariage. Mais comme la saison est encore longue, nous n'avons rien fêté. La fête, ce sera pour plus tard.* »

> A Spa, Ferrari a disputé le 700e Grand Prix de son histoire. Rubens Barrichello, samedi, en avait entendu parlé, et a expliqué en conférence de presse que la Scuderia fêtait son… 700e anniversaire !

> Les écuries Renault, BAR et Williams, soit trois des quatres meilleures écuries du moment n'ont marqué aucun point à Spa, témoin d'une course riche en incidents.

> Spa est bien le circuit préféré de Michael Schumacher: c'est là que l'Allemand a remporté sa première victoire, et c'est là qu'il vient de décrocher son septième titre de champion du monde.

Essais

Toutes les séances d'essais

N°	Pilote	N° Châssis - Moteur	Libres 1 vendredi	Pos.	Libres 2 vendredi	Pos.	Libres 3 samedi	Pos.	Libres 4 samedi	Pos.	Pre-qual. samedi	Pos.	Qualifs samedi	Pos.
1.	Michael Schumacher	Ferrari F2004 239	1:45.408	2	1:45.137	3	Annulé pour		1:57.906	2	1:53.755	1	1:56.304	2
2.	Rubens Barrichello	Ferrari F2004 240	1:45.605	3	1:45.625	8	cause de		1:57.085	1	1:54.913	2	1:58.175	6
3.	Juan Pablo Montoya	Williams FW26 06 - BMW	1:47.560	12	1:45.678	10	mauvaises		2:02.559	14	1:56.842	6	1:59.681	11
4.	Antonio Pizzonia	Williams FW26 07 - BMW	1:47.083	9	1:45.559	7	conditions		2:07.337	19	1:59.100	12	2:01.447	14
5.	David Coulthard	McLaren MP4-19B 03 - Mercedes	1:47.650	15	1:45.507	6	météo		1:58.434	5	1:56.994	7	1.57.990	4
6.	Kimi Räikkönen	McLaren MP4-19B 01 - Mercedes	1:46.674	5	1:44.701	1	(brouillard		1:57.975	3	1:55.371	3	1:59.635	10
7.	Jarno Trulli	Renault R24-05	1:47.829	17	1:46.912	16	et pluie)		1:59.519	8	1:58.606	9	1:56.232	1
8.	Fernando Alonso	Renault R24-04	1:46.679	6	1:45.658	9			2:01.475	10	1.58.242	8	1:56.686	3
9.	Jenson Button	B.A.R 006-05 - Honda	1:47.511	11	1:45.015	2			1:59.182	7	1:58.837	10	1:00.237	12
10.	Takuma Sato	B.A.R 006-06 - Honda	1:47.618	13	1:45.451	5			2:00.088	9	1:58.929	11	2:01.813	15
11.	Giancarlo Fisichella	Sauber C23-04 - Petronas	1:47.648	14	1:45.978	12			1:58.138	4	1:56.068	5	1:58.040	5
12.	Felipe Massa	Sauber C23-01 - Petronas	1:47.765	16	1:45.960	11			1:58.864	6	1:56.057	4	1:59.008	8
14.	Mark Webber	Jaguar R5-05	1:46.782	7	1:46.471	13			2:02.501	13	1:59.437	13	1:58.729	7
15.	Christian Klien	Jaguar R5-01	1:46.809	8	1:47.370	18			2:02.411	12	1:59.997	15	2:01.246	13
16.	Ricardo Zonta	Toyota TF104/10B	1:48.642	18	1:46.902	15			2:02.175	11		20	2:03.895	20
17.	Olivier Panis	Toyota TF104/09B	1:48.834	19	1:46.528	14			2:02.592	15	2:01.472	18	1:59.552	9
18.	Nick Heidfeld	Jordan EJ14/03 - Ford	1:50.805	24	1:48.803	21			2:03.556	16	2:00.166	16	2:02.645	16
19.	Giorgio Pantano	Jordan EJ14/02 - Ford	1:50.165	20	1:48.962	23			2:04.131	17	1:59.442	14	2:03.833	19
20.	Gianmaria Bruni	Minardi PS04B/02 - Cosworth	1:50.531	23	1:49.742	25			2:05.485	18	2:03.226	19	2:02.651	17
21.	Zsolt Baumgartner	Minardi PS04B/01 - Cosworth	1:50.950	25	1:48.687	20			2:09.428	20	2:01.195	17	2:03.303	18
35.	Anthony Davidson	B.A.R 006-04 - Honda	1:45.104	1	1:45.437	4								
37.	Björn Wirdheim	Jaguar R5-03	1:46.658	4	1:47.265	17								
38.	Ryan Briscoe	Toyota TF104/04	1:47.506	10	1:47.634	19								
39.	Timo Glock	Jordan EJ14/01 - Ford	1:50.317	22	1:48.817	22								
40.	Bas Leinders	Minardi PS04B/03 - Cosworth	1:50.311	21	1:49.480	24								

Vitesses de pointe

N°	Pilote	P1 Qualifs	Pos.	P1 Course	Pos.	P2 Qualifs	Pos.	P2 Course	Pos.	Finish Qualifs	Pos.	Finish Course	Pos.	Radar Qualifs	Pos.	Radar Course	Pos.
1.	M. Schumacher	318,3	6	336,3	4	182,3	5	204,1	12	270,4	7	281,2	2	286,4	3	320,0	3
2.	R. Barrichello	315,9	7	337,8	1	183,1	3	208,9	2	270,0	8	283,0	1	282,8	6	313,2	9
3.	J.P. Montoya	305,1	16	336,8	2	178,3	13	203,5	13	272,6	3	280,7	4	276,2	14	319,9	4
4.	A. Pizzonia	320,0	4	335,0	7	178,6	12	205,4	10	271,0	5	280,9	3	281,3	8	321,4	1
5.	D. Coulthard	320,9	3	335,6	6	186,9	1	207,3	4	272,7	2	280,1	5	291,8	1	320,2	2
6.	K. Räikkönen	199,9	20	326,6	12			209,3	1			279,2	7	229,2	20	318,7	6
7.	J. Trulli	308,9	13	328,9	10	180,9	9	206,6	7	271,0	6	278,0	9	272,4	15	311,0	11
8.	F. Alonso	321,9	2	330,7	9	186,7	2	208,0	3	273,0	1	279,5	6	281,6	7	316,7	7
9.	J. Button	322,4	1	336,5	3	173,6	18	207,0	5	272,3	4	278,7	8	286,6	2	319,4	5
10.	T. Sato	318,6	5			181,6	8			269,2	10			282,9	5	232,5	17
11.	G. Fisichella	310,7	12	333,9	8	181,9	7	202,9	14	265,4	12	277,6	11	283,0	4	314,7	8
12.	F. Massa	314,0	8	335,6	5	182,0	6	204,9	11	264,7	13	276,2	14	277,4	12	311,2	10
14.	M. Webber	312,8	9			175,0	17			269,4	9			276,7	13	197,3	20
15.	C. Klien	308,6	14	327,9	11	182,9	4	206,6	8	264,5	14	277,8	10	270,8	16	310,7	14
16.	F. Zonta	312,7	10	325,3	14	180,0	10	205,9	9	263,6	16	275,4	15	256,0	18	310,7	12
17.	O. Panis	312,2	11	324,5	15	177,6	15	206,7	6	266,4	11	276,3	13	279,5	10	310,7	13
18.	N. Heidfeld	304,8	17	325,7	13	177,8	14	202,0	15	263,8	15	276,5	12	278,5	11	297,0	16
19.	G. Pantano	305,8	15			172,3	19			260,1	19			280,5	9	212,2	18
20.	G. Bruni	297,0	19			175,9	16			262,7	17			254,1	19	208,4	19
21.	Z. Baumgartner	299,5	18	322,6	16	179,0	11	198,3	16	261,8	18	271,7	16	269,5	17	305,9	15

Course

Classement & abandons

Pos.	Pilote	Equipe	Tour	Temps	Moyenne	
1.	K. Räikkönen	McLaren Mercedes	44	1:32.35.274	198,898 km/h	
2.	M. Schumacher	Ferrari	44	+ 3.132	198,786 km/h	
3.	R. Barrichello	Ferrari	44	+ 4.371	198,742 km/h	
4.	F. Massa	Sauber Petronas	44	+ 12.504	198,452 km/h	
5.	G. Fisichella	Sauber Petronas	44	+ 14.104	198,395 km/h	
6.	C. Klien	Jaguar	44	+ 14.614	198,376 km/h	
7.	D. Coulthard	McLaren Mercedes	44	+ 17.970	198,257 km/h	
8.	O. Panis	Toyota	44	+ 18.693	198,231 km/h	
9.	J. Trulli	Renault	44	+ 22.115	198,110 km/h	
10.	R. Zonta	Toyota	41	3 tours	196,438 km/h	Moteur explosé
11.	N. Heidfeld	Jordan Ford	40	4 tours	180,039 km/h	

Pilote	Equipe		Motif d'abandon
J.P. Montoya	Williams BMW	38	Voiture endommagée suite crevaison à l'arrière droit
A. Pizzonia	Williams BMW	32	Boîte de vitesses bloquée en 3e
J. Button	B.A.R Honda	30	Crevaison à l'arrière droit, percute Baumgartner
Z. Baumgartner	Minardi Cosworth	29	Percuté par Button en perdition
F. Alonso	Renault	12	Tête-à-queue, pneu arrière couvert d'huile dû à une fuite
M. Webber	Jaguar	1	Accrochage avec Sato
T. Sato	B.A.R Honda	1	Accrochage avec Webber
G. Bruni	Minardi Cosworth	1	Heurté à l'arrière par Baumgartner, part en tête-à-queue dans les glissières et se fait percuter par Pantano
G. Pantano	Jordan Ford	1	Percute Bruni en perdition

Meilleurs tours

	Pilote	Temps	Tour	Moyenne
1.	K. Räikkönen	1:45.108	42	238,931 km/h
2.	M. Schumacher	1:45.503	28	238,036 km/h
3.	R. Barrichello	1:45.666	43	237,669 km/h
4.	F. Alonso	1:45.870	9	237,211 km/h
5.	J. Trulli	1:45.898	9	237,148 km/h
6.	J.P. Montoya	1:46.547	36	235,704 km/h
7.	D. Coulthard	1:46.579	11	235,633 km/h
8.	A. Pizzonia	1:46.740	26	235,278 km/h
9.	G. Fisichella	1:46.758	11	235,238 km/h
10.	J. Button	1:47.151	26	234,375 km/h
11.	C. Klien	1:47.509	11	233,595 km/h
12.	R. Zonta	1:47.576	26	233,449 km/h
13.	F. Massa	1:47.624	29	233,345 km/h
14.	O. Panis	1:47.765	29	233,040 km/h
15.	N. Heidfeld	1:50.471	40	227,332 km/h
16.	Z. Baumgartner	1:51.031	25	226,185 km/h

Passages aux stands

	Pilote	Temps	Tour	Arrêt n°
1.	J. Button	35.343	1	1
2.	F. Massa	37.441	1	1
3.	Z. Baumgartner	35.584	1	1
4.	R. Barrichello	33.423	1	1
5.	N. Heidfeld	36.952	1	1
6.	O. Panis	33.287	1	1
7.	F. Massa	1:57.323	2	2
8.	R. Barrichello	2:46.531	2	2
9.	C. Klien	32.402	9	1
10.	J. Trulli	33.009	10	1
11.	D. Coulthard	35.212	12	1
12.	K. Räikkönen	34.302	13	1
13.	G. Fisichella	33.885	14	1
14.	J.P. Montoya	32.868	15	1
15.	M. Schumacher	32.971	16	1
16.	R. Zonta	32.556	16	1
17.	Z. Baumgartner	34.325	16	2
18.	N. Heidfeld	37.085	16	2
19.	A. Pizzonia	33.627	17	1
20.	N. Heidfeld	31.609	18	3
21.	F. Massa	32.630	19	3
22.	O. Panis	32.769	19	2
23.	C. Klien	32.557	20	2
24.	J. Button	32.701	21	2
25.	J. Trulli	34.734	22	2
26.	R. Barrichello	36.181	23	3
27.	G. Fisichella	38.562	26	2
28.	K. Räikkönen	34.458	29	2
29.	J.P. Montoya	33.713	29	2
30.	C. Klien	32.696	29	3
31.	D. Coulthard	33.816	29	2
32.	M. Schumacher	32.582	30	2
33.	A. Pizzonia	32.495	30	2
34.	R. Zonta	32.373	30	2
35.	F. Massa	32.002	30	4
36.	O. Panis	32.541	30	3
37.	N. Heidfeld	32.296	29	4
38.	N. Heidfeld	4:46.457	35	5
39.	D. Coulthard	41.524	39	3

Tête de la course

Pilote	Tours en tête	Nbre de Tours
J. Trulli	1 > 9	9
F. Alonso	10 > 11	2
K. Räikkönen	12 > 13	2
J.P. Montoya	14	1
M. Schumacher	15	1
A. Pizzonia	16	1
K. Räikkönen	17 > 29	13
M. Schumacher	30	1
K. Räikkönen	31 > 44	14

Pilote	Nbre de Tours	Kilomètres
K. Räikkönen	29	202,304 km
J. Trulli	9	62,767 km
F. Alonso	2	13,952 km
M. Schumacher	2	13,952 km
J.P. Montoya	1	6,976 km
A. Pizzonia	1	6,976 km

Tour par tour

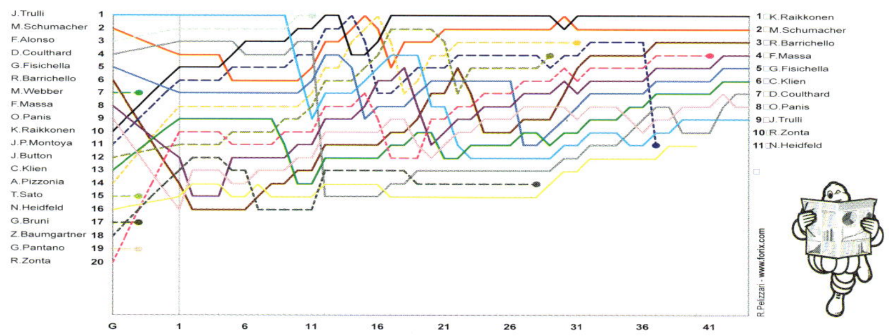

Ecarts en tête de course

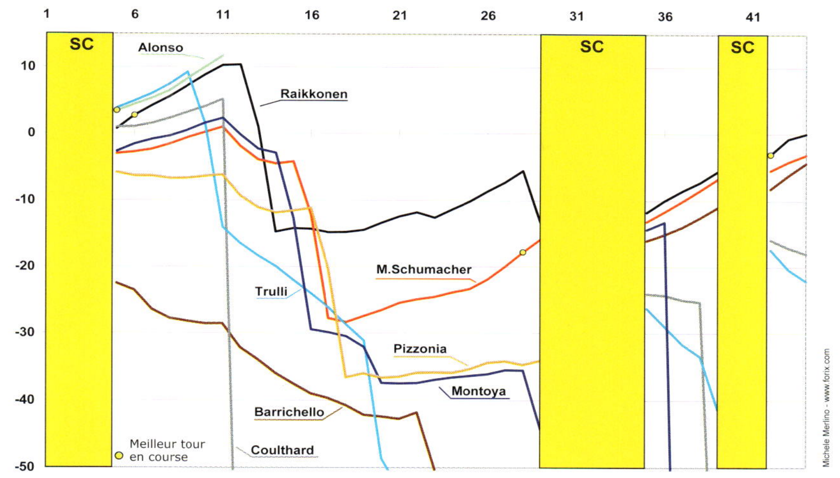

Championnats après quatorze manches

Conducteurs

1. **M. Schumacher** ....(12 victoires).......128
2. R. Barrichello..88
3. J. Button...65
4. J. Trulli.....................(1 victoire)............46
5. F. Alonso...45
6. J.P. Montoya..38
7. K. Räikkönen ....(1 victoire)............28
8. D. Coulthard...21
9. T. Sato...18
10. G. Fisichella..18
11. R. Schumacher.......................................12
12. F. Massa...10
13. M. Webber...7
14. O. Panis...6
15. A. Pizzonia..4
16. C. Klien...3
17. C. Da Matta..3
18. N. Heidfeld...3
19. T. Glock...2
20. Z. Baumgartner...1
21. M. Gené...0
22. R. Zonta...0
23. G. Pantano..0
24. G. Bruni..0

Constructeurs

1. **Scuderia Ferrari Marlboro** .(12 victoires)..216
2. Mild Seven Renault F1 Team ..(1 victoire).......91
3. Lucky Strike B.A.R Honda 83
4. BMW WilliamsF1 Team.................................54
5. West McLaren Mercedes........(1 victoire).......49
6. Sauber Petronas...28
7. Jaguar Racing 10
8. Panasonic Toyota Racing 9
9. Jordan Ford 5
10. Minardi Cosworth 1

Le circuit

Nom	Spa-Francorchamps
Longueur	6976 mètres
Distance	44 tours, soit 306,927 km
Date	29 août 2004
Conditions climatiques	ciel couvert, 18-21°c
Température de la piste	20-27°c

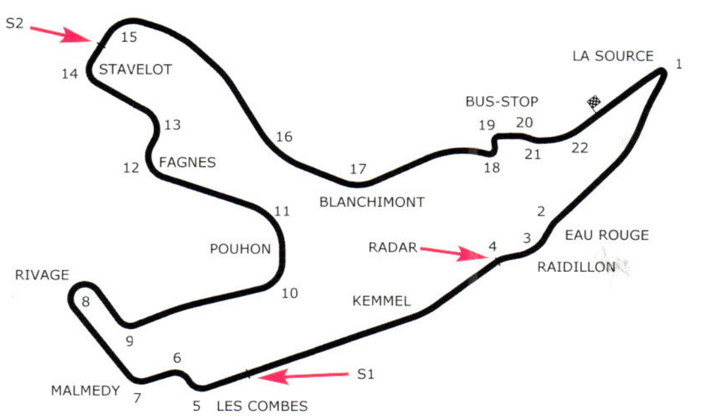

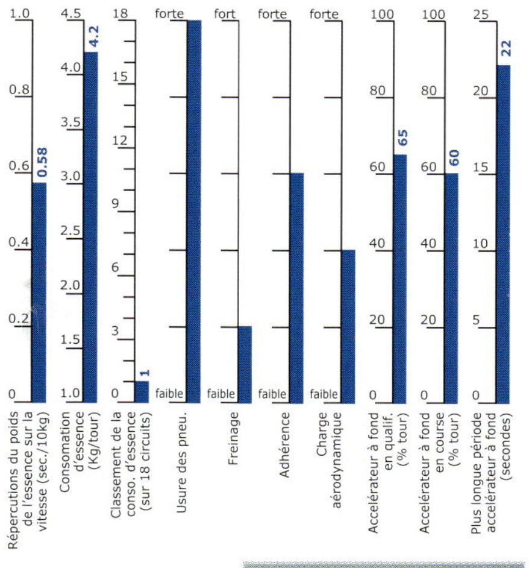

12 SEPTEMBRE 2004
GRAND PRIX D'ITALIE
MONZA

LE DOUBLÉ SORTI DE NULLE PART

Rubens Barrichello remporte à Monza sa première victoire de la saison devant Michael Schumacher. Mais il revient de loin : à la fin du sixième tour, les deux Ferrari pointaient en neuvième et onzième positions seulement. Avant de réussir à remonter tout le peloton pour signer un nouveau doublé. Magistral.

>
Encore une première ligne pour Juan Pablo Montoya - la troisième depuis le début de la saison. La victoire, elle se fit encore attendre jusqu'à la dernière manche !

Rubens Barrichello en pole, Juan Pablo Montoya le plus rapide

Ils n'étaient pas aussi nombreux qu'à l'accoutumée, les tifosi, autour de l'Autodromo di Monza. Pourtant, au moment du passage des deux Ferrari, l'enthousiasme était bien là, savamment entretenu par les hurlements d'un commentateur officiel dont il était inutile de demander de quelle équipe il était fan. La joie des tifosi était à son comble lorsque, la dernière voiture passée, c'est Rubens Barrichello qui conclut la journée en pole-position. Un tour en 1.20.089 qui en faisait le détenteur de la pole-position la plus rapide de l'histoire, à plus de 260 km/h de moyenne. «*Je suis si heureux*, lâchait le Brésilien. *La voiture fonctionnait vraiment bien, et j'ai réussi à en extraire tout ce qu'il y avait à en extraire ! A Monza, la question n'est pas tant de trouver la limite, mais plutôt de ne pas commettre d'erreur. Si vous en faites une, par exemple à la première chicane, c'est au moins une demi-seconde de perdue. Ici, le plus dur, c'est de remettre les gaz au bon moment à la sortie du deuxième virage de Lesmo, parce qu'il précède une longue ligne droite. Et je pense que je n'y suis jamais arrivé aussi bien que cet après-midi.*»

L'homme le plus rapide de la journée, pourtant, se nommait Juan Pablo Montoya. Le Colombien a propulsé sa Williams-BMW à plus de 262 km/h de moyenne au cours de la séance de préqualification. Pendant les qualifications, il n'a pas réussi à assembler un tour aussi bon, et il se classe deuxième. « *J'ai commis trop d'erreurs pour pouvoir battre Rubens*, avouait-il. *Mais nous savions que les Ferrari seraient plus rapides pendant les qualifs, et je savais que j'aurais du mal à les battre. En course, par contre, nous avons l'air plutôt rapides sur les longues distances.* »

Des essais qui se sont avérés très serrés, puisque les dix premiers pilotes étaient groupés dans la même seconde. Michael Schumacher, troisième, expliquait avoir perdu du temps dans le virage Parabolique. «*Mon tour était bien parti, mais je me suis un peu loupé dans le dernier virage. Cela dit, je ne pense pas que je puisse me plaindre. Troisième, ce n'est pas mal, je n'aurais pas espéré me qualifier aussi bien. Rubens a été l'auteur d'un tour parfait, je n'ai rien pu faire contre lui.* » En partant troisième, le champion du monde se retrouvait surtout du côté propre de la grille. De quoi essayer de passer Juan Pablo sans attendre.

En bref

> « *La Formule 1, c'est vraiment un système pourri. Il faut tout changer. C'est la fin d'une époque* ». De Luca di Montezemolo, le Président de Ferrari, a dit tout haut ce qu'il pensait de l'organisation actuelle des Grands Prix, samedi, dans le paddock de Monza. Avant de se rendre à la grande soirée organisée par l'écurie pour fêter les titres mondiaux des pilotes et des constructeurs 2004.

> L'écurie Sauber a annoncé l'arrivée de trois nouveaux sponsors sur ses monoplaces pour ce Grand Prix d'Italie. Des contrats qui ne valaient que pour une course, signés avec de petites sociétés, et qui ne devaient pas payer beaucoup plus que les cafés des mécaniciens. «Disons que nous prenons tout ce qui se présente. Nous sommes ravis de ces contrats», expliquait l'écurie.

>
Mike Gascoyne et Olivier Panis en conversation sur la grille de départ. Le Français venait de décider et d'annoncer son retrait de la compétition pour la fin de la saison 2004 - avant d'occuper un rôle de consultant pour Toyota. Une page de l'histoire du sport automobile français se tournait.

La grille de départ

Position	Pilote	Temps
19	Z. BAUMGARTNER**	1:25.808
17	G. PANTANO	1:23.239
15	G. FISICHELLA	1:22.239
13	O. PANIS	1:21.841
11	R. ZONTA	1:21.520
9	J. TRULLI	1:21.027
7	K. RÄIKKÖNEN	1:20.877
5	T. SATO	1:20.715
3	M. SCHUMACHER	1:20.637
1	R. BARRICHELLO	1:20.089 (226,172 km/h)
20	N. HEIDFELD***	1:22.301
18	G. BRUNI**	1:24.940
16	F. MASSA	1:22.287
14	C. KLIEN	1:21.989
12	M. WEBBER	1:21.602
10	D. COULTHARD*	1:21.049
8	A. PIZZONIA	1:20.888
6	J. BUTTON	1:20.786
4	F. ALONSO	1:20.645
2	J.P. MONTOYA	1:20.620

*D. COULTHARD change de stratégie et prend le départ depuis son stand.

**G. BRUNI et Z. BAUMGARTNER Pénalité pour avoir changé de moteur.

***N. HEIDFELD Pénalité pour avoir changé de moteur. S'élance depuis l'allée des stands.

Nouveau doublé inattendu. Le fol exploit de la Scuderia

43e tour. Rubens Barrichello ressort en tête de son dernier ravitaillement, tandis que juste derrière lui, au même instant, Michael Schumacher double Jenson Button à l'aspiration de la loigne droite. D'un coup, les deux Ferrari se retrouvent en tête et vont y rester jusqu'au drapeau à damier.
Dans le paddock, Pierre Dupasquier, le patron de la compétition de Michelin, enlève son casque et éclate de rire. De dépit. Au 10e tour, les voitures équipées de ses pneus monopolisaient les huit premières places. Trente-trois boucles plus tard, les Ferrari ont une nouvelle fois renversé la situation. « *Ils peuvent peuvent faire n'importe quoi, manger un morceau, laver la voiture et repartir, ils seront toujours en tête* », ironisait Pierre Dupasquier.
Les Ferrari, à Monza, sont en effet revenues de loin. Au départ, sous le soleil revenu, Rubens Barrichello fait le mauvais choix et part en pneus pluie. Ces derniers surchauffent très vite et il en change au 5e tour déjà. Michael Schumacher part de son côté en tête-à-queue au premier tour après avoir accroché Jenson Button et repart 15e. « *15e ? J'aurais même dit bon dernier*, commentait-il. *J'ai dû laisser passer tout le monde. Franchement, après ça, je n'aurais jamais cru que je pourrais terminer deuxième. Je ne nous aurais pas cru capables de doubler les premiers.* »
Après l'arrêt-pneus de Rubens Barrichello, le futur vainqueur se retrouva neuvième et se vit même passé par Michael Schumacher pour tomber à la dixième place. « *A ce moment-là, Pizzonia est revenu très fort sur moi, et il m'a aussi passé*, se souvint le Brésilien. *J'ai pensé que c'était fichu. Et d'un coup, avec les ravitaillements devant, l'équipe m'a passé le panneau « P4 ». J'étais quatrième, et je voyais nettement les trois premiers juste devant moi. Je me suis remis à espérer.* »
Roulant à fond, Rubens Barrichello parvint alors à ressortir en tête après son deuxième et dernier ravitaillement. Le tour était joué. Ferrari a tétanisé ses adversaires en roulant une bonne seconde au tour plus vite que tout le monde. Ce n'était plus une punition, mais une humiliation que la Scuderia a infligé à ses adversaires.
C'était aussi la première victoire de la saison pour le Brésilien, jusqu'ici toujours resté dans l'ombre de Michael Schumacher. « *Je pense franchement que c'est ma meilleure saison en F1*, analysait-il. *Il me manquait une victoire pour la finir en beauté, c'est fait. La manière dont Michael et l'écurie ont dominé la saison est fantastique. Vous savez, dans une heure, nous avons une réunion dans le motorhome pour préparer le Grand Prix de Chine. Nous travaillons vraiment sans répit.* »
Les résultats étaient là pour en attester.

Le flou et la victoire

Le Grand Prix d'Italie avait mal commencé pour son futur vainqueur, puisque Rubens Barrichello a pris le départ en pneus pluie, à l'inverse de ses adversaires. «*C'était une décision difficile à prendre, parce que c'était encore très humide sur la grille de départ. Le soleil était revenu, et je savais que la piste allait sécher plus vite que je ne le pensais (!), mais j'espérais creuser le trou grâce aux pneus pluie avant que la piste ne s'assèche. Et quand on est parti, c'était un peu confus à la radio. L'équipe me disait qu'Alonso allait très vite et qu'il fallait rentrer, puis que non, il fallait rester dehors… je crois que j'aurais dû rentrer changer les pneus un tour plus tôt.*»
Sa victoire, Rubens Barrichello se l'est bâtie avant son dernier ravitaillement, en parvenant à se tailler suffisamment d'avance sur Jenson Button avant de stopper. «*En fait, je n'avais aucune idée de ma position au moment de ressortir des stands, et je fonçais aussi vite que je pouvais. La voiture n'était pas fantastique pendant les trois ou quatre premiers tours en pneus neufs, et j'ai essayé de compenser avec les réglages que nous pouvons faire de l'intérieur du cockpit. J'ai demandé aux ingénieurs ou j'en étais, et je n'entendais rien pas la radio. Et tout d'un coup, j'ai entendu « Rubens, calme toi, tu es en tête ». Je n'y croyais pas, et j'ai crié quelque chose en portugais que la décence m'interdit de vous répéter. C'était magique sous le podium. Je voyais la foule sur la piste aussi loin que je pouvais regarder. Ce sont des Italiens. Ils ont du cœur, comme les Brésiliens !*»

<
«Merci mon Dieu!» Rubens Barrichello implore le ciel après avoir décroché sa première victoire de la saison. Il a été entendu.

LUCKY STRIKE
10
HONDA
LUCKY STRIKE

Le digne fils du Soleil Levant

Jusqu'à Takuma Sato, les pilote japonais qui s'étaient alignés en F1 n'avaient jamais laissé de traces inoubliables. Mais celui-ci est décidément différent, d'aucuns l'affirment même plus rapide que Jenson Button! A Monza, le Japonais termina une nouvelle fois dans les points, à la quatrième place, juste derrière son coéquipier.

> Christian Klien à l'attaque. L'Autrichien ne le sait pas encore, mais ce week-end de Monza sera le dernier de relative sérénité pour l'écurie Jaguar. Dont les dirigeants s'apprétaient à annoncer quelques jours plus tard le retrait de la F1.

Les écuries n'ayant pas trouvé d'accord, Max Mosley impose le sien

C'est vendredi après-midi sur le coup de 16 heures que Max Mosley a fait l'une de ses rares apparitions en salle de presse, pour expliquer comment évoluait la situation du règlement pour les saisons à venir.
Voilà plusieurs mois déjà que la FIA avait tiré la sonnette d'alarme. Les monoplaces de F1, cette année, vont trop vite. Entre une et deux secondes au tour plus vite que l'an dernier, selon le circuit.
Suite à l'accident de Ralf Schumacher au Grand Prix des Etats-Unis, le Conseil Mondial de la FIA a décidé d'appliquer une procédure d'urgence. Au Grand Prix de France, début juillet, Max Mosley a donc donné deux mois aux écuries pour formuler des propositions visant à réduire la vitesse des monoplaces.
Accessoirement, il souhaitait aussi améliorer le spectacle, et avait manifestement pris prétexte de la sécurité pour faire passer ses changements. Car normalement, dans le cadre des fameux Accord Concorde qui régissent le fonctionnement de la F1, tout changement de règlement nécessite l'unanimité des écuries. Celle-ci, naturellement, s'avère impossible à obtenir – trop d'intérêts divergents sont en jeu.
Par contre, en cas de danger, lorsque la FIA juge qu'il faut immédiatement réduire la vitesse des voitures, une procédure d'urgence a été mise en place suite au décès d'Ayrton Senna, en 1994. Cette procédure, précisément celle mise en œuvre en juillet, permet à la FIA d'imposer un changement de règlement en très peu de temps. Les deux mois accordés début juillet se sont terminés le 6 septembre.
Comme Max Mosley l'avait anticipé, les écuries n'ont pas réussi à s'entendre, trois d'entre elles refusant d'adhérer à la proposition acceptée par les sept autres (il s'agirait de Williams, McLaren et BAR).
Du coup, la FIA proposait désormais trois ensembles de mesures parmi lesquels les écuries devaient maintenant porter leur choix.
Si dans les 45 jours, huit d'entre elles n'avaient pas adhéré à l'un de ces trois ensembles, la FIA trancherait et imposerait son choix.
Quel que soit l'ensemble adopté, des mesures immédiates allaient être prises concernant l'aérodynamique (réduction des ailerons) et les pneus (limités à deux trains pas week-end, un pour le vendredi et le samedi matin, et un seul pour les qualifications et la course). En 2006, les moteurs allaient passer des dix cylindres de 3 litres actuels à des huit cylindres de 2.4 litres, dotés d'une unité de contrôle électronique standard.
Toujours aussi brillant, Max Mosley s'est permis au passage de tancer vertement les directeurs d'écuries, incapables de s'accorder entre eux. « *Nous voulons améliorer le spectacle proposé par la Formule 1. Ces messieurs pensent savoir ce que le public attend. Ce sont tous des gens de plus de 50 ans, multimillionnaires et qui regardent les Grands Prix depuis leur garage. Or, les fans ont généralement moins de 50 ans, bien peu sont millionnaires, et ils regardent les courses à la télévision. Ce sont eux qui qu'il faut écouter, pas les premiers...* »
Il restait à démontrer que les mesures que la FIA souhaitait prendre amélioreraient bien le spectacle – sans parler de réduire la vitesse des voitures. En F1, rien n'est jamais acquis...

Les échos du week-end

> Catastrophique, le week-end italien de l'écurie Renault. Non seulement aucune monoplace jaune et bleu ne terminait dans les points, mais en plus l'équipe perdait sa deuxième place et se voyait désormais devancée par BAR-Honda au classement des constructeurs ! Si Fernando Alonso a mené quelques tours en début de course et aurait fini sur le podium sans un tête-à-queue, Jarno Trulli n'a jamais été dans le coup et se classait dixième. Après la course, la rumeur voulait que l'Italien soit limogé avec effet immédiat.

> 100 000: C'est le nombre de spectateurs qui ont assisté au Grand Prix d'Italie.

> Antonio Pizzonia a atteint 369.9 km/h pendant la course. Il était le plus rapide au bout de la ligne droite des stands.

> « Euh, non »: c'était la petite phrase de Jenson Button, a qui il fut demandé s'il ne regrettait pas de vouloir passer chez Williams en 2005, alors que la course de Monza a démontré que les BAR étaient nettement plus performantes.

> Explosion de moteur pour Kimi Räikkönen. C'est fini pour le vainqueur du Grand Prix de Belgique, tandis que son coéquipier David Coulthard termine sixième et marque trois points.

Essais

Toutes les séances d'essais

N°	Pilote	N° Châssis - Moteur	Libres 1 vendredi	Pos.	Libres 2 vendredi	Pos.	Libres 3 samedi	Pos.	Libres 4 samedi	Pos.	Pre-qual. samedi	Pos.	Qualifs samedi	Pos.
1.	Michael Schumacher	Ferrari F2004 239	1:20.526	1	1:21.080	3	1:21.962	6	1:20.898	7	1:20.528	9	1:20.637	3
2.	Rubens Barrichello	Ferrari F2004 240	1:20.861	2	1:20.899	2	1:21.855	4	1:20.555	1	1:20.552	10	1:20.089	1
3.	Juan Pablo Montoya	Williams FW26 05 - BMW	1:22.232	10	1:21.419	7	1:21.700	1	1:20.653	2	1:19.525	1	1:20.620	2
4.	Antonio Pizzonia	Williams FW26 07 - BMW	1:22.259	9	1:21.264	5	1:21.723	3	1:20.921	8	1:19.671	2	1:20.888	8
5.	David Coulthard	McLaren MP4-19B 03 - Mercedes	1:22.248	12	1:22.052	10	1:22.097	9	1:21.058	9	1:20.414	7	1.21.049	10
6.	Kimi Räikkönen	McLaren MP4-19B 01 - Mercedes	1:21.637	4	1:20.846	1	1:22.018	7	1:20.856	6	1:20.501	8	1:20.877	7
7.	Jarno Trulli	Renault R24-01	1:22.052	7	1:22.191	11	1:22.774	12	1:21.506	10	1:21.011	12	1:21.027	9
8.	Fernando Alonso	Renault R24-02	1:21.778	5	1:21.630	9	1:21.705	2	1:20.773	4	1.20.341	5	1:20.645	4
9.	Jenson Button	B.A.R 006-05 - Honda	1:21.904	6	1:21.124	4	1:22.062	8	1:20.734	3	1:19.856	4	1:20.786	6
10.	Takuma Sato	B.A.R 006-06 - Honda	1:22.245	11	1:21.313	6	1:21.867	5	1:20.805	5	1:19.733	3	1:20.715	5
11.	Giancarlo Fisichella	Sauber C23-04 - Petronas	1:22.460	14	1:22.302	15	1:22.369	11	1:21.929	13	1:20.357	6	1:22.239	15
12.	Felipe Massa	Sauber C23-01 - Petronas	1:22.259	13	1:22.258	13	1:22.284	10	1:21.859	11	1:20.571	11	1:22.287	16
14.	Mark Webber	Jaguar R5-05	1:23.071	18	1:22.392	17	1:22.784	13	1:22.490	16	1:21.783	13	1:21.602	12
15.	Christian Klien	Jaguar R5-01	1:23.723	21	1:23.199	20	1:23.332	16	1:22.230	15	1:22.114	15	1:21.989	14
16.	Ricardo Zonta	Toyota TF104/10B	1:22.607	16	1:22.298	14	1:22.867	14	1:22.114	14	1:21.829	14	1:21.520	11
17.	Olivier Panis	Toyota TF104/09B	1:22.487	15	1:22.813	18	1:23.103	15	1:21.889	12	1:22.169	16	1:21.841	13
18.	Nick Heidfeld	Jordan EJ14/03 - Ford	1:24.000	22		25	1:24.669	19	1:23.146	17			1:22.301	17
19.	Giorgio Pantano	Jordan EJ14/02 - Ford	1:24.412	23	1:23.818	21	1:24.526	18			1:23.264	17	1:23.239	18
20.	Gianmaria Bruni	Minardi PS04B/02 - Cosworth	1:26.062	24	1:24.225	24	1:24.411	17	1:23.794	18	1:23.963	18	1:24.940	19
21.	Zsolt Baumgartner	Minardi PS04B/01 - Cosworth	1:26.161	25	1:24.063	23	1:26.114	20			1:25.082	19	1:25.808	20
35.	Anthony Davidson	B.A.R 006-04 - Honda	1:20.902	3	1:21.544	8								
37.	Björn Wirdheim	Jaguar R5-02	1:22.065	8	1:22.914	19								
38.	Ryan Briscoe	Toyota TF104/07	1:22.815	17	1:22.197	12								
39.	Timo Glock	Jordan EJ14/01 - Ford	1:23.333	19	1:22.332	16								
40.	Bas Leinders	Minardi PS04B/03 - Cosworth	1:23.696	20	1:24.045	22								

Vitesses de pointe

N°	Pilote	P1 Qualifs	Pos.	P1 Course	Pos.	P2 Qualifs	Pos.	P2 Course	Pos.	Finish Qualifs	Pos.	Finish Course	Pos.	Radar Qualifs	Pos.	Radar Course	Pos.
1.	M. Schumacher	346,1	5	349,7	3	346,4	5	350,8	7	328,6	3	333,9	1	363,1	2	367,3	2
2.	R. Barrichello	345,1	6	348,6	7	343,8	10	350,0	9	327,3	7	330,3	6	360,4	8	364,0	8
3.	J.P. Montoya	343,6	10	346,1	10	343,9	9	348,8	10	327,6	6	328,7	11	356,7	10	363,6	9
4.	A. Pizzonia	344,6	9	349,9	2	345,4	7	351,4	4	327,9	4	332,4	2	360,2	9	369,9	1
5.	D. Coulthard	346,8	3	348,1	8	347,3	2	350,0	8	326,7	8	330,1	7	361,6	4	365,3	5
6.	K. Räikkönen	347,3	1	348,7	6	346,0	6	351,3	5	326,6	9	328,4	12	361,0	6	360,2	10
7.	J. Trulli	347,0	2	351,5	1	347,0	4	353,7	2	330,2	1	329,2	9	363,1	1	365,2	7
8.	F. Alonso	344,7	8	348,8	5	347,2	3	351,5	3	329,2	2	330,4	5	361,0	7	365,7	3
9.	J. Button	339,8	11	341,6	14	340,9	11	343,4	14	325,3	11	326,6	14	353,0	11	356,3	15
10.	T. Sato	338,9	13	342,8	11	340,0	12	345,7	13	324,4	13	329,0	10	352,9	12	358,2	14
11.	G. Fisichella	344,7	7	349,1	4	345,0	8	354,7	1	325,6	10	332,4	3	362,0	3	365,3	6
12.	F. Massa	346,2	4	347,1	9	347,7	1	351,2	6	327,6	5	329,3	8	361,4	5	365,4	4
14.	M. Webber	339,5	12	340,9	15	337,3	13	345,7	12	324,6	12	331,0	4	351,1	15	358,6	13
15.	C. Klien	336,5	15	342,4	12	335,1	19	345,9	11	322,1	15	328,2	13	348,6	18	358,8	12
16.	F. Zonta	336,9	14	339,5	17	336,4	15	342,3	15	322,5	14	322,0	16	351,3	14	355,3	16
17.	O. Panis	333,2	19	263,8	20	336,1	16			321,3	17			349,5	17	203,3	20
18.	N. Heidfeld	333,6	18	333,3	19	335,4	18	337,0	19	322,0	16	320,5	18	348,0	19	350,9	19
19.	G. Pantano	334,7	16	342,2	13	335,6	17	342,0	16	320,0	18	324,4	15	351,4	13	355,0	17
20.	G. Bruni	329,4	20	335,1	18	332,0	20	337,2	18	316,1	20	320,0	19	343,9	20	352,9	18
21.	Z. Baumgartner	333,8	17	339,8	16	336,6	14	339,7	17	319,2	19	321,1	17	350,1	16	359,4	11

Course

Classement & abandons

Pos.	Pilote	Equipe	Tour	Temps	Moyenne
1.	R. Barrichello	Ferrari	53	1:15:18.448	244,374 km/h
2.	M. Schumacher	Ferrari	53	+ 1.347	244,301 km/h
3.	J. Button	B.A.R Honda	53	+ 10.197	243,823 km/h
4.	T. Sato	B.A.R Honda	53	+ 15.370	243,545 km/h
5.	J.P. Montoya	Williams BMW	53	+ 32.352	242,636 km/h
6.	D. Coulthard	McLaren Mercedes	53	+ 33.439	242,578 km/h
7.	A. Pizzonia	Williams BMW	53	+ 33.752	242,562 km/h
8.	G. Fisichella	Sauber Petronas	53	+ 35.431	242,472 km/h
9.	M. Webber	Jaguar	53	+ 56.761	241,342 km/h
10.	J. Trulli	Renault	53	+ 1:06.316	240,839 km/h
11.	R. Zonta	Toyota	53	+ 1:22.531	239,990 km/h
12.	F. Massa	Sauber Petronas	52	1 tour	239,556 km/h
13.	C. Klien	Jaguar	52	1 tour	238,608 km/h
14.	N. Heidfeld	Jordan Ford	52	1 tour	237,241 km/h
15.	Z. Baumgartner	Minardi Cosworth	50	3 tours	230,246 km/h

Pilote	Equipe		Motif d'abandon
F. Alonso	Renault	41	Tête-à-queue, commissaires refusent de le pousser
G. Pantano	Jordan Ford	34	Tête-à-queue
G. Bruni	Minardi Cosworth	30	Intoxiqué par la fumée dégagée suite à l'incendie de sa F1 lors de son 2e ravitaillement
K. Räikkönen	McLaren Mercedes	14	Fuite du système de pression d'eau moteur
O. Panis	Toyota	1	Bloqué dans bac à gravier après accrochage avec Pizzonia

Meilleurs tours

	Pilote	Temps	Tour	Moyenne
1.	R. Barrichello	1:21.046	41	257,320 km/h
2.	M. Schumacher	1:21.361	35	256,324 km/h
3.	A. Pizzonia	1:22.246	32	253,566 km/h
4.	G. Fisichella	1:22.615	51	252,433 km/h
5.	T. Sato	1:22.660	32	252,296 km/h
6.	J. Button	1:22.671	13	252,262 km/h
7.	J. Trulli	1:22.855	52	251,702 km/h
8.	F. Alonso	1:22.881	31	251,623 km/h
9.	D. Coulthard	1:22.889	24	251,599 km/h
10.	J.P. Montoya	1:22.929	32	251,477 km/h
11.	F. Massa	1:22.941	50	251,441 km/h
12.	M. Webber	1:23.090	53	250,990 km/h
13.	K. Räikkönen	1:23.365	11	250,162 km/h
14.	R. Zonta	1:23.410	52	250,027 km/h
15.	C. Klien	1:23.432	29	249,961 km/h
16.	G. Pantano	1:24.061	13	248,091 km/h
17.	N. Heidfeld	1:24.166	23	247,781 km/h
18.	Z. Baumgartner	1:26.356	31	241,497 km/h
19.	G. Bruni	1:26.371	24	241,456 km/h

Passages aux stands

	Pilote	Temps	Tour	Arrêt n°
1.	R. Barrichello	25.981	5	1
2.	F. Massa	26.189	5	1
3.	G. Bruni	27.482	7	1
4.	F. Massa	29.248	8	2
5.	F. Alonso	27.640	10	1
6.	C. Klien	27.702	11	1
7.	M. Webber	27.759	12	1
8.	J. Trulli	28.086	12	1
9.	J.P. Montoya	29.404	13	1
10.	T. Sato	27.128	13	1
11.	R. Zonta	26.819	13	1
12.	Z. Baumgartner	37.905	13	1
13.	J. Button	27.969	14	1
14.	G. Pantano	27.504	14	1
15.	M. Schumacher	27.759	15	1
16.	A. Pizzonia	27.067	16	1
17.	G. Fisichella	26.766	19	1
18.	N. Heidfeld	31.386	24	1

	Pilote	Temps	Tour	Arrêt n°
19.	D. Coulthard	30.209	26	1
20.	R. Barrichello	24.557	29	2
21.	C. Klien	28.061	31	2
22.	M. Webber	27.063	32	2
23.	F. Alonso	26.780	33	2
24.	J.P. Montoya	28.390	33	2
25.	T. Sato	28.675	33	2
26.	R. Zonta	27.642	33	2
27.	F. Massa	27.250	33	3
28.	Z. Baumgartner	29.488	32	2
29.	J. Button	27.507	34	2
30.	G. Pantano	28.188	33	2
31.	J. Trulli	26.415	34	2
32.	A. Pizzonia	27.688	35	2
33.	M. Schumacher	25.766	36	2
34.	C. Klien	15.321	36	3
35.	G. Fisichella	26.229	37	2
36.	R. Barrichello	23.487	42	3

Tête de la course

Pilote	Tours en tête	Nbre de Tours
R. Barrichello	1 > 4	4
F. Alonso	5 > 10	6
J. Button	11 > 34	24
M. Schumacher	35 > 36	2
R. Barrichello	37 > 53	17

Pilote	Nbre de Tours	Kilomètres
J. Button	24	139,032 km
R. Barrichello	21	121,344 km
F. Alonso	6	34,458 km
M. Schumacher	2	11,586 km

Tour par tour

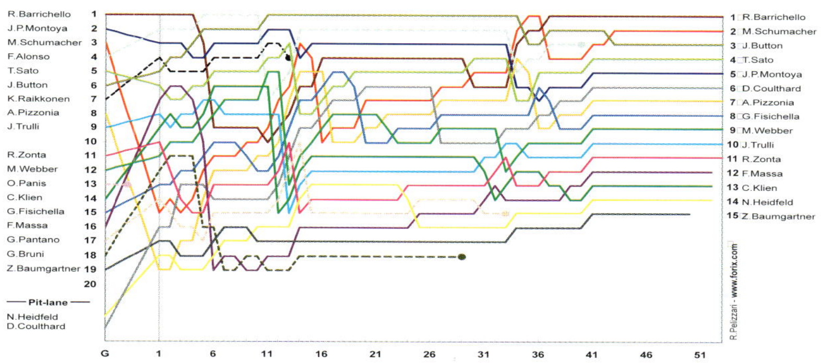

Ecarts en tête de course

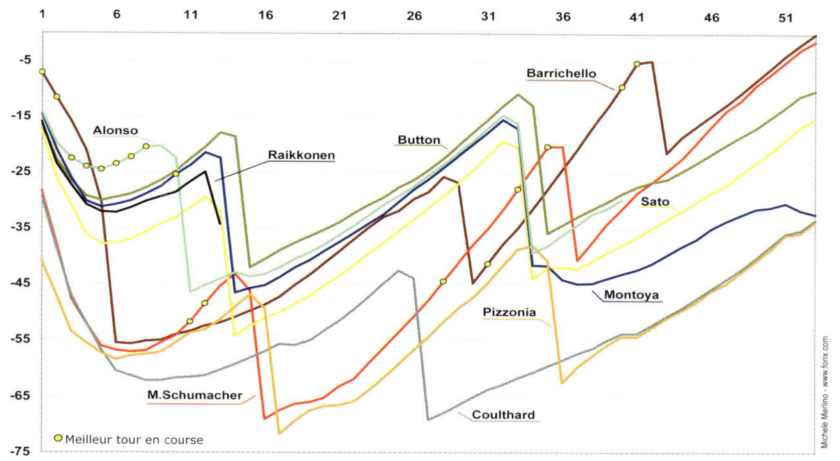

Championnats après quinze manches

Conducteurs

1. **M. Schumacher** ....(12 victoires) 136
2. R. Barrichello ....(1 victoire) 98
3. J. Button 71
4. J. Trulli ....(1 victoire) 46
5. F. Alonso 45
6. J.P. Montoya 42
7. K. Räikkönen ....(1 victoire) 28
8. D. Coulthard 24
9. T. Sato 23
10. G. Fisichella 19
11. R. Schumacher 12
12. F. Massa 10
13. M. Webber 7
14. O. Panis 6
15. A. Pizzonia 6
16. C. Klien 3
17. C. Da Matta 3
18. N. Heidfeld 3
19. T. Glock 2
20. Z. Baumgartner 1
21. R. Zonta 0
22. M. Gené 0
23. G. Pantano 0
24. G. Bruni 0

Constructeurs

1. **Scuderia Ferrari Marlboro** .(13 victoires)..234
2. Lucky Strike B.A.R Honda 94
3. Mild Seven Renault F1 Team ..(1 victoire).......91
4. BMW WilliamsF1 Team................................60
5. West McLaren Mercedes ....(1 victoire).......52
6. Sauber Petronas 29
7. Jaguar Racing 10
8. Panasonic Toyota Racing 9
9. Jordan Ford 5
10. Minardi Cosworth 1

Le circuit

Nom	Autodromo nazionale Monza
Longueur	5793 mètres
Distance	53 tours, soit 306,720 km
Date	12 septembre 2004
Conditions climatiques	ciel couvert, départ sur piste humide, 22-23°c
Température de la piste	25-28°c

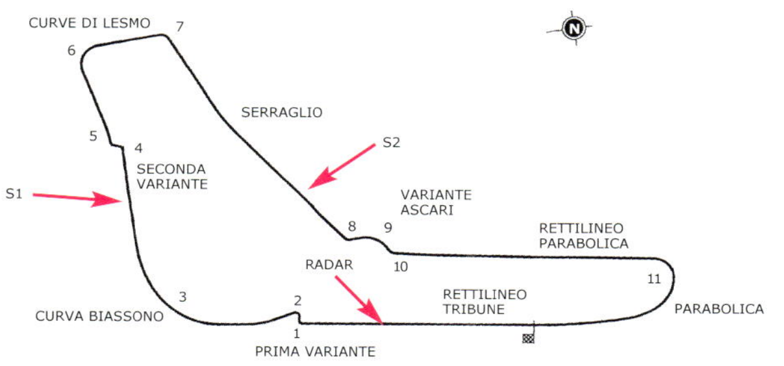

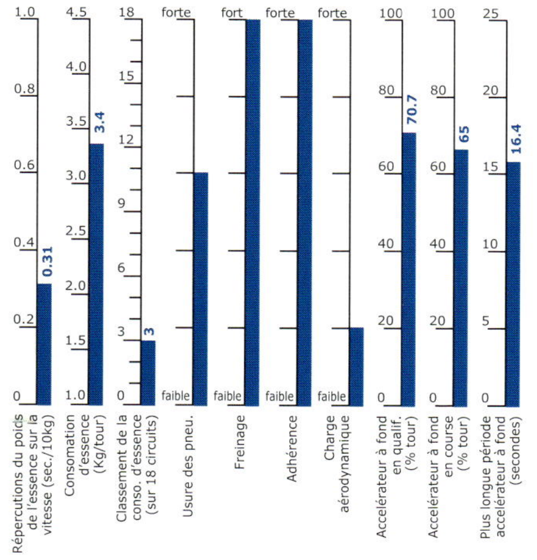

LUCKY
STRIKE

26 SEPTEMBRE 2004
GRAND PRIX DE CHINE
SHANGHAÏ

BUTTON ENCORE LÀ

Michael Schumacher en difficulté, Rubens Barrichello dut puiser dans toutes ses réserves pour remporter le Grand Prix de Chine. Parti de la pole-position, le Brésilien est resté sous la pression constante de ses poursuivants. Grâce à cette deuxième victoire, il s'assure toutefois du titre honorifique de vice-champion du monde.
Jenson Button, quant à lui, termine une nouvelle fois deuxième et conforte la deuxième place de BAR au championnat des constructeurs.

les essais

>
Juan Pablo Montoya n'a pas réussi à trouver ses marques sur le circuit de Shanghaï. Il s'est retrouvé dixième sur la grille de départ.

Une Sauber en deuxième ligne

Voilà qui allait réjouir Jacques Villeneuve ! A l'heure où le Québécois venait de signer un contrat de deux ans avec l'équipe zurichoise (lire ci-contre), les deux Sauber ont réussi leur meilleure qualification de la saison : Felipe Massa prendra le départ du Grand Prix de Chine de la deuxième ligne de la grille, tandis que Giancarlo Fisichella, septième, s'élancera de la quatrième ligne. « *C'est vraiment génial de partir quatrième*, s'enthousiasmait Felipe Massa. *C'était une séance qualificative presque parfaite. Les nouveaux pneus Bridgestone ont tout de suite bien fonctionné, et j'ai pu boucler un tour complet sans grainage* (boulettes de gomme se déposant sur la bande de roulement, ndlr). *En plus, je sais que ça ira encore mieux en course. C'est vraiment un résultat fantastique pour l'écurie.* »

Un résultat qui confirmait que la nouvelle version de la C23 fonctionnait de mieux en mieux. Le nouveau capot-moteur apparu à Silverstone, en juillet dernier, semblait faire merveille. La nouvelle soufflerie de Hinwil – la plus sophistiquée d'Europe - fonctionnait désormais à plein temps, et de nouvelles pièces ne cessaient d'apparaître sur les monoplaces zurichoises. «*Ici, nous n'avons pourtant rien de nouveau*», remarquait Peter Sauber.

Devant, Rubens Barrichello s'installait en pole-position, à l'autre extrémité de la grille que Michael Schumacher. Ce dernier est parti en tête-à-queue au tout début de son tour chronométré. Il se retrouve ainsi18e de la grille de départ. «*Je ne sais vraiment pas ce qui s'est passé*, commentait-il. *Nous allons devoir examiner les relevés de télémétrie. trouvons rien d'anormal sur la voiture, il faudra bien accuser ce qui se trouve entre le réservoir d'essence et le volant !* (le pilote). *Je ne sais pas ce que je vais bien pouvoir faire en partant si loin, ce sera un gros défi.* »

L'écurie BAR s'est vêtue aux couleurs de «555», la marque de cigarettes du groupe BAT vendue en Chine.
>V

Jacques Villeneuve est de retour

Son retour, seuls les vrais fans de Jacques Villeneuve y croyaient vraiment. Depuis le printemps, le Québécois annonçait à tous vents qu'il ferait tout pour revenir en F1. Il disposait de quelques pistes, BAR, Williams ou Renault, mais toutes se refermèrent sans lui.

En août, il a rendu visite à l'écurie Sauber, à Hinwil. Une visite de trois heures qui l'a décidé: « *J'ai été vraiment impressionné par le professionnalisme qui transpire partout dans l'usine*, commentait-il. *Et je me réjouis de voir ce qui sortira de la nouvelle soufflerie de l'équipe.* »

Après plusieurs jours de discussion avec les avocats de Peter Sauber, le contrat entre l'équipe suisse et le champion du monde a été signé quelques jours après le Grand Prix d'Italie. Le Québécois a gagné le pari de son retour, même si son salaire a subi au passage une sévère cure d'amaigrissement - on parlait de trois millions de dollars fixe, plus une prime au point.

Le Canadien ne s'est pas arrêté là. Au terme de deux journées d'essais intensives menées à Silverstone, où il a couvert plus de 700 kilomètres, Jacques Villeneuve a été confirmé comme pilote de l'écurie Renault pour les trois derniers Grands Prix de la saison. Le Québécois était ravi : « *J'ai travaillé sur ma position de conduite pendant un jour et demi avant d'attaquer le chrono. Les gens de Renault se sont montrés adorables.*»

L'objectif, pour Renault et Jacques: marquer un maximum de points pour reprendre la deuxième place du championnat à BAR. Si le Québécois pouvait aider l'écurie française à y parvenir, il prendrait là une belle revanche sur son éviction de BAR de 2003.

Semaine riche en émotion pour Jacques Villeneuve. Le Québécois a eu à peine le temps de signer son contrat 2005 avec Peter Sauber qu'il trouvait déjà un volant pour les trois dernières courses de la saison, chez Renault, en remplacement de Jarno Trulli.
V

La grille de départ

*M. SCHUMACHER prend le départ depuis son stand.

**T. SATO et Z. BAUMGARTNER Pénalité pour avoir changé de moteur.

1	R. BARRICHELLO	1:34.012 (208,735 km/h)
2	K. RÄIKKÖNEN	1:34.178
3	J. BUTTON	1:34.295
4	F. MASSA	1:34.759
5	R. SCHUMACHER	1:34.891
6	F. ALONSO	1:34.917
7	G. FISICHELLA	1:34.951
8	O. PANIS	1:34.975
9	D. COULTHARD	1:35.029
10	J.P. MONTOYA	1:35.245
11	M. WEBBER	1:35.286
12	J. VILLENEUVE	1:35.384
13	R. ZONTA	1:35.410
14	N. HEIDFELD	1:36.507
15	C. KLIEN	1:36.535
16	T. GLOCK	1:37.140
17	M. SCHUMACHER*	-
18	G. BRUNI	-
19	T. SATO**	1:34.993
20	Z. BAUMGARTNER**	1:40.240

Deuxième victoire d'affilée pour le vice-champion

Pour les dizaines de milliers de Chinois massés autour du circuit de Shanghaï, la Formule 1 avait quelque chose de magique. Après tout, il n'y avait que deux ans que les Grands Prix étaient retransmis à la TV. Et ce week-end, c'était la première fois que le peuple de l'Empire du Milieu pouvait toucher à la course automobile - sport virtuellement inexistant dans un pays où seuls deux pourcents des habitants possèdent une voiture.
Pour ces assoiffés de modernisme, la Formule 1, discipline de l'extrême, a rempli toutes ses promesses: une course enlevée, une bagarre au sommet, un Michael Schumacher à la peine pour remonter le peloton... le Grand Prix de Chine s'est révélé l'un des plus intenses de la saison.
Rubens Barrichello a occupé la tête du classement pratiquement de bout en bout, mais sa position n'en était pas confortable pour autant. En délicatesse avec des pneus avant qui souffraient de grainage, en lutte avec Kimi Räikkönen avant de réaliser que le vrai danger provenait de Jenson Button – parti avec une stratégie à deux arrêts seulement –, le Brésilien remportait sa deuxième victoire consécutive avec une petite seconde d'avance seulement sur ses deux suivants.
« *Ce n'était franchement pas facile !* » A sa descente du podium, le soulagement affiché par Rubens Barrichello était à la mesure de la tension qui l'a animé toute la course durant. « *Kimi était vraiment difficile à contenir. Je pense qu'il aurait pu aller un peu plus vite en début de course. Après, on était dans le même rythme.* »
Une victoire qui assurait au Brésilien son titre de vice-champion du monde. « *Franchement, c'était une saison très dure,* analysait-il. *J'ai passé des mois à essayer d'atteindre le niveau de Michael. Il a démarré l'année très fort, et sans que je sache pourquoi, j'étais incapable de suivre son rythme. Là, je suis en train de traverser une bonne période. Pourvu que ça dure jusqu'au Brésil.* »
Deuxième, Jenson Button a joué d'une stratégie audacieuse, à deux arrêts. C'était rien moins que la neuvième fois de la saison que le Britannique montait sur le podium. En attendant toujours sa première victoire : « *Nous devons encore travailler sur nos départs. Si nous réussissons à les améliorer, nous devrions pouvoir nous battre pour la première place*», conclut-il.
La course terminée, les spectateurs chinois ont quitté le circuit pour rentrer chez eux. L'espace de quelques heures, ils ont vécu dans un autre monde.

^
Heureux de remporter son deuxième Grand Prix de la saison, heureux d'être couronné vice-champion, heureux tout court, Rubens Barrichello.

Le calvaire de Michael

Ce n'était pas une course, c'était un calvaire. Les ennuis de Michael Schumacher avaient commencé lors des essais, où un tête-à-queue l'avait empêché de signer un bon chrono. Du coup, l'écurie Ferrari a décidé de changer son moteur le matin de la course, en le faisant partir des stands. La remontée s'est avérée d'autant plus pénible que le champion du monde est entré en collision avec Christian Klien, avant de partir en tête-à-queue en suivant Fernando Alonso de trop près (la Ferrari a été déventée, perdant de l'appui) et enfin de subir une crevaison. La totale. «*Au moins, toutes les poisses se sont concentrées sur un seul week-end,* commentait-il. *Je devrais être tranquille pour le restant de la saison.* » Michael Schumacher terminait finalement douzième. Son plus mauvais résultat depuis son abandon de Monaco.

Attaque-suicide de Coulthard

36e tour : Ralf Schumacher, septième, résiste à David Coulthard. Au bout de la ligne droite, ce dernier tente une attaque-suicide sur le premier. Les deux voitures se touchent, le pilote Williams est éliminé. « *La manœuvre de David était vraiment trop optimiste* », commentait Ralf Schumacher. Le pilote est aussitôt rentré à son stand, pensant à une rupture de suspension. « *En fait, ce n'était qu'une crevaison,* poursuivait-il. *Mais le temps que mes mécaniciens s'en rendent compte, deux tours étaient passés. Ce n'était plus la peine de reprendre la course.* »
David Coulthard, de son côté, n'avait pas d'excuse à formuler. « *Je suis navré pour Ralf, mais disons que l'accrochage a aussi pénalisé ma course. J'aurais pu marquer des points si je n'avais pas dû changer ma roue avant.* » L'Ecossais a terminé neuvième.

<
Et c'est gagné! Rubens Barrichello s'impose devant Mark Webber à qui il a pris un tour.

Au doigt et à l'œil

Ce premier Grand Prix de Chine s'était soldé par un succès total. Belle course, beau circuit, organisation impeccable: tout avait concouru pour faire de cette première une réussite. Les Chinois avaient ouvert l'œil, et le bon.

>
Les incroyables installations du circuit de Shanghaï, avec ses deux ponts suspendus au 9e étage et la tribune principale couverte. Qui se sont avérés constituer une formidable caisse de résonance pour le bruit des monoplaces passant sur la ligne droite!

Le circuit de la démesure

Le monde se nourrit de contradictions, et le sport automobile est à son image. A l'heure où Ford décidait de stopper toute implication en rallye et en F1 (par l'intermédiaire de sa marque Jaguar, lire ci-contre), à l'autre bout du monde on ne regarde à aucune dépense pour organiser un Grand Prix.
Shanghaï et ses 14 millions d'habitants tenait à attirer la Formule 1, histoire de se poser sur la carte du monde sportif – sa rivale Pékin organisant les Jeux Olympiques en 2008.
Un Grand Prix semblait donc idéal, le championnat de Formule 1 constituant la troisième audience TV derrière les J.O. et le mondial de football.
Avec ses gratte-ciels spectaculaires, son trafic infernal et sa pollution qui gène la respiration, Shanghaï est une ville de démesure. Autrefois plaque tournante du trafic de l'opium, la mégalopole tient aujourd'hui à détrôner Hong-Kong de son rôle de capitale économique de l'Asie. Le gouvernement chinois investit des milliards pour y parvenir. Aujourd'hui, la ville se résume à un chantier géant - ses habitants affirment que le tiers des grues à gratte-ciels oeuvrant dans le monde se trouvent ici. Un aéroport ayant coûté deux milliards de dollars vient d'être inauguré, et un monorail glissant à 430 km/h va bientôt le relier au centre-ville.
Pour son Grand Prix, la ville a construit un circuit à la hauteur de ses ambitions. Le SIC (le circuit internationale de Shanghaï) est de loin le plus spectaculaire jamais vu en F1 : 14 virages, un beau tracé, mais surtout des installations hallucinantes. Un paddock constitué de magnifiques pagodes posées sur un plan d'eau, une tour de contrôle géante, une salle de presse surplombant la piste de son neuvième étage: tout, ici, respire l'outrance. L'ensemble, d'ailleurs, a coûté 260 millions d'Euros (environ 400 millions de francs suisses). C'est le circuit le plus cher de la planète...
Les Chinois n'ont pas l'air de s'offusquer de dépenser autant pour un circuit qui se cherche encore une utilisation en-dehors du Grand Prix. En ville, pourtant, la pauvreté rampe encore dans les vieux quartiers. Shanghaï, reflet du monde, se nourrit elle aussi de contradictions.

Les échos du week-end

> L'écurie Jordan serait en pleine déroute, et certains racontaient même que son usine, à Silverstone, était déjà fermée. Le voyage à Shanghaï aurait été payé par les sponsors de Timo Glock, ce qui expliquait que le pilote allemand remplace Giorgio Pantano. Du coup, l'écurie a aligné un nouveau pilote-essayeur, le monégasque Robert Doornbos.

> Revoilà Ralf Schumacher. Après son accident d'Indianapolis, l'Allemand était resté en congé pour se remettre d'une double fracture de la colonne vertebrale. A Shanghaï, les médecins l'ont autorisé à courir.

> Le circuit de Shanghaï offre 200 000 places assises, mais s'est limité à 150 000 spectateurs pour la course. Le Grand Prix s'est joué à guichets fermés, les dernières places ayant été vendues deux mois plus tôt.

> Les Chinois roulent comme des fous, et les Européens ne peuvent pas conduire sans permis spécial. Le dimanche, un minibus de l'écurie Williams est entré en collision avec une voiture qui roulait en sens inverse, à haute vitesse sur une quatre-voies ! Quatre membres de l'écurie ont été sérieusement blessés et conduits à l'hôpital de Shanghaï.

Jaguar se retire de la F1. Terrible gâchis.

L 'écurie Jaguar de Formule 1 n'avait encore rien gagné, mais elle avait déjà tout perdu. Peu avant ce Grand Prix de Chine, la marque au gros chat a annoncé son intention de se retirer de la compétition à la fin de la saison 2004. L'écurie était à vendre, de même que le fabriquant de moteurs Cosworth. Après plus de quarante ans de F1, l'ovale bleu de Ford allait disparaître des circuits.
Retour en arrière. Grand Prix d'Australie 2000. A leur descente d'avion, en sortant de l'aéroport de Melbourne, le petit monde de la F1 est accueilli par d'immenses panneaux publicitaires « *Le Jaguar est de retour* ». Pour son premier Grand Prix sous son nouveau nom, l'écurie au gros chat a décidé de frapper fort. Cette année-là, elle se pose en championne du monde des relations publiques, ses pilotes passant des heures à charmer les sponsors et à participer à des émissions de TV.
Si les Jaguar se sont montrées redoutables dans les coulisses – l'écurie a aligné l'un des premier motorhome en forme de château -, elle a totalement manqué sa cible sur les pistes. En cinq ans, au classement des constructeurs, Jaguar ne s'est jamais classée mieux que septième (sur dix). Le gros chat n'a jamais griffé personne.
Les erreurs furent nombreuses. Jaguar a toujours fait sourire par son management en armée mexicaine. L'équipe n'avait pas de résultats, mais elle avait des patrons pour l'expliquer, qui se sont succédés sans répit: Neil Ressler, Bobby Rahal, Wolfgang Reitzle, Niki Lauda, Tony Purnell, David Pitchforth, John Hogan... Kafka lui-même y aurait perdu son allemand.
La décision de retrait prise par Ford dépasse d'ailleurs le cadre strict de l'écurie de Formule 1. Ford, propriétaire de Jaguar depuis 1989, a annoncé également stopper l'usine de voitures de série de Coventry, en Angleterre. Le géant de Detroit a encore confirmé la vente de Cosworth, l'unité de production des moteurs de compétition.
« *La Formule 1 est trop chère et n'évolue pas assez vite*, a expliqué Richard Parry-Jones, vice-président du groupe. *Nous n'accusons personne, c'est comme ça. Nous avons poussé la F1 a changer, nous n'y sommes pas parvenus.* »
Une flèche adressée à l'encontre de Bernie Ecclestone, le détenteur des droits commerciaux de la F1, accusé de ne pas redistribuer suffisamment des recettes publicitaires aux écuries. Désormais, Ford allait chercher repreneur pour l'écurie - qui fut trouvé deux mois plus tard, mi-novembre, avec Red Bull. Après cinq saison, et pas une seule victoire, le gros chat rentrait ses griffes. Que d'énergie gaspillée.

Facettes de Shanghaï. La vieille ville, avec ses rues étriquées, ses odeurs épouvantables et son charme intact d'un côté, et les gratte-ciels entourant le parc du Peuple de l'autre.
v

Essais

Toutes les séances d'essais

N°	Pilote	N° Châssis - Moteur	Libres 1 vendredi	Pos.	Libres 2 vendredi	Pos.	Libres 3 samedi	Pos.	Libres 4 samedi	Pos.	Pre-qual. samedi	Pos.	Qualifs samedi	Pos.
1.	Michael Schumacher	Ferrari F2004 239	1:37.300	15	1:34.776	8	1:34.844	3	1:33.448	1	1:33.185	1		19
2.	Rubens Barrichello	Ferrari F2004 240	1:36.660	7	1:34.448	5	1:34.854	4	1:33.796	2	1:33.787	4	1:34.012	1
3.	Juan Pablo Montoya	Williams FW26 05 - BMW	1:35.761	3	1:35.646	14	1:34.679	2	1:34.458	7	1:34.016	7	1:35.245	11
4.	Ralf Schumacher	Williams FW26 07 - BMW	1:35.455	2	1:34.714	7	1:34.380	1	1:34.769	12	1:33.849	6	1:34.891	5
5.	David Coulthard	McLaren MP4-19B 03 - Mercedes	1:37.976	18	1:34.362	4	1:35.930	9	1:34.470	8	1:34.355	12	1.35.029	10
6.	Kimi Räikkönen	McLaren MP4-19B 01 - Mercedes	1:37.102	11	1:34.289	3	1:35.532	6	1:34.042	3	1:33.499	2	1:34.178	2
7.	Jacques Villeneuve	Renault R24-08	1:37.240	14	1:35.851	15	1:35.965	10	1:35.309	15	1:34.425	13	1:35.384	13
8.	Fernando Alonso	Renault R24-07	1:36.884	8	1:35.514	13	1:36.243	13	1:34.627	11	1.34.599	14	1:34.917	6
9.	Jenson Button	B.A.R 006-05 - Honda	1:36.475	6	1:34.174	2	1:35.660	8	1:34.233	4	1:34.273	10	1:34.295	3
10.	Takuma Sato	B.A.R 006-06 - Honda	1:37.438	16		25	1:36.226	12	1:35.155	13	1:34.051	8	1:34.993	9
11.	Giancarlo Fisichella	Sauber C23-04 - Petronas	1:36.944	9	1:34.680	6	1:35.049	5	1:34.286	5	1:33.738	3	1:34.951	7
12.	Felipe Massa	Sauber C23-03 - Petronas	1:36.086	4	1:34.959	12	1:36.539	14	1:34.607	10	1:33.816	5	1:34.759	4
14.	Mark Webber	Jaguar R5-05	1:38.761	21	1:35.886	16	1:36.002	11	1:35.354	16	1:34.334	11	1:35.286	12
15.	Christian Klien	Jaguar R5-06	1:38.504	20	1:37.111	20	1:37.160	16	1:35.869	17	1:35.447	17	1:36.535	16
16.	Ricardo Zonta	Toyota TF104/10B	1:36.970	10	1:34.868	9	1:35.597	7	1:34.518	9	1:34.958	16	1:35.410	14
17.	Olivier Panis	Toyota TF104/09B	1:37.191	13	1:34.870	10	1:36.623	15	1:35.211	14	1:34.153	9	1:34.975	8
18.	Nick Heidfeld	Jordan EJ14/03 - Ford	1:38.132	19	1:36.630	18	1:37.166	17	1:34.404	6	1:34.808	15	1:36.507	15
19.	Timo Glock	Jordan EJ14/02 - Ford	1:37.587	17	1:37.728	22	1:38.128	20	1:37.158	19	1:37.143	19	1:37.140	17
20.	Gianmaria Bruni	Minardi PS04B/02 - Cosworth	1:38.805	22	1:37.431	21	1:37.533	18	1:36.748	18	1:36.623	18		20
21.	Zsolt Baumgartner	Minardi PS04B/04 - Cosworth	1:42.795	25	1:37.076	19	1:37.552	19	1:38.014	20	1:37.510	20	1:40.240	18
35.	Anthony Davidson	B.A.R 006-04 - Honda	1:35.369	1	1:33.289	1								
37.	Björn Wirdheim	Jaguar R5-01	1:37.142	12	1:36.363	17								
38.	Ryan Briscoe	Toyota TF104/11B	1:36.394	5	1:34.881	11								
39.	Robert Doornbos	Jordan EJ14/02 - Ford	1:39.244	23	1:39.051	24								
40.	Bas Leinders	Minardi PS04B/03 - Cosworth	1:39.529	24	1:38.522	23								

Vitesses de pointe

N°	Pilote	P1 Qualifs	Pos.	P1 Course	Pos.	P2 Qualifs	Pos.	P2 Course	Pos.	Finish Qualifs	Pos.	Finish Course	Pos.	Radar Qualifs	Pos.	Radar Course	Pos.
1.	M. Schumacher	282,8	19	299,5	2	272,7	19	290,7	2	259,8	20	275,3	2	313,1	20	337,6	6
2.	R. Barrichello	298,0	1	298,5	3	289,7	1	290,1	3	272,3	1	275,6	1	326,9	5	338,0	5
3.	J.P. Montoya	295,8	4	300,0	1	287,9	4	290,8	1	269,8	2	273,7	5	328,5	4	338,1	4
4.	R. Schumacher	295,2	5	296,9	6	286,9	6	289,5	4	269,5	4	274,7	3	324,6	6	335,9	7
5.	D. Coulthard	291,8	13	295,2	9	285,7	11	285,6	12	267,0	11	271,6	12	316,8	17	330,6	14
6.	K. Räikkönen	294,9	6	293,7	13	286,1	9	287,4	7	269,6	3	274,7	4	319,9	13	330,3	15
7.	J. Villeneuve	292,4	11	293,8	12	283,3	13	285,8	11	266,6	12	271,0	13	323,8	8	332,1	11
8.	F. Alonso	294,0	8	294,7	10	286,4	8	286,8	9	267,2	10	272,1	9	323,5	9	329,0	18
9.	J. Button	293,2	10	294,2	11	285,7	10	286,6	10	268,9	5	273,6	6	324,4	7	333,2	10
10.	T. Sato	291,9	12	293,3	14	282,8	14	285,2	13	267,9	8	272,5	8	319,3	15	331,8	12
11.	G. Fisichella	296,0	3	295,2	8	288,6	2	288,8	5	268,9	6	271,8	11	329,2	3	340,8	1
12.	F. Massa	296,8	2	297,4	4	287,5	5	288,3	6	267,3	9	272,9	7	330,3	1	339,7	2
14.	M. Webber	291,6	14	292,6	15	283,4	12	283,0	15	266,4	13	267,9	17	319,8	14	330,7	13
15.	C. Klien	291,2	15	288,3	19	282,7	15	280,5	18	264,5	16	266,0	18	315,5	18	333,8	9
16.	F. Zonta	293,2	9	296,9	5	288,0	3	284,9	14	266,2	14	268,6	15	321,2	10	338,2	3
17.	O. Panis	294,5	7	295,4	7	286,5	7	287,3	8	268,4	7	271,9	10	329,3	2	334,9	8
18.	N. Heidfeld	290,6	16	290,6	17	280,1	17	282,5	16	263,6	17	268,9	14	320,5	12	329,0	19
19.	T. Glock	290,5	17	290,7	16	280,7	16	282,1	17	265,0	15	268,5	16	318,6	16	330,0	16
20.	G. Bruni	274,0	20	287,0	20	269,1	20	275,7	20	260,1	19	261,8	20	314,3	19	325,5	20
21.	Z. Baumgartner	290,4	18	289,9	18	279,2	18	279,5	19	261,3	18	263,8	19	320,8	11	329,5	17

Course

Classement & abandons

Pos.	Pilote	Equipe	Tour	Temps	Moyenne
1.	R. Barrichello	Ferrari	56	1:29:12.420	205,185 km/h
2.	J. Button	B.A.R Honda	56	+ 1.035	205,145 km/h
3.	K. Räikkönen	McLaren Mercedes	56	+ 1.469	205,128 km/h
4.	F. Alonso	Renault	56	+ 32.510	203,946 km/h
5.	J.P. Montoya	Williams BMW	56	+ 45.193	203,467 km/h
6.	T. Sato	B.A.R Honda	56	+ 54.791	203,106 km/h
7.	G. Fisichella	Sauber Petronas	56	+ 1:05.464	202,705 km/h
8.	F. Massa	Sauber Petronas	56	+ 1:20.080	202,160 km/h
9.	D. Coulthard	McLaren Mercedes	56	+ 1:20.619	202,140 km/h
10.	M. Webber	Jaguar	55	1 tour	201,514 km/h
11.	J. Villeneuve	Renault	55	1 tour	201,508 km/h
12.	M. Schumacher	Ferrari	55	1 tour	201,147 km/h
13.	N. Heidfeld	Jordan Ford	55	1 tour	200,476 km/h
14.	O. Panis	Toyota	55	1 tour	200,446 km/h
15.	T. Glock	Jordan Ford	55	1 tour	199,310 km/h
16.	Z. Baumgartner	Minardi Cosworth	53	3 tours	191,107 km/h

Pilote	Equipe		Motif d'abandon
G. Bruni	Minardi Cosworth	39	Perte de sa roue avant-gauche suite problème mécanique
R. Schumacher	Williams BMW	38	Perd trop de temps à faire vérifier sa F1, suite crevaison dûe à un accrochage avec Coulthard
R. Zonta	Toyota	36	Perte du 5e rapport de sa boîte de vitesses
C. Klien	Jaguar	12	Suspension ARD endommagée suite contact avec M. Schum.

Meilleurs tours

	Pilote	Temps	Tour	Moyenne
1.	M. Schumacher	1:32.238	55	212,749 km/h
2.	R. Barrichello	1:32.455	28	212,250 km/h
3.	K. Räikkönen	1:32.876	53	211,288 km/h
4.	J. Button	1:32.935	33	211,154 km/h
5.	J.P. Montoya	1:33.108	34	210,761 km/h
6.	F. Massa	1:33.483	43	209,916 km/h
7.	G. Fisichella	1:33.520	25	209,833 km/h
8.	T. Sato	1:33.533	36	209,804 km/h
9.	R. Schumacher	1:33.546	31	209,774 km/h
10.	F. Alonso	1:33.625	55	209,597 km/h
11.	D. Coulthard	1:33.727	26	209,369 km/h
12.	R. Zonta	1:34.269	24	208,165 km/h
13.	O. Panis	1:34.603	51	207,431 km/h
14.	N. Heidfeld	1:34.717	55	207,181 km/h
15.	M. Webber	1:34.893	32	206,797 km/h
16.	T. Glock	1:34.931	54	206,714 km/h
17.	J. Villeneuve	1:34.950	55	206,672 km/h
18.	C. Klien	1:36.888	10	202,539 km/h
19.	G. Bruni	1:37.377	23	201,521 km/h
20.	Z. Baumgartner	1:37.578	51	201,106 km/h

Passages aux stands

	Pilote	Temps	Tour	Arrêt n°
1.	F. Massa	25.026	10	1
2.	O. Panis	24.158	10	1
3.	G. Bruni	28.603	10	1
4.	G. Fisichella	25.455	11	1
5.	D. Coulthard	24.922	11	1
6.	R. Zonta	23.534	11	1
7.	R. Barrichello	25.155	12	1
8.	K. Räikkönen	25.623	12	1
9.	Z. Baumgartner	26.193	12	1
10.	F. Alonso	26.392	13	1
11.	J. Button	27.977	14	1
12.	J. Villeneuve	26.167	14	1
13.	R. Schumacher	26.992	15	1
14.	M. Webber	26.816	15	1
15.	T. Glock	27.176	15	1
16.	J.P. Montoya	27.646	16	1
17.	N. Heidfeld	26.400	17	1
18.	T. Sato	26.953	18	1
19.	M. Schumacher	26.436	20	1
20.	O. Panis	23.868	23	2
21.	Z. Baumgartner	25.898	23	2
22.	R. Zonta	24.065	25	2
23.	F. Massa	25.687	26	2
24.	G. Bruni	26.035	25	2
25.	K. Räikkönen	23.555	27	2
26.	G. Fisichella	25.379	27	2
27.	D. Coulthard	24.207	28	2
28.	R. Barrichello	23.665	29	2
29.	F. Alonso	27.367	33	2
30.	T. Glock	28.730	33	2
31.	R. Schumacher	28.189	34	2
32.	J. Villeneuve	26.871	34	2
33.	J. Button	28.313	35	2
34.	M. Webber	27.558	35	2
35.	M. Schumacher	27.561	35	2
36.	K. Räikkönen	26.787	36	3
37.	N. Heidfeld	27.909	36	2
38.	T. Sato	26.337	38	2
39.	J.P. Montoya	27.286	38	2
40.	D. Coulthard	27.640	38	3
41.	O. Panis	24.627	39	3
42.	Z. Baumgartner	33.020	38	3
43.	R. Barrichello	23.667	42	3
44.	G. Fisichella	25.048	42	3
45.	F. Massa	24.752	44	3
46.	M. Schumacher	24.593	47	3

Tête de la course

Pilote	Tours en tête	Nbre de Tours
R. Barrichello	1 > 12	12
J. Button	13 > 14	2
R. Schumacher	15	1
R. Barrichello	16 > 29	14
J. Button	30 > 35	6
R. Barrichello	36 > 56	21

Pilote	Nbre de Tours	Kilomètres
R. Barrichello	47	256,007 km
J. Button	8	43,608 km
R. Schumacher	1	5,451 km

Tour par tour

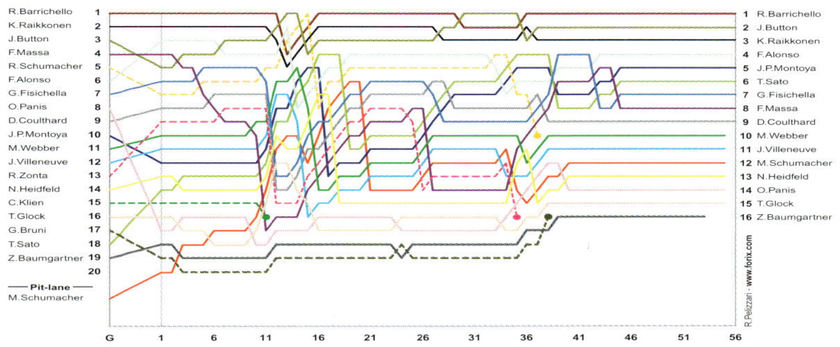

Ecarts en tête de course

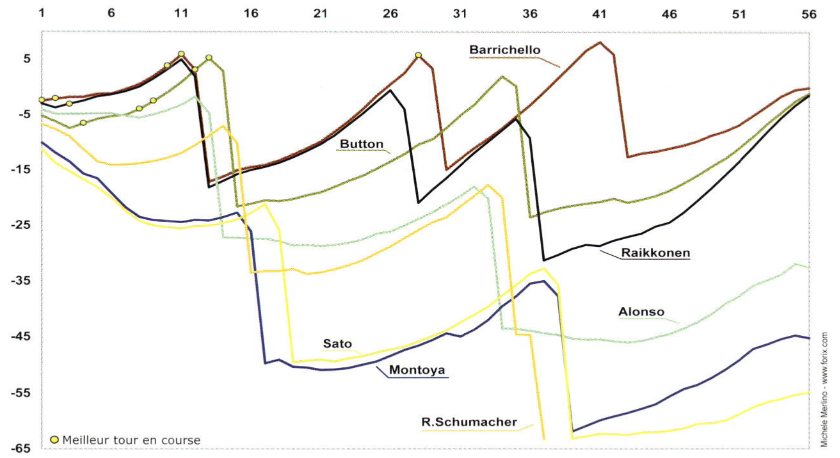

Championnats après seize manches

Conducteurs

1. **M. Schumacher** ....(12 victoires).......136
2. R. Barrichello ....(2 victoires).........108
3. J. Button 79
4. F. Alonso 50
5. J. Trulli.....................(1 victoire)............46
6. J.P. Montoya 46
7. K. Räikkönen ....(1 victoire)............34
8. T. Sato..26
9. D. Coulthard...24
10. G. Fisichella...21
11. R. Schumacher 12
12. F. Massa...11
13. M. Webber 7
14. O. Panis..6
15. A. Pizzonia 6
16. C. Klien 3
17. C. Da Matta..3
18. N. Heidfeld...3
19. T. Glock 2
20. Z. Baumgartner 1
21. R. Zonta 0
22. M. Gené..0
23. J. Villeneuve...0
24. G. Pantano..0
25. G. Bruni..0

Constructeurs

1. **Scuderia Ferrari Marlboro** .(14 victoires)..244
2. Lucky Strike B.A.R Honda 105
3. Mild Seven Renault F1 Team ..(1 victoire).......96
4. BMW WilliamsF1 Team.................................64
5. West McLaren Mercedes........(1 victoire).......58
6. Sauber Petronas...32
7. Jaguar Racing 10
8. Panasonic Toyota Racing 9
9. Jordan Ford 5
10. Minardi Cosworth 1

Le circuit

Nom	Shanghai International Circuit
Longueur	5451 mètres
Distance	56 tours, soit 305,066 km
Date	26 septembre 2004
Conditions climatiques	ensoleillé, 27-29°c
Température de la piste	36-40°c

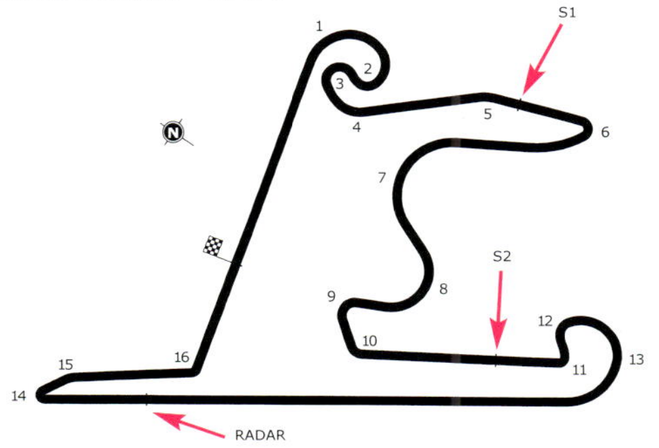

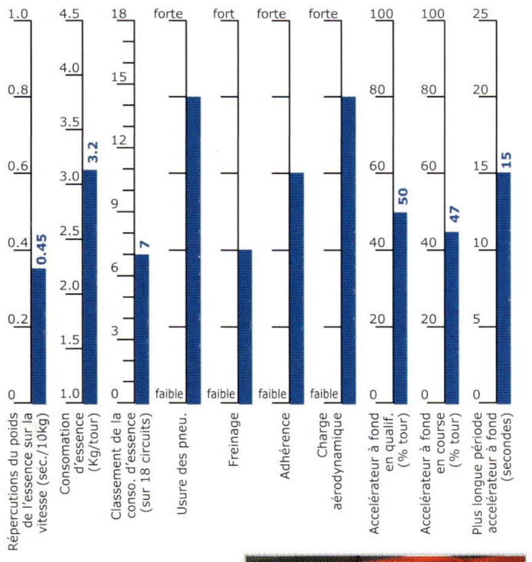

HONDA
HONDA
LUCKY STRIKE
LUCKY STRIKE
LUCKY
EPSON
BAR

10 OCTOBRE 2004
GRAND PRIX DU JAPON
SUZUKA

LE FILS DU CIEL SOULÈVE LES FOULES

Depuis que Takuma Sato se montrait plus que brillant au volant de sa BAR-Honda, le public japonais retrouvait son engouement pour la F1. A Suzuka, toutes les places avaient été vendues d'avance, un public qui ne fut pas déçu puisque le Japonais a terminé quatrième. Un Grand Prix qui marquait aussi le «retour» de Michael Schumacher, qui n'avait plus gagné de Grand Prix depuis deux mois.
A Suzuka, le champion du monde a repris sa série de victoires pour s'imposer sans discussion, à l'issue d'une journée chargée. Pour la première fois dans l'histoire de la Formule 1, les qualifications s'étaient déroulées moins de quatre heures avant la course en raison d'un typhon qui avait entraîné l'annulation des essais du samedi.

> Que d'eau! Le vendredi déjà, le circuit avait été détrempé par les averses, et peu de pilotes avaient tourné. Olivier Panis, pour son dernier Grand Prix, n'a couvert qu'un seul tour ce jour-là.

Typhon sur Suzuka. Les essais du samedi sont annulés.

Après un Grand Prix de Chine relativement disputé, celui du Japon s'annonçait à son tour bousculé.
L'arrivée immimente du typhon numéro 22 a conduit les organisateurs à annuler purement et simplement la journée d'essais de samedi.
Selon la météo de Tsu, la petite ville bordant le circuit, il devait s'agir du typhon le plus dévastateur de ces dix dernières années. L'œil du typhon devait passer au-dessus de Suzuka aux environs de midi. Dans les deux heures suivant, un demi-mètre d'eau était attendu par centimètre carré. Les habitants étaient invités à rester cloîtrés chez eux, des chutes probables d'objets rendant toute sortie perilleuse.
Voilà de quoi laisser le circuit dans un état pitoyable. Vendredi soir, les mécaniciens ont travaillé très tard pour protéger leur matériel de la tempête : les tentes ont été démontées, leur contenu rangé dans les camions, et des rideaux de fer ont été rabattus devant les stands.
L'horaire du week-end a été complètement refondu: les essais qualificatifs étaient prévus dimanche matin à 10 heures, la course débutant à 14 h 30.
Toutes les épreuves annexes prévues en lever de rideau étaient annulées. Dommage pour le public, qui avait déjà passé vendredi une journée détrempée en comptant sur les doigts les rares passages des monoplaces. Des fans qui allaient devoir rester dans leurs hôtels le samedi, et qui ne le savaient probalement même pas, la décision d'annuler la journée ayant été prise en début de soirée.
Finalement, le samedi venu, la montagne a accouché d'une souris: s'il a effectivement beaucoup plu sur le circuit de Suzuka, il n'y avait pas le moindre souffle de vent, et le soleil était à nouveau de sortie en début d'après-midi. Du coup, les membres des écuries qui avaient prévus de rester tranquillement à leur hôtel sont retournés au circuit réinstaller le matériel démonté la veille. « *Tout cela est ridicule*, tonnait Jean-Pierre Reymond, responsable de la logistique de l'écurie Renault. *Les organisateurs vont sans doute devoir rembourser les billets vendus. On vit une époque où le moindre risque déclenche des réactions exagérées.* »

En bref

> A deux Grands Prix de la fin de la saison, les écuries ne se reposaient pas sur leurs lauriers.
Chez Jaguar, on alignait un nouveau châssis – alors que l'écurie était pourtant appelée à disparaître au soir du prochain Grand Prix du Brésil. Tandis que chez BAR, Honda proposait une évolution importante de son V10 et que le châssis était doté d'une nouvelle boîte de vitesses. Pour l'équipe anglo-japonaise, il s'agissait de batailler pour conserver la deuxième place au championnat du monde des constructeurs. « *Ce n'est pas le moment de nous reposer*, expliquait David Richards, le patron de l'équipe. *Nous avons testé à Jerez la semaine dernière, et nous retournons effectuer des essais privés avant le Brésil.* »

> Peter Sauber confirmait son intention d'embaucher Jacques Villeneuve en 2005, même si le pilote québécois n'avait pas brillé à Shanghaï. « *Cela n'a rien à voir avec Shanghaï. Engager Jacques, c'était la bonne décision, pour lui comme pour nous.* »

> Ralf Schumacher s'est classé deuxième des essais qualificatifs du dimanche matin. Sur une piste s'asséchant de plus en plus, il s'est qualifié juste derrière son frère aîné Michael.

> Le pilote Minardi Zsolt Baumgartner n'a pas pris part à la séance qualificative après être parti en tête-à-queue au virage Degner lors de la séance de préqualification. De même, Felipe Massa n'a pas réussi à boucler un tour de qualification.

> Michael Schumacher au cours des essais du vendredi. Le dimanche matin, au cours des qualifications, l'Allemand a signé une nouvelle pole-position, la 63e de sa carrière.

La grille de départ

* Z. BAUMGARTNER
Pénalité pour avoir changé de moteur. S'élance depuis son stand.

<
Départ sur un soleil éclatant. Michael Schumacher prend le meillleur d'entrée de jeu.

Et de 13 pour Michael

<
Et encore un podium pour Jenson Button, le dixième de la saison! - ce sera toutefois le dernier.

C'était vraiment la journée de Michael. Une journée particulièrement remplie, d'ailleurs, puisqu'en raison du typhon attendu samedi, les essais avaient été reportés au dimanche matin.
En l'espace de quelques heures, les pilotes effectuèrent donc les préqualifications, les qualifications, la parade pour le public et la course. «*C'était bizarre*, commenta Michael Schumacher. *Nous avons effectué nos tours de qualifications sans la moindre préparation, il ne fallait pas se tromper. Ce système met beaucoup de pression sur les mécaniciens. C'était très sympa pour une fois, mais je préfère le déroulement habituel, c'est plus sage pour tout le monde.* »
Lors de ces qualifications-express, Michael Schumacher signa la pole-position, sur une piste s'asséchant après le déluge de la veille – il profita de s'élancer en dernier.
Du coup, la course s'annonçait sous les meilleures auspices pour le champion du monde. Qui ne fut jamais vraiment inquiété et qui ne lâcha la première place à aucun moment, même au cours de ses trois ravitaillements. «*En fait, le sort de la course s'est décidé pendant les qualifications. Il était clair que nous avions un bon rythme en course. Si je réussissais un bon départ, je savais que je pouvais gagner. Cela dit,Ralf est resté longtemps dans mes rétroviseurs en début de course, et mon avance n'augmentait pas autant que je l'aurais espéré. Mais il a ravitaillé avant moi, et dès lors le sort de la course était devenu évident.*»
Lors des derniers tours, le champion du monde a laissé Felipe Massa lui reprendre son tour de retard. Ce qui ne veut pas dire qu'il rencontrait des problèmes. «*Pas du tout. Felipe roulait devant moi, et quand nous sommes arrivés derrière Jacques (Villeneuve), tous deux m'ont laissé leur prendre un tour. Mais ensuite, Felipe voulait aller plus vite, et je l'ai laissé me reprendre son tour. En fait, ma course a été très simple, je n'ai pas rencontré le moindre problème.*»
Parti 15ᵉ sur la grille, Rubens Barrichello n'eut pas la même fortune. Le Brésilien dut se battre pour remonter les places avant d'être éliminé lors d'un accrochage avec David Coulthard.
Derrière le champion du monde, c'est ainsi son petit frère Ralf qui a terminé deuxième. « *La voiture a bien fonctionné aujourd'hui*, soulignait ce dernier après la course. *L'écurie a parfaitement calculé la stratégie des ravitaillements, et voilà le résultat. Nous étions déjà en forme l'année passée sur ce circuit, nous ne sommes pas surpris de bien y figurer.* »
Le titre mondial des pilotes et celui des constructeurs étant joués, l'un des intérêts de cette fin de saison se résumaiit au duel entre BAR-Honda et Renault pour la deuxième place au classement des écuries.
A Suzuka, BAR a marqué onze points, pour la troisième fois consécutive, alors que Renault, avec une seule voiture dans les points, en comptait désormais 16 de retard sur sa rivale. « *C'est vraiment une bonne saison pour nous*, confirmait Jenson Button. *C'est la dixième fois que je monte sur le podium cette année, mais il faut reconnaître que nous ne sommes pas encore à la hauteur des Ferrari ni des Williams.* »
Au Brésil, deux semaines plus tard, Michael Schumacher allait se retrouver sur les terres de Rubens Barrichello. Et son coéquipier tenait par-dessus tout à décrocher cette victoire à domicile. «*Je sais qu'il y tient, tout le monde aime gagner son Grand Prix. Cela dit, j'en suis navré pour lui, mais j'ai encore envie d'en gagner un cette année ! Rubens n'apprécierait pas de gagner si je l'y aidais.*»

Ça chauffe pour Mark

Qualifié troisième, Mark Webber a été contraint à l'abandon par grosse chaleur! Jaguar alignait ici un nouveau châssis. En course, un problème de conduit de refroidissement a entraîné une surchauffe du cockpit qui a fini par avoir raison du pilote australien. « *Au 7ᵉ tour, j'ai commencé à remarquer que ça chauffait sérieusement, surtout du côté droit. Je me suis arrêté, les mécanos m'ont refroidi et je suis reparti, mais la chaleur est alors devenue vraiment insupportable et j'ai dû m'arrêter. Il faut pouvoir rester concentré à 100% pour piloter ces engins, et cette chaleur me détruisait au point que je n'ai pas eu d'autre choix.* »

Action! Fernando Alonso résiste à Kimi Räikkönen et Juan Pablo Montoya, le tout devant Rubens Barrichello.
v<

Troisième sur la grille de départ, c'était la meilleur position de la Jaguar de Mark Webber depuis la qualification en première ligne du Grand Prix de Malaisie. Ça n'allait pas le mener plus loin qu'à Kuala Lumpur.
v

Esso
DENSO
OYOTA
E
STAR
SPORTS
Pa

La rage de Jarno

Absent du Grand Prix de Chine pour avoir été remercié de Renault, Jarno Trulli reprenait du service à Suzuka auprès de son futur employeur 2005, Toyota. Il en profita pour faire mieux que les Renault, se qualifiant sixième. Jamais une Toyota n'avait été mieux placée en 2004. Bien joué Jarno...

> « Je suis épuisé. La voiture était carrément inconduisible », de Jacques Villeneuve à propos de sa Renault R24. Le Québécois a terminé 10e au terme d'une course qui se résuma à un long calvaire. Fernando Alonso, pour sa part, s'est classé cinquième et marque quatre points. Nettement insuffisant pour lutter contre les BAR au classement des constructeurs.

Une nouvelle écurie russe se lance en Formule 1

Son portrait souriant a été distribué partout dans la salle de presse. Alex Shnaider, citoyen canadien d'origine russe, a annoncé vouloir lancer une nouvelle écurie en 2006. « *Je ne comprends pas pourquoi davantage de monde ne réalise pas que posséder une écurie de F1, c'est comme sponsoriser une équipe de NBA aux Etats-Unis, mais avec une audience mondiale. Nous comptons sur environ 100 millions de dollars par an pour faire tourner l'équipe.* »
Le châssis en sera fabriqué par la marque italienne Dallara, mais pour ce qui concerne le moteur, les pilotes ou les ingénieurs, rien n'est encore décidé.
Une nouvelle arrivée qui détonne dans un contexte économique de crise, qui voit l'écurie Jaguar disparaître et les équipes Jordan et Minardi dans les pires difficultés. Ces derniers mois, les propriétaires d'écuries se plaignent de ne recevoir qu'un pourcentage infime (23%) des revenus publicitaires et télévisés engendrés par la F1 – les reste étant destiné à la société détentrices des droits commerciaux de la F1, dirigée par Bernie Ecclestone.
Le Président de la FIA, Max Mosley, a fait le point sur ces difficultés. « *Je sais que les écuries se plaignent de ne pas recevoir suffisamment d'argent* », a-t-il commenté. « *Je ne les plains pas. En 1998, elles ont toutes signé un contrat de dix ans avec Bernie qui prévoyait exactement la redistribution des revenus. Elles savaient à quoi s'attendre.* »
Le retrait de Ford – via Jaguar – ne le surprenait pas: «*Je savais qu'une telle décision nous attendait. La F1 coûte trop cher. Les grands constructeurs investissent 200 millions d'Euros par an juste pour les moteurs. Cela ne se justifie que si on gagne toutes les courses. Et ce n'est le cas que pour une équipe en ce moment ! Je sais déjà qu'un autre grand constructeur devrait se retirer de la F1 l'an prochain. Je fais tout pour réduire les coûts, mais je ne peux rien faire de spectaculaire avant la fin des contrats actuels, en 2008.* »
Aujourd'hui, les écuries se plaignaient de saisons trop longues et ne voulaient plus dépasser les 17 Grands Prix prévus dans leur contrat. Du coup, Bernie Ecclestone se devait de raccourcir le calendrier. A moins qu'il n'indemnise les écuries pour l'effort supplémentaire. Diriger une écurie de Formule 1, de nos jours, se résume à un exercice financer de haut vol. Alex Shnaider aura tout le temps de le découvrir.

Fin de règne difficile pour David Coulthard

La fin de règne de David Coulthard se conclut dans le chaos. En Chine, deux semaines plus tôt, l'Ecossais était entré en collision avec Ralf Schumacher au 36e tour.
A Suzuka, c'est au 38e tour et contre Rubens Barrichello que le pilote McLaren a lancé son volant. Résultat : un double abandon, les deux monoplaces s'étant retrouvées avec un train avant ouvert. Les deux hommes s'en sont expliqué après la course, dans le paddock. « *J'ai surpris David par l'intérieur, il ne m'a pas vu, et voilà tout. C'est un incident de course* », commentait le Brésilien en guise d'apaisement. « *Je ne pense pas que qui que ce soit soit à blâmer*, se défendait pour sa part David Coulthard. *C'est le genre de choses qui arrivent quand on se bat pour défendre sa place.* »

La foule des grands jours s'était déplacée pour venir applaudir Takuma Sato (à droite).
V

Essais

Toutes les séances d'essais

N°	Pilote	N° Châssis - Moteur	Libres 1 vendredi	Pos.	Libres 2 vendredi	Pos.	Libres 3 samedi	Pos.	Libres 4 samedi	Pos.	Pre-qual. dimanche	Pos.	Qualifs dimanche	Pos.
1.	Michael Schumacher	Ferrari F2004 239	1:47.906	1	1:45.388	1					1:38.397	2	1:33.542	1
2.	Rubens Barrichello	Ferrari F2004 240	1:49.846	3	1:46.874	4	Le circuit risquant d'être touché				1:41.001	8	1:38.637	15
3.	Juan Pablo Montoya	Williams FW26 05 - BMW	1:53.517	8	1:50.060	13	par le typhon Ma-on, la journée				1:44.370	18	1:37.653	13
4.	Ralf Schumacher	Williams FW26 07 - BMW	1:55.632	12	1:49.736	12	fût annulée par mesure de				1:38.864	3	1:34.032	2
5.	David Coulthard	McLaren MP4-19B 03 - Mercedes		23	1:48.033	5	sécurité.				1:41.126	9	1:36.156	8
6.	Kimi Räikkönen	McLaren MP4-19B 01 - Mercedes	1:51.530	6	1:46.749	3					1:41.517	11	1:36.820	12
7.	Jacques Villeneuve	Renault R24-08	1:57.547	13	1:49.672	10					1:41.857	13	1:36.274	9
8.	Fernando Alonso	Renault R24-07	1:54.012	10	1:49.712	11					1.42.056	15	1.36.663	11
9.	Jenson Button	B.A.R 006-05 - Honda	1:49.937	4	1:53.482	20					1:41.423	10	1:35.157	5
10.	Takuma Sato	B.A.R 006-06 - Honda		22	1:49.370	8					1:40.135	6	1:34.897	4
11.	Giancarlo Fisichella	Sauber C23-04 - Petronas	1:48.362	2	1:46.102	2					1:40.151	7	1:36.136	7
12.	Felipe Massa	Sauber C23-03 - Petronas		19		22					1:41.707	12		19
14.	Mark Webber	Jaguar R5-05		20	1:50.666	15					1:39.170	4	1:34.571	3
15.	Christian Klien	Jaguar R5-01		21	1:52.232	17					1:42.054	14	1:38.258	14
16.	Jarno Trulli	Toyota TF104/10B	1:58.351	14	1:50.386	14					1:37.716	1	1:35.213	6
17.	Olivier Panis	Toyota TF104/09B		18		23					1:40.029	5	1:36.420	10
18.	Nick Heidfeld	Jordan EJ14/03 - Ford	1:51.438	5	1:49.286	7					1:42.434	16	1:41.953	16
19.	Timo Glock	Jordan EJ14/02 - Ford	1:52.602	7	1:49.277	6					1:43.682	17	1:43.533	17
20.	Gianmaria Bruni	Minardi PS04B/02 - Cosworth	2:02.825	16	1:53.194	19					1:45.415	19	1:48.069	18
21.	Zsolt Baumgartner	Minardi PS04B/04 - Cosworth	2:03.955	17	1:54.703	21						20		20
35.	Anthony Davidson	B.A.R 006-04 - Honda	2:00.712	15	1:49.598	9								
37.	Björn Wirdheim	Jaguar R5-06												
38.	Ryan Briscoe	Toyota TF104/11B												
39.	Robert Doornbos	Jordan EJ14/01 - Ford	1:53.603	9	1:51.007	16								
40.	Bas Leinders	Minardi PS04B/03 - Cosworth	1:55.455	11	1:52.942	18								

Vitesses de pointe

N°	Pilote	P1 Qualifs	Pos.	P1 Course	Pos.	P2 Qualifs	Pos.	P2 Course	Pos.	Finish Qualifs	Pos.	Finish Course	Pos.	Radar Qualifs	Pos.	Radar Course	Pos.
1.	M. Schumacher	290,9	1	294,5	5	311,8	6	313,2	9	290,0	1	292,1	7	289,0	1	312,1	4
2.	R. Barrichello	288,4	8	295,4	1	313,6	2	218,9	3	285,1	8	295,8	2	284,3	7	313,3	3
3.	J.P. Montoya	288,7	7	295,0	3	313,1	4	316,0	5	287,5	3	296,2	1	273,9	13	314,3	2
4.	R. Schumacher	289,7	3	294,9	4	312,5	5	314,3	7	289,0	2	292,2	6	289,0	2	309,3	6
5.	D. Coulthard	286,1	11	291,5	9	309,6	7	315,6	6	286,4	5	295,4	3	286,6	4	307,3	7
6.	K. Räikkönen	284,7	13	293,0	7	308,1	9	313,5	8	283,8	12	290,7	8	277,7	10	306,6	9
7.	J. Villeneuve	289,0	5	288,8	15	306,9	14	308,3	16	285,1	7	288,9	12	272,7	14	306,5	10
8.	F. Alonso	284,5	14	291,4	10	307,2	12	312,0	10	285,1	6	290,4	10	281,2	8	307,0	8
9.	J. Button	287,0	9	292,0	8	308,6	8	307,7	18	282,7	16	288,4	14	286,3	5	305,6	11
10.	T. Sato	289,5	4	291,1	12	307,9	11	309,6	14	283,3	14	287,0	17	277,3	11	304,1	12
11.	G. Fisichella	288,8	6	293,9	6	313,6	3	318,0	4	286,8	4	294,5	4	287,9	3	310,9	5
12.	F. Massa	286,5	10	295,2	2	315,9	1	320,6	1	283,4	13	292,6	5	259,4	18	314,6	1
14.	M. Webber	289,8	2	291,1	11	308,0	10	311,9	11	285,1	9	290,6	9	285,1	6	299,7	13
15.	C. Klien	281,6	16	285,5	18	307,2	13	319,0	2	283,3	15	289,5	11	267,3	17	293,7	18
16.	J. Trulli	282,6	15	289,3	13	305,5	16	307,1	19	284,5	10	287,0	16	279,1	9	298,4	15
17.	O. Panis	285,7	12	288,5	16	306,7	15	310,6	13	283,9	11	288,8	13	268,2	15	297,1	17
18.	N. Heidfeld	273,6	18	289,2	14	298,5	18	311,0	12	276,7	19	287,6	15	267,7	16	298,0	16
19.	T. Glock	275,9	17	287,6	17	297,0	19	308,9	15	279,5	17	286,7	18	275,2	12	299,2	14
20.	G. Bruni	266,1	19	282,2	20	299,5	17	306,0	20	276,8	18	282,9	20	255,3	19	285,9	19
21.	Z. Baumgartner			283,7	19			308,0	17			285,1	19			285,2	20

Course

Classement & abandons

Pos.	Pilote	Equipe	Tour	Temps	Moyenne
1.	M. Schumacher	Ferrari	53	1:24:26.985	218,524 km/h
2.	R. Schumacher	Williams BMW	53	+ 14.098	217,918 km/h
3.	J. Button	B.A.R Honda	53	+ 19.662	217,680 km/h
4.	T. Sato	B.A.R Honda	53	+ 31.781	217,162 km/h
5.	F. Alonso	Renault	53	+ 37.767	216,908 km/h
6.	K. Räikkönen	McLaren Mercedes	53	+ 39.362	216,840 km/h
7.	J.P. Montoya	Williams BMW	53	+ 55.347	216,163 km/h
8.	G. Fisichella	Sauber Petronas	53	+ 56.276	216,124 km/h
9.	F. Massa	Sauber Petronas	53	+ 1:29.656	214,725 km/h
10.	J. Villeneuve	Renault	52	1 tour	214,315 km/h
11.	J. Trulli	Toyota	52	1 tour	214,039 km/h
12.	C. Klien	Jaguar	52	1 tour	212,968 km/h
13.	N. Heidfeld	Jordan Ford	52	1 tour	212,612 km/h
14.	O. Panis	Toyota	51	2 tours	210,107 km/h
15.	T. Glock	Jordan Ford	51	2 tours	208,548 km/h
16.	G. Bruni	Minardi Cosworth	50	3 tours	203,977 km/h

Pilote	Equipe		Motif d'abandon
Z. Baumgartner	Minardi Cosworth	42	Sortie de piste
D. Coulthard	McLaren Mercedes	39	Suspension AVD cassée suite accrochage avec Barrichello
R. Barrichello	Ferrari	39	Suspension AVG cassée suite accrochage avec Coulthard
M. Webber	Jaguar	21	Augmentation anormale de la température dans l'habitacle

Meilleurs tours

	Pilote	Temps	Tour	Moyenne
1.	R. Barrichello	1:32.730	30	225,441 km/h
2.	M. Schumacher	1:32.796	41	225,281 km/h
3.	R. Schumacher	1:33.467	23	223,663 km/h
4.	F. Massa	1:33.614	40	223,312 km/h
5.	T. Sato	1:33.742	28	223,007 km/h
6.	J.P. Montoya	1:33.779	30	222,919 km/h
7.	J. Button	1:33.819	33	222,824 km/h
8.	G. Fisichella	1:33.850	44	222,751 km/h
9.	D. Coulthard	1:33.917	14	222,592 km/h
10.	K. Räikkönen	1:33.920	35	222,585 km/h
11.	M. Webber	1:34.229	13	221,855 km/h
12.	F. Alonso	1:34.279	29	221,737 km/h
13.	O. Panis	1:34.438	11	221,364 km/h
14.	J. Trulli	1:34.626	52	220,924 km/h
15.	C. Klien	1:35.261	32	219,451 km/h
16.	J. Villeneuve	1:35.290	28	219,385 km/h
17.	N. Heidfeld	1:35.524	25	218,847 km/h
18.	T. Glock	1:36.667	14	216,259 km/h
19.	G. Bruni	1:39.352	27	210,415 km/h
20.	Z. Baumgartner	1:39.434	26	210,241 km/h

Passages aux stands

	Pilote	Temps	Tour	Arrêt n°
1.	R. Schumacher	22.176	9	1
2.	O. Panis	21.173	9	1
3.	M. Webber	24.489	11	1
4.	J.P. Montoya	21.093	11	1
5.	F. Massa	21.930	11	1
6.	T. Glock	23.733	11	1
7.	G. Bruni	23.055	11	1
8.	T. Sato	21.730	12	1
9.	J. Trulli	21.394	12	1
10.	G. Fisichella	22.266	12	1
11.	R. Barrichello	21.865	12	1
12.	N. Heidfeld	22.311	12	1
13.	M. Schumacher	21.649	13	1
14.	F. Alonso	23.299	14	1
15.	K. Räikkönen	25.033	14	1
16.	J. Button	23.595	15	1
17.	D. Coulthard	22.275	15	1
18.	J. Villeneuve	23.891	15	1
19.	Z. Baumgartner	22.850	15	1
20.	C. Klien	23.909	16	1
21.	M. Webber	38.215	18	2
22.	O. Panis	21.610	20	2
23.	R. Schumacher	21.546	24	2
24.	T. Glock	26.490	24	2
25.	J. Trulli	21.018	25	2
26.	M. Schumacher	21.782	26	2

	Pilote	Temps	Tour	Arrêt n°
27.	T. Sato	21.956	26	2
28.	F. Massa	23.004	26	2
29.	N. Heidfeld	21.730	26	2
30.	G. Bruni	24.210	25	2
31.	G. Fisichella	22.243	27	2
32.	R. Barrichello	21.475	28	2
33.	J.P. Montoya	20.816	28	2
34.	Z. Baumgartner	28.295	27	2
35.	D. Coulthard	24.192	32	2
36.	F. Alonso	23.737	33	3
37.	C. Klien	23.989	33	2
38.	J. Villeneuve	23.008	34	2
39.	J. Button	23.374	35	2
40.	O. Panis	21.727	35	3
41.	K. Räikkönen	22.915	36	2
42.	F. Massa	21.470	38	3
43.	M. Schumacher	22.233	39	3
44.	J. Trulli	21.825	38	3
45.	R. Schumacher	21.553	39	3
46.	T. Glock	22.758	38	3
47.	N. Heidfeld	27.588	39	3
48.	G. Bruni	22.180	38	3
49.	T. Sato	21.496	41	3
50.	J.P. Montoya	22.248	41	3
51.	G. Fisichella	21.594	41	3
52.	Z. Baumgartner	22.084	40	3

Tête de la course

Pilote	Tours en tête	Nbre de Tours
M. Schumacher	1 > 53	53

Pilote	Nbre de Tours	Kilomètres
M. Schumacher	53	307,573 km

Ecarts en tête de course

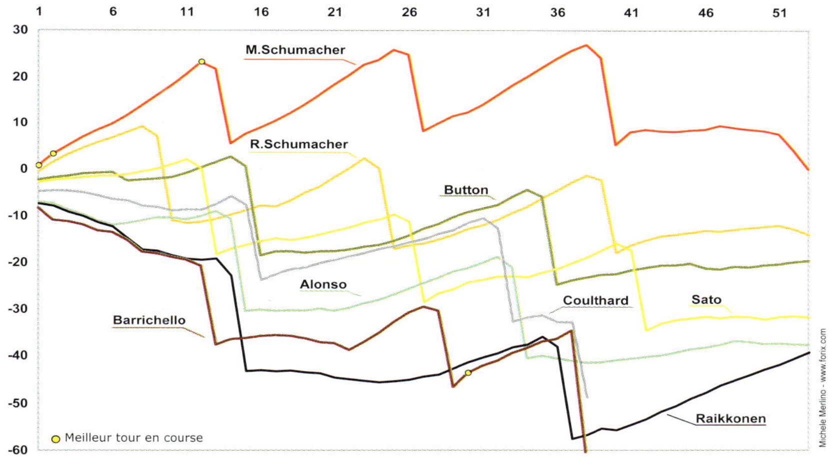

Tour par tour

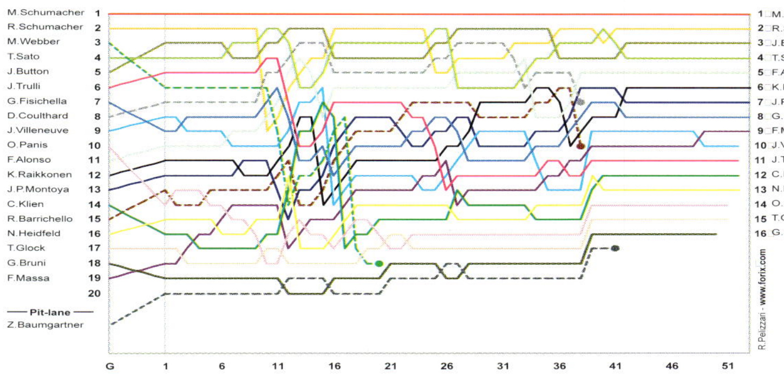

Championnats après dix-sept manches

Conducteurs

1. **M. Schumacher** ....(13 victoires) 146
2. R. Barrichello ....(2 victoires).........108
3. J. Button 85
4. F. Alonso 54
5. J.P. Montoya 48
6. J. Trulli ....(1 victoire)............46
7. K. Räikkönen ....(1 victoire)............37
8. T. Sato 31
9. D. Coulthard 24
10. G. Fisichella 22
11. R. Schumacher 20
12. F. Massa 11
13. M. Webber 7
14. O. Panis 6
15. A. Pizzonia 6
16. C. Klien 3
17. C. Da Matta 3
18. N. Heidfeld 3
19. T. Glock 2
20. Z. Baumgartner 1
21. R. Zonta 0
22. J. Villeneuve 0
23. M. Gené 0
24. G. Pantano 0
25. G. Bruni 0

Constructeurs

1. **Scuderia Ferrari Marlboro** .(15 victoires)..254
2. Lucky Strike B.A.R Honda 116
3. Mild Seven Renault F1 Team ..(1 victoire).....100
4. BMW WilliamsF1 Team.................................74
5. West McLaren Mercedes........(1 victoire).......61
6. Sauber Petronas..33
7. Jaguar Racing 10
8. Panasonic Toyota Racing 9
9. Jordan Ford 5
10. Minardi Cosworth 1

Le circuit

Nom	Suzuka Circuit
Longueur	5807 mètres
Distance	53 tours, soit 307,573 km
Date	10 octobre 2004
Conditions climatiques	ensoleillé, piste séche 28-29°c
Température de la piste	32-34°c

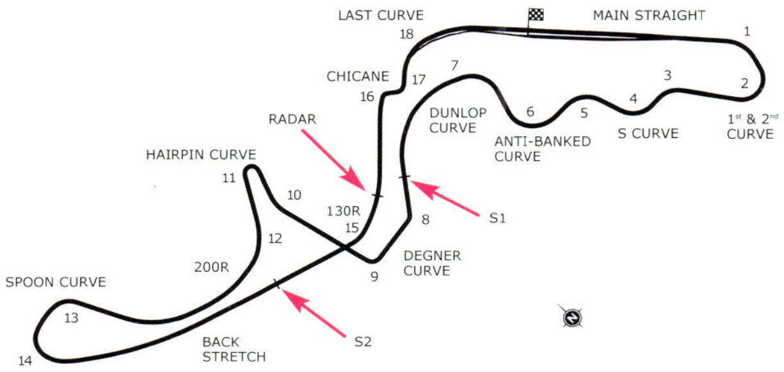

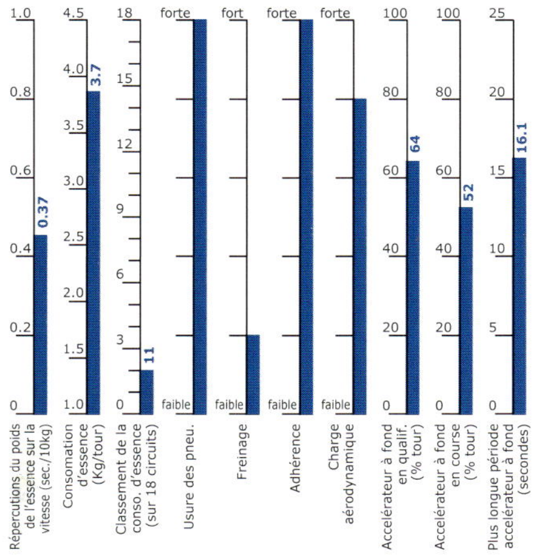

FedEx
invent
FedEx
FedEx

24 OCTOBRE 2004
GRAND PRIX DU BRÉSIL
INTERLAGOS

LA DERNIÈRE À JUAN PABLO

Juan Pablo Montoya remporte enfin son premier Grand Prix de la saison. C'était le dernier moment! Une course qui se révéla très animée: pluie au moment du départ, piste s'asséchant aussitôt après, pilotes souffrant d'un circuit tournant dans le sens inverse des autres tracés: des conditions exceptionnelles qui ont mené à un Grand Prix ne l'étant pas moins.

Rubinho contre son signe indien

\> Rubinho avec son épouse Sylvana. Toute la famille Barrichello était venue au circuit soutenir Rubens.

«*Bar-ri-chel-lo, Bar-ri-chel-lo*». Il est 13 h 44 sur le circuit de São Paulo, et l'enfant du pays, celui que tout le monde ici appelle affectueusement « Rubinho », vient de rafler la pole-position avec plus de deux dixièmes d'avance sur ses adversaires. Venue en nombre, la foule laisse éclater sa joie d'un seul coup et se met à scander le nom de sa nouvelle idole dans un rythme de samba effrené.

Dans son cockpit, le Brésilien lève le poing et savoure son tour d'honneur. Il sait que cette fois, il tient une sérieuse chance de remporter enfin le Grand Prix du Brésil, victoire qui lui a toujours échappé et après laquelle il court depuis 1999, lorsqu'il mena 23 tours au volant de sa Stewart. « *Après avoir franchi la ligne, j'ai senti mes jambes vaciller*, racontait-il samedi. *J'ai tellement donné pendant ce tour. Je crois que si j'avais commis une erreur, la foule serait venue me poursuivre jusque dans le stand !* »

En 2003 déjà, ici-même, il avait signé la pole avant de voir ses espoirs réduits à néant par une panne d'essence ! « *L'an dernier, j'aurais dû gagner, j'étais prêt*, confirmait Rubens Barrichello. *Cette fois, c'est pareil. Je suis concentré, je travaille, l'énergie est positive, je vais donner le meilleur de moi-même. J'ai une très bonne voiture, je suis serein. La pression, je ne l'ai plus. Ce soir, je vais rentrer chez mes parents et dormir dans mon lit. Pour moi, ce n'est qu'un jour normal.* »

Pour Rubinho, remporter ce Grand Prix constituait un rêve d'enfant. « *J'ai vécu ici, derrière le circuit, pendant 20 ans. Aujourd'hui, quand j'ai pris la piste, j'ai ressenti la même émotion qu'à l'époque du karting.* »

Jusqu'ici, une sorte de signe indien a toujours empêché Rubinho de remporter son Grand Prix. Cette fois, pourtant, toutes les conditions semblaient enfin réunies : il était en pole-position et son principal rival, Michael Schumacher, se retrouvait en fond de grille. Les Dieux allaient-ils être brésiliens cette fois?

Anecdote brésilienne: la première moitié des essais du matin avait été perturbée par deux chiens qui se sont permis d'envahir la piste en plein milieu de la séance. Les commissaires se sont alors mis à les poursuivre, mais il fallut une bonne vingtaine de minutes avant de les ramener en laisse.

Du coup, les essais se virent réduits à 25 minutes au lieu de 45. Ce qui faisait beaucoup rire Michael Schumacher, et l'équipe Ferrari, mais qui amusait beaucoup moins Ron Dennis, dont les McLaren n'avaient pratiquement pas tourné la veille pour épargner leurs moteurs... vive le Brésil.

Grosse sortie de Michael

\> Indemne, Michael Schumacher évalue les dégâts subis par sa voiture. Un gros choc, et surtout un début d'incendie qui a partiellement détruit sa monture.

Michael Schumacher a été victime de son plus sérieux accident de la saison à l'entrée du virage Ferradura, à deux minutes de la fin des essais du samedi matin. Samedi soir, le pilote allemand ne connaissait toujours pas la raison de sa sortie de route, la Ferrari lui ayant échappé brutalement.

Le champion du monde a tapé les pneus très durement, et sa monoplace a pris feu avant qu'il ne parvienne à s'en extraire. Du coup, Michael Schumacher fut contraint de se qualifier sur le mulet, ce qui est considéré comme un changement de moteur. Perdant automatiquement dix places sur la grille de départ, voilà une mésaventure qui allait le contraindre à partir 18e sur la grille de départ, dix places derrière sa qualification déjà modeste, en 8e place. Une qualification modeste due, sans doute, à la charge d'essence qu'il emportait, sachant qu'il allait jouer la course depuis la queue du peloton.

Une Jordan en action. L'écurie disputait son dernier Grand Prix de la saison sans savoir de quoi son avenir allait être fait. Mais sans baisser les bras.
v

La grille de départ

1	R. BARRICHELLO	1:10.646 (219,579 km/h)
2	J.P. MONTOYA	1:10.850
3	K. RÄIKKÖNEN	1:10.892
4	F. MASSA	1:10.922
5	J. BUTTON	1:11.092
6	T. SATO	1:11.120
7	R. SCHUMACHER	1:11.131
8	F. ALONSO	1:11.454
9	J. TRULLI	1:11.483
10	G. FISICHELLA	1:11.571
11	M. WEBBER	1:11.665
12	D. COULTHARD	1:11.750
13	J. VILLENEUVE	1:11.836
14	R. ZONTA	1:11.974
15	C. KLIEN	1:12.211
16	N. HEIDFELD	1:12.829
17	T. GLOCK	1:13.502
18	M. SCHUMACHER*	1:11.386
19	G. BRUNI*	-
20	Z. BAUMGARTNER*	1:13.550

* **M. SCHUMACHER, G. BRUNI et Z. BAUMGARTNER** Pénalité pour avoir changé de moteur.

Z. BAUMGARTNER prend le départ depuis l'allée des stands.

G. BRUNI prend le départ depuis son stand.

^
Bonne humeur sur le podium. Pourtant, la pilule fut amère à avaler pour Rubens Barrichello.

Juan gagne, Rubens perd. Un magnifique final.

C'est au moment précis de l'installation sur la grille de départ que la pluie s'est mise à tomber sur le circuit d'Interlagos. Une pluie fine qui a transformé le bitume du circuit en une sorte de verglas dû à l'accumulation d'huile et d'essence depuis le vendredi.
Dans ces conditions, il n'était pas évident de porter son choix entre pneus secs et pneus pluie. Sur l'ensemble des vingt pilotes, toutefois, seuls Fernando Alonso, Jacques Villeneuve et David Coulthard prirent finalement le départ en pneus secs. « *D'où je partais, en première ligne, je ne pouvais pas choisir les «secs»*, commentait Juan Pablo Montoya. *Sinon je me serais tout de suite retrouvé dépassé par le peloton. Ma stratégie était de prendre le départ en tête, et pour ça je n'avais pas le choix.* »
Parti en première ligne, le Colombien, prudent, bouclait le premier tour en cinquième place, avant de passer Felipe Massa et Jenson Button le tour suivant. Puis d'avaler Rubens Barrichello après avoir passé en gommes pour le sec.
Le tournant de la course s'est produit au cinquième tour déjà. Kimi Räikkönen vient alors de couvrir trois tours en tête, et il stoppe au même moment que Juan Pablo Montoya pour chausser des pneus secs. Les deux pilotes reprennent la piste exactement côte à côte dans la voie des stands. Le Colombien doit céder au Finlandais au bout du paddock, mais dès qu'ils se retrouvent en piste, il déboîte et s'impose au freinage du virage « Descida do Lago ». « *C'est là que tout s'est joué* », confirmait Juan Pablo Montoya. « *Il a été plus efficace que moi au freinage, rien à dire*, rétorquait Kimi Räikkönen. *Au moment de sortir des stands, je ne l'ai plus vu dans mes rétroviseurs, et d'un seul coup, il était là, à côté de moi.* »
La course était loin d'être terminée, mais Juan Pablo Montoya creusa alors l'écart sur le Finlandais. Avant de prendre la tête au moment où Fernando Alonso stoppa pour ravitailler. Dès lors, le pilote Williams put se contenter de gérer son avance. Le Colombien remportait ainsi le quatrième Grand Prix de sa carrière, juste devant un Kimi Räikkönen qui sera son coéquipier chez McLaren la saison prochaine. « *Je me réjouis de travailler avec Kimi*, conclut-il. *Je pense que nous allons former une paire efficace en 2005.* »
De son côté, le malheureux Rubens Barrichello devra encore attendre avant de remporter son premier Grand Prix.
Cette fois, le Brésilien a terminé troisième après avoir passé le plus clair de la course en cinquième place. «*Les éléments se sont ligués contre moi*, se plaignait-il. *Sous la pluie, nous sommes les meilleurs, et sur le sec aussi. Malheureusement, notre point faible, c'est les conditions humides, comme celles que nous avons subi aujourd'hui. Là, on doit encore beaucoup travailler, nos pneus ne nous permettent pas encore de rivaliser avec nos adversaires.*»
Ce n'était pas franchement la joie dans le clan Barrichello, tant du côté du papa que de l'épouse de Rubinho. La journée triomphale tant espérée sera pour une autre fois.

<
Arrivée groupée des deux Sauber, séparées par un peu plus d'une seconde pendant toute la dernière partie de la course. Au moment de franchir le drapeau à damier, Felipe Massa décroche le point de la huitième place, lui qui mena son Grand Prix national au 7e tour, en profitant des arrêts aux stands de ses adversaires. «*Franchement, mener la course*, c'était fantastique, s'enthousiasmait le Brésilien. *Je me rappellerai toute ma vie de ce 7e tour! Au début de la course, sur le mouillé, la voiture était vraiment très rapide, je pouvais doubler tout ce qui bougeait. Mais après que nous ayons passé aux pneus secs, c'était plus dur. J'avais du mal à trouver mon rythme.* »

Juan Pablo en forme

Un dernier Grand Prix, et une première victoire. Un soulagement pour Juan Pablo Montoya. « *C'était une course incroyable, vraiment. Terminer mes quatre saisons chez Williams par cette victoire, c'est génial. Je dois remercier l'écurie pour m'avoir préparé une voiture extraordinaire aujourd'hui. Ils ont été très bon, surtout au moment de passer en pneus secs. Là, ils m'ont appelé à rentrer au bon moment.*»
La course ne fut pas des plus faciles: «*Le début a été très dur. J'ai eu du mal à faire monter mes pneus en température au premier tour, et j'ai perdu des places. Ensuite, il m'a semblé que j'avais plus de traction que les autres. Et quand il a recommencé à pleuvoir, j'ai ralenti la cadence pour ne prendre aucun risque. Mais sur la fin, mon cou me faisait terriblement souffrir. Franchement, c'était l'horreur. Ce circuit tourne dans le sens inverse de tous les autres, et j'étais à l'agonie.*»
Le Colombien n'a guère été menacé que par Kimi Räikkönen, remonté fort en fin de course: «*Je ne craignais rien, j'avais de la réserve sous le pied, je pouvais très bien forcer la cadence si cela avait été nécessaire. Tout allait bien.*»

HSBC
MICHELIN

Triste fin pour un Jaguar

On aurait pu espérer fin plus glorieuse pour le dernier Grand Prix de l'écurie Jaguar. Mais si Christian Klien a terminé 14ᵉ, Mark Webber a dû abandonner au 24ᵉ tour. Pour l'Australien, une page se tournait là, avant de rejoindre Williams en 2005.

> Troisième et dernier Grand Prix de Jacques Villeneuve chez Renault. Avec une dixième place à l'arrivée. *« Les circonstances sont contre Jacques*, constatait Pat Symonds, le directeur technique de l'écurie. *Nous ne le connaissons pas encore très bien.»*

Jenson Button doit rester chez BAR. Une place à prendre

Voilà une aubaine à saisir au vol. Pour les pilotes – et ils sont nombreux – qui n'avaient pas trouvé de volant pour 2005, il s'agissait désormais de séduire Frank Williams pour se voir attribuer l'une des monoplaces les plus compétitives du plateau.
A l'origine de cette situation, l'erreur de Jenson Button, pilote de l'écurie BAR-Honda, qui a signé deux contrats pour 2005. Le premier avait été conclu pour trois ans, avec BAR, jusqu'à fin 2005. Au début de l'été, le pilote britannique paraphe pourtant un autre contrat avec Williams pour 2005, présumant alors que son accord avec BAR était caduque du fait du non-renouvellement de l'association entre l'écurie et Honda dans les délais prévus – d'autres sources invoquaient plutôt le non-paiement par l'écurie de primes dues au pilote britannique.
Jenson Button se révélant comme l'un des meilleurs pilotes du plateau – il occupait la troisième place du championnat, premier des non-Ferrari – , les deux écuries tenaient absolument à s'adjuger ses services. Saisi de l'affaire, le CRB (le Contract Recognition Board, l'organisme de reconnaissance des contrats dont l'autorité est acceptée par tous en Formule 1) a tranché mercredi, juste avant le Grand Prix du Brésil, en faveur de BAR.
Du coup, Jenson Button allait piloter une saison de plus pour son équipe actuelle, à moins que Williams n'offre un pont d'or à cette dernière pour racheter son contrat. Connaissant le sens de de l'épargne de Frank Williams, l'hypothèse semblait peu probable.
Ce sera ainsi la première fois qu'un pilote devra collaborer avec une écurie qu'il rejette. Une situation malsaine dont tant BAR que Jenson Button semblaient pourtant s'accomoder.
Qui donc allait piloter la deuxième Williams aux côtés de Mark Webber? A São Paulo, les noms d'Antonio Pizzonia (pilote-essayeur de Williams) ou d'Anthony Davidson (pilote-essayeur de... BAR !) circulaient dans le paddock de São Paulo.
Frank Williams pouvait aussi choisir David Coulthard, sans emploi pour l'an prochain, mais sans avenir et finalement sans grand talent.
L'Ecossais s'est du reste proposé à Frank Williams sans le moindre salaire, ne souhaitant être payé qu'au point marqué. *«L'argent n'est pas mon moteur principal*, d'argumenter le pilote. *Je sais que mon talent peut être utile à Frank Williams. Après tout, je suis plus rapide que bien d'autres pilotes...»* David Coulthard avait déjà piloté pour Williams, puisque c'est avec cette écurie qu'il avait débuté en F1, en 1994, suite au décès d'Ayrton Senna.
A moins qu'il ne jette son dévolu sur Jacques Villeneuve, détenteur d'un contrat avec Sauber mais qui serait ravi d'en revenir à sa première équipe de F1, celle avec qui il a décroché le titre mondial en 1997. Mais, là aussi, Frank Williams devrait débourser une petite fortune pour délier le Canadien de son contrat avec Peter Sauber. Le choix du patron de l'écurie Williams n'allait décidément pas être facile.

Sauber contre Ferrari

Samedi soir, un communiqué commun à toutes les écuries, sauf Ferrari, a été distribué sous le manteau dans le paddock d'Interlagos. Intitulé « *Les écuries proposent une initiative pour réduire de manière substantielle et tangible les coûts en Formule Un* », le texte proposait essentiellement de réduire les essais privés entre les Grands Prix, afin d'accepter le surcoût entraîné par l'allongement de la saison à 19 épreuves. Il s'agissait aussi, entre les lignes, d'imposer un seul manufacturier de pneus, afin, une nouvelle fois, de limiter les essais liés aux gommes.
Ferrari, naturellement, s'opposait à de telles propositions. « *Nous avons investi dans des circuits d'essais privés* (Fiorano et le Mugello, ndlr) *parce que nous pensons qu'il s'agit du meilleur outil de travail pour développer les voitures* », contre-attaquait Luca Colajanni, le porte-parole de Jean Todt, directeur de la Scuderia.
Les neuf autres écuries ne pouvaient de toute façon faire passer leurs propositions sans l'unanimité, Ferrari pouvait donc bloquer la situation.
Dans ce contexte, Peter Sauber s'avérait bien emprunté: ses liens étroits avec Ferrari (qui fournit le moteur et la boîte à l'équipe suisse) ne l'avaient pas empêché de signer un texte essentiellement anti-Scuderia.
Samedi, le Zurichois a publié un communiqué expliquant « combien il lui fut pénible de signer l'initiative pour réduire les coûts ». « *Cette signature ne constitue pas une action à l'encontre de Ferrari* », précisait Peter Sauber. « *La réduction des coûts est vitale pour le futur de la F1.* »

> Photo de famille de fin de championnat. Michael Schumacher y est arrivé en retard, et les photographes l'avaient déjà remplacé...

Michael Schumacher rate sa remontée

Encore une faute de Michael Schumacher. Lorsqu'il ne part pas en tête de course, et qu'il essaie de remonter le peloton, l'Allemand tente souvent d'aller au-delà des limites de sa voiture.
A São Paulo, c'est au troisième tour qu'il est parti en tête-à-queue, en essayant de doubler la Jaguar de Cristian Klien. « *Quand j'ai vu la pluie, j'ai d'abord pensé que c'était une belle opportunité pour moi*, racontait-il. *Mais la pluie n'était pas assez forte pour nous... cela dit, nous pouvons nous montrer fiers de ce que nous avons accompli cette saison. En fait, je me sens encore en forme. Je pourrais courir encore plusieurs Grands Prix, quoique je sais que je dois me reposer avant la saison prochaine.* »

Essais

Toutes les séances d'essais

N°	Pilote	N° Châssis - Moteur	Libres 1 vendredi	Pos.	Libres 2 vendredi	Pos.	Libres 3 samedi	Pos.	Libres 4 samedi	Pos.	Pre-qual. samedi	Pos.	Qualifs samedi	Pos.
1.	Michael Schumacher	Ferrari F2004 239	1:14.042	11	1:11.334	2	1:11.740	6	1:10.352	2	1:10.192	4	1:11.386	8
2.	Rubens Barrichello	Ferrari F2004 240	1:13.855	9	1:11.166	1	1:11.641	4	1:10.229	1	1:09.822	1	1:10.646	1
3.	Juan Pablo Montoya	Williams FW26 05 - BMW	1:12.547	1	1:12.280	11	1:12.208	10	1:11.157	11	1:09.862	2	1:10.850	2
4.	Ralf Schumacher	Williams FW26 07 - BMW	1:12.873	3	1:12.235	10	1:11.714	5	1:10.997	7	1:10.258	5	1:11.131	7
5.	David Coulthard	McLaren MP4-19B 03 - Mercedes	1:13.277	6	1:12.430	15	1:12.085	9	1:10.413	4	1:10.418	7	1.11.750	13
6.	Kimi Räikkönen	McLaren MP4-19B 01 - Mercedes	1:13.150	4	1:11.526	3	1:11.591	3	1:10.385	3	1:10.440	8	1:10.892	3
7.	Jacques Villeneuve	Renault R24-08	1:14.585	17	1:12.316	12			1:11.321	12	1:10.708	13	1:11.836	14
8.	Fernando Alonso	Renault R24-07	1:13.990	10	1:12.005	7	1:12.563	13	1:10.683	6	1.10.637	12	1:11.454	9
9.	Jenson Button	B.A.R 006-05 - Honda	1:14.187	14	1:11.731	4	1:11.466	1	1:10.480	5	1:10.607	11	1:11.092	5
10.	Takuma Sato	B.A.R 006-06 - Honda	1:13.839	8	1:11.988	6	1:11.580	2	1:11.127	8	1:10.373	6	1:11.120	6
11.	Giancarlo Fisichella	Sauber C23-04 - Petronas	1:14.118	12	1:12.631	17	1:11.985	7	1:11.425	13	1:10.467	9	1:11.571	11
12.	Felipe Massa	Sauber C23-01 - Petronas	1:14.479	16	1:12.183	8	1:12.064	8	1:11.142	10	1:09.930	3	1:10.922	4
14.	Mark Webber	Jaguar R5-05	1:14.147	13	1:12.816	18	1:12.356	12	1:11.130	9	1:11.230	14	1:11.665	12
15.	Christian Klien	Jaguar R5-06	1:15.476	21	1:13.509	21	1:12.612	14	1:12.248	16	1:11.912	17	1:12.211	16
16.	Jarno Trulli	Toyota TF104/10B	1:13.512	7	1:12.545	16	1:12.263	11	1:11.711	15	1:10.478	10	1:11.483	10
17.	Ricardo Zonta	Toyota TF104/09B	1:14.207	15	1:12.347	14	1:13.025	15	1:11.688	14	1:11.315	15	1:11.974	15
18.	Nick Heidfeld	Jordan EJ14/03 - Ford	1:15.414	20	1:13.114	19	1:13.327	16	1:12.299	17	1:11.394	16	1:12.829	17
19.	Timo Glock	Jordan EJ14/02 - Ford	1:15.647	23	1:13.966	22	1:14.805	19	1:13.818	14	1:12.242	18	1:13.502	18
20.	Gianmaria Bruni	Minardi PS04B/02 - Cosworth	1:16.406	24	1:13.467	20	1:14.336	18	1:14.411	20	1:12.916	19		20
21.	Zsolt Baumgartner	Minardi PS04B/04 - Cosworth	1:15.490	22	1:13.979	23	1:14.284	17	1:12.990	18	1:13.032	20	1:13.550	19
35.	Anthony Davidson	B.A.R 006-04 - Honda	1:13.232	5	1:11.920	5								
37.	Björn Wirdheim	Jaguar R5-01	1:15.065	19	1:14.303	24								
38.	Ryan Briscoe	Toyota TF104/11B	1:12.614	2	1:12.209	9								
39.	Robert Doornbos	Jordan EJ14/01 - Ford	1:14.966	18	1:12.345	13								
40.	Bas Leinders	Minardi PS04B/03 - Cosworth			1:14.754	25								

Vitesses de pointe

N°	Pilote	P1 Qualifs	Pos.	P1 Course	Pos.	P2 Qualifs	Pos.	P2 Course	Pos.	Finish Qualifs	Pos.	Finish Course	Pos.	Radar Qualifs	Pos.	Radar Course	Pos.
1.	M. Schumacher	311,3	3	327,0	1	259,5	14	267,6	3	320,2	2	330,6	1	324,3	1	326,8	2
2.	R. Barrichello	313,6	1	321,1	2	265,8	3	265,0	6	320,4	1	327,5	4	321,3	5	323,4	8
3.	J.P. Montoya	310,6	4	319,7	3	266,3	1	267,9	1	316,1	10	325,3	6	315,3	15	320,3	12
4.	R. Schumacher	307,1	10	319,4	5	265,2	4	267,7	2	317,2	9	323,4	10	317,7	14	323,8	5
5.	D. Coulthard	308,4	7	315,4	11	266,2	2	263,4	10	318,0	7	324,8	7	319,3	8	319,7	13
6.	K. Räikkönen	309,0	6	319,5	4	265,0	5	266,2	5	317,7	8	322,0	11	319,3	7	323,8	6
7.	J. Villeneuve	307,5	9	317,0	9	261,1	10	262,1	11	319,7	3	323,6	8	319,3	6	322,0	10
8.	F. Alonso	307,0	11	317,2	8	262,3	7	264,1	8	319,3	5	323,4	9	322,5	3	324,5	4
9.	J. Button	306,2	12	304,9	20	262,9	6	228,2	20	315,0	13	308,3	20	318,4	10	270,8	20
10.	T. Sato	304,7	15	316,8	10	262,3	8	266,7	4	315,4	11	327,8	2	318,3	12	322,3	9
11.	G. Fisichella	309,4	5	318,5	6	261,4	9	264,1	7	318,4	6	325,7	5	322,2	4	325,9	3
12.	F. Massa	311,7	2	317,6	7	260,8	11	263,8	9	319,7	4	327,8	3	324,1	2	326,8	1
14.	M. Webber	303,7	17	312,9	14	255,1	17	259,9	13	313,1	16	321,4	12	314,4	17	323,5	7
15.	C. Klien	302,6	19	315,2	12	258,9	15	260,6	12	310,7	18	319,1	15	312,0	19	317,4	16
16.	J. Trulli	305,1	14	311,1	15	260,0	13	259,2	14	313,4	15	319,5	14	318,4	11	318,8	14
17.	R. Zonta	305,8	13	313,7	13	260,4	12	259,2	15	315,0	12	320,0	13	319,0	9	320,9	11
18.	N. Heidfeld	303,5	18	306,5	18	249,0	19	245,6	19	311,5	17	313,6	19	315,0	16	303,7	19
19.	T. Glock	304,3	16	310,3	17	253,2	18	255,1	16	309,8	19	314,0	17	313,9	18	316,7	17
20.	G. Bruni			306,4	19			252,4	18			313,9	18			314,9	18
21.	Z. Baumgartner	308,0	8	310,8	16	255,2	16	254,5	17	261,3	18	316,7	16	318,1	13	318,7	15

Course

Classement & abandons

Pos.	Pilote	Equipe	Tour	Temps	Moyenne
1.	J.P. Montoya	Williams BMW	71	1:28:01.451	208,516 km/h
2.	K. Räikkönen	McLaren Mercedes	71	+ 1.022	208,476 km/h
3.	R. Barrichello	Ferrari	71	+ 24.099	207,569 km/h
4.	F. Alonso	Renault	71	+ 48.908	206,603 km/h
5.	R. Schumacher	Williams BMW	71	+ 49.740	206,571 km/h
6.	T. Sato	B.A.R Honda	71	+ 50.248	206,551 km/h
7.	M. Schumacher	Ferrari	71	+ 50.626	206,537 km/h
8.	F. Massa	Sauber Petronas	71	+ 1:02.310	206,085 km/h
9.	G. Fisichella	Sauber Petronas	71	+ 1:03.842	206,026 km/h
10.	J. Villeneuve	Renault	70	1 tour	205,452 km/h
11.	D. Coulthard	McLaren Mercedes	70	1 tour	204,902 km/h
12.	J. Trulli	Toyota	70	1 tour	204,389 km/h
13.	R. Zonta	Toyota	70	1 tour	203,467 km/h
14.	C. Klien	Jaguar	69	2 tours	202,233 km/h
15.	T. Glock	Jordan Ford	69	2 tours	200,288 km/h
16.	Z. Baumgartner	Minardi Cosworth	67	4 tours	196,743 km/h
17.	G. Bruni	Minardi Cosworth	67	4 tours	196,134 km/h

Pilote	Equipe		Motif d'abandon
M. Webber	Jaguar	24	Accrochage avec Klien
N. Heidfeld	Jordan Ford	16	Problème d'embrayage
J. Button	B.A.R Honda	4	Moteur cassé

Meilleurs tours

	Pilote	Temps	Tour	Moyenne
1.	J.P. Montoya	1:11.473	49	217,038 km/h
2.	K. Räikkönen	1:11.562	52	216,768 km/h
3.	R. Barrichello	1:11.672	22	216,435 km/h
4.	M. Schumacher	1:11.763	49	216,161 km/h
5.	R. Schumacher	1:11.764	23	216,158 km/h
6.	G. Fisichella	1:11.877	69	215,818 km/h
7.	T. Sato	1:11.941	51	215,626 km/h
8.	F. Massa	1:12.066	68	215,252 km/h
9.	F. Alonso	1:12.118	42	215,097 km/h
10.	J. Villeneuve	1:12.210	68	214,823 km/h
11.	J. Trulli	1:12.435	65	214,156 km/h
12.	D. Coulthard	1:12.522	40	213,899 km/h
13.	C. Klien	1:12.891	49	212,816 km/h
14.	R. Zonta	1:12.961	69	212,612 km/h
15.	M. Webber	1:13.197	20	211,926 km/h
16.	T. Glock	1:13.905	68	209,896 km/h
17.	Z. Baumgartner	1:14.743	45	207,543 km/h
18.	G. Bruni	1:14.756	50	207,507 km/h
19.	N. Heidfeld	1:15.855	11	204,500 km/h
20.	J. Button	1:24.440	2	183,709 km/h

Passages aux stands

	Pilote	Temps	Tour	Arrêt n°
1.	R. Schumacher	25.234	4	1
2.	K. Räikkönen	24.378	5	1
3.	J.P. Montoya	24.115	5	1
4.	T. Sato	23.712	5	1
5.	J. Trulli	24.767	5	1
6.	M. Schumacher	23.943	5	1
7.	R. Barrichello	23.354	6	1
8.	C. Klien	26.627	6	1
9.	M. Webber	35.387	6	1
10.	R. Zonta	24.222	6	1
11.	T. Glock	26.044	6	1
12.	Z. Baumgartner	30.820	6	1
13.	F. Massa	25.664	7	1
14.	N. Heidfeld	25.059	8	1
15.	G. Fisichella	24.155	8	1
16.	G. Bruni	25.338	8	1
17.	D. Coulthard	25.927	14	1
18.	F. Alonso	26.452	18	1
19.	J. Villeneuve	26.289	20	1
20.	R. Zonta	24.424	23	2
21.	C. Klien	34.720	24	2
22.	Z. Baumgartner	27.032	24	2
23.	R. Schumacher	25.245	26	2
24.	T. Sato	25.971	27	2
25.	R. Barrichello	24.073	27	2
26.	J.P. Montoya	25.002	28	2
27.	M. Schumacher	24.355	28	2
28.	J. Trulli	24.079	28	2
29.	K. Räikkönen	25.616	29	2
30.	G. Bruni	25.149	31	2
31.	F. Massa	26.065	33	2
32.	T. Glock	25.632	33	2
33.	G. Fisichella	24.630	34	2
34.	D. Coulthard	27.039	41	2
35.	J. Trulli	24.108	45	3
36.	J. Villeneuve	25.130	46	2
37.	F. Alonso	25.888	47	2
38.	R. Schumacher	26.287	48	3
39.	Z. Baumgartner	36.145	46	3
40.	R. Barrichello	24.261	49	3
41.	J.P. Montoya	25.048	50	3
42.	R. Zonta	25.059	49	3
43.	M. Schumacher	24.077	50	3
44.	G. Bruni	33.306	48	3
45.	C. Klien	24.708	51	3
46.	F. Massa	24.125	53	3
47.	T. Sato	24.137	54	3
48.	G. Fisichella	23.801	54	3
49.	K. Räikkönen	23.939	55	3
50.	T. Glock	25.843	54	3

Tête de la course

Pilote	Tours en tête	Nbre de Tours
K. Räikkönen	1 > 3	3
R. Barrichello	4 > 5	2
F. Massa	6 > 7	2
F. Alonso	8 > 18	11
J.P. Montoya	19 > 28	10
K. Räikkönen	29	1
J.P. Montoya	30 > 50	21
K. Räikkönen	51 > 55	5
J.P. Montoya	56 > 71	21

Pilote	Nbre de Tours	Kilomètres
J.P. Montoya	47	202,523 km
F. Alonso	11	47,399 km
K. Räikkönen	9	38,571 km
R. Barrichello	2	8,618 km
F. Massa	2	8,618 km

Ecarts en tête de course

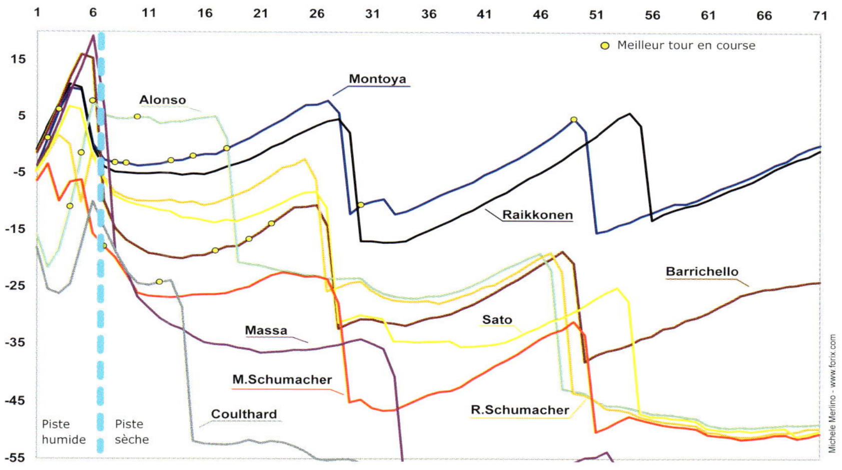

Tour par tour

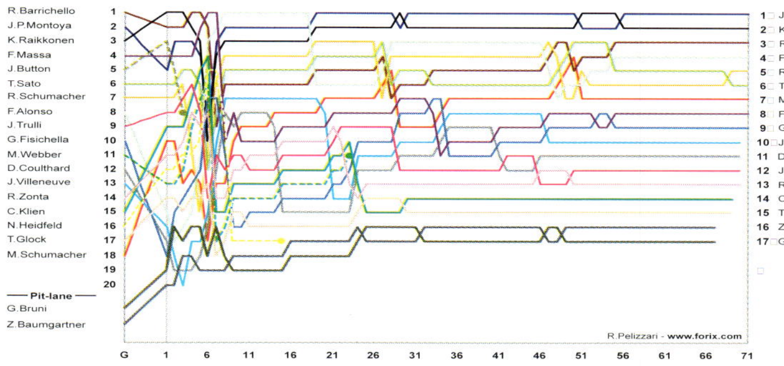

Championnats après dix-huit manches

Conducteurs

1. **M. Schumacher** ....(13 victoires).......148
2. R. Barrichello ....(2 victoires).........114
3. J. Button 85
4. F. Alonso 59
5. J.P. Montoya.............(1 victoire)...........58
6. J. Trulli ....(1 victoire)...........46
7. K. Räikkönen ....(1 victoire)...........45
8. T. Sato 34
9. R. Schumacher 24
10. D. Coulthard 24
11. G. Fisichella 22
12. F. Massa 12
13. M. Webber 7
14. O. Panis 6
15. A. Pizzonia 6
16. C. Klien 3
17. C. Da Matta 3
18. N. Heidfeld 3
19. T. Glock 2
20. Z. Baumgartner 1
21. J. Villeneuve 0
22. R. Zonta 0
23. M. Gené 0
24. G. Pantano 0
25. G. Bruni 0

Constructeurs

1. **Scuderia Ferrari Marlboro** .(15 victoires)..262
2. Lucky Strike B.A.R Honda 119
3. Mild Seven Renault F1 Team ..(1 victoire).....105
4. BMW WilliamsF1 Team ....(1 victoire).......88
5. West McLaren Mercedes ....(1 victoire).......69
6. Sauber Petronas...34
7. Jaguar Racing 10
8. Panasonic Toyota Racing 9
9. Jordan Ford 5
10. Minardi Cosworth 1

Le circuit

Nom	Autodromo José Carlos Pace, Interlagos, Sao Paulo
Longueur	4309 mètres
Distance	71 tours, soit 305,909 km
Date	24 octobre 2004
Conditions climatiques	ciel couvert, départ sur piste humide, crachin en cours de GP, 25-24°c
Température de la piste	28-26°c

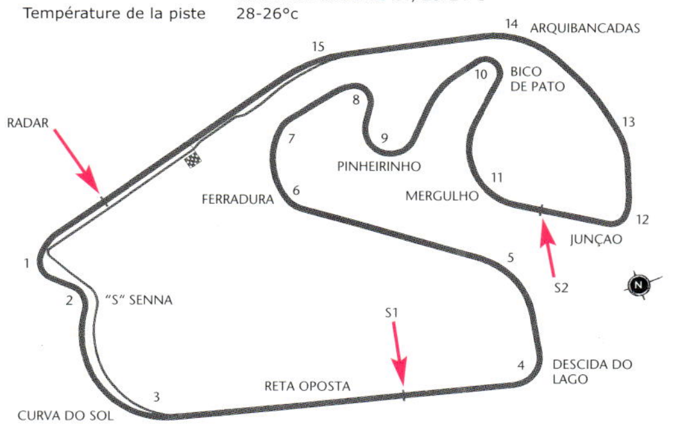

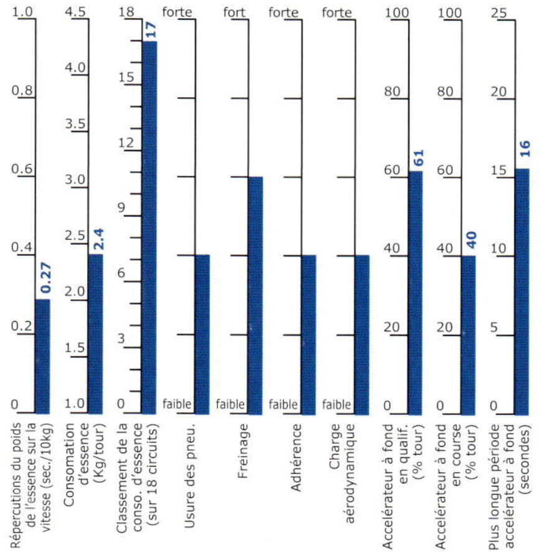

conclusion

par Eric Silbermann

>
Après quelques inquiétudes, la saison 2005 devrait continuer de voir 10 écuries au départ. C'est pour 2006 que les choses paraissent plus incertaines...

Vous venez juste de terminer la lecture de l'Année Formule 1 2004. Et si nous prenions le temps de jeter un œil sur 2005 ? Trop tôt ? Prématuré ? Pas du tout, car à l'image de nos amis les requins (y compris ceux du paddock), le monde des Grands Prix ne s'endort jamais. D'ailleurs, lors du dernier Grand Prix, au Brésil, un collègue en salle de presse, soupirant tout en fermant son ordinateur, me lança : «*On se voit à Melbourne dans dix-neuf semaines !*»

Au moment où nous écrivons ceci, mi-novembre, les équipes sont d'ores et déjà prêtes à assembler les monoplaces de la saison prochaine. A la fin du mois, les essais vont reprendre. Nouveaux pilotes, nouveaux sponsors à fidéliser, et intégration des éléments 2005 sur des chassis 2004.

Vous pouvez être certain d'une chose : c'est qu'au premier jour du Grand Prix d'Australie, tous les ingénieurs se plaindront de ne pas avoir eu assez de temps pour finaliser les développements de leurs monoplaces. Et pour une fois, ils ne crierons pas au loup sans raison! Car à ce jour, les règlements techniques 2005 doivent effectivement être encore finalisés, et cela risque de poser un réel problème à ceux qui passent leur journée devant un logiciel de conception assistée par ordinateur. Cependant, dans cette affaire, il y a beaucoup de monde à blâmer.

Début juillet, le président de la FIA (la Fédération Internationale de l'Automobile), Max Mosley, a demandé aux équipes de réfléchir à un ensemble de nouvelles règles atteignant trois objectifs : réduire les coûts, réduire la vitesse et améliorer le spectacle. A partir de là, il aurait été plus facile de remplir une pièce de chimpanzés équipés de machines à écrire en leur demandant de reproduire les œuvres complètes de Shakespeare que d'attendre un consentement mutuel de la part des dix directeurs d'écurie. Les deux premières dates butoir de réponse aux demandes de la FIA ont été largement dépassées. Par conséquent, au Brésil, la FIA a publié de son propre chef un ensemble de règles qui devront être respectées et appliquées dès le début de la saison prochaine.

Dans les grandes lignes, les voitures seront dotées d'ailerons plus petits, afin de réduire l'appui aérodynamique de 20%. Les pilotes n'utiliseront qu'un train de pneus pour se qualifier et pour la course, tandis que le moteur devra durer deux week-ends de course complets au lieu d'un seul au jour d'aujourd'hui.

Tout à fait franchement, cette dernière règle est totalement absurde. Comment peut-on attendre du spectateur qu'il comprenne qu'un pilote qui a signé le meilleur chrono des essais et qui détient la pole position partira de la sixième ligne parce qu'on a effectué un changement de moteur sur sa monoplace le week-end précédent ? Comment peut-il comprendre encore qu'un pilote de kart amateur âgé de huit ans consommera plus de pneu que les plus grands pilotes au monde ?

Reste aussi à bien comprendre que lorsque les voitures prendront la piste pour une séance de qualification, la saison prochaine, elles approcheront des chronos réalisés en 2004 parce que l' esprit aiguisé des ingénieurs et leur capacité à générer des idées nouvelles pourraient bien déjouer les intentions de modération de la vitesse de la FIA.

Une interrogation encore plus flagrante que le chrono consiste à savoir quel jour et à quelle heure les monoplaces entreront en piste, le format du week-end de course 2005 n'étant toujours pas décidé.

Au Brésil, le vendredi, après avoir lâché sa grenade concernant la nouvelle réglementation, la FIA a publié, le jour suivant, une autre information relative aux qualifications.

En résumé, à la place d'avoir une séance de pré-qualification le samedi après-midi, immédiatement suivie par la qualification elle-même, la première séance débutera avec les pilotes entrant sur la piste dans l'ordre inverse du résultat de la course précédente – donc la dernière course 2004 pour le premier départ en 2005. Le vainqueur de cette session, prendra la piste le premier pour la deuxième séance qualificative qui se tiendra le dimanche matin. Les temps des deux sessions seront alors cumulés pour aboutir au résultat final et donc à la grille de départ.

A moins que mes oreilles me jouent des tours, il me semble avoir entendu Max Mosley et Bernie Ecclestone affirmer qu'il ne serait jamais question d'avoir plus de 17 courses au calendrier.

L'idée de déplacer la séance de qualification au dimanche matin a surtout été l'objet de réflexion après le Grand Prix du Japon. Un typhon ayant dévasté le pays le samedi matin, afin d'éviter toute catastrophe, le circuit y est resté fermé toute la journée du samedi. Les séances qualificatives ont été annulées et reportées de 24 heures. Le public, prévenu, s'est donc rendu de très bonne heure sur le circuit le dimanche matin pour assister toute la journée au ballet incessant des monoplaces – ce qui n'est pas le cas par un dimanche normal. A l'unanimité, les spectateurs ont qualifié cette journée de fantastique : une bonne opération financière !

De plus un chef-mécanicien, qui souhaite rester anonyme, m'a déclaré à Suzuka: «*Ce format nous convient, car pour être honnête, avec l'ancien système je devais occuper mes mécaniciens dans le garage pour que notre patron ne se rende pas compte que nous n'avions rien à faire le samedi après-midi* ».

Malheureusement, tous ne sont pas de cet avis. Les télévisions argumentent ainsi que le spectacle du samedi après-midi ne revêt plus aucun intérêt pour leurs spectateurs. Il va donc falloir que certains retournent plancher sur le sujet !

Pour compliquer les choses, au Brésil, neuf des dix propriétaires d'écurie – nous parlerons de l'équipe

L'un s'en va sans gloire, l'autre prend sa place: David Coulthard sera remplacé par Juan Pablo Montoya chez McLaren en 2005.
v

manquante plus loin – ont attendu que la FIA publie ses règles pour élaborer leurs propres propositions. Pourquoi donc ne l'ont-ils pas fait avant que les nouveaux règlements soient publiés, comme il avait été suggéré ? C'est une question qui reste sans réponse, mais pour avoir passé la plupart de ma vie active en Formule Un, je suis pour ma part immunisé contre ce genre d'absurdité !
Dans leur dossier, les neufs directeurs d'écurie proposaient de limiter les essais privés pendant la saison à 10 jours seulement, de réduire le week-end de course à un week-end de samedi à dimanche et d'avoir un vendredi d'essais libres où l'on peut faire un peu «n'importe quoi ».

Jean Todt, le Charles de Gaulle de la F1

Pour les Anglais, le Général de Gaulle évoque toujours l'image d'un homme qui a dit « *Non !* » Quelques années plus tard, il semble avoir un successeur naturel dans le paddock : Jean Todt, qui a dit « *Non* » à toutes ces propositions et n'a pas signé l'accord. Il a du coup été dépeint comme l'ennemi public Numéro 1 par ses adversaires et les médias. Mais que pouvait-il faire ? Pendant que certains dirigeants d'écurie contentent leur ego et édifient des palaces pour abriter des nouveaux centres techniques – qui serviront plutôt de mausolée quand l'équipe aura disparu –, ou inaugurent de fastueuses boîtes de nuits, voir retapissent leur jet privé ou achètent le plus grand des yachts existant, Ferrari investit dans deux circuits d'essais à Fiorano et au Mugello. Plus aucun essai ? Vous devez plaisanter ! Est-ce que Ron Dennis McLaren aurait signé pour interdire les essais si ses ambitions d'acheter le circuit de Lydden Hill, à côté de Douvres, s'étaient concrétisées?

Une carotte pour des ânes

Nous ne sommes pas assurés du contenu de la réglementation 2005, mais nous pouvons certainement discuter du calendrier des courses. En fait, non, nous ne pouvons même pas le faire, parce que la décision finale n'interviendra pas avant le 10 décembre, dans le meilleur des cas, après la sortie de l'«Année Formule Un ».
Avec 18 Grands Prix, 2004 s'est avéré comme la saison la plus longue de la Formule Un. Et maintenant, nous avons sur la table un projet de saison à 19 courses, soit toutes les épreuves 2004, plus une, en Turquie.
Il me semble avoir entendu à plusieurs reprises, cette année – à moins que mes oreilles me jouent des tours –, Max Mosley et Bernie Ecclestone affirmer qu'il ne serait jamais question d'avoir plus de 17 courses au calendrier. Nous en aurons pourtant sûrement dix-neuf, même si Bernie joue, comme à son habitude, au chat et à la souris. Et cette année, c'est avec les Grands Prix de France et d'Angleterre. Tout ce qu'il reste à faire au grand argentier de la F1, c'est d'agiter une carotte de dollars devant ces ânes de patrons d'écurie. Le débat existe d'ailleurs depuis longtemps dans le paddock sur la question du trop de Grands Prix qui ruine les Grands Prix. C'est un peu comme si vous mangez du caviar tous les jours, vous finissez par vous en lasser. Par contre, nous pourrions certainement nous débarrasser du circuit hongrois, qui a davantage des relents d'œufs de hareng que de de ceux d'esturgeon. Si le calendrier continue à se rallonger, les écuries devront avoir recours à plusieurs équipes de mécaniciens pour éviter les trop grosses fatigues. Le plus grand danger, qui s'avérerait désastreux pour ce sport, serait de perdre des circuits européens classiques.
Des week-end comme la Malaisie, ou Bahreïn, offrent des installations magnifiques, mais les tracés eux-mêmes n'apportent pas plus que le bon vieil aérodrome de Silverstone. De manière plus terre à terre, les habitants de Bahreïn et de Malaisie ne montrent aucun intérêt pour la course, et le nombre de spectateurs y sera toujours un peu décevant. Cela dit, nous devons nous rendre dans ces pays pour permettre aux sponsors cigarettiers de s'y afficher et d'apposer leurs logos sur les monoplaces. Il s'agit toutefois d'une politique à court terme, étant donné des interdictions de plus en plus généralisées des publicités pour le tabac.
Shanghaï, de son côté, s'est doté d'une magnifique piste, bien que le paddock en lui-même soit complètement démesuré. J'ai d'ailleurs demandé aux officiels de la FIA s'ils pensaient un jour accueillir vingt écuries de F1 pour remplir tout ça!

7 écuries à 10

Alors que nous étions en Chine, justement, un vent curieux soufflait sur les écuries. Sept d'entres elles uniquement, s'annonçaient comme participant au championnat 2005. Jaguar-Cosworth fermait alors que Jordan et Minardi essayaient de trouver désespérément de l'argent pour survivre. A l'heure de rédiger ces lignes, en novembre, il apparaît pourtant que les dix écuries seront bien présentes sur la grille de départ en Australie. Jaguar a été racheté, par le géant de la boisson énergétique, Red Bull. Jordan a conclu un marché avec le motoriste japonais Toyota, et les hommes de Minardi savent qu'ils peuvent être propulsés par Cosworth – l'entreprise en difficulté ayant a priori trouvé de nouveaux propriétaires.
Par conséquent, si l'on opte pour le scénario optimiste, tout semble rose pour 2005. La grosse complication viendrait en 2006. En effet, il se pourrait que quelques-uns des grands de ce sport mettent un terme à leur engagement. BMW, Honda et Mercedes ont tous menacé de porter la FIA devant les tribunaux, afin de contrer les mesures prises pour 2006 : les moteurs devront alors être des V8 de 90 degrés avec une capacité de 2400cc et un poids minimum de 95 kilos.

^
Frank Williams et Mario Theissen. Jusqu'à quand l'entente durera-t-elle?

<
Les ravitaillements n'ont pas vraiment été remis en cause au moment de discuter des changements de règlement. Mais le débat fait toujours rage entre ceux qui affirment qu'ils ajoutent au spectacle et ceux qui pensent qu'ils tuent la course.

> Sous pression des journalistes, les acteurs de la F1 parlent peu de leurs intentions futures.

Cet entrave mise en avant par les motoristes nous amène sur un autre sujet qui pourrait remplir nombre de colonnes de magazines en 2005 : le GPWC. Le Grand Prix World Championship. Cette organisation, comprenant les constructeurs impliqués en F1, tourne autour du paddock comme un vautour autour de sa proie. Elle devrait changer toute la donne mais n'a jamais encore vu le jour. Personne n'a jamais pris au sérieux cette aventure du GPWC, qui devrait débuter à la fin des Accords Concorde, c'est en à dire fin 2007. Il s'agirait surtout, pour les écuries, de pousser Bernie Ecclestone dans ses derniers retranchements à propos des accords commerciaux de la F1, afin de bénéficier d'une plus grosse part de gâteau.
Notons que Bernie Ecclestone semble plutôt en difficulté, parce que les trois banques qui possèdent 75% de sa société SLEC ont gagné récemment le droit de réclamer le contrôle total de la compagnie. Si cette opération réussit, alors ils mettront indubitablement la gestion de la discipline dans les mains du GPWC, et Bernie Ecclestone sera alors remercié. Cette année, à Monza, quand le président de Ferrari, Luca di Montezemolo, a attaqué Bernie en traitant son organisation de «one man show», il a laissé supposer que dans cet état d'esprit le GPWC est une véritable menace.

Il serait faux de croire que Bernie Ecclestone est en train de lâcher prise. Vers la fin de la saison, son chien domestique a été étalé sur toutes les pages des journaux britanniques pour avoir attaqué d'autres chiens dans le jardin privé jouxtant son palace londonien ! Et tout comme un chien aculé, c'est exactement le moment où le maître est le plus dangereux. Il se pourrait donc que 2005 soit l'objet de quelques feux d'artifice dans les tribunaux et les paddocks.

La Formule 1 n'est pourtant pas sous le régime du communisme!

Mais si le GPWC pourrait entraîner une redistribution des revenus plus équitable, il fera peu pour rendre le terrain plus égalitaire sur le plan technique. Si l'on admet que, le dimanche après-midi, la F1 redevient un sport et non plus un business, alors on trouvera toujours des écuries meilleures que d'autres, ce qui, après tout, constitue la base de toute compétition sportive. Paul Stoddart (Minardi) et Eddie Jordan, qui faisaient partie des patrons d'équipe révoltés au Brésil, paraissaient avoir une vue idéaliste du sujet, semblant considérer qu'il devraient pouvoir se battre contre Ferrari et les autres écuries sur un pied d'égalité. La Formule 1 n'est pourtant pas sous le régime du communisme! Pour reprendre la citation du célèbre roman de George Orwell, «Animal Farm » : *«Toutes les équipes sont égales, mais certaines sont plus égales que d'autres.»*
Quelles que soient les règles, il n'y aura aucun changement radical de la hiérarchie dans le paddock. Les changements de règlement œuvrent en général en faveur des plus grandes équipes, qui disposent des ressources nécessaires pour évaluer un grand nombre de solutions possibles. Il n'y a aucune raison de penser que Ferrari ne sera pas, une fois encore, la force dominante quelle que soit le nouveau règlement. Michael Schumacher sera le pilote le plus expérimenté sur la grille, mais il n'a pas encore l'âge de la retraite, et d'une façon plus générale il adore gagner des courses et déteste perdre.
Il y a toutefois quelques signes chez la part les concurrents qui laissent croire que le septuple champion du monde pourrait être inquiété en 2005. Le plus flagrant, c'est l'équipe B.A.R.- Honda, qui s'est révélée comme l'équipe qui monte en 2004, en décrochant la deuxième place au championnat du monde des constructeurs. Son pilote, Jenson Button,

> Michelin équipera l'écurie Sauber en 2005. Il semble difficile de prévoir les conséquences du nouveau règlement, qui prévoit de limiter le nombre de pneus à un train par pilote pour les qualifications et la course.

a désormais atteint l'âge mûr. Si aucune discussion contractuelle ne vient le distraire la saison prochaine, il pourrait être une menace réelle pour Michael.

La retraite de Ron

Si la vie est juste – et ce n'est souvent pas le cas –, alors Kimi Raikkonen, le plus grand talent inexploité du paddock, remportera des courses à la régulière. Mais les tensions au sein de Mercedes-Benz et le fait que Ron Dennis pense à se retirer, volontairement ou non, ajoute de l'incertitude aux espoirs de McLaren pour la saison future. En effet, quand Ron Dennis et Frank Williams faisaient leur chemin, ils avaient à peu près le même âge que leurs pilotes. Mais maintenant, ils sont assez âgés pour être leurs parents, voir presque leurs grands-parents. En 2004, ces deux grandes équipes sont apparues fatiguées et rongées par les soucis. Ce triste constat ne devrait pas s'embellir en 2005. Malgré tout, Williams a signé un contrat avec Mark Webber, qui a la trempe d'un bon pilote, et l'équipe devrait s'en sentir régénérée. En tout cas, elle ne semble pas navrée de tourner le dos à Ralf Schumacher et Juan Pablo Montoya. Ces deux derniers étant respectivement prêt à défendre les couleurs de leurs nouvelles enseignes : Toyota et McLaren.
Concernant l'ordre général sur la grille, il est difficile de prédire quoique ce soit. L'un des aspects à surveiller, ce sera le changement de Sauber, qui sera dorénavant équipée par le manufacturier Michelin. B.A.R ayant fait de même en 2004. Cependant, avec Massa et Villeneuve dans son giron, l'écurie Suisse ne va pas bénéficier des meilleurs pilotes sur le marché avant plusieurs années.
Maintenant, les plus observateurs d'entre vous auront relevé une erreur magistrale dans cette conclusion : à savoir que je n'ai pas tiré de conclusion. Mais qu'attendiez-vous donc ?
Je travaille en Formule 1, et ménager la chèvre et le chou est une spécialité maison!
La vraie raison qui m'a poussé à contourner la question, c'est que nous ne pouvons pas prévoir ce qui va se passer sur la piste les mois prochains, et c'est aussi pour cette raison que vous achetez chaque année l'«Année Formule 1» : comme chaque année, personne ne sait vraiment ce que nous pouvons attendre de ce sport fascinant.
Il est très tendance de converser autour de la crise de la F1, mais personne n'évoquerait le sujet si Ferrari n'avait pas outrageusement écrasé l'opposition.
Maintenant, nous devons reporter tous nos espoirs dans les autres équipes, et espérer qu'elles mettront un terme au règne du Cheval Cabré, ou tout au moins qu'elles lui donneront du fil à retordre.
Il n'y aura en effet pas beaucoup d'intérêt à disputer 19 Grands Prix si le trophée rentre déjà à Marenello à la mi-saison !

<
Toyota fournira ses moteurs à Jordan en 2005, garantissant ainsi la survie de l'équipe de Silverstone.

Recapitulatif de la saison 2004

Position au Championnat	Pilote	Epuipe	1. Australie	2. Malaisie	3. Bahreïn	4. Saint Marin	5. Espagne	6. Monaco	7. Europe	8. Canada	9. Etats-Unis	10. France	11. Grande-Bretagne	12. Allemagne	13. Hongrie	14. Belgique	15. Italie	16. Chine	17. Japon	18. Brésil	Nombre de pole positions	Nombre de victoires	Nombre de meilleurs tours en course	Nombre de podiums	Nombre de tours en tête	Nombre de GP en tête	Nombre de km en tête	Nombre de points
1	Michael SCHUMACHER	Ferrari	**1**	**1**	**1**	**1**	**1**	A	**1**	**1**	**1**	**1**	**1**	**1**	**1**	2	2	12	**1**	7	8	13	10	15	683	16	3356,446	148
2	Rubens BARRICHELLO	Ferrari	2	4	2	6	2	3	2	2	2	3	3	12	2	3	**1**	**1**	A	3	4	2	4	14	102	8	535,683	114
3	Jenson BUTTON	B.A.R Honda	6	3	3	2	8	2	3	3	A	5	4	2	5	A	3	2	3	A	1	-	-	10	52	5	277,598	85
4	Fernando ALONSO	Renault	3	7	6	4	4	A	5	A	A	2	10	3	3	A	A	4	5	4	1	-	-	4	60	8	276,505	59
5	Juan Pablo MONTOYA	Williams BMW	5	2	13	3	A	4	8	A	A	8	5	5	4	A	5	5	7	**1**	-	1	2	3	51	3	226,128	58
6	Jarno TRULLI	Renault / Toyota	7	5	4	5	3	**1**	4	A	4	4	A	11	A	9	10		11	12	2	1	-	2	89	3	340,137	46
7	Kimi RÄIKKÖNEN	McLaren Mercedes	A	A	A	8	11	A	A	5	6	7	2	A	A	1	A	3	6	2	1	1	2	4	50	4	302,075	45
8	Takuma SATO	B.A.R Honda	7	15	5	16	5	A	A	A	3	A	11	8	6	A	4	6	4	6	-	-	-	1	2	1	10,296	34
9	Ralf SCHUMACHER	Williams BMW	4	A	7	7	6	10	A	A	A							A	2	5	1	-	-	1	30	2	131,920	24
10	David COULTHARD	McLaren Mercedes	8	6	A	12	10	A	A	6	7	6	7	4	9	7	6	9	A	11	-	-	-	-	-	-	-	24
11	Giancarlo FISICHELLA	Sauber Petronas	10	11	11	9	7	A	6	4	9	12	6	9	8	5	8	7	8	9	-	-	-	-	-	-	-	22
12	Felipe MASSA	Sauber Petronas	A	8	12	10	9	5	9	A	A	13	9	13	A	4	12	8	9	8	-	-	-	-	2	1	8,618	12
13	Mark WEBBER	Jaguar	A	A	8	13	12	A	7	A	A	9	8	6	10	A	9	10	A	A	-	-	-	-	-	-	-	7
14	Olivier PANIS	Toyota	13	12	9	11	A	8	11	A	5	15	A	14	11	8	A	14	14		-	-	-	-	-	-	-	6
15	Antonio PIZZONIA	Williams BMW												7	7	A	7				-	-	-	-	1	1	6,976	6
16	Christian KLIEN	Jaguar	11	10	14	14	A	A	12	9	A	11	14	10	13	6	13	A	12	14	-	-	-	-	-	-	-	3
17	Cristiano DA MATTA	Toyota	12	9	10	A	13	6	A	A	A	14	13	A							-	-	-	-	-	-	-	3
18	Nick HEIDFELD	Jordan Ford	A	A	15	A	A	7	10	8	A	16	15	A	12	11	14	13	13	A	-	-	-	-	-	-	-	3
19	Timo GLOCK	Jordan Ford								7								15	15	15	-	-	-	-	-	-	-	2
20	Zsolt BAUMGARTNER	Minardi Cosworth	A	16	A	15	A	9	15	10	8	A	A	16	15	A	15	16	A	16	-	-	-	-	-	-	-	1
21	Jacques VILLENEUVE	Renault																11	10	10	-	-	-	-	-	-	-	0
22	Ricardo ZONTA	Toyota													A	10	11	A		13	-	-	-	-	-	-	-	0
23	Marc GENÉ	Williams BMW										10	12								-	-	-	-	-	-	-	0
24	Giorgio PANTANO	Jordan Ford	14	13	16	A	A	A	13		A	17	A	15	A	A	A				-	-	-	-	-	-	-	0
25	Gianmaria BRUNI	Minardi Cosworth	A	14	17	A	A	A	14	A	A	18	16	17	14	A	A	A	16	17	-	-	-	-	-	-	-	0

Nombre de tours et kms parcourus en 2004

Pilote	Maximum 1122 tours	Maximum 5472,382 kms	GP terminés / GP disputés
1. Barrichello	1107	5385,277	17/18
2. M. Schumacher	1089	5360,051	17/18
3. Montoya	1076	5250,033	15/18
4. Fisichella	1032	5153,997	16/18
5. Button	991	4873,079	15/18
6. Coulthard	983	4884,572	14/18
7. Massa	969	4798,781	14/18
8. Alonso	949	4660,759	13/18
9. Trulli	943	4611,617	14/17
10. Heidfeld	910	4478,651	11/18
11. Panis	904	4399,988	14/17
12. Sato	901	4448,030	11/18
13. Klien	886	4469,275	14/18
14. Baumgartner	874	4225,326	11/18
15. Webber	787	3851,437	10/18
16. Räikkönen	752	3681,477	10/18
17. Bruni	736	3629,705	9/18
18. Da Matta	592	2770,401	8/12
19. R. Schumacher	579	2765,060	7/12
20. Pantano	549	2718,713	6/14
21. Glock	243	1189,413	4/4
22. Zonta	230	1220,718	2/5
23. Pizzonia	219	1127,125	3/4
24. Villeneuve	177	902,981	3/3
25. Gené	130	616,941	2/2

Nombre de victoires

M. Schumacher	83	J. Herbert	3
A. Prost	51	P. Hill	3
A. Senna	41	M. Hawthorn	3
N. Mansell	31	D. Pironi	3
J. Stewart	27	E. De Angelis	2
J. Clark	25	P. Depailler	2
N. Lauda	25	J-F Gonzales	2
J.M. Fangio	24	J-P. Jabouille	2
N. Piquet	23	P. Revson	2
D. Hill	22	P. Rodriguez	2
M. Häkkinen	20	J. Siffert	2
S. Moss	16	P. Tambay	2
J. Brabham	14	M. Trintignant	2
E. Fittipaldi	14	W. Von Trips	2
G. Hill	14	B. Vukovich	2
A. Ascari	13	J. Alesi	1
D. Coulthard	13	F. Alonso	1
Ma. Andretti	12	G. Baghetti	1
A. Jones	12	L. Bandini	1
C. Reutemann	12	J-P. Beltoise	1
J. Villeneuve	11	J. Bonnier	1
G. Berger	10	V. Brambilla	1
J. Hunt	10	J. Bryan	1
R. Peterson	10	F. Cevert	1
J. Scheckter	10	L. Fagioli	1
R. Barrichello	9	G. Fisichella	1
D. Hulme	8	P. Flaherty	1
J. Ickx	8	P. Gethin	1
R. Arnoux	7	R. Ginther	1
T. Brooks	6	S. Hanks	1
J. Laffite	6	I. Ireland	1
R. Patrese	6	J. Mass	1
J. Rindt	6	L. Musso	1
R. Schumacher	6	A. Nannini	1
J. Surtees	6	G. Nilson	1
G. Villeneuve	6	C. Pace	1
M. Alboreto	5	O. Panis	1
G. Farina	5	J. Parsons	1
C. Regazzoni	5	K. Räikkönen	1
K. Rosberg	5	L. Scarfiotti	1
J. Watson	5	B. Sweikert	1
D. Gurney	4	J. Rathman	1
E. Irvine	4	T. Ruttman	1
B. McLaren	4	P. Taruffi	1
J.P. Montoya	4	J. Trulli	1
T. Boutsen	3	L. Wallard	1
P. Collins	3	R. Ward	1
H-H. Frentzen	3		

Nombre total de points marqués

M. Schumacher	1186	E. De Angelis	122
A. Prost	798.5	J. Trulli	117
A. Senna	614	G. Fisichella	116
N. Piquet	485.5	F. Alonso	114
N. Mansell	482	J. Rindt	109
D. Coulthard	475	R. Ginther	107
R. Barrichello	451	G. Villeneuve	107
N. Lauda	420.5	P. Tambay	103
M. Häkkinen	420	D. Pironi	101
G. Berger	385	M. Brundle	98
J. Stewart	360	J. Herbert	98
D. Hill	360	P. Hill	98
C. Reutemann	310	F. Cevert	89
G. Hill	289	S. Johanson	88
E. Fittipaldi	281	C. Amon	83
R. Patrese	281	J-F Gonzales	77.64
J.M. Fangio	277.5	J-P. Beltoise	77
J. Clark	274	O. Panis	76
J. Brabham	261	T. Brooks	75
R. Schumacher	259	M. Trintignant	72.33
J. Scheckter	255	P. Rodriguez	71
D. Hulme	248	J. Mass	71
J. Alesi	241	D. Warwick	71
J. Laffite	228	E. Cheever	70
J.P. Montoya	221	J. Siffert	68
J. Villeneuve	219	A. Nannini	65
C. Regazzoni	212	P. Revson	61
A. Jones	206	A. De Cesaris	59
R. Peterson	206	L. Bandini	58
B. McLaren	196.5	C. Pace	58
E. Irvine	191	W. Von Trips	56
M. Alboreto	186.6	J. Behra	51.14
S. Moss	186.5	L. Villoresi	49
R. Arnoux	181	P. Collins	47
J. Ickx	181	I. Ireland	47
Ma. Andretti	180	L. Musso	44
J. Surtees	180	P. Taruffi	41
J. Hunt	179	J. Bonnier	39
H-H. Frentzen	174	T. Sato	39
K. Räikkönen	169	M. Salo	33
J. Watson	169		
K. Rosberg	159.5	**Puis:**	
P. Depailler	141	N. Heidfeld	28
A. Ascari	140	M. Webber	26
D. Gurney	133	F. Massa	16
T. Boutsen	132	C. Da Matta	10
J. Button	130	A. Pizzonia	6
M. Hawthorn	127.5	M. Gené	4
N. Farina	127.3	C. Klien	3
		R. Zonta	3
		T. Glock	2
		Z. Baumgartner	1

Nombre de Grands Prix disputés (707 pilotes)

Riccardo Patrese	256	Bruce McLaren	100	Fernando Alonso	50	Mike Beuttler	28
Michael Schumacher	211	Jackie Stewart	99	Mark Webber	50	Enrique Bernoldi	28
Gerhard Berger	210	Pedro Diniz	98	Mike Hailwood	49	Cristiano da Matta	28
Andrea de Cesaris	208	Jo Siffert	96	Jean Pierre Jabouille	49	Wolfgang von Trips	27
Nelson Piquet	204	Chris Amon	96	Derek Daly	49	Trevor Taylor	27
Jean Alesi	201	Patrick Depailler	95	Nicola Larini	49	Piers Courage	27
Alain Prost	199	Ukyo Katayama	94	Phil Hill	48	Jose Froilan Gonzalez	26
Rubens Barrichello	195	Ivan Capelli	93	Jackie Oliver	48	Luis Perez-Sala	26
Michele Alboreto	194	James Hunt	92	Luca Badoer	48	Ricardo Rosset	26
Nigel Mansell	187	Dan Gurney	86	Roy Salvadori	47	Tony Maggs	25
Graham Hill	176	Jean Pierre Beltoise	84	Manfred Winkelhock	47	Bob Anderson	25
Jacques Laffite	176	Jenson Button	84	Bertrand Gachot	47	Rupert Keegan	25
David Coulthard	175	Nick Heidfeld	84	François Cevert	46	Huub Rothengatter	25
Niki Lauda	171	Maurice Trintignant	82	Mike Hawthorn	45	Jan Magnussen	25
Thierry Boutsen	163	Marc Surer	82	Eric Bernard	45	Luigi Musso	24
Ayrton Senna	161	Jonathan Palmer	82	Lorenzo Bandini	42	Eliseo Salazar	24
Mika Häkkinen	161	Stefan Johansson	79	Tom Pryce	42	Yannick Dalmas	24
Johnny Herbert	160	Alessandro Nannini	76	Hector Rebaque	41	David Brabham	24
Martin Brundle	158	Hans Joachim Stuck	74	Olivier Grouillard	41	Tarso Marques	24
Olivier Panis	157	Vittorio Brambilla	74	Roberto Moreno	41	Johnny Claes	23
Heinz-Harald Frentzen	156	Piercarlo Ghinzani	74	Karl Wendlinger	41	Raul Boesel	23
John Watson	152	Satoru Nakajima	74	Alessandro Zanardi	41	Jan Lammers	23
René Arnoux	149	Mauricio Gugelmin	74	Christian Fittipaldi	40	Toulo de Graffenried	22
Carlos Reutemann	146	Jim Clark	72	Louis Rosier	38	Reine Wisell	22
Derek Warwick	146	Carlos Pace	71	Tony Brooks	38	Giancarlo Baghetti	21
Eddie Irvine	146	Didier Pironi	70	Masten Gregory	38	Roberto Guerrero	21
Emerson Fittipaldi	144	Stefano Modena	70	Gabriele Tarquini	38	Gaston Mazzacane	21
Giancarlo Fisichella	141	Bruno Giacomelli	69	Emanuele Pirro	37	Stefan Bellof	20
Jean Pierre Jarier	134	Juan Pablo Montoya	68	Mike Spence	36	Zsolt Baumgartner	20
Jacques Villeneuve	133	Gilles Villeneuve	67	Mauro Baldi	36	Prince Bira	19
Clay Regazzoni	132	Gianni Morbidelli	67	Marc Gené	36	Harald Ertl	19
Eddie Cheever	132	Kimi Räikkönen	67	Takuma Sato	36	Brian Henton	19
Mario Andretti	128	Stirling Moss	66	Ricardo Zonta	36	Francois Hesnault	19
Jarno Trulli	128	Teo Fabi	64	Howden Ganley	35	Andrea Montermini	19
Ralf Schumacher	127	Aguri Suzuki	64	Wilson Fittipaldi	35	Piero Taruffi	18
Jack Brabham	126	J J Lehto	62	Christian Danner	35	Ian Scheckter	18
Ronnie Peterson	123	Pedro de la Rosa	62	Tim Schenken	34	Chico Serra	18
Pierluigi Martini	119	Mark Blundell	61	Brett Lunger	34	Johnny Cecotto	18
Alan Jones	116	Jochen Rindt	60	Felipe Massa	34	Taki Inoue	18
Damon Hill	115	Erik Comas	59	Nino Farina	33	Christian Klien	18
Jacky Ickx	114	Arturo Merzario	57	Shinji Nakano	33	Gianmaria Bruni	18
Keke Rosberg	114	Harry Schell	56	Alberto Ascari	32	Roberto Mieres	17
Patrick Tambay	114	Henri Pescarolo	56	Peter Collins	32	Hans Herrmann	17
Denny Hulme	112	Alex Caffi	56	Pedro Lamy	32	Lucien Bianchi	17
John Surtees	111	Pedro Rodriguez	54	Toranosuke Takagi	32	Nanni Galli	17
Jody Scheckter	111	Rolf Stommelen	53	Luigi Villoresi	31	Cliff Allison	16
Philippe Alliot	109	Philippe Streiff	53	Gunnar Nilsson	31		
Mika Salo	109	Jean Behra	52	Peter Revson	30		
Elio de Angelis	108	Richie Ginther	52	Peter Gethin	30	**Puis:**	
Jos Verstappen	106	Alexander Wurz	52	Andrea de Adamich	29	Antonio Pizzonia	15
Jo Bonnier	104	Juan Manuel Fangio	51	Robert Manzon	28	Giorgio Pantano	14
Jochen Mass	104	Innes Ireland	50	Carel Godin de Beaufort	28	Timo Glock	4

Nombre de pole positions

A. Senna	65	J. Laffite	7
M. Schumacher	63	E. Fittipaldi	6
J. Clark	33	P. Hill	6
A. Prost	33	J.P. Jabouille	6
N. Mansell	32	A. Jones	6
J.M. Fangio	29	C. Reutemann	6
M. Häkkinen	26	C. Amon	5
N. Lauda	24	G. Farina	5
N. Piquet	24	C. Regazzoni	5
D. Hill	20	K. Rosberg	5
Ma. Andretti	18	R. Schumacher	5
R. Arnoux	18	P. Tambay	5
J. Stewart	17	M. Hawthorn	4
S. Moss	16	D. Pironi	4
A. Ascari	14	F. Alonso	3
J. Hunt	14	T. Brooks	3
R. Peterson	14	E. De Angelis	3
R. Barrichello	13	T. Fabi	3
J. Brabham	13	J-F. Gonzales	3
G. Hill	13	D. Gurney	3
J. Ickx	13	J-P. Jarier	3
J. Villeneuve	13	K. Räikkönen	3
G. Berger	12	J. Scheckter	3
D. Coulthard	12		
J.P. Montoya	11	**Puis:**	
J. Rindt	10	J. Trulli	2
J. Surtees	8	J. Button	1
R. Patrese	8	G. Fisichella	1

Nombre de meilleurs tours

M. Schumacher	66	R. Peterson	9
A. Prost	41	J. Villeneuve	9
N. Mansell	30	J. Hunt	8
J. Clark	28	G. Villeneuve	8
M. Häkkinen	25	R. Schumacher	7
N. Lauda	24	E. Fittipaldi	6
J.M. Fangio	23	H-H. Frentzen	6
N. Piquet	23	J-F. Gonzalez	6
G. Berger	21	D. Gurney	6
D. Hill	19	M. Hawthorn	6
S. Moss	19	P. Hill	6
A. Senna	19	J. Laffite	6
D. Coulthard	18	K. Räikkönen	6
R. Barrichello	15	C. Reutemann	6
C. Regazzoni	15	M. Alboreto	5
J. Stewart	15	G. Farina	5
J. Ickx	14	C. Pace	5
A. Jones	13	D. Pironi	5
R. Patrese	13	J. Scheckter	5
R. Arnoux	12	J. Watson	5
J. Brabham	12	J. Alesi	4
A. Ascari	11	J.P. Beltoise	4
J.P. Montoya	11	P. Depailler	4
Ma. Andretti	10	J. Siffert	4
G. Hill	10	**Puis:**	
J. Surtees	10	F. Alonso	1
D. Hulme	9	G. Fisichella	1

Nombre de tours en tête

M. Schumacher	4'657	B. Vukovich	485
A. Senna	2'986	E. Fittipaldi	478
A. Prost	2'684	D. Hulme	449
N. Mansell	2'089	J. Rindt	387
J. Clark	1'943	R. Schumacher	387
J. Stewart	1'921	J.P. Montoya	382
N. Piquet	1'600	C. Regazzoni	360
N. Lauda	1'592	N. Farina	338
M. Häkkinen	1'488	J. Surtees	312
D. Hill	1'358	D. Pironi	295
J.M. Fangio	1'348	J. Laffite	283
S. Moss	1'181	J. Watson	282
G. Hill	1'102	J-F. Gonzalez	272
A. Ascari	926	J. Alesi	265
D. Coulthard	893	M. Hawthorn	225
J. Brabham	825	M. Alboreto	218
Ma. Andretti	798	J. Bryan	216
R. Peterson	707	K. Räikkönen	209
R. Barrichello	699	D. Gurney	200
G. Berger	692	P. Tambay	195
J. Scheckter	675	**Puis:**	
J. Hunt	666	F. Alonso	157
C. Reutemann	649	J. Trulli	141
J. Villeneuve	633	G. Fisichella	36
A. Jones	589	J. Button	70
R. Patrese	567	C. Da Matta	17
G. Villeneuve	534	O. Panis	16
J. Ickx	529	F. Massa	2
K. Rosberg	517	T. Sato	2
R. Arnoux	506	M. Webber	2

Nombre de kilomètres en tête

M. Schumacher	21'954	K. Rosberg	2'165
A. Senna	13'672	J. Surtees	2'117
A. Prost	12'481	D. Hulme	1'971
J. Clark	10'125	J. Rindt	1'898
N. Mansell	9'642	C. Regazzoni	1'851
J.M. Fangio	9'322	R. Schumacher	1'722
J. Stewart	9'191	M. Hawthorn	1'635
N. Piquet	7'611	D. Gurney	1'612
M. Häkkinen	7'189	J.P. Montoya	1'565
N. Lauda	7'064	P. Hill	1'528
S. Moss	6'372	J.F. Gonzalez	1'525
D. Hill	6'309	J. Laffite	1'519
G. Hill	4'767	J. Alesi	1'285
J. Brabham	4'540	T. Brooks	1'268
D. Coulthard	4'190	D. Pironi	1'240
G. Berger	3'718	J. Watson	1'218
Ma. Andretti	3'577	K. Räikkönen	1'071
J. Hunt	3'363	P. Tambay	962
R. Peterson	3'262	J.P. Jabouille	948
C. Reutemann	3'255	P. Collins	946
J. Ickx	3'119	**Puis:**	
J. Villeneuve	2'970	F. Alonso	718
J. Scheckter	2'851	J. Trulli	574
A. Jones	2'847	J. Button	358
G. Farina	2'651	G. Fisichella	176
R. Arnoux	2'571	C. Da Matta	87
R. Patrese	2'553	O. Panis	53
R. Barrichello	2'853	T. Sato	10
G. Villeneuve	2'251	F. Massa	9
E. Fittipaldi	2'235	M. Webber	8

Les 55 Champions du Monde

Année	Pilote	Pays	Equipe	Nombre de GP	Nombre de poles	Nombre de victoires	Nombre meilleurs tours
1950	Giuseppe Farina	ITA	Alfa Roméo	7	2	3	3
1951	Juan Manuel Fangio	ARG	Alfa Roméo	8	4	3	5
1952	Alberto Ascari	ITA	Ferrari	8	5	6	5
1953	Alberto Ascari	ITA	Ferrari	9	6	5	4
1954	Juan Manuel Fangio	ARG	Mercedes/Maserati	9	5	6	3
1955	Juan Manuel Fangio	ARG	Mercedes	7	3	4	3
1956	Juan Manuel Fangio	ARG	Lancia/Ferrari	8	5	3	3
1957	Juan Manuel Fangio	ARG	Maserati	8	4	4	2
1958	Mike Hawthorn	GB	Ferrari	11	4	1	5
1959	Jack Brabham	AUS	Cooper Climax	9	1	2	1
1960	Jack Brabham	AUS	Cooper Climax	10	3	5	3
1961	Phil Hill	USA	Ferrari	8	5	2	2
1962	Graham Hill	GB	BRM	9	1	4	3
1963	Jim Clark	GB	Lotus Climax	10	7	7	6
1964	John Surtees	GB	Ferrari	10	2	2	2
1965	Jim Clark	GB	Lotus Climax	10	6	6	6
1966	Jack Brabham	AUS	Brabham Repco	9	3	4	1
1967	Denny Hulme	NZ	Brabham Repco	11	0	2	2
1968	Graham Hill	GB	Lotus Ford	12	2	3	0
1969	Jackie Stewart	GB	Matra Ford	11	2	6	5
1970	Jochen Rindt	AUT	Lotus Ford	13	3	5	1
1971	Jackie Stewart	GB	Tyrrell Ford	11	6	6	3
1972	Emerson Fittipaldi	BRE	Lotus Ford	12	3	5	0
1973	Jackie Stewart	GB	Tyrrell Ford	15	3	5	1
1974	Emerson Fittipaldi	BRE	McLaren Ford	15	2	3	0
1975	Niki Lauda	AUT	Ferrari	14	9	5	2
1976	James Hunt	GB	McLaren Ford	16	8	6	2
1977	Niki Lauda	AUT	Ferrari	17	2	3	3
1978	Mario Andretti	USA	Lotus Ford	16	8	6	3
1979	Jody Scheckter	SA	Ferrari	15	1	3	1
1980	Alan Jones	AUS	Williams Ford	14	3	5	5
1981	Nelson Piquet	BRE	Brabham Ford	15	4	3	1
1982	Keke Rosberg	FIN	Williams Ford	16	1	1	0
1983	Nelson Piquet	BRE	Brabham BMW Turbo	15	1	3	4
1984	Niki Lauda	AUT	McLaren TAG Porsche Turbo	16	0	5	5
1985	Alain Prost	FRA	McLaren TAG Porsche Turbo	16	2	5	5
1986	Alain Prost	FRA	McLaren TAG Porsche Turbo	16	1	4	2
1987	Nelson Piquet	BRE	Williams Honda Turbo	16	4	3	4
1988	Ayrton Senna	BRE	McLaren Honda Turbo	16	13	8	3
1989	Alain Prost	FRA	McLaren Honda	16	2	4	5
1990	Ayrton Senna	BRE	McLaren Honda	16	10	6	2
1991	Ayrton Senna	BRE	McLaren Honda	16	8	7	2
1992	Nigel Mansell	GB	Williams Renault	16	14	9	8
1993	Alain Prost	FRA	Williams Renault	16	13	7	6
1994	Michael Schumacher	GER	Benetton Ford	14	6	8	9
1995	Michael Schumacher	GER	Benetton Renault	17	4	9	7
1996	Damon Hill	GB	Williams Renault	16	9	8	5
1997	Jacques Villeneuve	CAN	Williams Renault	17	10	7	3
1998	Mika Häkkinen	FIN	McLaren Mercedes	16	9	8	6
1999	Mika Häkkinen	FIN	McLaren Mercedes	16	11	5	6
2000	Michael Schumacher	GER	Ferrari	17	9	9	2
2001	Michael Schumacher	GER	Ferrari	17	11	9	3
2002	Michael Schumacher	GER	Ferrari	17	7	11	7
2003	Michael Schumacher	GER	Ferrari	16	5	6	5
2004	Michael Schumacher	GER	Ferrari	18	8	13	10

Championnat des Constructeurs 2004

Position	Equipe	Nombre de points	Nombre de pole positions	Nombre de victoires	Nombre de meilleurs tours	Nombre de tours en tête	Nombre de kms en tête
1.	Ferrari	262	12	15	14	785	3892,129
2.	B.A.R Honda	119	1	-	-	54	287,894
3.	Renault	105	3	1	-	149	616,642
4.	Williams BMW	88	1	1	2	82	365,024
5.	McLaren Mercedes	69	1	1	2	50	302,075
6.	Sauber Petronas	34	-	-	-	2	8,618
7.	Jaguar	10	-	-	-	-	-
8.	Toyota	9	-	-	-	-	-
9.	Jordan Ford	5	-	-	-	-	-
10.	Minardi Cosworth	1	-	-	-	-	-

Nombre de Championnats des Constructeurs

(existant depuis 1958)

14: Ferrari
1961 - 64 - 75 - 76 - 77 - 79 - 82 - 83 - 99 - 2000 - 01 - 02 - 03 - 04

9: Williams
1980 - 81 - 86 - 87 -92 93 - 94 - 96 - 97

8: McLaren
1974 - 84 - 85 - 88 - 89 - 90 - 91- 98

7: Lotus
1963 - 65 - 68 - 70 -72 73 - 78

2: Cooper 1959 - 60
Brabham 1966 - 67

1: Vanwall 1958
BRM 1962
Matra 1969
Tyrrell 1971
Benetton 1995

Nombre de pole positions par marque

Ferrari	178
Williams	124
McLaren	115
Lotus	107
Brabham	39
Renault	36
Benetton	15
Tyrrell	14
Alfa Romeo	12
Cooper	11
BRM	11
Maserati	10
Ligier	9
Mercedes	8
Vanwall	7
Kurtis Kraft	6
March	5
Matra	4
Shadow	3
Lancia	2
Watson	2
Jordan	2
Stevens	1
Lesovsky	1
Ewing	1
Lola	1
Porsche	1
Honda	1
Wolf	1
Arrows	1
Toleman	1
Stewart	1
B.A.R	1

Nombre de victoires par marque

Ferrari	182
McLaren	138
Williams	113
Lotus	79
Brabham	35
Benetton	27
Tyrrell	23
BRM	17
Renault	17
Cooper	16
Alfa Romeo	10
Mercedes	9
Maserati	9
Vanwall	9
Matra	9
Ligier	9
Kurtis Kraft	5
Jordan	4
Watson	3
March	3
Wolf	3
Salih	2
Honda	2
Kuzma	1
Porsche	1
Eagle	1
Hesketh	1
Penske	1
Shadow	1
Stewart	1

Nombre de meilleurs tours par marque

Ferrari	181
Williams	128
McLaren	113
Lotus	71
Brabham	41
Benetton	36
Tyrrell	20
Renault	19
Maserati	15
BRM	15
Cooper	14
Alfa Romeo	14
Matra	12
Mercedes	9
Ligier	9
Kurtis Kraft	7
March	7
Vanwall	6
Surtees	3
Epperly	2
Eagle	2
Honda	2
Shadow	2
Wolf	2
Toleman	2
Jordan	2
Gordini	1
Lancia	1
Lesovsky	1
Watson	1
Hesketh	1
Parnelli	1
Kojima	1
Ensign	1

Nombre de Grand Prix par marque

Ferrari	704
McLaren	577
Williams	496
Lotus	491
Tyrrell	430
Brabham	394
Ligier	326
Minardi	321
Arrows	291
Benetton	260
Jordan	231
BRM	197
March	197
Sauber	197
Renault	174
Lola	148
Osella	132
Cooper	129
Surtees	117
Alfa Romeo	112
Shadow	104
Fittipaldi	103
B.A.R	101
Ensign	99
Footwork	91
ATS	89
Jaguar	85
Prost	83
Dallara	78
Maserati	70
Matra	60
Toleman	57
Zakspeed	53
Hesketh	52
Toyota	51

Photo de famille du Championnat du Monde 2004. De gauche à droite, en haut: Jarno Trulli, Fernando Alonso, Jenson Button, Takuma Sato, Olivier Panis et Cristiano Da Matta.
Au milieu: Ralf Schumacher, Juan Pablo Montoya, Giancarlo Fisichella, Felipe Massa, Nick Heidfeld, Giorgio Pantano, Kimi Räikkönen et David Coulthard.
Assis: Mark Webber, Christian Klien, Michael Schumacher, Rubens Barrichello, Zsolt Baumgartner et Gianmaria Bruni.

Règlement sportif

Dèsormais rédigé uniquement en anglais,
nous sommes au regret de ne plus disposer
de la version française.

The FIA will organise the FIA Formula One World Championship (the Championship) which is the property ofthe FIA and comprises two titles of World Champion, one for drivers and one for constructors. It consists of theFormula One Grand Prix races which are included in the Formula One calendar and in respect of which the ASNs and organisers have signed the organisation agreement provided for in the 1998 Concorde Agreement (Events). All the participating parties (FIA, ASNs, organisers, competitors and circuits) undertake to apply as well as observe the rules governing the Championship and must hold FIA Super Licences which are issued to drivers, competitors, officials, organisers and circuits.

REGULATIONS

1. The final text of these Sporting Regulations shall be the English version which will be used should any dispute arise as to their interpretation. Headings in this document are for ease of reference only and do not form part of these Sporting Regulations.
2. These Sporting Regulations were published on 30 October 2002 and come into force on 1 January 2003 and replace all previous FIA Formula One World Championship Sporting Regulations.

LICENCES

10. All drivers, competitors and officials participating in the Championship must hold a FIA Super Licence. Applications for Super Licences must be made to the FIA through the applicant's ASN. The driver's name will remain on the list for Super Licences for one year.

CHAMPIONSHIP EVENTS

11. Events are reserved for Formula One cars as defined in the Technical Regulations.
12. Each Event will have the status of an international restricted competition.
13. The distance of all races, from the start signal referred to in Article 151 to the chequered flag, shall be equal to the least number of complete laps which exceed a distance of 305 km. However, should two hours elapse before the scheduled race distance is completed, the leader will be shown the chequered flag when he crosses the control line (the Line) at the end of the lap during which the two hour period ended. The Line is a single line which crosses both the track and the pit lane.
14. The maximum number of Events in the Championship is 17, the minimum is 8.
15. The final list of Events is published by the FIA before 1st January each year.
16. An Event which is cancelled with less than three months written notice to the FIA will not be considered for inclusion in the following year's Championship unless the FIA judges the cancellation to have been due to force majeure.
17. An Event may be cancelled if fewer than 12 cars are available for it.

WORLD CHAMPIONSHIP

18. The Formula One World Championship driver's title will be awarded to the driver who has scored the highest number of points, taking into consideration all the results obtained during the Events which have actually taken place.
19. The title of Formula One World Champion Constructor will be awarded to the make which has scored the highest number of points, results from both cars being taken into account.
20. The constructor of an engine or rolling chassis is the person (including any corporate or unincorporated body) which owns the intellectual property rights to such engine or chassis. The make of an engine or chassis is the name attributed to it by its constructor. If the make of the chassis is not the same as that of the engine, the title will be awarded to the former which shall always precede the latter in the name of the car.
21. Points for both titles will be awarded at each Event according to the following scale: 1st: 10 points,
2nd: 8 points, 3rd: 6 points, 4th: 5 points, 5th: 4 points, 6th: 3 points, 7th: 2 points, 8th: 1 point
22. If a race is stopped under Articles 165 and 166, and cannot be restarted, no points will be awarded in case A, half points will be awarded in case B and full points will be awarded in case C.
23. The drivers finishing first, second and third in the Championship must be present at the annual FIA Prize Giving ceremony.

DEAD HEAT

24. Prizes and points awarded for all the positions of competitors who tie, will be added together and shared equally.
25. If two or more constructors or drivers finish the season with the same number of points, the higher place in the Championship (in either case) shall be awarded to:
a) the holder of the greatest number of first places,
b) if the number of first places is the same, the holder of the greatest number of second places,
c) if the number of second places is the same, the holder of the greatest number of third places and so on until a winner emerges.
d) if this procedure fails to produce a result, the FIA will nominate the winner according to such criteria as it thinks fit.

COMPETITORS APPLICATIONS

41. Applications to compete in the Championship may be submitted to the FIA at any time between 1 March two years prior to the Championship in which the applicant wishes to compete and 15 November immediately preceding such Championship, on an entry form as set out in Appendix 2 hereto accompanied by the entry fee provided for in the Agreement, together with the deposit provided for in Article 44 where applicable. Applications from Teams not already competing in the Championship will only be considered where a place is available, taking into account all the Teams who are entitled to compete under the Agreement. Entry forms will be made available by FIA who will notify the applicant of the result of the application within thirty days of its receipt. Successful applicants are automatically entered in all Events of the Championship and will be the only competitors at Events.
42. Applications shall include:
a) confirmation that the applicant has read and understood the Agreement (including its schedules), the Code, the Technical Regulations and the Sporting Regulations and agrees, on its own behalf and on behalf of everyone associated with its participation in the Championship, to observe them,
b) the name of the team (which must include the name of the chassis),
c) the make of the competing car,
d) the make of the engine,
e) the names of the drivers. A driver may be nominated subsequent to the application upon payment of a fee fixed by the FIA,
f) an undertaking by the applicant to participate in every Event with the number of cars and drivers entered.
g) an undertaking that the car does not make use of any component, system, software or device which has been (or might reasonably be suspected to have been) designed, supplied or constructed by or with the help of anyone who has been involved on behalf of the FIA with checking Formula One electronic systems during the 24 months immediately preceding the application.
43. A competitor may change the make and/or type of engine at any time during the Championship. All points scored with an engine of different make to that which was first entered in the Championship will count (and will be aggregated) for the assessment of Benefits, however such points will not count towards (nor be aggregated for) the FIA Formula One Constructors Championship.
44. With the exception of those whose cars have scored points in the Championship of the previous year, applicants must supply information about the size of their company, their financial position and their ability to meet their prescribed obligations. Any applicant which did not take part in the Championship for the previous year must also deposit US$48,000,000 (forty-eight million United States dollars) with the FIA when submitting its application. This sum will be returned to it forthwith if its application is refused or in twelve equal monthly instalments (including interest) commencing immediately after the first Event in which it competes, provided it has met and continues to meet all the requirements of the Agreement and its schedules. If the applicant fails to appear for the Championship for which it has entered, its deposit will be forfeit save only that the applicant may delay its participation by one year, in which case US$12,000,000 (twelve million United States dollars) will be forfeit and the balance repaid as set out above.
45. All applications will be studied by the FIA which will publish the list of cars and drivers accepted together with their race numbers on 1 December (or the following Monday if 1 December falls on a week-end), having first notified unsuccessful applicants as set out in Article 41.
46. No more than 24 cars will be admitted to the Championship, two being entered by each competitor.
47. If in the opinion of the Formula One Commission a competitor fails to operate his team in a manner compatible with the standards of the Championship or in any way brings the Championship into disrepute, the FIA may exclude such competitor from the Championship forthwith.

INCIDENTS

52. Incident means any occurrence or series of occurrences involving one or more drivers, or any action by any driver, which is reported to the stewards by the race director (or noted by the stewards and referred to the race director for investigation) which:
- necessitated the stopping of a race under Article 165;
- constituted a breach of these Sporting Regulations or the Code;
- caused a false start by one or more cars;
- caused a collision;
- forced a driver off the track;
- illegitimately prevented a legitimate overtaking manoeuvre by a driver;
- illegitimately impeded another driver during overtaking.

53. (a) It shall be at the discretion of the stewards to decide, upon a report or a request by the race director, if
a) driver or drivers involved in an incident shall be penalised.
b) If an incident is under investigation by the stewards, a message informing all Teams of this will be displayed on the timing monitors.
Provided that such a message is displayed no later than five minutes after the race has finished the driver or drivers concerned may not leave the circuit without the consent of the stewards.
54. The stewards may impose any one of three penalties on any driver involved in an Incident:
a) A drive-through penalty. The driver must enter the pit lane and re-join the race without stopping at his pit;
b) A ten second time penalty. The driver must enter the pit lane, stop at his pit for at least ten seconds and then re-join the race.
c) a drop of ten grid positions at the driver's next Event. However, should either of the penalties under a) and b) above be imposed during the last five laps, or after the end of a race, Article 55 b) below will not apply and 25 seconds will be added to the elapsed race time of the driver concerned.
55. Should the stewards decide to impose either of the penalties under Article 54a) or b), the following procedure will be followed:
a) The stewards will give written notification of the penalty which has been imposed to an official of the team concerned and will ensure that this information is also displayed on the timing monitors.
b) From the time the stewards' decision is notified on the timing monitors the relevant driver may cover no more than three complete laps before entering the pit lane and, in the case of a penalty under Article 54b), proceeding to his garage where he shall remain for the period of the time penalty.
Whilst a car is stationary in the pit lane as a result of incurring a time penalty it may not be worked on. However, if the engine stops it may be started after the time penalty period has elapsed.
c) When the time penalty period has elapsed the driver may rejoin the race.
d) Any breach or failure to comply with Articles 55 b) or 55 c) may result in the car being excluded.

PROTESTS

56. Protests shall be made in accordance with the Code and accompanied by a fee of 2000 US Dollars.

SANCTIONS

57. The stewards may inflict the penalties specifically set out in these Sporting Regulations in addition to or instead of any other penalties available to them under the Code.

CHANGES OF DRIVER

58. a) During a season, each team will be permitted to use four drivers (excluding any third driver taking part in either of the free practice sessions on the first day of practice). Changes may be made at any time before the start of the qualifying practice session provided any change proposed after 16.00 on the day of scrutineering receives the consent of the stewards.
Additional changes for reasons of force majeure will be considered separately.
Any new driver may score points in the Championship.
b) In addition to the above all teams, other than those who finished in the top four positions of the previous year's World Chmapionship for Constructors, will be permitted to run a third driver during both free sessions on the first day of practice provided:
- he is not one of the team's nominated drivers for the Event in question;
- he is in possession of a Super Licence;
- he has not been a nominated driver for a Formula One team in more than six World Championship Events during the two previous World Championships.
If one of the team's nominated drivers is unable to drive at some stage after the end of initial scrutineering, and the stewards consent to a change of driver, the third driver may take part in the remainder of the Event. Under such circumstances the driver concerned must use the engine and tyres which were allocated to the original driver (see Articles 75 and 86).

DRIVING

59. The driver must drive the car alone and unaided.

TESTING

63. (a) No testing is permitted at sites which are not currently approved for use by Formula 1 cars. In order to ensure that venue licence conditions are respected at all times during testing, Competitors are required to inform the FIA of their test schedule in order that an observer may be appointed if deemed necessary.
b) During all Formula One testing :
- red flag procedures must be respected ;
- no other type of vehicle is permitted on the track ;
- every reasonable effort should be made to ensure that the recommendations concerning emergency services detailed in Article 16 of Appendix H to the Code are followed.

PIT LANE

64. (a) For the avoidance of doubt and for description purposes, the pit lane shall be divided into two lanes. The lane closest to the pit wall is designated the "fast lane", and the lane closest to the garages is designated the "inner lane". Other than when cars are at the end of the pit lane under Articles 148 or 169, the inner lane is the only area where any work can be carried out on a car.
b) Unless a car is pushed from the grid at any time during the start procedure, cars may only be driven from the team's designated garage area to the end of the pit lane.
c) Any driver intending to start the race from the pit lane may not drive his car from his team's designated garage area until the 15 minute signal has been given and must stop in a line in the fast lane.
Under these circumstances working in the fast lane will be permitted but any such work is restricted to :
- starting the engine and any directly associated preparation ;
- the fitting or removal of cooling and heating devices ;
- changing wheels when a change of climatic conditions has been confirmed (see Article 130) ;
- changing wheels if a spare car is used.
When cars are permitted to leave the pit lane they must do so in the order they arrived at the end of the pit lane unless another car is unduly delayed. At all times drivers must follow the directions of the marshals.
d) Other than tyre rubber left when cars leave their pit stop position, Competitors may not attempt to enhance the grip of the surface in the pit lane unless a problem has been clearly identified and a solution agreed by the FIA safety delegate.
e) Competitors must not paint lines on any part of the pit lane.
f) Other than under c) above no equipment may be left in the fast lane.
g) Team personnel are only allowed in the pit lane immediately before they are required to work on a car and must withdraw as soon as the work is complete.
h) It is the responsibility of the Competitor to release his car after a pit stop only when it is safe to do so.

SPORTING CHECKS

65. At the first Event of each Championship, the FIA will check all licences.

SCRUTINEERING

66. Between 10.00 and 16.00 on the day before first practice initial scrutineering of all cars will take place in the garage assigned to each team.
67. Unless a waiver is granted by the stewards, competitors who do not keep to these time limits will not be allowed to take part in the Event.
68. No car may take part in the Event until it has been passed by the scrutineers.
69. The scrutineers may:
a) check the eligibility of a car or of a competitor at any time during an Event,
b) require a car to be dismantled by the competitor to make sure that the conditions of eligibility or conformity are fully satisfied,
c) require a competitor to pay the reasonable expenses which exercise of the powers mentioned in this Article may entail,
d) require a competitor to supply them with such parts or samples as they may deem necessary.
70. Any car which, after being passed by the scrutineers, is dismantled or modified in a way which might affect its safety or call into question its eligibility, or which is involved in an accident with similar consequences, must be re-presented for scrutineering approval.
71. The race director or the clerk of the course may require that any car involved in an accident be stopped and checked.
72. Checks and scrutineering shall be carried out by duly appointed officials who shall also be responsible for the operation of the parc fermé and who alone are authorised to give instructions to the competitors.
73. The stewards will publish the findings of the scrutineers each time cars are checked during the Event. These results will not include any specific figure except when a car is found to be in breach of the Technical Regulations.

SUPPLY OF TYRES IN THE CHAMPIONSHIP AND TYRE LIMITATION DURING THE EVENT

74. Supply of tyres:
a) Any tyre company wishing to supply tyres to Formula One Teams must notify the FIA of its intention to do so no later than 1 January preceding the year during which such tyres will be supplied.
Any tyre company wishing to cease the supply of tyres to Formula One Teams must notify the FIA of its intention to do so no later than 1 January of the year preceding that in which such tyres were to be supplied.
b) No tyre may be used in the Championship unless the company supplying such tyre accepts and adheres to the following conditions:
- one tyre supplier present in the Championship: this company must equip 100% of the entered teams on ordinary commercial terms;
- two tyre suppliers present: each of them must, if called upon to do so, be prepared to equip up to 60% of the entered teams on ordinary commercial terms;
- three or more tyre suppliers present: each of them must, if called upon to do so, be prepared to equip up to 40% of the entered teams on ordinary commercial terms;
- each tyre supplier must undertake to provide no more than two specifications of dry-weather tyre to each team at each Event, each of which must be of one homogenous compound. Any modification or treatment, other than heating, carried out to a tyre or tyres will be considered a change of specification ;
- each tyre supplier must undertake to provide no more than one specification of wet-weather tyre at each Event which must be of one homogenous compound;
- if, in the interests of maintaining current levels of circuit safety, the FIA deems it necessary to reduce tyre grip, it shall introduce such rules as the tyre suppliers may advise or, in the absence of advice which achieves the FIA's objectives, specify the maximum permissible contact areas for front and rear tyres.
75. Quantity and type of tyres:
a) During the Event no driver may use more than forty dry-weather tyres and twenty eight wet-weather tyres. (twenty front and twenty rear) and twenty eight wet-weather tyres (fourteen front and fourteen rear).
If a driver change is made during an Event the tyres allocated to the original driver must be used by the new driver.
From the forty dry-weather tyres each driver will be allocated twelve (six front and six rear) for use on the first day of practice, these tyres may not be used at any other time during the Event. No more than eight (four front and four rear) of the twelve tyres allocated for the first day of practice may be of one specification.
Before 09.00 (or 08.00 during Events taking place in North America) on the second day of practice each driver must nominate which specification of tyre he will use for the remainder of the Event. However, if both free practice sessions on the first day of practice are declared wet this decision may be deferred until 13.00 (or 12.00 during Events taking place in North America).
b) All dry-weather tyres must incorporate circumferential grooves square to the wheel axis and around the entire circumference of the contact surface of each tyre.
c) Each front dry-weather tyre, when new, must incorporate 4 grooves which are:
- arranged symmetrically about the centre of the tyre tread;
- at least 14mm wide at the contact surface and which taper uniformly to a minimum of 10mm at the lower surface;
- at least 2.5mm deep across the whole lower surface;
- 50mm (+/- 1.0mm) between centres.
Furthermore, the tread width of the front tyres must not exceed 270mm.
d) Each rear dry-weather tyre, when new, must incorporate 4 grooves which are:
- arranged symmetrically about the centre of the tyre tread;
- at least 14mm wide at the contact surface and which taper uniformly to a minimum of 10mm at the lower surface;
- at least 2.5mm deep across the whole lower surface;
- 50mm (+/- 1.0mm) between centres.
The measurements referred to in c) and d) above will be taken when the tyre is fitted to a wheel and inflated to 1.4 bar.
e) A wet-weather tyre is one which has been designed for use on a wet or damp track. All wet-weather tyres must, when new, have a contact area which does not exceed 280cm² when fitted to the front of the car and 440cm² when fitted to the rear. Contact areas will be measured over any square section of the tyre which is normal to and symmetrical about the tyre centre line and which measures 200mm x 200mm when fitted to the front of the car and 250mm x 250mm when fitted to the rear. For the purposes of establishing conformity, only void areas which are greater than 2.5mm in depth will be considered.
Prior to use at an Event, each tyre manufacturer must provide the technical delegate with a full scale drawing of each type of wet-weather tyre intended for use.
Prior to the start of the qualifying practice session, and subject to the requirements of Articles 127-135, wet-weather tyres may only be used after the track has been declared wet by the race director, following which wet or dry-weather tyres may be used for the remainder of the relevant session.
f) Tyre specifications will be determined by the FIA no later than 1 September of the previous season. Once determined in this way, the specification of the tyres will not be changed during the Championship season without the agreement of the Formula One Commission.
76. Control of tyres:
a) The outer sidewall of all tyres which are to be used at an Event must be marked with a unique identification.
b) Other than in cases of force majeure (accepted as such by the stewards of the meeting),all tyres intended for use at an Event must be presented to the FIA technical delegate for allocation prior to the end of initial scrutineering.
c) From among the forty (twenty front and twenty rear) dry-weather tyres available to each driver, the FIA technical delegate will choose at random sixteen tyres (eight front and eight rear) which are the only dry-weather tyres which such driver may use in the qualifying practice session.
d) At any time during an Event, and at his absolute discretion, the FIA technical delegate may select alternative dry-weather tyres to be used by any team or driver from among the relevant stock of tyres which such team's designated supplier has present at the Event.
e) A competitor wishing to replace one unused tyre by another unused one must present both tyres to the FIA technical delegate.
f) The use of tyres without appropriate identification may result in deletion of the relevant driver's qualifying times or exclusion from the race.
g) The only permitted type of tyre heating devices are blankets which use resistive heating elements.
77. Wear of tyres:
The Championship will be contested on grooved tyres. The FIA reserve the right to introduce at any time a method of measuring remaining groove depth if performance appears to be enhanced by high wear or by the use of tyres which are worn so that the grooves are no longer visible.

WEIGHING

78. (a) During each qualifying practice session cars will be weighed as follows:
1) the FIA will install weighing equipment in the first pit garage (the FIA garage) which will be used for the weighing procedure;
2) all cars which complete a flying lap will undergo the weighing procedure. The FIA technical delegate will inform the driver by means of a red light at the beginning of the pit lane ;
3) the driver will proceed directly to the FIA garage and stop his engine ;
4) the car will then be weighed with driver (and without driver if necessary) and the result given to the driver in writing ;
5) if the car is unable to reach the FIA garage under its own power it will be placed under the exclusive control of the marshals who will take the car to be weighed;
6) a car or driver may not leave the FIA garage without the consent of the FIA technical delegate;
7) if a car stops on the circuit and the driver leaves the car, he must go to the FIA garage immediately on his return to the pit lane in order for his weight to be established.
b) After the race each car crossing the Line will be weighed. If a driver wishes to leave his car before it is weighed he must ask the technical delegate to weigh him in order that this weight may be added to that of the car.
c) The relevant car may be excluded should its weight be less than that specified in Article 4.1 of the Technical Regulations when weighed under a) or b) above, save where the deficiency in weight results from the accidental loss of a component of the car.
d) No solid, liquid, gas or other substance or matter of whatsoever nature may be added to, placed on, or removed from a car after it has been selected for weighing or has finished the race or during the weighing procedure. (Except by a scrutineer when acting in his official capacity).
e) No oneother than scrutineers and officials may enter or remain in the FIA garage without the the specific permission of the FIA technical delegate.
79. Any breach of these provisions for the weighing of cars may result in the delegation of the relevant driver's qualifying times or exclusion from the race.

SPARE CARS AND ENGINES

83. Subject to the requirements of Article 86, a competitor may use several cars for practice and the race provided that:
a) he has no more than four cars available for use at any one time;
b) he uses no more than two cars for each of the free practice sessions held under Article 118a) and b) (other than when a third driver is used under Article 58) ;
c) he uses no more than three cars during each part of the qualifying practice session. Prior to the start of the second part of the qualifying practice session he must nominate which two cars he intends to use for that part. If a driver wants to change to a spare car after the start of the second part that car must carry the same fuel load as his original car and, to ensure that this is the case, the original car will be weighed at the end of the session for comparison purposes.
d) they are all of the same make and were entered in the Championship by the same competitor,
e) they have been scrutineered in accordance with these Sporting Regulations,
f) each car carries its driver's race number.
With reference to b) and c) above, a car will be deemed to have been used once the timing transponder has shown that it has left the pit lane.
84. Any driver who decides to use another race car or a spare car following the qualifying practice session, and before the end of the pit lane is closed for the start of the race, must start the race from the pit lane following the procedures detailed in Article 148. Under these circumstances no restrictions on fuel load will be applied and tyres may be changed.
85. No change of car is permitted after the start of the race, any driver wishing to change car, must have got out of his original car and left the grid before the 15 second signal which immediately precedes the start.
A change of car will be deemed to have taken place once a driver is seated in his new car and such changes may only take place in the pit lane or the team's designated garage area.
86. Only one engine may be used by each driver during all practice sessions and the race. Should it become necessary for a driver to use another engine he will drop ten places on the starting grid each time one is used. However, should an engine change be carried out after the qualifying practice session, any drivers concerned will be required to start the race from the back of the starting grid in accordance with Article 131.
After consultation with the relevant engine supplier the FIA will attach seals to each engine in order to ensure that no significant moving parts can be rebuilt or replaced.
Other than the straightforward replacement of one engine unit with another, a change will also be deemed to have taken place if any of the FIA seals are damaged or removed from the original engine after it has been used for the first time in any practice session held under Articles 118 and 119.

GENERAL SAFETY

87. Official instructions will be given to drivers by means of the signals laid out in the Code. Competitors must not use flags similar in any way whatsoever to these.
88. Drivers are strictly forbidden to drive their car in the opposite direction to the race unless this is absolutely necessary in order to move the car from a dangerous position.
89. Any driver intending to leave the track should signal his intention to do so in good time making sure that he can do this without danger.
90. (a) During practice and the race, drivers may use only the track and must at all times observe the provisions of the Code relating to driving behaviour on circuits.
(b) Other than by driving on the track, Competitors are not permitted to attempt to alter the grip of any part of the track surface.
91. A driver who abandons a car must leave it in neutral or with the clutch disengaged and with the steering wheel in place.
92. The organiser must make at least two fire extinguishers of 5kg capacity available to each competitor and ensure that they work properly.
93. a) Refuelling is allowed only in the pit lane at the team's designated garage area.
b) With the exception of cars forced to abort their qualifying run due to red flags being displayed on the circuit which may then be refuelled before a new qualifying attempt, or any adjustment to the fuel level when a spare car is needed during the second part of the qualifying practice session, fuel may not be added to nor removed from a car between the start of the second part of the qualifying practice session and the start of the race.
c) Other than a fuel breather and an external fuel pressurising device for starting the engine (in which case only fuel on board the car may be used for running the engine), no connection may be made to the fuel system of the car between the start of the second part of the qualifying practice sessions and the start of the race.
94. The driver may remain in his car throughout refuelling but, unless an FIA approved race refuelling system is used, the engine must be stopped.
With the exception of the first part of the qualifying practice session and until the start of the second part, race refuelling systems may not be used during, or immediately after, any practice session.
Whilst being used during the qualifying practice session and the race, any refuelling carried out with the race system must take place in the pit lane and all team personnel working on the car must wear clothing which will protect all parts of their body from fire. Each competitor must ensure that an assistant equipped with a suitable fire extinguisher of adequate capacity is beside the car throughout all refuelling operations.
95. Save as specifically authorised by the Code or these Sporting Regulations, no one except the driver may touch a stopped car unless it is in the paddock, the team's designated garage area, the pit lane or on the starting grid.
96. At no time may a car be reversed in the pit lane under its own power.
97. During the period commencing 15 minutes prior to and ending 5 minutes after every practice session and the period between the commencement of the formation lap which immediately precedes the race and the time when the last car enters the parc fermé, no one is allowed on the track, the pit entry or the pit exit with the exception of :
a) marshals or other authorised personnel in the execution of their duty ;
b) drivers when driving or on foot, having first received permission to do so from a marshal ;
c) team personnel clearing equipment from the grid after all cars have left the grid on the formation lap;
d) mechanics under Article 150 only.
98. During a race, the engine may only be started with the starter except :
a) in the pit lane or the team's designated garage area where the use of an external starting device is allowed, or ;
b) under Article 155c) or d).
99. Drivers taking part in practice and the race must always wear the clothes, helmets and head and neck supports specified in the Code.
100. A speed limit of 60km/h will be imposed in the pit lane during all free practice sessions, this will be raised to 100km/h for the remainder of the Event. Under exceptional circumstances the Permanent Bureau of the Formula One Commission may amend these limits.
Except in the race, any driver who exceeds the limit will be fined US$250 for each km/h above the limit (this may be increased in the case of a second offence in the same Championship season).
During the race, the stewards may impose either of the penalties under Article 54a) or b) on any driver who exceeds the limit.
101. If a driver has serious mechanical difficulties during practice or the race he must leave the track as soon as it is safe to do so.
102. The car's rear light must be illuminated at all times when it is running on wet-weather tyres. It shall be at the discretion of the race director to decide if a driver should be stopped because his rear light is not working. Should a car be stopped in this way it may re-join when the fault has been remedied.
103. Only six team members per participating car (all of whom shall have been issued with and wearing special identification) are allowed in the signalling area during practice and the race. People under 16 years of age are not allowed in the pit lane.
104. Animals, except those which may have been expressly authorised by the FIA for use by security services, are forbidden on the track, in the pit lane, in the paddock or in any spectator area.
105. The race director, the clerk of the course or the FIA medical delegate can require a driver to have a medical examination at any time during an Event.
106. Failure to comply with the general safety requirements of the Code or these Sporting Regulations may result in the exclusion of the car and driver concerned from the Event.

FREE AND QUALIFYING PRACTICE SESSIONS

107. Save where these Sporting Regulations require otherwise, pit lane and track discipline and safety measures will be the same for all practice sessions as for the race.
108. No driver may start in the race without taking part in a qualifying practice session.
109. During all practices there will be a green and a red light at the pit exit. Cars may only leave the pit lane when the green light is on. Additionally, a blue flag and/or a flashing blue light will be shown at the pit exit to warn drivers leaving the pits if cars are approaching on the track.
110. Unless written permission has been given by the FIA to do otherwise, the circuit may only be used for purposes other than the Event after the last practice session on each day of practice and on the day of the race no less than one hour before the pit lane is opened to allow cars to cover a reconnaissance lap.
111. The interval between the fourth free practice session and the qualifying practice session may never be less than one hour.
112. If a car stops during practice it must be removed from the track as quickly as possible so that its presence does not constitute a danger or hinder other competitors. If the driver is unable to drive the car from a dangerous position, it shall be the duty of the marshals to assist him.
113. In the event of a driving infringement during practice the Stewards may delete the relevant driver's time from the second part of qualifying. In this case, a team will not be able to appeal against the steward's decision.
114. The clerk of the course may interrupt practice as often and for as long as he thinks necessary to clear the track or to allow the recovery of a car. In the case of free practice only, the clerk of the course with the agreement of the stewards may decline to prolong the practice period after an interruption of this kind.
Furthermore if, in the opinion of the stewards, a stoppage is caused deliberately, the driver concerned may have his times from that session cancelled and may not be permitted to take part in any other practice session that day.
115. On the second day of practice, all cars abandoned on the circuit during the first free practice session will be brought back to the pit lane or the team's designated garage area prior to the start of the second session.
116. Should one or more sessions be thus interrupted, no protest can be accepted as to the possible effects of the interruption on the qualification of drivers admitted to start.
117. Each driver's lap completed on the track during the second part of qualifying practice session will be timed to determine the driver's position at the start of the race.
118. Free practice sessions will take place :
a) The day after initial scrutineering from 11.00 to 12.00 and from 14.00 to 15.00.
b) The day before the race from 10.00 to 10.45 and from 11.15 to 12.00 (from 09.00 to 09.45 and from 10.15 to 11.00 during Events taking place in North America).
119. The qualifying practice session will take place the day before the race commencing at 14.00 (at 13.00 during Events taking place in North America). This session, which will comprise of two parts separated by two minutes, will be run as follows :
- During the first part each driver will carry out a single timed lap starting in the order they were classified in at the end of the previous race. Any drivers who were not classified will be arranged according to the number of laps they completed during the previous race, the one with the highest number going first. At the first race of the year the order of the last race of the previous year's World Championship will be used and, in all cases, any new drivers will be arranged in numerical order.
- The first part will be deemed to have finished when the last car in sequence enters the pit lane. If the last car fails to leave the pit lane, stops on the circuit or comes back to the pits before completing three laps, the second part will start five minutes later.
- The running order for the second part will be determined by the times achieved in the first part with the slowest driver going first.
- If more than one car fails to record a time during the first part of the session they will start the second part in first part order reversed.
- If two or more drivers set identical times during the first part priority will be given to the one who set it first.
- If a car stops on the track in the first part it may not be used during the second part, if the car is brought back to the pits before the end of the session it must remain in parc fermé until the end of the session.
- If more than one car fails to record a time during the second part they will start the race in second part order reversed.
120. The following procedure will be used during both parts of the qualifying practice session :
- Each driver will be given one minute to join the track, this will be signalled by the light at the end of the pit lane turning green. The first green light will be shown at 14.00 (at 13.00 during Events held in North America).
- As each driver crosses the Line to start his flying lap, other than those 5th, 10th and 15th in sequence, the light at the end of the pit lane will be turned green for one minute for the following driver

- The light for the 6th, 11th and 16th cars in sequence will be turned green for one minute two minutes after the previous driver crosses the Line to complete his flying lap.
Any driver failing to leave the pit lane in the allotted minute will not be permitted to take any further part in that part of the qualifying practice session. Under these circumstances the green light for the next car, other than one which is 6th, 11th and 16th in sequence, will be turned on two minutes later. If any car 5th, 10th or 15th in sequence fails to leave the pit lane during the allotted minute the green light for the following car will be turned on two minutes after the previous car enters the pit lane.

121. If a car stops on the circuit during the qualifying practice session red flags will normally be shown and the driver concerned will not be permitted to take any further part in that part of the session. Unless a longer stoppage is deemed necessary (in which case at least two minutes warning will be given) the light at the end of the pit lane will be turned green five minutes after the signal to stop was given. Any car obliged to return to the pit lane under these circumstances, having not completed a flying lap, may be refuelled and the tyres may be changed, the driver will then be permitted a further attempt to qualify.
However, if the stopped car is in a safe position, or can be removed quickly without hindering another driver attempting to qualify, the session will continue. Under these circumstances :
- if any car stops on its out lap, other than one which is 5th, 10th or 15th in sequence, the green light for the following car will be shown two minutes later ;
- if any car 5th, 10th or 15th in sequence stops on its out lap the green light for the following car will be turned on two minutes after the previous car enters the pit lane ;
- if any car 5th, 10th or 15th in sequence stops on its flying lap or in lap the green light for the following car will be shown two minutes later.

122. If a car returns to the pit lane before completing three laps during the qualifying practice session:
- if any car enters the pit lane at the end of its out lap, other than one which is 5th, 10th or 15th in sequence, the green light for the following car will be shown 30 seconds later ;
- if any car 5th, 10th or 15th in sequence enters the pit lane at the end of its out lap the green light for the following car will be shown two minutes after the previous car enters the pit lane ;
- if any car 5th, 10th or 15th in sequence enters the pit lane at the end of its flying lap the green light for the following car will be shown two minutes later.

123. Other than any car required to enter the pit lane if the qualifying practice session is stopped, any car returning to the pit lane without completing three laps will not be permitted to join the track again until its next scheduled run, if applicable.

124. If, in the opinion of the stewards, a driver deliberately stops on the circuit or impedes another driver in any way during the qualifying practice session his time from the relevant part of the session will be cancelled.

POST QUALIFYING PARC FERMÉ

125. After weighing during the first part of the qualifying practice session, and any further random checks deemed necessary by the FIA technical delegate have been carried out, cars will be returned to the relevant team.

126. After weighing during the second part of the qualifying practice session (see Article 78), cars will then be moved to the parc fermé, the procedures thereafter are laid out in Articles 127-136.

127. Every car which took part in the second part of the qualifying practice session, or was intended for use during that part of the session (in the event of a driver failing to leave the pit lane), will be required in parc fermé. Any car which failed to leave the pit lane during the second part of the session must be taken by the team to the parc fermé immediately. If a car is damaged during the second part of the session the FIA technical delegate may make alternative arrangements according to the level of damage and any other circumstances he deems relevant.
Each car will be deemed to be in parc fermé from the time at which the light at the end of the pit lane turns green for the start of its qualifying run in the second part of the session until the green lights are illuminated at the start of the formation lap which immediately precedes the first start of the race.
Between these times, other than when cars are returned to the parc fermé overnight, the following work may be carried out :
- cooling devices may be fitted ;
- changes to improve the drivers comfort. In this context anything other than addition or removal of padding (or similar material) and adjustment of mirrors and pedals may only be carried out with the specific permission of the FIA technical delegate ;
- a fuel breather may be fitted ;
- bodywork (excluding radiators) may be removed and / or cleaned ;
- cosmetic changes may be made to the bodywork ;
- any part of the car may be cleaned ;
- any parts which are removed from the car in order to carry out any work specifically permitted below must remain close to it and, at all times, be visible to the scrutineer assigned to the relevant car ;
- fluids used for replenishment must conform to the same specification as the original fluid ;
- on board cameras, timing transponders and any associated equipment may be removed, refitted or checked.

128. After weighing during the second part of the qualifying practice session all cars will be detained in the parc fermé for further checks. Whilst the cars are being detained there three appropriate members from each team will be permitted in the parc fermé at any one time for the purpose of:
- checking tyre pressures ;
- connecting a jump battery under the supervision of the FIA ;
- downloading data by physical connection to the car under the supervision of the FIA ;
- fitting water heaters ;
- engine oil may be drained ;
- changing tyres before the car is pushed back to the team's garage. These, or any other tyres, may be used when the car is returned to the parc fermé the same evening and back to the team's garage on Sunday morning. The wheels and tyres used for qualifying will be marked and / or sealed by the scrutineers before being released to the team ;
- carrying out any work required by the FIA technical delegate. Once any such work has been carried out the team personnel must leave the parc fermé immediately.
No other work of any kind will be permitted at this time unless deemed absolutely necessary by the FIA technical delegate.

129. Once the qualifying practice session has finished, and all preliminary checks have been carried out by the FIA, the cars held in the parc fermé will be released simultaneously and teams will be permitted to push them back to their garages. Cars will remain under parc fermé conditions throughout. From this point, and until 18.30 (17.30 during Events taking place in North America), teams will be permitted to carry out the following work under supervision of the scrutineers :
- wheels may be removed ;
- removal of any parts genuinely necessary to carry out essential safety checks ;
- removal of spark plugs to carry out an internal engine inspection and cylinder compression checks ;
- engines may be started (an external fuel pressurising system may be used if necessary but only fuel on board the car may be used for running the engine) ;
- with the exception of fuel, fluids with a specific gravity less than 1.1 may be drained and/or replenished ;
- draining and / or addition of compressed gases ;
- heating devices may be fitted ;
- on board electrical units may be freely accessed via a physical connection to the car ;
- repair bona fide accident damage ;
No other work will be permitted during this time unless the FIA technical delegate is satisfied that it is absolutely necessary and has specifically authorised it.
At some time before 18.30 (17.30 during Events taking place in North America) all cars used during the second part of the qualifying practice session (or which were intended for use but failed to leave the pit lane) must be taken back to the parc fermé, with all parts used for qualifying re-fitted (other than wheels and tyres, which if they are not fitted to the car, must be taken separately), where they will remain secure until the following day. Whilst cars are in the parc fermé they may be covered and fitted with devices to keep them warm, no team personnel will be permitted there unless specifically authorised by the FIA technical delegate.

130. At 08.30 (at 07.30 during Events taking place in North America) on the day of the race, or at other times if the relevant Event timetable makes this necessary, teams will be permitted to take their cars back to their garages where, again, they will remain under parc fermé conditions until the green lights are illuminated at the start of the formation lap which immediately precedes the first start of the race. Only the following work on the cars will be permitted during this time :
- repair bona fide accident damage ;
- wheels and tyres may be removed, rebalanced, tyre pressures adjusted and tyre heating devices fitted ;
- other than when a change of climatic conditions has been confirmed, during all reconnaissance laps every car must be fitted with the same wheels and tyres as the driver used for his qualifying lap, the race must also be started with these same wheels and tyres. If one or more tyres are damaged, and are deemed unusable by the FIA technical delegate, they may be replaced by other tyres which have been used for a greater number of laps than the damaged ones ;
- with the exception of fuel, fluids with a specific gravity less than 1.1 may be drained and / or replenished, however, no replenishment may take place less than one hour and 30 minutes before the start of the formation lap unless specific approval has been given by the FIA. In order to ensure that fluids are not being used as ballast, and that the car is therefore being raced as it was qualified, the FIA reserves the right to weigh cars at random during the one hour period commencing one hour and 30 minutes before the start of the formation lap. When a car is weighed in this way its weight must be within 3kg of its weight at the completion of its qualifying lap, if not, fluids other than fuel may be replenished or drained under FIA supervision ;
- draining and / or addition of compressed gases ;
- the aerodynamic set up of the front wing may be adjusted using the existing parts. No parts may be added, removed or replaced ;
- on board electrical units may be freely accessed via a physical connection to the car ;
- removal of spark plugs to carry out an internal engine inspection and cylinder compression checks ;
- engines may be started (an external fuel pressurising system may be used if necessary but only fuel on board the car may be used for running the engine) ;
- the main electrical battery and radio batteries may be changed and a jump battery connected ;
- the brake system may be bled ;
- tape may be applied to bodywork joints and fasteners ;
- if the FIA technical delegate is satisfied that changes in climatic conditions necessitate alterations to the specification of a car tyres may be changed and changes may be made to the brake cooling ducts and radiator exit ducts. The changes listed above may be made at any time after the message "CHANGE IN CLIMATIC CONDITIONS" is shown on the timing monitors, from this point the choice of tyres, brake cooling ducts and radiator exit ducts is free.
Any work not listed above may only be undertaken with the approval of the FIA technical delegate following a written request from the team concerned. It must be clear that any replacement part a team wishes to fit is similar in mass, inertia and function to the original. After the work has been carried out the car must be submitted for re-scrutineering. Any parts removed will be retained by the FIA.

131. If a competitor wishes to change an engine whilst the car is being held under parc fermé conditions the relevant driver must start the race from the back of the starting grid. If more than one car is involved they will line up at the back of the grid in qualifying order.

132. If a competitor wishes to modify any part on the car or to make changes to the set up of the suspension whilst the car is being held under parc fermé conditions the relevant driver must start the race from the pit lane and follow the procedures laid out in Article 148.

133. One scrutineer will be allocated to each car for the purpose of ensuring that no unauthorised work is carried out whilst cars are being held under parc fermé conditions. If any such unauthorised work is carried out a report will be made to the stewards of the meeting.

134. A list of parts replaced with the specific agreement of the FIA technical delegate whilst cars are being held under parc fermé conditions will be published and distributed to all teams prior to the race.

135. In order that the scrutineers may be completely satisfied that no alterations have been made to the suspension systems or aerodynamic configuration of the car (with the exception of the front wing) whilst in post-qualifying parc fermé, it must be clear from physical inspection that changes cannot be made without the use of tools.

STOPPING THE PRACTICE

136. Should it become necessary to stop the practice because the circuit is blocked by an accident or because weather or other conditions make it dangerous to continue, the clerk of the course shall order a red flag and the abort lights to be shown at the Line. Simultaneously, red flags will be shown at all marshal posts.
When the signal is given to stop, all cars shall immediately reduce speed and proceed slowly back to their respective pits, and all cars abandoned on the track will be removed to a safe place.
At the end of each practice session all drivers may cross the Line only once.

PRESS CONFERENCES AND DRIVERS PARADE

137. The FIA press delegate will choose a maximum of five drivers who must attend a press conference in the media centre for a period of one hour at 15.00 on the day before first practice. At Events taking place in North or South America this press conference will take place at 11.00. These drivers' Teams will be notified no less than 48 hours before the conference. In addition, a maximum of two team personalities may be chosen by the FIA press delegate to attend this press conference.
On the first day of practice, a minimum of three and a maximum of six drivers and/or team personalities, (other than those who attended the press conference on the previous day and subject to the consent of the team principal) will be chosen by ballot or rota by the FIA press delegate during the Event and must make themselves available to the media for a press conference in the media centre for a period of one hour at 16.00.
No driver may enter into a contract which restricts his right to talk to any representative of the media during an Event. It shall be the duty of each Team to ensure that their drivers do not unreasonably refuse to speak to any representative of the media during the Event.

138. Immediately after the qualifying practice session the first three drivers in qualifying will be required to make themselves available for television interviews in the unilateral room and then attend a press conference in the media centre for a maximum period of 30 minutes.

139. Two hours and forty five minutes before the race all drivers must attend a drivers parade, Competitors will be given details of the parade by the Press Delegate.

THE GRID

140. At the end of the second qualifying practice session the fastest time achieved by each driver during the second part of the session will be officially published.

141. The grid will be drawn up in the order of the fastest time achieved by each driver in the second part of the qualifying practice session. Should two or more drivers have set identical times, priority will be given to the one who set the fastest time in the first part of the qualifying prectice session.

142. The fastest driver will start the race from the position on the grid which was the pole position in the previous year or, on a new circuit, has been designated as such by the FIA safety delegate.

143. The starting grid will be published four hours before the race. Any competitor whose car(s) is (are) unable to start for any reason whatsoever (or who has good reason to believe that their car(s) will not be ready to start) must inform the clerk of the course accordingly at the earliest opportunity and, in any event, no later than 45 minutes before the start of the race. If one or more cars are withdrawn the grid will be closed up accordingly. The final starting grid will be published 45 minutes before the start of the race.

144. The grid will be in a staggered 1 x 1 formation and the rows on the grid will be separated by 16 metres.

MEETINGS

145. Meetings, chaired by the race director, will take place at 16.00 on the day before first practice and 18.00 on the first day of practice. The first must be attended by all team managers and the second by all drivers.
Should the race director consider another meeting necessary it will take place three hours before the race, Competitors will be informed no later than three hours after the end of the second qualifying practice. All drivers and team managers must attend.

STARTING PROCEDURE

146. 30 minutes before the start of the formation lap the cars will leave the pit lane to cover a reconnaissance lap. At the end of this lap they will stop on the grid in starting order with their engines stopped.
Should they wish to cover more than one reconnaissance lap, this must be done by driving down the pit lane at greatly reduced speed between each of the laps.

147. Any car which has not taken up its position on the grid by the time the five minute signal is shown will not be permitted to do so and must start from the pit lane in accordance with Article 148.

148. 17 minutes before the start of the formation lap, a warning signal will be given indicating that the end of the pit lane will be closed in two minutes.
15 minutes before the start of the formation lap the end of the pit lane will be closed and a second warning signal will be given. Any car which is still in the pit lane can start from the end of the pit lane provided it got there under its own power. If more than one car is affected they must line up in the order in which they reached the end of the pit lane. These cars may then join the race once the whole field has passed the end of the pit lane for the first time after the start.

149. The approach of the start will be announced by signals shown ten minutes, five minutes, three minutes, one minute and fifteen seconds before the start of the formation lap, each of which will be accompanied by an audible warning.
When the ten minute signal is shown, everybody except drivers, officials and team technical staff must leave the grid.
When the five minute signal is shown all cars must have their wheels fitted. After this signal wheels may only be removed in the pit lane. Any car which does not have all its wheels fully fitted at the five minute signal must start the race from the back of the grid or the pit lane.
When the one minute signal is shown, engines should be started and all team personnel must leave the grid by the time the 15 second signal is given. If any driver needs assistance after the 15 second signal he must raise his arm and, when the remainder of the cars able to do so have left the grid, his team may attempt to rectify the problem. In this case, marshals with yellow flags will stand beside any car (or cars) concerned to warn drivers behind.
When the green lights are illuminated, the cars will begin the formation lap with the pole position driver leading.
When leaving the grid, all drivers must proceed at a greatly reduced speed until clear of any team personnel standing beside the track. Marshals will be instructed to push any car (or cars) which remain on the grid into the pit lane by the fastest route immediately after cars able to do so have left the grid. If the driver is able to re-start the car whilst it is being pushed he may rejoin the formation lap.
During the formation lap practice starts are forbidden and the formation must be kept as tight as possible.
Overtaking during the formation lap is only permitted if a car is delayed when leaving its grid position and cars behind cannot avoid passing it without unduly delaying the remainder of the field. In this case, drivers may only overtake to re-establish the original starting order.
Any driver who is delayed leaving the grid may not overtake another moving car if he was stationary after the remainder of the cars had crossed the Line, and must start the race from the back of the grid. If more than one driver is affected, they must form up at the back of the grid in the order they left to complete the formation lap.
If the Line is not situated in front of pole position, and for the purposes of this Article as well as 150 and 164(o), it will be deemed to be a white line one metre in front of pole position.
Either of the penalties under Article 54a) or b) will be imposed on any driver who, in the opinion of the Stewards, unnecessarily overtook another car during the formation lap.

150. Any driver who is unable to start the formation lap must raise his arm and, after the remainder of the cars have crossed the Line, of the cars have crossed the Line, the car will be pushed into the pit lane by the fastest route.

151. When the cars come back to the grid at the end of the formation lap, they will stop on their respective grid positions, keeping their engines running.
There will be a standing start, the signal being given by means of lights activated by the permanent starter.
Once all the cars have come to a halt the five second light will appear followed by the four, three, two and one second lights. At any time after the one second light appears, the race will be started by extinguishing all red lights.

152. Unless specifically authorised by the FIA, during the start of a race the pit wall must be kept free of all persons with the exception of officials and fire marshals.

153. Any car which is unable to maintain starting order during the entire formation lap or is moving when the one second light comes on must enter the pit lane and start from the end of the pit lane as specified in Article 149.
This will not apply to any car which is temporarily delayed during the lap and which is able to regain its position, without endangering itself or any other car, before the leading car has taken up its position on the grid.

154. If, after returning to the starting grid at the end of the formation lap, a car develops a problem that could endanger the start, the driver must immediately raise his hands above his head and the marshal responsible for that row must immediately wave a yellow flag.
If the start is delayed as a result, a marshal with a yellow flag will stand in front of the car concerned to prevent it from moving until the whole field has left the grid on the new formation lap. The driver concerned may then start the race from the back of the grid and any vacant positions will not be filled.
Should there be more than one car involved, their new positions at the back of the grid will be determined in accordance with their respective final grid positions.
If a problem cannot be rectified before the commencement of the new formation lap the car must be pushed into the pit lane by the shortest route. The team may then attempt to rectify the problem and, if successful, the car may then start from the pit lane. Should there be more than one car involved their starting order from the pit lane will be determined by the order in which they reached the end of the pit lane under their own power.

155. If a problem arises when the cars reach the starting grid at the end of the formation lap the following procedure shall apply:
a) If the race has not been started, the abort lights will be switched on, all engines will be stopped and the new formation lap will start 5 minutes later with the race distance reduced by one lap. The next signal will be the three minute signal.
b) If the race has been started the marshals alongside the grid will wave their yellow flags to inform the drivers that a car is stationary on the grid.
c) If, after the start, a car is immobilised on the starting grid, it shall be the duty of the marshals to push it into the pit lane by the fastest route. If the driver is able to re-start the car whilst it is being pushed he may rejoin the race.
d) If the driver is unable to start the car whilst it is being pushed his mechanics may attempt to start it in the pit lane. If the car then starts it may rejoin the race. The driver and mechanics must follow the instructions of the track marshals at all times during such a procedure.

156. Should Article 154 apply, the race will nevertheless count for the Championship no matter how often the procedure is repeated, or how much the race is shortened as a result.

157. Either of the penalties under Article 54a) or b) will be imposed for a false start judged using an FIA supplied transponder which must be fitted to the car as specified.

158. Only in the following cases will any variation in the start procedure be allowed:
a) If it starts to rain after the five minute signal but before the race is started and, in the opinion of the race director teams should be given the opportunity to change tyres, the abort lights will be shown on the Line and the starting procedure will begin again at the 15 minute point. If necessary the procedure set out in Article 154 will be followed.
b) If the start of the race is imminent and, in the opinion of the race director, the volume of water on the track is such that it cannot be negotiated safely even on wet-weather tyres, the abort lights will be shown on the Line simultaneously with a "10" board with a red background.
This "10" board with a red background will mean that there is to be a delay of ten minutes before the starting procedure can be resumed. If weather conditions have improved at the end of that ten minute period, a "10" board with a green background will be shown. The "10" board with a green background will mean that the green light will be shown in ten minutes.
Five minutes after the "10" board with the green background is shown, the starting procedure will begin and the normal starting procedure signals (i.e. 5, 3, 1 min., 15 second) will be shown.
If however, the weather conditions have not improved within ten minutes after the "10" board with the red background was shown, the abort lights will be shown on the Line and the "10" board with the red background will be shown again which will mean a further delay of ten minutes before the starting procedure can be resumed. This procedure may be repeated several times.
At any time when a "10" board (with either a red or green background) is shown, it will be accompanied by an audible warning.
c) If the race is started behind the safety car, Article 164(o) will apply.

159. The stewards may use any video or electronic means to assist them in reaching a decision. The stewards may overrule judges of fact. A breach of the provisions of the Code or these Sporting Regulations relating to starting procedure, may result in the exclusion of the car and driver concerned from the Event.

THE RACE

160. Team orders which interfere with a race result are prohibited.

161. A race will not be stopped in the event of rain unless the circuit is blocked or it is dangerous to continue (see Article 165).

162. If a car stops during the race it must be removed as quickly as possible so that its presence does not constitute a danger or hinder other competitors. If the driver is unable to drive the car from a dangerous position, it shall be the duty of the marshals to assist him.

163. During the race, drivers leaving the pit lane may only do so when the light at the end of the pit lane is green and on their own responsibility, a marshal with a blue flag, or a flashing blue light, will also warn the driver if cars are approaching on the track.

SAFETY CAR

164. (a) The FIA safety car will be driven by an experienced circuit driver. It will carry an FIA observer capable of recognising all the competing cars, who is in permanent radio contact with race control.
b) 30 minutes before the race start time the safety car will take up position at the front of the grid and remain there until the five minute signal is given. At this point (except under o) below) it will cover a whole lap of the circuit and enter the pit lane.
c) The safety car may be brought into operation to neutralise a race upon the decision of the clerk of the course.
It will be used only if competitors or officials are in immediate physical danger but the circumstances are not such as to necessitate stopping the race.
d) When the order is given to deploy the safety car, all observer's posts will display waved yellow flags and a board "SC" which shall be maintained until the intervention is over.
e) During the race, the safety car with its orange lights on, will start from the pit lane and will join the track regardless of where the race leader is.
f) All the competing cars will form up in line behind the safety car no more than 5 car lengths apart. All overtaking on the track is forbidden (except under o) below), unless a car is signalled to do so from the safety car.
g) When ordered to do so by the clerk of the course the observer in the car will use a green light to signal to any cars between it and the race leader that they should pass. These cars will continue at reduced speed and without overtaking until they reach the line of cars behind the safety car.
h) The safety car shall be used at least until the leader is behind it and all remaining cars are lined up behind him.
Once behind the safety car, the race leader must keep within 5 car lengths of it (except under j) below) and all remaining cars must keep the formation as tight as possible.
i) While the safety car is in operation, competing cars may enter the pit lane, but may only rejoin the track when the green light at the end of the pit lane is on. It will be on at all times except when the safety car and the line of cars following it are about to pass or are passing the pit exit. A car rejoining the track must proceed at reduced speed until it reaches the end of the line of cars behind the safety car.
j) When the clerk of the course calls in the safety car, it must extinguish its orange lights, this will be the signal to the drivers that it will be entering the pit lane at the end of that lap.
At this point the first car in line behind the safety car may dictate the pace and, if necessary, fall more than five car lengths behind it.
As the safety car is approaching the pit entry the yellow flags and SC boards at the observer's posts will be withdrawn and waved green flags will be displayed for no more than one lap.
k) Green flags and lights will be shown when the safety car has pulled off the circuit but overtaking remains forbidden until the cars cross the Line. However, any car which slows with an obvious problem may be overtaken.
l) Each lap completed while the safety car is deployed will be counted as a race lap.
m) If the race is stopped under Article 166 Case C, the safety car will take the chequered flag and all cars able to do so must follow it into the pit lane and into the parc fermé.
n) If the race ends whilst the safety car is deployed it will enter the pit lane at the end of the last lap and the cars will take the chequered flag as normal without overtaking.
o) In exceptional circumstances the race may be started behind the safety car. In this case, at any time before the one minute signal its orange lights will be turned on. This is the signal to the drivers that the race will be started behind the safety car. When the green lights are illuminated the safety car will leave the grid with all cars following in grid order no more than 5 car lengths apart. There will be no formation lap and race will start when the green lights are illuminated.
Overtaking, during the first lap only, is permitted if a car is delayed when leaving its grid position and cars behind cannot avoid passing it without unduly delaying the remainder of the field. In this case, drivers may only overtake to re-establish the original starting order.
Any driver who is delayed leaving the grid may not overtake another moving car if he was stationary after the remainder of the cars had crossed the Line, and must form up at the back of the line of cars behind the safety car. If more than one driver is affected, they must form up at the back of the field in the order they left the grid.
Either of the penalties under Article 54a) or b) will be imposed on any driver who, in the opinion of the Stewards, unnecessarily overtook another car during the first lap.

STOPPING A RACE

165. Should it become necessary to stop the race because the circuit is blocked by an accident or because weather or other conditions make it dangerous to continue, the clerk of the course shall order a red flag and the abort lights to be shown at the Line. Simultaneously, red flags will be shown at all marshal posts. When the signal is given to stop all cars shall immediately reduce speed in the knowledge that:
- the race classification will be that at the end of the penultimate lap before the lap during which the signal to stop the race was given,
- race and service vehicles may be on the track,
- the circuit may be totally blocked because of an accident,
- weather conditions may have made the circuit undriveable at racing speed,
- the pit lane will be open.

166. The procedure to be followed varies according to the number of laps completed by the race leader before the signal to stop the race was given:
Case A. Less than two full laps. If the race can be restarted, Article 167 will apply.
Case B. Two or more full laps but less than 75% of the original race distance (rounded up to the nearest whole number of laps and calculated cumulatively if more than one stoppage occurs). If the race can be restarted, Article 168 will apply.
Case C. 75% or more of the race distance (rounded up to the nearest whole number of laps and calculated cumulatively if more than one stoppage occurs). The cars will be sent directly to the parc fermé and the race will be deemed to have finished when the leading car crossed the Line for the penultimate time before the race was stopped.

RESTARTING A RACE

167. Case A.
a) The original start shall be deemed null and void.
b) The length of the restarted race will be the full original race distance.
c) The drivers who are eligible to take part in the race shall be eligible for the restart either in their original car or in a spare car.
d) Any driver who was forced to start from the back of the grid or the pit lane during the original start may start from his original grid position;
e) After the signal to stop the race has been given, all cars able to do so will proceed directly but slowly to either:
- the pit lane or;
- if the grid is clear, to their original grid position or;
- if the grid is not clear, to a position behind the last grid position as directed by the marshals.
f) Cars may be worked on in the pit lane the team's designated garage area or on the grid. If work is carried out on the grid this must be done in the car's correct grid position and must in no way impede the re-start.
g) Refuelling will only be allowed in the pits at the team's designated garage area.

168. Case B.
a) Other than the race order at the end of the penultimate lap before the lap during which the signal to stop was given, the number of classified laps completed by each driver and the time taken by the leader to complete his classified laps, the original race will be deemed null and void.
b) The length of the re-started race will be three laps less than the original race distance less the number of classified laps completed by the leader before the signal to stop was given.
c) The grid for the re-started race will be arranged in the race order at the end of the lap two laps prior to that during which the signal to stop was given.
d) Only cars which took part in the original start will be eligible for the re-start and then only if they returned under their own power by an authorised route to either:
- the pit lane or;
- to a position behind the last grid position as directed by the marshals.
e) No spare car will be eligible.
f) Cars may be worked on in the pit lane, the team's designated garage area or on the grid. If work is carried out on the grid, this must be done in the car's correct grid position and must in no way impede the re-start.
g) Refuelling is only permitted in the pit lane. If a car is refuelled it must take the re-start from the back of the grid and, if more than one car is involved, their positions will be determined by their race order at the end of the penultimate lap before the lap during which the signal to stop was given. In this case their original grid positions will be left vacant.

169. In both Case A and Case B:
a) 10 minutes after the stop signal, the pit lane will be closed.
b) 15 minutes after the stop signal, the five minute signal will be shown, the grid will close and the normal start procedure will recommence.
c) Any car which is unable to take up its position on the grid before the five minute signal will be directed to the pit lane. It may then start from the pits as specified in Article 148.
The Organiser must have sufficient personnel and equipment available to enable the foregoing timetable to be adhered to even in the most difficult circumstances.

FINISH

170. The end-of-race signal will be given at the Line as soon as the leading car has covered the full race distance in accordance with Article 13. Should two hours elapse before the full distance has been covered, the end-of-race signal will be given to the leading car the first time it crosses the Line after such time has elapsed.

171. Should for any reason (other than under Article 167) the end-of-race signal be given before the leading car completes the scheduled number of laps, or the prescribed time has been completed, the race will be deemed to have finished when the leading car last crossed the Line before the signal was given. Should the end-of- race signal be delayed for any reason, the race will be deemed to have finished when it should have finished.

172. After receiving the end-of-race signal all cars must proceed on the circuit directly to the race parc fermé without stopping, without receiving any object whatsoever and without any assistance (except that of the marshals if necessary).
Any classified car which cannot reach the post race parc fermé under its own power will be placed under the exclusive control of the marshals who will take the car to the parc fermé.

POST RACE PARC FERME

173. Only those officials charged with supervision may enter the post race parc fermé. No intervention of any kind is allowed there unless authorised by such officials.

174. When the parc fermé is in use, parc fermé regulations will apply in the area between the Line and the parc fermé entrance.

175. The parc fermé shall be secured such that no unauthorised persons can gain access to it.

CLASSIFICATION

176. The car placed first will be the one having covered the scheduled distance in the shortest time, or, where appropriate, passed the Line in the lead at the end of two hours. All cars will be classified taking into account the number of complete laps they have covered, and for those which have completed the same number of laps, the order in which they crossed the Line.

177. If a car takes more than twice the time of the winner's fastest lap to cover its last lap this last lap will not be taken into account when calculating the total distance covered by such car.

178. Cars having covered less than 90% of the number of laps covered by the winner (rounded down to the nearest whole number of laps), will not be classified.

179. The official classification will be published after the race. It will be the only valid result subject to any amendments which may be made under the Code and these Sporting Regulations.

PODIUM CEREMONY

180. The drivers finishing the race in 1st, 2nd and 3rd positions and a representative of the winning constructor must attend the prize-giving ceremony on the podium and abide by the podium procedure set out in Appendix 3 (except Monaco); and immediately thereafter make themselves available for a period of one hour and 30 minutes for the purpose of television unilateral interviews and the press conference in the media centre.

Signification des drapeaux

- Drapeau blanc: voiture de service sur la piste
- Drapeau bleu: (immobile): une voiture vous suit de près
  (agité): une voiture est en train de vous doubler
- Drapeau jaune: (immobile): défense de doubler, danger
  (agité) danger immédiat, ralentir
- Drapeau rouge: (par les postes de commissaires et par le directeur de course): arrêt de la course sur la ligne
- Drapeau vert: le danger est écarté, piste libre
- Drapeau jaune à rayures rouges: danger, piste glissante
- Drapeau noir: (avec numéro de voiture): arrêtez-vous au prochain tour
- Drapeau noir avec rond jaune: votre voiture est en danger
- Drapeau noir et blanc: conduite non-sportive, avertissement
- Drapeau à damiers: fin de la course ou de la séance d'essais

BENSO
EDGES
Trust
VODKA
V-10
Trust